Zu diesem Buch

Die gesellschaftliche Erfahrung macht den Menschen. Von Geburt an begegnen wir anderen, die uns Denkweisen und Verhaltensmuster vermitteln – in Familie, Schule, Beruf und einer Vielzahl anderer Institutionen. Wir wachsen hinein in einen ständig größer werdenden Kreis gesellschaftlicher Bezüge. Dabei lernen wir, daß die begrenzte Welt unmittelbaren Erlebens von einer umfassenderen Welt abhängt, geprägt ist von schwer durchschaubaren Strukturen wie Rechtsgefüge, Unterrichtswesen, Staatsverfassung oder Wirtschaftssystem.

Das verwirrende Geflecht der Beziehungen zwischen Alltagsleben, übergeordneten Regulativmustern und gesamtgesellschaftlicher Ordnung aufzudecken ist Aufgabe der Soziologie. Um Arbeitsweise und Arbeitsgebiete dieser Wissenschaft jedermann einsichtig zu machen, wählen Peter L. und Brigitte Berger einen neuartigen Ansatz. Sie gehen vom Erlebnisbereich des einzelnen aus und ordnen den Stoff nach dem Erfahrungsablauf eines individuellen Lebens – von der Familie, dem Gemeinwesen, der Bürokratie, Jugend, Freizeit und Arbeit bis hin zu Alter, Krankheit und Tod. In Zusammenhang mit konkreten Alltagssituationen gebracht, werden die Einführung in das soziologische Begriffssystem und die Analyse gesellschaftlicher Institutionen erstaunlich lebendig.

Soziologie so dargeboten, eröffnet eine Grundperspektive, mit der wir unsere Möglichkeiten in der Gesellschaft und die Bedürfnisse anderer besser einschätzen können.

Die Soziologieprofessoren Peter L. und Brigitte Berger lehren in den USA. Zusammen mit Hansfried Kellner veröffentlichten sie «Das Unbehagen in der Modernität», Frankfurt 1977. Von Peter L. Berger liegt ferner vor: «Auf den Spuren der Engel. Die moderne Gesellschaft und die Wiederentdeckung der Transzendenz», Frankfurt 1981; «Einladung zur Soziologie. Eine humanistische Perspektive», München o. J.; «Die gesellschaftliche Konstruktion der Wirklichkeit» (zusammen mit Thomas Luckmann), Frankfurt 1980; «Für eine neue Soziologie» (zusammen mit Hansfried Kellner), Frankfurt 1984 sowie «Zur Dialektik von Religion und Gesellschaft», Frankfurt 1988.

Peter L. Berger
Brigitte Berger

# Wir und die Gesellschaft

Eine Einführung in die Soziologie –
entwickelt an der Alltagserfahrung

Übersetzt von Monika Plessner

Rowohlt

Die Originalausgabe erschien unter dem Titel «Sociology –
A Biographical Approach» bei Basic Books, Inc., New York–London
Aus dem Amerikanischen von Monika Plessner
Titel der deutschen Originalausgabe «Individuum & Co. –
Soziologie beginnt beim Nachbarn»

Umschlagentwurf Werner Rebhuhn

58.–61. Tausend Februar 1990

Veröffentlicht im Rowohlt Taschenbuch Verlag GmbH,
Reinbek bei Hamburg, April 1976
Copyright © 1974 by Deutsche Verlags-Anstalt GmbH, Stuttgart
«Sociology – A Biographical Approach» © Peter L. and
Brigitte Berger, 1972
Satz Aldus (Linotron 505 C)
Gesamtherstellung Clausen & Bosse, Leck
Printed in Germany
1080-ISBN 3 499 16955 x

# Inhalt

# Vorwort

Dieses Buch ist als Einführung in die Soziologie gedacht. Soziologische Lehrbücher gibt es wie Sand am Meer. Deshalb möchten wir an dieser Stelle auf die Besonderheiten unseres Buches hinweisen.

Wir haben es *Sociology – A Biographical Approach* (Soziologie als Biographie) genannt. Das bedeutet, daß wir den Stoff, soweit angängig, so geordnet haben, daß er den verschiedenen Stadien eines individuellen Lebenslaufs entspricht. Wir glauben, daß dem Anfänger auf dem Gebiet der Soziologie damit besser gedient ist als mit der üblichen Anordnung je nach Vorstellung des Verfassers von den Strukturen der Gesellschaft. Selbstverständlich konnte diese biographische Anordnung nicht mechanisch für alle Partien des Buches vorgenommen werden. Zwar verlangte sie, daß die Familie ziemlich am Anfang und das Alter gegen Ende behandelt wird. Aber man kann darüber streiten, ob etwa Macht vor Abweichung oder Abweichung vor Macht stehen soll. Das ist jedoch nicht wichtig. Was wir mit der biographischen Anordnung und der Darbietung des Buches im Sinn haben, ist, die Analyse großer institutioneller Strukturen konsequent in Zusammenhang mit der konkreten Alltagserfahrung des einzelnen zu bringen, so wie er nun einmal sein Leben in der Gesellschaft lebt.

Wir haben in allen Abschnitten des Buches mehr Wert auf Begriffe und Grundlagen als auf Daten gelegt. Die Fülle der Daten auf den meisten Gebieten der Soziologie ist enorm und wächst rapide. In einer Einführung einen Überblick über diese Masse an Informationen zu geben ist nicht nur schwierig, sondern geht unserer Meinung nach an der Aufgabe vorbei. Uns scheint diese Aufgabe in der Vermittlung einer soziologischen Grundperspektive zu liegen, eines Verständnisses dafür, was es eigentlich mit der Soziologie auf sich hat. Wenn der Leser sich erst einmal ein begriffliches Rüstzeug zugelegt hat, kann er es hernach selbst auf alle Fakten und Daten anwenden, die in seinen Gesichtskreis treten – sei es beim Lesen oder in eigener gesellschaftlicher Erfahrung. Selbstverständlich mußten wir auch Daten berücksichtigen. Aber dabei hatten wir immer die soeben geschilderte Aufgabe im Sinn. Wenn wir beispielsweise Daten für das amerikanische Klassensystem bringen, so geschieht das nicht, um ein geschlossenes Bild davon zu geben, was die Soziologen dazu zu sagen haben, sondern vielmehr, um zu illustrieren, wie sie an diesen Bereich der Gesellschaft herangehen.

Man kann also sagen, daß unser Schwerpunkt auf theoretischem Gebiet liegt, das heißt auf den begrifflichen Konstruktionen, mit deren Hilfe Soziologen sich erklären, was sie in der Gesellschaft vorfinden. Wir haben der Theorie jedoch kein eigenes Kapitel gewidmet, weil wir meinen, für ein Buch, das erst zur Soziologie hinführen soll, sei es besser, theoretische Fragen in unmittelbarem Zusammenhang mit der soziologischen Interpretation konkreter Gesellschaftserfahrung zu behandeln.

Die meisten Daten, die wir gebracht haben, betreffen die heutige amerikanische Gesellschaft. Dieser «Ethnozentrismus» hat jedoch eher methodische als ideologische Gründe. Wir sind gewiß nicht der Meinung, die amerikanische Gesellschaft sei die einzige, die kennenzulernen sich lohne, oder die Soziologie habe sich nicht auch in und an anderen Gesellschaften bewährt. Wir dachten nur, daß der amerikanische Leser besser durch Daten aus seiner eigenen Gesellschaft informiert würde als durch Illustrationen aus unbekannten Regionen.

Wir waren der Meinung, daß diese Einführung nicht der Ort ist, unseren eigenen soziologischen Standort ins rechte Licht zu setzen. Wir haben uns vielmehr bemüht, ein Bild des Consensus im Fach zu geben. Wo immer er fehlt, haben wir versucht, die auseinandergehenden Anschauungen so loyal wie möglich darzulegen und ihre jeweiligen Konsequenzen zu zeigen, ohne unsererseits den Schiedsrichter zwischen ihnen zu spielen. Unser eigener Standpunkt läßt sich *cum grano salis* als «humanistisch» bezeichnen, das heißt, für uns gehört die Soziologie ihrem Wesen nach zu den Geisteswissenschaften. Diese Auffassung steht in der Linie der klassischen europäischen (besonders der deutschen und französischen) theoretischen Soziologie, in unserem Fall vor allem unter dem Einfluß der Phänomenologie, wie sie uns im Werk von Alfred Schütz entgegentritt. Wir haben diesen unseren Standort an anderer Stelle verteidigt. Hier haben wir solche Parteinahme, so gut wir konnten, vermieden. Dieses Buch ist eine Einführung in die allgemeine Soziologie, so wie amerikanische Soziologen sie verstehen, keine Einführung in «humanistische», «phänomenologische» oder «Schützsche» Soziologie. Die einzige Stelle, an der wir absichtlich eine Schützsche Perspektive eingeführt haben (wo das unversehens geschah, werden die Kritiker schon darauf stoßen), ist unsere Darstellung des Verhältnisses zwischen gesellschaftlichem Alltagsleben und institutioneller Ordnung. Aber auch das geschah nicht aus Parteilichkeit, sondern aus der oben erwähnten Absicht, soziologischen Stoff «lebendig» zu machen.

Wir haben, jeder für sich, zwei andere Bücher geschrieben, die sich an Neulinge auf dem soziologischen Parkett wenden. Keines von beiden ist ein ausgesprochenes Lehrbuch, aber wir möchten doch sagen, wie sich das vorliegende Buch zu ihnen verhält. Das erste ist: Peter Berger, *Einladung zur Soziologie*, Olten und Freiburg 1969. Dabei handelt es sich um eine informative Darstellung eines «humanistischen» Zugangs zur Soziologie. Es wird vielfach als ergänzende Lektüre in Einführungskursen verwendet und mag für manche hier denselben Zweck erfüllen. Das andere Buch ist: Brigitte Berger, *Societies in Change*, New York 1971. Es ist ein Lehrbuch der vergleichenden Soziologie mit besonderem Akzent auf sozialem Wandel. Leser, denen das vorliegende Buch zu «ethnozentrisch» ist, mögen sich an Brigitte Bergers Buch halten.

Da wir schon einmal dabei sind, Propaganda für unsere Bücher zu machen, nehmen wir uns die Freiheit, noch eines zu erwähnen: Peter Berger und Thomas Luckmann, *Die gesellschaftliche Konstruktion der Wirklichkeit*, Frankfurt 1969. Jedem, der neugierig genug ist, wissen zu wollen, was die Implikationen eines Ansatzes à la Schütz für die theoretische Soziologie sind, kann damit geholfen werden. So gern wir allerdings auch unsere Bücher an den Mann bringen, für einen Einführungskurs würden wir das letztgenannte nicht gerade empfehlen.

Peter Berger                                    Brigitte Berger
Rutgers University                    Longisland University

# 1 Die Gesellschaft als Erfahrung

Es waren einmal ein Betrunkener und ein Mülleimer. Der Betrunkene saß am Straßenrand und mühte sich, den Mülleimer zu umarmen. Nach vielen Fehlschlägen gelang es ihm endlich, seine Hände um den Mülleimer herum zu schließen, und er grinste triumphierend. Bald aber erschien ein besorgter Ausdruck auf seinem Gesicht, und er flüsterte: «Ich bin umstellt.»

Gesellschaft ist die Erfahrung, von anderen Menschen umstellt zu sein. Diese Erfahrung wird mit uns geboren und stellt den Zusammenhang her zu allem, was wir sonst noch erfahren, uns selbst und die Natur mit eingeschlossen. Auch diese Erfahrungen werden uns nämlich von anderen Leuten vermittelt und zubereitet. Die Mutter nennt uns zuerst beim Namen und macht uns den Unterschied zwischen einem Baum und einem Telegraphenmast klar. Ein überwältigender Teil unserer Gedanken, Sorgen, Hoffnungen und Pläne – als Kind wie als sogenannter Erwachsener – kreist um andere Menschen, einzelne und Gruppen. Immer und überall grenzen wir an andere, und diese anderen grenzen immer und überall an uns. Gesellschaft ist eine lebenslängliche Erfahrung, und dazu eine der gewichtigsten, lange noch bevor wir beginnen, darüber nachzudenken. Unsere Gesellschaftserfahrung geht natürlich auch der Bekanntschaft mit einer Wissenschaft, die Soziologie heißt, weit voraus. Und selbst wenn wir diese Bekanntschaft geflissentlich vermeiden sollten, ist Gesellschaftserfahrung eine entscheidende Lebenstatsache für uns.

## Grundformen der Erfahrung

Unsere Gesellschaftserfahrung ist nicht etwa aus einem Guß, sondern im Gegenteil außerordentlich mannigfaltig. Die Soziologie, angeblich eine Fachwissenschaft, versucht, sie zu verstehen, und sieht, wie sich bald zeigen wird, eine ihrer vordringlichsten Aufgaben darin, ihrer immensen Vielfalt einigermaßen gerecht zu werden. Nun gibt es aber zwei Hauptvarianten der persönlichen Erfahrungen mit anderen Leuten: die großen Überraschungen und die Routinebegegnungen. Und: Einige andere erleben wir als Individuen in Vis-à-vis-Situationen, viele nur als Vertreter gesichtsloser, anonymer Gruppierungen. Bei dieser Unterscheidung soll unser Nachdenken über Gesellschaft beginnen.

## Große Überraschungen

Als Adam und Eva sich im Paradies zum erstenmal gegenüberstanden, waren sie sicher außer sich vor Staunen. Das erste Lächeln des Säuglings zeigt noch etwas von der Taufrische dieses ersten gesellschaftlichen Erlebnisses. Die Ereignisse der frühen Kindheit beanspruchen so viel Platz in unserer Erinnerung, weil die Welt damals noch voller Überraschungen, voll des Staunens war. In der Rückschau scheint es uns, als ob damals viele unserer Begegnungen mit anderen Leuten erregend neu, einzigartig und bedeutungsvoll gewesen wären. Diese Fähigkeit, andere zu erleben, läßt nach, je älter wir werden. Immer häufiger werden die Situationen, in denen die Begegnung mit anderen durch und durch zur Routine geworden ist und keine nennenswerten Überraschungen mehr aufkommen läßt. Vergleichen wir einmal unseren ersten Schultag mit einer Vorlesung. Auch wenn Eltern und andere Kinder uns damals gründlich auf das große Ereignis vorbereitet hatten, wir verbrachten den Tag doch im Bewußtsein, einen historischen Augenblick erlebt zu haben. Wir waren angespannt vor Erwartung, wir beobachteten den Lehrer und die anderen Kinder ganz genau, wir achteten auf alles, was vor sich ging, und – das ist besonders wichtig – auch auf unser eigenes Verhalten in der Situation. Sicher trifft nichts von alledem auf den Besuch einer Vorlesung zu, es sei denn, sie wäre völlig ungewöhnlich. Schließlich kennen wir auch andere Vorlesungen. Was in dieser an Einzelheiten behandelt wird, kennen wir zwar noch nicht, haben aber die begründete Vermutung, daß es uns nicht gerade in Staunen versetzen wird. Wir hegen nicht nur eine allgemeine Erwartung hinsichtlich dessen, was andere in dieser Situation tun werden, wir machen uns auch keine Gedanken über unsere eigenen Reaktionen. Wir sind allmählich «im Bilde» über die ganze Bildungsprozedur – und «Im-Bilde-Sein» bedeutet, daß Erfahrungen, die einmal große Überraschungen waren, jetzt als Routineangelegenheiten erledigt werden.

## Können Erwachsene staunen?

Auch als Erwachsener kann man noch manchmal staunen, wer weiß, vielleicht sogar in einer soziologischen Vorlesung. Da kann man sich zum Beispiel verlieben, oder ein Stein wird durchs Fenster geworfen. Ja, vielleicht zieht der Professor in dem verzweifelten Wunsch, sich Gehör zu verschaffen, sogar seine Hosen aus. Derartige Überraschungen sind immer möglich, aber unwahrscheinlich, und, was noch wichtiger ist, sie sind nicht Bestandteil unserer oder anderer Leute Erwartungen und bestimmen deshalb weder ihr noch unser Verhalten in der Situation. Im Gegenteil, in einer Vorlesung wird das Verhalten allgemein von der Vorstellung beherrscht, daß, was vor sich geht, ein Routinebeispiel für eine Prozedur ist, die sich akademischer Unterricht nennt. Übrigens dürfte es dem Professor schwerfallen, mit Erfolg zu unterrichten, wenn diese Vorstellung nicht herrschte, und zwar aus dem einfachen Grund, weil erstaunliche Vorgänge die Studenten fesseln würden und wenig

Aufmerksamkeit für den Lehrstoff übrigbliebe. Sogar wenn er sich die Hose auszieht, um den eingefahrenen Trott zu unterbrechen, wird er beim dritten Mal merken – sofern bis dahin nicht die Polizei eingeschritten ist –, daß die Studenten auch dadurch nicht in Unruhe geraten. Überraschung – «Seht mal, was der da macht!» – weicht der nüchternen Feststellung: «Der ist mal wieder soweit.» Auch die große Überraschung ist also zur Routineangelegenheit geworden.

## Routinen und Strukturen

Im großen und ganzen besteht unsere Gesellschaftserfahrung aus einer Fülle von Routineerfahrungen.[1] Wir mögen das zwar beklagen, weil es das Leben weniger spannend macht. Wir dürfen uns aber auch damit trösten, daß wir für Ungewöhnliches, das schließlich auch gelegentlich vorkommt, gar nicht die nötige Kraft mehr hätten, wenn der Großteil unserer Erlebnisse nicht so gewöhnlich wäre. Auf alle Fälle ist der Routinecharakter unserer meisten Erfahrungen mit anderen, einerlei wie beklagenswert oder tröstlich, eine notwendige Bedingung der Möglichkeit von Gesellschaft als ständigem Prozeß. In einem Seminar, das immer so spannend wäre wie Adams erstes Rendezvous mit Eva, kann man nicht richtig arbeiten. Auch Geschäfte kämen wohl kaum zustande, wenn alle Leute bei jedem Zusammentreffen immer erst ihr Verhältnis zueinander und die Regeln ihres Umgangs feststellen beziehungsweise festlegen müßten. Wenn eine solche Gesellschaft überhaupt möglich wäre (was nicht der Fall ist), so wäre das Leben zwar ziemlich spannend, aber auch entsprechend schwer zu ertragen. Bestenfalls wären die Leute ständig am Rand der Erschöpfung, schlimmstenfalls würden sie ihren Verstand verlieren.

Das Wissen um Bedeutung und Notwendigkeit der Routine für die Gesellschaft hat etwas Wesentliches zur Folge: Weil der größte Teil unseres Umgangs mit anderen aus Routinevorgängen besteht, gibt sich die Gesellschaft als Gebilde zu erkennen, das dem Verströmen der Zeit Trotz bietet, oder, wie die Soziologen sich ausdrücken, sie besteht aus Strukturen. Das Wort «Struktur» ist in der Soziologie sehr gebräuchlich und hat eine ganze Reihe spezieller Bedeutungen.[2] In unserem Zusammenhang bezeichnen wir jedoch etwas ganz Einfaches damit: das Gewebe aus immer wiederkehrenden Verhaltensmustern, nach denen Menschen sich in Routinesituationen richten. Einige dieser Gewebsmuster gelten für den unmittelbaren Verkehr von Individuen, andere für sehr viele Menschen, die einander als Individuen gar nicht zu Gesicht bekommen und dabei doch auf komplexe, oft unsichtbare, aber höchst reale Weise zueinander in Beziehung stehen. Eine Vorlesung etwa hat Struktur im Sinn eines für den Verkehr der einzelnen Teilnehmer geltenden Verhaltensmodells in der Situation Vorlesung. Was aber in einer Vorlesung vor sich geht, gehört zu viel größeren Strukturen, nicht nur der betreffenden Universität, sondern letzten Endes der Gesamtinstitution «Unterrichtswesen», einem gewaltigen System aus direkten und indirekten Beziehungen zwischen zahllosen Individuen, die einander persönlich fast immer unbekannt sind.

## Individuen und Repräsentanten: Ist der Lehrer ein Individuum?

Damit kommen wir zu unserer zweiten Grundunterscheidung beim Erfahren der Gesellschaft – der zwischen Vis-à-vis-Situationen und anonymen Beziehungen.[3] Die Vis-à-vis-Situation ist natürlich die ursprünglichste und wichtigste Form unserer Erfahrung mit anderen. In ihr lernen wir schon in früher Kindheit, Kontakte mit anderen zu pflegen. Das ganze Leben lang sind es meistens Vis-à-vis-Begegnungen, über die sich unser Verkehr mit der übrigen Menschheit abspielt – einschließlich des sehr ernsten Spiels, als Person anerkannt und, wenn man Glück hat, geschätzt zu werden. Welche Bedeutung auch immer das Leben für uns haben mag: wir entdecken, bewahren, gefährden oder erneuern sie in Vis-à-vis-Situationen mit anderen Menschen.

Anders formuliert, ist die Welt, in der wir leben, vor allem auf Sinnhaftigkeit gegründet, die mit Personen, denen wir immer wieder von Angesicht zu Angesicht gegenübertreten, verbunden ist. Schon ganz früh im Leben entdecken wir jedoch auch, daß diese enge Welt unserer unmittelbaren Erfahrung nach allen Richtungen von größeren, oft recht komplizierten oder gar unbegreiflichen Modellbeziehungen zu Menschen umstellt ist. Der Prozeß des Heranwachsens besteht zum Teil in der fortschreitenden Entdeckung dieser weiteren Welten, die an die unsere grenzen und (wie wir später sehen werden) das Fundament der kleinen Welt unserer direkten Gesellschaftserfahrung sind. Weiter entdecken wir, daß viele Individuen, die unser Gegenüber sind, abgesehen von ihrer individuellen Einzigartigkeit auch noch Vertreter oder Repräsentanten von Strukturen dieser weiteren Welt sind. Der Lehrer in der Schule ist für das Kind gewiß zunächst einmal ein Individuum (mit, aus kindlicher Sicht, guten, schlechten oder gleichgültigen Eigenschaften). Gleichzeitig erfährt es ihn aber auch als Lehrperson, als ein Exemplar einer großen Kategorie von Leuten, die man Lehrer nennt, und damit als Vertreter gigantischer Hintergrundstrukturen: des Schulsystems, des Unterrichtswesens oder gar, als abstrakte Wesenheit, der Gesellschaft. Sobald das der Fall ist, lernt das Kind zweierlei kennen: erstens die anonyme Beziehung zu Menschen, die zusätzlich zu ihrer konkreten Individualität Typen sind, zweitens den eigenen Ort und die Grenzen der eigenen Erfahrung im Rahmen großer Zusammenhänge, die es mit ungezählten, unsichtbar bleibenden anderen Menschen verbinden.

## Mikrowelt und Makrowelt

Man kann demnach auch sagen, daß wir, indem wir Gesellschaft erfahren, verschiedene Welten zugleich bewohnen. Zunächst, zuerst und immerfort bewohnen wir die Mikrowelt unserer unmittelbaren Erfahrung mit anderen in Vis-à-vis-Beziehungen. Darüber hinaus bewohnen wir – übrigens unterschiedlich hinsichtlich Wichtigkeit und Dauer – eine Makrowelt, die aus viel größeren Strukturen besteht und uns in Beziehungen zu anderen bringt, die meistens abstrakt, anonym und entfernt bleiben. Beide Welten sind wesentlich für unsere Gesellschaftserfahrung, und (außer in der frühen Kindheit, in der die Mikrowelt alles ist, was wir kennen) die Sinnhaftigkeit der einen ist von der der anderen abhängig. Die Mikrowelt mit allem, was in ihr vor sich geht, bekommt Sinn nur, wenn wir sie vor dem Hintergrund der Makrowelt sehen, die sie umstellt. Umgekehrt wäre die Makrowelt wenig wirklich für uns, wenn sie sich uns nicht immer wieder als Vis-à-vis-Situation in der Mikrowelt darstellte. Der Vorlesungsbetrieb wird also hauptsächlich dadurch sinnvoll, daß wir ihn als Bestandteil eines umfassenden Unterrichtssystems erkennen. Umgekehrt bliebe das Unterrichtssystem eine vage Angelegenheit für uns, wenn wir seine Wirksamkeit nicht unmittelbar in Vis-à-vis-Situationen erleben würden. In unserer Erfahrung durchdringen also Mikrowelt und Makrowelt einander. Wenn der Soziologe verstehen will, wie Gesellschaft erfahren wird, muß er der zwiefachen Manifestation des Phänomens, der mikroskopischen und der makroskopischen, stets gewärtig sein.

## Alltagsleben und Institutionen

Diese Erkenntnis läßt sich auch anders formulieren: Unsere Gesellschaftserfahrung ist in erster Linie Erfahrung mit anderen Leuten im Alltagsleben.[4] Damit ist ganz einfach das Gewebe aus vertrauten Routinen gemeint, nach denen wir, wenn wir nicht gerade schlafen, denken und handeln. Dieser Ausschnitt der Erfahrung ist am wirklichsten für uns. Er ist unsere gewohnte und normale Daseinsweise. Die anderen, die unsere Alltagswelt mit uns bewohnen, sind verschiedene Individuen, denen wir oft oder in Abständen von Angesicht zu Angesicht gegenüberstehen. Auf die Gefahr hin, sentimentale Assoziationen heraufzubeschwören, nennen wir die Alltagswelt unser «Zuhause». Gelegentlich verlassen wir sie auch – aus purer Abenteuerlust oder weil wir aus ihr in einen anderen, noch unbekannten Ausschnitt der Gesellschaft vertrieben werden, bei außerordentlichen Anlässen, die ihre Routinen durchbrechen, oder wenn wir uns der gesellschaftlichen Sphäre überhaupt versagen (in Träumen und Halluzinationen). Normalerweise kehren wir von solchen Ausflügen in die nichtalltägliche Welt erleichtert zurück und empfinden die Rückkehr in die Alltagswelt als ein «Nach-Hause-in-die-

Wirklichkeit-Kommen». Deshalb brauchen wir unsere Alltagswelt natürlich nicht etwa zu lieben. Aber was wir auch für sie empfinden, sie ist «Zuhause».

Diese Welt der Vertrautheit wird von einer größeren Welt, die uns mindestens teilweise unvertraut ist, nicht nur umfangen, sie wird auch ständig unterlaufen von Vorgängen, deren Ursprung außerhalb ihrer Grenzen liegt. Ja, diese Vorgänge organisieren sie sogar weitgehend. In der Alltagssituation einer Schulklasse zum Beispiel kommt höchstwahrscheinlich irgendwann einmal etwas vor, wodurch ein Schüler in Wut gegen einen anderen gerät. Solche Wut kann sogar in echte Mordlust ausarten. Dennoch ist es (hoffentlich) sehr unwahrscheinlich, daß der Mordlustige seinen bösen Wünschen nachgibt. Statt eines Mordes begeht er wohl nur Verbalinjurien oder zettelt einen Ringkampf an. Vielfach kommt es auch dazu nicht. Es kommt ganz einfach zu gar nichts, weil man nun einmal gewalttätige Gefühle schweigend unterdrückt. Diese Art, mit der eigenen Aggressivität fertigzuwerden, ist selbstverständlich Teil des vertrauten Gefüges im Alltagsleben. Dennoch liegt ihr Ursprung außerhalb der unmittelbaren persönlichen Erfahrung. Sie verweist vielmehr auf die Strukturen der größeren Welt und organisiert dabei zugleich, was sich in der kleinen Alltagswelt abspielt. Mit anderen Worten, das ist Alltagsleben durchwirkt mit Mustern, die das Verhalten seiner Bewohner zueinander regulieren und dabei mit viel größeren Sinnbereichen verknüpfen (in unserem Fall mit den Anstandsregeln, der moralischen Ordnung und den Gesetzen). Diese Regulativmuster sind das, was man «Institutionen» nennt.[5] Das Alltagsleben spielt sich im umfassenden Zusammenhang einer institutionellen Ordnung ab. An verschiedenen Stellen wird es von Institutionen gekreuzt, die aus der Gesamtordnung in es hineinreichen und ihrerseits auf institutionalisiertes Routineverhalten gegründet sind, auf Verhalten also, das in etablierter und vertrauter Weise vorgeprägt und geregelt ist. Auch hier ist es wichtig, die Reziprozität der beiden Aspekte unserer Gesellschaftserfahrung zu erkennen: Das Alltagsleben läßt sich nur auf dem Hintergrund der Institutionen verstehen, die es durchdringen, aber nicht ohne den der Gesamtordnung, in der es seinen Ort hat. Umgekehrt sind sowohl die Institutionen als auch die institutionale Ordnung als Ganzes nur soweit wirklich für uns, als sie von Menschen und Ereignissen repräsentiert werden, die wir unmittelbar im Alltag erleben.

## Selbsterkenntnis und soziologische Erkenntnis

Unsere Biographie ist weitgehend die Geschichte unserer Gesellschaftserfahrung. Allerdings gibt es auch Momente darin, die uns aus der Gesellschaft entlassen, vom einsamen Größenwahn oder sehr privaten nächtlichen Zahnschmerz bis zur letzten Verlassenheit des Sterbens.

Wenn wir aber die philosophischen Betrachtungen über unser bisheriges Leben sein lassen, tauchen in unserer Erinnerung alsbald viele andere Menschen auf, einzelne und Gruppen, denen wir im Rahmen von Institutionen begegnet sind. Unsere Biographie ist gesellschaftlich. Die Spanne unserer Lebenszeit ist nur ein Ausschnitt der größeren Lebenszeit der Gesellschaft, in der wir leben. Mit anderen Worten, der Ort unserer Biographie ist die Geschichte. Umgekehrt haben wir uns die Kenntnis der Gesellschaft auf biographischem Weg angeeignet. Wir wachsen hinein in einen ständig größer werdenden Kreis gesellschaftlicher und institutioneller Bezüge. Wenn wir uns die institutionale Ordnung wie eine Landkarte vorstellen, läuft unsere Biographie wie eine Flugbahn darüber. Wir können sie auch noch in eine Reihe von speziellen «Karrieren» innerhalb dieses oder jenes institutionellen Ausschnittes aufteilen.[6] Jede solche Karriere hat eine eingeführte und allgemein bekannte Folge von Positionen, die mehr oder weniger fahrplanmäßig erreicht werden. Im Bildungsbereich kann uns unsere Karriere vom Kleinkind im Kinderhort bis zum Doktoranden führen, auf sexuellem Gebiet vom eifrigen Probierer bis zum frustrierten Voyeur, im Berufsleben vom vielversprechenden jungen Mann zum totalen Versager. Wir leben also nicht nur in einer gesellschaftlichen Raumordnung, sondern auch in einer gesellschaftlichen Zeitordnung. Unser gelebtes Leben ist eine Reise durch die Gesellschaft (in ferne Länder oder nur in die Nachbarschaft, je nach den Umständen). Wenn wir anhalten und auf das Leben zurückblicken, entdecken wir höchstwahrscheinlich, daß nicht die Reise als solche, sondern die Stationen die Hauptsache waren. Wenn man also die wissenschaftliche Untersuchung unserer Gesellschaftserfahrung am Leitfaden der Biographie betreibt, so ist das nicht nur eine angenehme Methode, Material und Interpretationen, die die Soziologie bieten kann, zu sichten, sondern auch eine logische Folgerung aus der inneren Struktur dieser Erfahrung.

# 2 Die Soziologie als Wissenschaft

Die Grundelemente der Gesellschaftserfahrung, von denen das vorige Kapitel handelte, haben eine gewisse Zeitlosigkeit. Auch die alten Ägypter lebten in einer Mikrowelt, umgeben von einer Makrowelt, hatten Institutionen, die ihr Leben ordneten und sie vor dem bewahrten, was wir «die großen Überraschungen» genannt haben. Da der Mensch ein gesellschaftliches Wesen ist, kann er nie ganz außerhalb der Gesellschaft leben, und dieses «In-der-Gesellschaft-Leben» bedeutet unweigerlich, daß einiges von dem, was wir besprochen haben, zu allen Zeiten auf ihn zutrifft. Nur deshalb können wir uns überhaupt in das Leben im alten Ägypten hineindenken, weil es – wie anders als unseres es auch in vieler Hinsicht gewesen sein mag – doch Leben in der Gesellschaft war und daher im wesentlichen dem unseren glich.

## Warum ist Soziologie ein neues Fach?

Die alten Ägypter wußten jedoch von keiner Wissenschaft der Soziologie oder von irgend etwas, das ihr auch nur im entferntesten ähnlich gewesen wäre. Ja, sie kannten noch nicht einmal einen Begriff, der unserem Begriff Gesellschaft entsprochen hätte. Nicht nur das Fach Soziologie, sondern sogar der Gedanke, daß es so etwas wie Gesellschaft gibt, ist historisch jungen Datums. Dafür gibt es allerlei Gründe. Der Hauptgrund ist jedoch der, daß die Soziologie eine Antwort auf die eigenartige Krise der modernen Gesellschaft des Abendlandes war. Wenn man begreifen will, was Soziologie ist und womit sie sich abgibt, muß man das Wesen dieser ihrer Antwort erkennen.

Es gibt Menschen, die Freude daran haben, über ihre Situation und über alles mögliche nachzudenken. Für die meisten gilt das allerdings nicht. Sie fangen im allgemeinen erst an nachzudenken, wenn etwas, das sie für ein Problem halten, die Routinen des Lebens gestört hat. Denken ist meistens eine Form des Problemelösens. Das beruht vermutlich auf der sehr einfachen und grundlegenden Tatsache, daß Denken «weh tut», daß es schmerzhaft ist. Jedenfalls suchen die meisten erst dann bei dieser schwierigen Beschäftigung Zuflucht, wenn sie unbedingt müssen. Dem ist noch hinzuzufügen, daß, wenn es nicht so wäre, kaum irgend etwas erledigt werden könnte. Denken ist nämlich nicht nur anstrengend, es kostet auch viel Zeit. Es gibt eine Geschichte von einem Mann mit einem Bart. Von dem Augenblick an, als ein Freund ihn gefragt hatte, ob er den Bart nachts unter oder über der Bettdecke trage, konnte er kein Auge mehr zutun. Für die meisten Menschen ist Denken, und besonders systematisches Denken, daher eine relativ seltene Beschäftigung. Man lebt immer in der Gesellschaft. Aber man denkt erst über sie nach, wenn sie aus irgendeinem Grund problematisch geworden ist. Der Anlaß kann ein Vorkommnis in der privaten Biographie oder in der Gesellschaft, in der man lebt, sein. Das heißt: Die Gesellschaft und ihre Institutionen können, wenn man plötzlich seine Frau nicht mehr ausstehen kann, subjektiv genauso problematisch werden, wie wenn das ganze Land in einen Krieg verwickelt wird. In beiden Fällen wird der ruhige Fluß der Routineerfahrung unterbrochen, und man sieht sich fast unvermeidlich gezwungen, wenigstens über einige Seiten dieser Erfahrung nachzudenken. Und wenn man dann noch besonders zum Denken begabt ist, kommt man am Ende auf recht bedeutsame Fragen nach der Gesellschaft.

## Routineerfahrung: eine Welt der Gewißheit

Solche Anlässe zum Nachdenken sind im Einzelleben und in der Geschichte ziemlich selten. Meistens leben die einzelnen und die vielen, die zusammen eine Gesellschaft bilden, in einer Welt der Gewißheit.[1] Das bedeutet, daß die Grundstrukturen, in denen die Gesellschaft erfahren wird, nicht in Frage gestellt, sondern als scheinbar natürliche und selbstverständliche Lebensbedingungen hingenommen werden. Dieser Gewißheitscharakter ist Mikrowelt und Makrowelt gemeinsam. Die Gesellschaftserfahrung Seminar etwa ist Gewißheit als vertraute Routine, und es ist sehr unwahrscheinlich, daß die an dieser Situation Beteiligten über sie nachdenken, es sei denn, es passierte etwas, das die vertraute Routine durchbricht. Eine solche Unterbrechung wäre es, wenn ein oder mehrere Seminarmitglieder das in dieser Situation gewohnte Verhalten plötzlich mißachteten oder einstellten. Auch der große institutionale Hintergrundzusammenhang eines Seminars wird selten in Frage gestellt. Für die meisten Leute herrscht die Gewißheit, daß so etwas wie das Bildungswesen existiert, daß es seinen Zweck hat und daß die Art und Weise, in der seine einzelnen Institutionen funktionieren, ihren Sinn hat. Heute allerdings können wir in vielen Ländern beobachten, daß an der Gewißheit des Bildungswesens gezweifelt wird, und zwar eben deshalb, weil etwas auf ganz massive Weise schiefgegangen ist, das heißt, die entsprechenden Institutionen ihre Gewißheitsaufgabe für die Gesellschaft nicht mehr erfüllen können und deshalb problematisch geworden sind. Die Gesellschaft hat zum Schutz ihrer Gewißheiten einen ganzen Schatz an Erklärungen, Rechtfertigungen, Versprechen und Drohungen zur Hand, die sie sämtlich aufbietet, wenn einmal tatsächlich eine Frage aufgeworfen wird.

## Hüter der Strukturen: die Legitimationen

Die Vorkehrungen zur Wahrung des Gewißheitscharakters nennt man *Legitimationen*.[2] Sie reichen von der schlichten Behauptung, daß man etwas eben so oder so macht, bis zu moralischen, philosophischen und religiösen Erklärungssystemen. Wer also fragt, warum ein Seminar im geschlossenen Raum und nicht unter einem Baum stattfindet, wird die einfache Antwort erhalten, daß das nun einmal hierzulande so Brauch sei. Wer aber den Wert des gesamten Bildungssystems in Frage stellen wollte, bekäme Antworten, die so abstrakte Prinzipien bemühten wie Kultur, Fortschritt, Entwicklung oder das Wohl der Gesellschaft.

Während der längsten Zeit der Menschheitsgeschichte hat die Religion die Hauptlegitimationen zur Erhaltung der Gesellschaft geliefert. Der Mechanismus des religiösen Legitimierens funktioniert denkbar einfach. Die Strukturen und Institutionen der Gesellschaft werden zu Bestandteilen einer Grundordnung des Alls erklärt. Auf diese Weise sind die Routinen der Gesellschaftserfahrung direkt mit dem wahren Wesen der Dinge, so wie es die Götter wollen, verbunden. Im alten Ägypten kam diese Vorstellung im Begriff «ma'at» zum Ausdruck, für den wir keine treffende Übersetzung haben. Gemeint ist so etwas wie «rechte Ordnung». Diese reicht aus der Welt der Götter hinein in die der Menschen und umfängt beide in allumfassender Sinnhaftigkeit. Die Götter regieren die Welt im Einklang mit ma'at, und die Menschen, die in Übereinstimmung mit ma'at leben, haben dadurch Gemeinschaft mit den Göttern. Aber ma'at gilt auch für die institutionellen Einrichtungen der ägyptischen Gesellschaft. Zwar ist der König seine Hauptverkörperung in der Menschenwelt. Alles Befolgen dessen, was Institutionen der Gesellschaft auferlegen, ist jedoch ma'at im weiteren Sinn. Der treue Untertan, gute Vater, fleißige Bauer lebt also nicht nur nach den moralischen Auffassungen der Gesellschaft, sondern auch nach der innersten Ordnung aller Dinge, die den einzelnen mit dem Universum verbindet. Ähnliche religiöse Legitimationen haben alle primitiven und archaischen Gesellschaften, und noch im christlichen Mittelalter bestand ein Bund zwischen Gesellschaft und Kosmos.

## Bedrohung der Gewißheit: eine Quelle der Soziologie

Die merkwürdige Krise der modernen Gesellschaft hat mit der Entflechtung dieser mittelalterlichen Einheit begonnen, das heißt mit der Desintegrierung des Christentums. Die progressive Schwächung der religiösen Fundamente der Gesellschaft hat mit der Moderne eingesetzt und zu einer immer schärferen Krise der Legitimationen geführt. Die Herausforderung der religiösen Legitimationen hat auch die politische Sphäre ergriffen und heute jeden Bereich des institutionalen Systems erreicht. So kommt es, daß der Gewißheitscharakter unserer Gesellschaftserfahrung immer häufiger und rigoroser bezweifelt wird.

Ist der Gewißheitscharakter einer Gesellschaft geschwächt, so wird sie als Ganzes oder teilweise problematisch. Dann fangen die Menschen an, sich Gedanken über gesellschaftliche Angelegenheiten zu machen. Im individuellen Leben können alle möglichen Zufälle oder Unfälle eine solche Lage herbeiführen. Wichtiger sind die Unfälle, die in der Geschichte ganzer Gesellschaften eintreten: Invasionen, Kriege, Bürgerkriege oder auch zu enge Kontakte mit fremden Kulturen. Das alles können Anlässe für die Schwächung des Gewißheitscharakters der Grundstrukturen und Institutionen sein. Menschen aus allen Schichten denken unter solchen Umständen plötzlich über die theoretischen Grundlagen ihrer Gesellschaft nach und kommen manchmal auf ganz neue Ideen für das gesellschaftliche Zusammenleben. Solche Situationen sind der Entwicklung soziologischer und ähnlich gerichteter Reflexionen höchst förderlich.

Ebenso interessant ist auch die Randgruppe – das heißt, eine Gruppe, die von der totalen Teilhaberschaft am gesellschaftlichen Leben ausgeschlossen ist. Ausgebeutete Klassen, ethnische Minderheiten oder Gruppen mit eigenwilligen Gebräuchen und Glaubensvorstellungen haben immer Reflexionen über Gesellschaft angeregt. Die bedeutende Rolle der Juden für die Geschichte der modernen Gesellschaftswissenschaften zeigt, wie ergiebig eine Randgruppenexistenz für gesellschaftliche Erkenntnisse sein kann.

## Gesellschaftliche Schocks und die Geschichte der Gesellschaftstheorie

Das alles ist noch nicht spezifisch neuzeitlich. Schocks für den Gewißheitscharakter der Gesellschaftserfahrung lassen sich in der ganzen abendländischen Geschichte bis zurück in die Antike nachweisen. Aus der Zeit der Unruhen nach dem Ende des alten Reiches in Ägypten existiert ein Gedicht (das also gute viertausend Jahre alt ist), dessen Autor die Umwandlung aller Werte und Gewohnheiten der alten Gesellschaft beklagt und grundsätzliche Betrachtungen über den Sinn des menschlichen Lebens anstellt. Ein berühmtes Beispiel aus der klassischen Antike ist Thukydides, der durch das bittere Erlebnis der Niederlage Athens im peloponnesischen Krieg dazu gebracht wurde, nach dem Sinn der Geschichte und der Gesellschaftsordnung zu fragen. Manche sehen deshalb in ihm den eigentlichen Vater der modernen Soziologie. Im islamischen Mittelalter zeigt sich die Fruchtbarkeit einer Randgruppenexistenz für gesellschaftliches Denken in der Gestalt des Ibn-Khaldun, der in den produktivsten Jahren seines Lebens als Verbannter von Land zu Land wandern mußte. Aufgrund der persönlichen Erfahrung des Fremdseins schrieb er eines der bedeutendsten gesellschaftstheoretischen Werke vor der Neuzeit. Seit dem Zerfall der mittelalterlichen Welt des Abendlandes sind solche Erfahrungen immer häufiger und krasser geworden. Den Ehrentitel «Vater der Soziologie» verdient so mancher Denker der beginnenden Moderne: etwa Francis Bacon, Erasmus, Machiavelli oder Montaigne.

Krisen in der Geschichte entwickelten sich früher langsam. Beginnt die Krise der modernen Gesellschaftserfahrung mit der Desintegrierung des Christentums, so erreicht sie ihren Höhepunkt erst in der Französischen Revolution. Für kurze Zeit hatte der absolute Staat mit seinen Institutionen die Lücke ausfüllen können, die der Zusammenbruch der mittelalterlichen Ordnung hinterlassen hatte. Die glanzvolle Fassade der absoluten Monarchie, die hierarchische Ständeordnung und die Legitimation des Königs aus göttlichem Recht ließen, besonders in Frankreich, eine neue Gewißheitsordnung entstehen, in der Menschen leben konnten. Die großen Denker der Aufklärung in Frankreich und England bezweifelten jedoch Gültigkeit und Legitimität dieser Ordnung. Aber erst die Revolution von 1789, ein Umsturz von monumentalen Ausmaßen, führte zu ihrem Untergang. Die Hinrichtung des Königs war eine blutige und dramatische Ratifizierung dieses historischen Aktes der Zerstörung. Die Revolution und ihre Folgen leiteten eine Krisenperiode ein, in der die Gesellschaftserfahrung des Menschen immer weiter in Frage gestellt, überdacht und unter ganz neuen Perspektiven gesehen wurde. In einem bestimmten, sehr realistischen Sinn ist die Französische Revolution immer noch im Gange. Philosophisch, politisch und ökonomisch war sie nur der Anfang einer Krise, in der wir stecken. Die Geschichte des gesellschaftlichen Denkens seit damals ist im wesentlichen auf sie zurückzuführen. In diesem Sinn steht sie am Anfang der Soziologie als Wissenschaft.

## Die Anfänge der Soziologie: Auguste Comte

Soziologie als wissenschaftliches Fach dieses Namens ist im 19. Jahrhundert, zuerst in Frankreich und – etwas später und ziemlich unabhängig – in Deutschland und Amerika entstanden. In diesen drei Ländern ist dieses Fach auch besonders stark ausgebaut worden. Nach einer Anfangsperiode kann man geradezu von einem klassischen Zeitalter der Soziologie sprechen, das ungefähr von 1890 bis 1930 dauerte. Danach war die eigentliche Grundlagenarbeit getan. Ein großer Teil dessen, was seither in der Soziologie vor sich geht, ist Vertiefung und Verifizierung von Einsichten der bedeutenden Schriftsteller aus der klassischen Zeit. Werfen wir einen kurzen Blick auf diese Entwicklung.

Die Bezeichnung «Soziologie» hat Auguste Comte (1789–1857) geprägt. Er war in erster Linie Philosoph und hat die positivistische Richtung in der Philosophie begründet. Seine Ziele für die Philosophie und das neue Fach Soziologie waren hochgesteckt. Er wollte auf nichts Geringeres hinaus als auf eine Religion der Vernunft, die sowohl die herkömmliche Religion als auch die Ideologie der Französischen Revolution

ausstechen sollte. Im Grunde war Comte ein Konservativer. Ihn schok-
kierte das Chaos, das die Revolution angerichtet hatte, und auch ihre
stürmischen Folgen in Frankreich und anderen Ländern waren nicht nach
seinem Geschmack. Er war ein treuer Anhänger dessen, was man heute
«Recht und Ordnung» nennen würde. Der ursprüngliche Auftrag der
Soziologie war denn auch, die Gesetzmäßigkeiten der Gesellschaftsordnung zu erforschen und damit über Mittel zu verfügen, diese zu erhalten.
Andererseits war Comte in vieler Hinsicht selbst Kind der Aufklärung. Er
war Gegner der Kirche, die er für ein retardierendes Element der Geschichte hielt, und ein glühender Verfechter des Fortschritts und vor
allem der Wissenschaft, auf die er die größten Hoffnungen setzte.

In jungen Jahren war Comte Sekretär von Henri de Saint-Simon,
einem etwas exzentrischen französischen Denker, der eine Art weltlicher
Kirche gegründet hatte. Die Saint-Simonisten betrachteten sich als eine
Art priesterlicher Orden, der zum Hüter des neuen Fortschrittsglaubens
und der Vernunft berufen war. Zu ihren etwas wunderlichen Usancen
gehörte das Tragen von Uniformjacken mit Knöpfen im Rücken, die
niemand ohne Hilfe auf- und zumachen konnte. Ihre Idee war, (auf diese
etwas beklemmende Art) zu demonstrieren, daß Menschen nun einmal
aufeinander angewiesen sind. Comte zerstritt sich später mit Saint-Simon. Beide beschuldigten sich gegenseitig, die Ideen des anderen gestohlen zu haben. Aber der pseudoreligiöse Furor der Saint-Simonisten ist in
Comtes späterem Werk doch noch zu spüren.

Soziologie sollte eine neue Art Theologie werden, befreit von den
übernatürlichen Fallstricken der alten. Sie sollte die neue Königin der
Wissenschaften sein, die theoretischen Erkenntnisse der Menschheit
integrieren und ihr als Anleitung zu praktischem Handeln bei der Erneuerung und Neuordnung der Welt dienen. In einem berühmt gewordenen Ausspruch hat Comte die Aufgabe der Wissenschaft folgendermaßen formuliert: «Wissen, um vorauszusagen, voraussagen, um zu beherrschen.» Bis auf den heutigen Tag ist das das Ideal der Positivisten
nicht nur in der Soziologie.

Vom eigentlichen Inhalt der Comteschen Soziologie hat sich wenig in
die klassische Epoche hinübergerettet. Sein Name erscheint nur selten in
modernen soziologischen Texten, und wenn, dann in Fußnoten, die doch
kein Mensch liest. Noch vor ein paar Jahren lief bei einer Tagung der
amerikanischen Gesellschaft für Soziologie ein ehrfurchtsloser junger
Mann mit dem Namensschild «A. Comte, Gründer» herum, ohne daß
irgend jemand auch nur die Stirn runzelte. Dennoch sind einige Ideen
Comtes gleichsam unterirdisch in die Soziologie der Folgezeit eingegangen.

## Comtes Beitrag: Stadien der Geschichte; «Statik und Dynamik»

Zwei seiner Hauptideen verdienen vor allem Erwähnung. Einmal die, daß die Geschichte sich in drei Stadien vollzogen habe, die er das theologische, das metaphysische und das positive Stadium nennt. Im ersten ließ sich der Mensch, so Comte, von religiösen Täuschungen leiten, im zweiten waren diese schon säkularisiert beziehungsweise Philosophie geworden. Das dritte Stadium war das Zeitalter der Wissenschaft oder, wie Comte hinzufügen würde, der positiven Wissenschaft. Dieses hatte zu seiner Zeit eben begonnen, und er erwartete, daß es allgemeine Aufklärung und die Freiheit von Illusion mit sich bringen würde. Dieses sogenannte «Dreistadiengesetz» ist später nur von wenigen ernst genommen worden. Der Gedanke allerdings, daß der Mensch und seine Gesellschaft sich stufenweise entwickeln, hat sich als besonders hartnäckig erwiesen. Ein anderer folgenreicher Gedanke von Comte war die Aufgliederung des Gegenstands der Soziologie in das, was er Statik und Dynamik nannte. Mit der ersteren meinte er mehr oder weniger stabile Strukturen, die sich ganze Perioden lang kaum verändern, mit der zweiten die Kräfte des Wandels, also Konflikt und Unruhe in der Gesellschaft. In vielerlei Verkleidungen lebt auch diese Idee noch in der modernen Soziologie weiter. Selbst die erlöserische, messianische Funktion, die Comte der Soziologie zugeschrieben hatte, ist von Zeit zu Zeit wieder aufgeblüht, vor allem in Amerika und Frankreich. Der Gedanke hingegen, Soziologie sei die neue Königin der Wissenschaften, hat nur wenig Anklang gefunden. Immerhin überreichte Anfang dieses Jahrhunderts eine Gruppe von Professoren an der Brown University in Providence, Rhode Island, deren Präsidenten ein Memorandum mit dem Vorschlag, die ganze Universität umzuorganisieren und der soziologischen Abteilung zu unterstellen, ein Ansinnen, das begreiflicherweise nicht allzu enthusiastisch aufgenommen wurde. Ungeachtet dessen gibt es noch heute Menschen, die von der Soziologie die entscheidenden Lösungen für alle Probleme, mit denen sich die Gesellschaft auseinandersetzen muß, erwarten. Glücklicherweise haben nur wenige solch exorbitante Hoffnungen; denn sie kann die Soziologie nur enttäuschen.

## Emile Durkheim: Wie ist die gesellschaftliche Ordnung möglich?

In der klassischen Epoche der Soziologie in Frankreich spielt Emile Durkheim (1858–1917) die bei weitem überragende Rolle. Etwa zwanzig Jahre lang hatte er den eigens für ihn geschaffenen Lehrstuhl für Soziologie an der Sorbonne inne. Durkheim hat in dieser Zeit nicht nur die französische Soziologie entscheidend geprägt, sondern weit über alle Fachgrenzen hinaus eine bedeutende Rolle im geistigen und politischen Leben Frankreichs spielen können. An den politischen Krisen in seinem Land hat er aktiv Anteil genommen. Damals, in einer Zeit politischer

Unruhen während der dritten Republik, war Frankreich in zwei politische Lager, die Linke und die Rechte, aufgespalten. Die Linke stand für den unentwegten Glauben an die Ideale der Revolution, die Rechte für den unbesiegten Widerstand gegen diese.

Durkheim identifizierte sich eindeutig mit der Linken, wobei aller- dings gesagt werden muß, daß links zu jener Zeit noch nicht sozialistisch war. Links bedeutete republikanisch, fortschrittlich, antiklerikal. Die Spaltung der französischen Gesellschaft trat durch die berühmte Drey- fus-Affäre offen zutage. Durkheim als Jude (er war Sohn einer ganz alten elsässischen Rabbiner-Familie) spürte den Konflikt noch viel schärfer als andere. Nach dem klaren Sieg der Linken, besiegelt durch die 1905 erfolgte Trennung von Staat und Kirche, wurde Durkheim zu einer wichtigen Figur in politischen und akademischen Kreisen. Als nach 1905 der Religionsunterricht von den staatlichen Schulen verbannt wurde, beauftragte die Regierung Durkheim, eine Kommission zu bilden, die folgende Frage untersuchen sollte: Wie kann man Kindern ohne den herkömmlichen Religionsunterricht Moral beibringen? Durkheim war der festen Überzeugung, daß die Soziologie eine Antwort liefern könne, und er erreichte tatsächlich, daß sie als Hauptfach in den Unterricht eingeführt wurde. So wurde denn Soziologie so etwas wie ein weltlicher Katechismus (ganz ähnlich wie das Fach «Civics» in amerikanischen und «Bürgerkunde» oder «Gemeinschaftskunde» in deutschen Schulen). Hier läßt sich deutlich das Weiterwirken der Ideen Comtes erkennen. Soziologie war jetzt gewiß eine Wissenschaft, aber sie war auch noch mehr, nämlich Bestandteil eines verweltlichten humanistischen Glau- bens, der sich, so hoffte man, direkt und segensreich auf Moral und Politik auswirken würde.

## Mechanischer und organischer Zusammenhalt

Die Periode der französischen Geschichte, in die Durkheims Wirken fiel, stand im Zeichen von Unruhen und Unfrieden. Praktisch-politisch be- faßte er sich ganz direkt mit den Tageswirren, und von dieser biographi- schen Gegebenheit führt eine Verbindung zu seiner theoretischen Hauptfrage. Sie läßt sich sehr einfach formulieren: Wie ist Ordnung in der Gesellschaft möglich? Die Suche nach Antwort auf diese Frage läuft wie ein roter Faden durch sein ganzes Werk und ist das Grundthema schon seines ersten bedeutenden Buches über die Arbeitsteilung. Darin betrachtet er die Gesellschaft unter seiner soziologischen Perspektive. Als Soziologe ist er in der Lage, sagen zu können, daß jede menschliche Gesellschaft Zusammenhalt braucht, das heißt, daß die Menschen sich zusammengehörig fühlen. Der Historiker kennt jedoch ganz verschiede- ne Formen des Zusammenhalts. Durkheim unterscheidet zwei Haupty- pen und nennt sie mechanische und organische Solidarität. Der mechanische Zusammenhalt ist, so Durkheim, typisch für primitive und archaische Gesellschaften, in denen die Menschen unbedingt zusammengehören, vergleichbar etwa der Solidarität, die noch heute in manchen Familien geübt wird. Organischer Zusammenhalt ist dagegen typisch für moderne Gesellschaften. Er ist viel komplizierter, weil die Grundbeziehung nicht einfach Zusammengehörigkeitsgefühl, sondern ein komplexes Gewebe aus vertraglichen Bindungen ist. Eine Gesellschaft, die durch mechanische Solidarität zusammengehalten wird, beruht auf Mitmenschlichkeit und Glauben. Eine Gesellschaft auf der Basis organischer Solidarität wird zusammengehalten durch Recht und Ordnung. Durkheim ging es aber nicht nur darum, diese beiden Typen zu unterscheiden. Er sah vielmehr in der Entstehung des organischen Zusammenhalts einen fundamentalen Zug der modernen Welt und hatte eine ausgesprochene Vorliebe für diesen Typus, den er für ein Ergebnis des Fortschritts hielt.[3]

## «Soziale Fakten sind Sachen» und «kollektives Bewußtsein»

Durkheims einflußreichstes Werk, *Les règles de la méthode sociologique*[4], erschien 1895. Dieses kleine und flüssig geschriebene Buch enthält nicht nur seine Grundauffassungen von der Soziologie als Wissenschaft, sondern auch ein wegweisendes Programm für ihre Arbeit. In seiner Frühzeit hatte Durkheim dauernd Streit mit Vertretern anderer akademischer Fächer (wie Philosophie und Psychologie), die entweder den Nutzen oder die Eigenständigkeit der Soziologie verneinten. Durkheim verteidigte natürlich beides leidenschaftlich. In seinem Buch versuchte er nachzuweisen, daß Gesellschaft eine Wirklichkeit eigenen Rechts ist, die nicht auf psychologische Fakten reduziert werden kann. Das heißt für ihn: «Gesellschaft ist eine Realität *sui generis*.» Dieses Hauptkennzeichen der gesellschaftlichen Wirklichkeit erhellt aus der Tatsache, daß man sie nicht wegwünschen kann. Sie widersetzt sich unseren Vorstellungen und Wünschen, weil ihr eine Objektivität eigen ist, die zwar mit der der Natur nicht identisch, aber doch vergleichbar ist. Durkheim hat das in seinem berühmtesten Ausspruch lapidar formuliert: «Soziale Fakten sind Sachen.» Für eine «Sache» ist es charakteristisch, daß sie außerhalb unserer selbst existieren und uns Widerstand leisten kann. Was sie ist, können wir nicht dadurch erkennen, daß wir in uns hineinblicken. Schon in den *Règles* klingt auch eines der späteren Hauptthemen Durkheims an: die These nämlich, daß Gesellschaft durch das Einverständnis des individuellen Bewußtseins aller einzelnen zustande kommt. Später prägte er dafür den Begriff «kollektives Bewußtsein». Das heißt, daß das Fundament der Gesellschaft Gedanken, Ideen, Konstruktionen des menschlichen Geistes sind.

Eine dramatische Illustration seiner These von der Eigenständigkeit

27

der Gesellschaft ist die Studie über den Selbstmord.[5] Darin ist er den
gesellschaftlichen Ursachen des Selbstmordes nachgegangen, was besonders erregend ist, weil Selbstmord allgemein als eine der individuellsten
und einsamsten Taten gilt, deren allein der Mensch fähig ist. Durkheim
bewies jedoch mit Hilfe der nötigen statistischen Daten, daß der soziale
Hintergrund eines Menschen ausschlaggebend für die Wahrscheinlichkeit eines Selbstmordes ist. Damit hatte er die Determiniertheit individueller Einmaligkeit durch höchst kollektive und abstrakte Faktoren nachgewiesen. Er konnte zum Beispiel aufzeigen, daß es mehr Selbstmorde in
den Städten als auf dem Lande, mehr bei Protestanten als bei Katholiken,
mehr bei geschiedenen oder verwitweten als bei verheirateten Frauen
gab. Diese Diskrepanzen, so argumentierte er, lassen sich nur durch ein
Mehr beziehungsweise Weniger an sozialen Bindungen oder Solidarität
erklären. Im Zusammenhang mit dieser Entdeckung prägte Durkheim
einen seiner eindrucksvollsten Begriffe, den der «Anomie». Der Terminus, der aus dem Griechischen kommt, bedeutet wörtlich Normlosigkeit,
Unordnung. Was Durkheim damit meinte, war ein individueller oder
Gruppenzustand, bei dem es an Solidarität oder gesellschaftlichen Bindungen mangelt. Am denkbar dramatischsten Gegenstand, dem Selbstmord, bewies Durkheim also, daß Solidarität buchstäblich lebensnotwen-
dig ist, daß der Mensch sein Leben ohne sie nicht ertragen kann.

Die eigentliche Krönung seines Lebenswerkes war sein Buch: *Les
Formes élémentaires de la vie réligieuse*, das er 1912, kurz vor seinem
Tod, publizierte. Dieses Buch gehört zu den klassischen Werken der
Religionssoziologie. Es erläutert an vielen Einzelheiten, daß Religion ein
gesellschaftliches Phänomen ist, daß sie also jeweils die Gesellschaft
spiegelt. Im tieferen Sinn beweist Durkheim jedoch, daß umgekehrt
Gesellschaft ein religiöses Phänomen ist, weil sie nämlich im Grunde auf
den Wertsetzungen ihrer Mitglieder beruht. Damit rückt die Soziologie
einmal mehr in die unmittelbare Nachbarschaft der Philosophie. Die
Vision der Gesellschaft, die Durkheim entworfen hat, ist eine Gruppie-
rung von Menschen, zusammengehalten durch Glauben und Werte.

### Die Durkheim-Schule

Durkheim hat nicht nur selbst großen Einfluß ausgeübt, sondern war
auch der Begründer einer allgemein nach ihm benannten Schule. Die
Durkheim-Schule hat die französische Soziologie ungefähr dreißig Jahre
lang beherrscht. In dieser Zeit war französische Soziologie gleichbedeu-
tend mit Durkheimscher Soziologie. Auch in einer ganzen Reihe anderer
Disziplinen, bei denen es um den Menschen geht, waren es Durkheim-
Schüler, die wichtige und einflußreiche Werke publizierten. Das gilt
besonders für Ethnologie (oder auch Kulturanthropologie), Geschichte,
Linguistik, Psychologie und Jurisprudenz. Länger als ein Vierteljahrhun-

dert hat diese Gelehrtengemeinschaft, bei ständigem Kontakt untereinander und angefeuert durch im wesentlichen denselben Bezugsrahmen, einen wahrhaft Achtung gebietenden Bestand an Wissen über den Menschen gesammelt. Diese Informationen und Einsichten sind noch heute keineswegs ausgeschöpft. Die Durkheim-Schule selbst aber hat die dreißiger Jahre nicht überdauert. Das hat die verschiedensten Gründe. Einmal waren viele Durkheim-Schüler Juden, und ihr Kreis wurde während der deutschen Besatzungszeit im Zweiten Weltkrieg grausam dezimiert. Der Hauptgrund ist jedoch wohl die enge Verbindung von Durkheimscher Soziologie und politischer Überzeugung. Der Rationalismus und Optimismus seines Glaubens an die Republik hat den Schrecken des Zweiten Weltkriegs nicht standgehalten. Nach der Befreiung Frankreichs übernahmen entweder Marxisten die französische Soziologie, oder sie geriet unter ausländischen Einfluß, vor allem aus den Vereinigten Staaten. Dennoch ist und bleibt das Werk Durkheims und seiner Schule eine der größten Leistungen in der Geschichte der Soziologie als Wissenschaft.

## Deutsche Antworten auf die Französische Revolution

Die Geschichte der Soziologie in Deutschland ist ganz anders verlaufen, obgleich sie, wenn auch nicht ganz so unmittelbar, ebenfalls als geistiges Echo auf die Französische Revolution angetreten ist. Die gedankliche Brücke bildete hier das allgemeine Problem der Geschichte – die Hauptsorge deutscher Denker im 19. Jahrhundert –, ganz besonders so, wie es sich für die überragenden Geister Marx und Hegel dargestellt hat. Für Hegel hat die Französische Revolution dramatisch und unausweichlich das Problem der Geschichte deutlich gemacht. Trotz des zunehmenden Konservativismus seiner späteren Jahre hat er sie sein Leben lang als entscheidendes und grundsätzlich positives Ereignis für den Fortschritt des menschlichen Geistes betrachtet. Viele Jahre lang brachte er das auf fast religiöse Weise zum Ausdruck: Am Jahrestag des Sturms auf die Bastille zündete er immer eine Kerze an. Dennoch hat Marx sie viel direkter als entscheidenden Ansatz für die Wissenschaften vom Menschen angesehen. Für ihn war die Französische Revolution nur ein Vorgeplänkel zur großen proletarischen Revolution, die kommen mußte und ein neues Menschheitszeitalter einleiten sollte. Am Beispiel der Französischen Revolution konnte er jedoch viele seiner Hauptkonzeptionen entwickeln: den Begriff der Klasse und des Klassenkampfes, die Prädominanz des ökonomischen Faktors in der Geschichte, die Dynamik der Revolution an sich. Das soziologische Denken in Deutschland während seines klassischen Zeitalters hat weitgehend aus Versuchen bestanden, Marx zu widerlegen. So wurde denn die Idee der Soziologie als Wissenschaft selbst eine Alternative zur «Wissenschaft des Sozialismus», wie sie die Nachfolger von Marx verkündet haben. Der eigentliche Antrieb für die deutsche Soziologie war also genau wie für die französische antirevolutionär und konservativ. Das war jedoch in der Folgezeit oft ganz anders.

## Max Weber: Moderne, Kapitalismus und die Rolle der Ideen in der Geschichte

Genau wie in Frankreich dominiert in der deutschen Soziologie der klassischen Zeit eine überragende Persönlichkeit: Max Weber (1864–1920). Außer in seinen letzten Lebensjahren hat er viel weniger unmittelbar als Durkheim am politischen Tagesstreit teilgenommen. Ihm lag das deutsche Ideal der politischen Enthaltsamkeit des Akademikers ursprünglich näher. Auch akademisch ist er zu Lebzeiten längst nicht so erfolgreich wie Durkheim gewesen. Dennoch hat er einen immensen Einfluß auf viele Zeitgenossen ausgeübt, der übrigens nach seinem Tod eher zu- als abnahm. Max Webers eigentliche wissenschaftliche Fragestellung scheint, mindestens auf den ersten Blick, eingeengter als die Durkheims. Er fragte und suchte nach den Ursprüngen des Kapitalismus. Dabei ging er von zwei Überzeugungen aus: einmal davon, daß die moderne Welt eine ganz spezifische Eigenart habe, und weiter davon, daß der Kapitalismus für die Entstehung dieser Welt ausschlaggebend gewesen sei. Webers Frage nach den Ursprüngen des Kapitalismus ist also identisch mit der nach den Grundlagen der modernen Welt. Diese eigentliche Frage hatte jedoch noch eine andere und tiefere Dimension für ihn, die man erst erkennt, wenn man ihn Marx gegenüberstellt. Über die Frage nach dem Ursprung des Kapitalismus hinaus ging es ihm um die Rolle der Ideen in der Geschichte. Marx hatte den Vorrang des ökonomischen Faktors in der Geschichte betont und damit, spezieller, die Abhängigkeit des menschlichen Bewußtseins von dem, was er den ökonomischen Unterbau des gesellschaftlichen Lebens genannt hat. In einer für die Differenziertheit des Marxschen Systems geradezu beleidigenden Vereinfachung haben seine Nachfolger diese Ideen in einen rigiden und einseitigen ökonomischen Determinismus verwandelt, und eben diesen wollte Max Weber widerlegen. Dies tat er, indem er zeigte, wie umgekehrt wirtschaftliche Prozesse abhängen von dem, was sich im menschlichen Geist abspielt, vor allem von Werten und Glaubensvorstellungen.

### «Die protestantische Ethik»: «Innerweltliche Askese»

Webers grundlegendes Werk mit dieser Zielsetzung ist *Die protestantische Ethik und der Geist des Kapitalismus*.[6] Dieses Buch hat einen Gelehrtenstreit entfacht, der nun schon ein halbes Jahrhundert andauert. Weber hat darin den Versuch unternommen, zwischen den Ursprüngen des Kapitalismus und der protestantischen Religion eine Kausalverbindung herzustellen.

Sein Schlüsselbegriff dabei ist das, was er «innerweltliche Askese» nennt, seiner Ansicht nach eine der, wenn auch meistens unbeabsichtigten, Hauptauswirkungen des Protestantismus auf die Gesellschaften der westlichen Welt. Unter innerweltlicher Askese versteht er eine Wendung der Religion von jenseitigen auf diesseitige Angelegenheiten. Dazu hatte Luthers Reformation den ersten Schritt getan, weil Luther die Idee des Berufs verweltlichte. Jedes rechtmäßige Handeln in der Welt ist nach ihm genauso wohlgefällig vor Gott wie das des Priesters, des Mönchs und der Nonne. Aber erst der Calvinismus und seine Folgen ließen, so Weber, die innerweltliche Askese ausreifen. Der Calvinismus erst richtete nämlich das ganze Leben, einschließlich der wirtschaftlichen Aktivität des Menschen, nach einer strengen, religiös motivierten Disziplin aus. Auf geistreiche Weise brachte Max Weber das in Verbindung mit den psychologischen Folgen der Calvinistischen Prädestinationslehre. Calvin selbst hätte zwar nichts ferner gelegen. Aber mit der Zeit betrachteten seine Anhänger den Erfolg in der Welt als Beweis für ihre Erwähltheit. Das heißt, sie zählten sich zu der vergleichsweise kleinen Schar, die Gott zur Erlösung ausersehen hatte. Eines ist in jedem Fall sicher: Der Calvinismus hat die ausdrücklichsten und beständigsten Legitimationen für wirtschaftliches Handeln geliefert, insbesondere für solches, das Disziplin, harte Arbeit und Sparsamkeit verlangt. Diese Ethik der Selbstverleugnung war, nach Max Weber, besonders förderlich für Einstellungen und Praktiken, wie sie zum Kapitalismus gehören. Max Weber argumentierte weiter, daß in der Tat die Länder, die am unmittelbarsten und nachdrücklichsten vom Calvinismus geprägt waren, zugleich auch die Ursprungsgebiete des modernen Kapitalismus in seiner ausgeprägtesten Form waren. Diese Theorie, einerlei ob sie richtig oder falsch ist, hat unser historisches Bild von den Ursprüngen der modernen Welt grundlegend verändert und ist darüber hinaus eines der überzeugendsten Argumente gegen die marxistische Geschichtsauffassung geworden.

## Das Fehlen innerweltlicher Askese

Auf *Die protestantische Ethik und der Geist des Kapitalismus* folgten weitausgreifende Arbeiten auf dem Gebiet der Religionssoziologie.[7] Sie befaßten sich mit den Religionen Indiens, Chinas und des Mittleren Ostens. Zur Zeit seines Todes arbeitete Max Weber an der Soziologie des Islam. Die Anhäufung von Gelehrsamkeit in diesen Werken ist geradezu verblüffend. Einige Spezialstudien haben eine profunde Wirkung auf die Religionssoziologie gehabt, so die Untersuchung des Verhältnisses der Intellektuellen zu den indischen Heilslehren oder die Studie über die chinesische Bürokratie und nicht zuletzt die Darstellung der Prophetie im antiken Judentum. So weit er jedoch auch ausgriff, Max Weber kam immer zu dem zurück, worum es ihm in der Hauptsache ging: zum

Verhältnis zwischen geistigen und ökonomischen Prozessen in der Geschichte. Nachdem er erst einmal den Bund von Religion und Kapitalismus im Westen entdeckt hatte, wurde ihm die gesamte Religionsgeschichte ein gigantisches Versuchsfeld zur Verifizierung dieser seiner Grundthese. Das Hauptinteresse seines Studiums antiker und nichtwestlicher Religionen galt immer wieder dem Fehlen innerweltlicher Askese.

## «Wahlverwandtschaften» zwischen Ideen und Gruppen

Max Weber, das muß betont werden, wollte nicht etwa den ökonomischen Determinismus der Marxisten durch einen religiösen oder ideenverhafteten ersetzen. Im Gegenteil, er betonte immer das Gegenseitigkeitsverhältnis der verschiedenen Faktoren. Der Zentralbegriff, mit dem er dabei arbeitete, war Wahlverwandschaft, womit er meinte, daß in der Geschichte bestimmte Ideen und bestimmte Gruppen einander sozusagen «suchen». Er behauptete also weder, daß die chinesische «Literaten»-Bürokratie ein Produkt des Konfuzianismus gewesen sei, noch daß dieser umgekehrt nur deren Reflex sei. Er bestand vielmehr darauf, daß der Konfuzianismus, was auch die eigentlichen Intentionen des Konfuzius und seiner direkten Nachfolger gewesen sein mögen, ein ethisches und religiöses System war, das dieser typisch chinesischen Klasse ganz besonders entsprach. Es schien ihm, als hätten hier Gruppe und Idee einander der natürlichen Affinität wegen gewählt oder ausgesucht.

In mancher Hinsicht war Max Weber nicht so theoretisch und methodologisch interessiert wie Durkheim. Dennoch hat er entscheidende Beiträge zur Theorie und Methodenlehre der Soziologie geleistet. Dabei handelt es sich im Grunde um Nebenprodukte seiner substantiellen soziologischen Forschungen, ganz besonders in der Religionssoziologie. Das schließt nicht aus, daß sein umfangreichstes Werk theoretisch-systematisch ist: In *Wirtschaft und Gesellschaft*[8] hat er sehr eingehend bestimmte Grundbegriffe der Soziologie entwickelt, die bis heute Gültigkeit haben. Das Werk enthält auch einige bedeutende Spezialuntersuchungen, etwa die über das Wesen der Bürokratie.

Anders als Durkheim war Max Weber nicht der Begründer einer Schule. Das lag zum Teil an Temperamentsunterschieden, aber wahrscheinlich noch mehr an den unterschiedlichen akademischen Systemen in Frankreich und Deutschland. In Frankreich war das akademische und intellektuelle Leben in hohem Maß zentralisiert, was in Deutschland nicht der Fall war. So war Max Weber trotz seines immensen Einflusses eigentlich ganz auf sich gestellt. Das gilt auch für andere Denker der deutschen Soziologie in ihrer klassischen Zeit.

## Georg Simmel: Dyaden, Triaden und die Rolle des Fremden

Nächst Max Weber war wohl Georg Simmel (1868–1918) der bedeutendste unter ihnen. Seine soziologischen Arbeiten sind nur ein Teil eines viel umfassenderen philosophischen und geistesgeschichtlichen Lebenswerks.[9] So ist denn auch sein Hauptbeitrag zur Soziologie in einem Band veröffentlicht, der außerdem noch Arbeiten über ganz verschiedene Themen enthält. Dennoch war sein Einfluß bedeutend und hält immer noch an. Sein Hauptinteresse galt dabei nach seinen eigenen Worten einer «formalen Soziologie». Er stellte sehr grundsätzliche und allgemeine Betrachtungen über das Wesen der gesellschaftlichen Wirklichkeit an, die sich mit ganz verschiedenen historischen Inhalten füllen ließen. In einer berühmt gewordenen Studie untersuchte er den Einfluß der Zahl auf gesellschaftliche Verhältnisse und prägte die Begriffe «Dyade» und «Triade», um typische menschliche Gruppierungsweisen zu kennzeichnen, Gruppen also, die aus zwei oder drei Mitgliedern bestehen. Er analysierte die Unterschiede zwischen solchen Gruppierungen sehr eingehend und legte den größten Wert auf Formulierungen, die jede denkbare Beziehung treffen. In seinem wohl berühmtesten Essay untersuchte er die Rolle des Fremden in der Geschichte, und zwar auch wieder so grundsätzlich, daß seine Analyse auf die verschiedensten Situationen zutrifft.

## Vilfredo Pareto: Eine Systematik des ideologischen Antagonismus

Bevor wir uns der amerikanischen Entwicklung zuwenden, sollten wir eine isolierte und etwas exzentrische Gestalt der europäischen Soziologie wenigstens erwähnen, die nicht zu unterschätzen ist: den italienischen Soziologen Vilfredo Pareto (1848–1923). Ursprünglich Nationalökonom – auf diesem Gebiet hat er wesentliche Beiträge zur Wirtschaftstheorie geliefert –, wendete er sich später der Soziologie zu, weil er davon überzeugt war, daß die Vorstellungen von rationalem Verhalten in der Nationalökonomie das menschliche Verhalten nicht ausreichend erklärten. So entstand ein großes sozialtheoretisches Werk: *Trattato di Sociologia generale*.[10] Obwohl fast überreich an faszinierenden historischen Illustrationen, zeigt das Werk seinen Autor doch als einen originalen soziologischen Denker. Ähnlich wie bei Marx war die Gesellschaft auch für Pareto in erster Linie die Arena von Kampf und Täuschungen. Sein soziologisches Hauptinteresse galt der Politik und den Ideen sowie der Beziehung zwischen beiden. Ausführlich stellte er dar, wie gesellschaftliches Leben in vieler Hinsicht nur möglich ist dank systematischer Illusionen und Mythen, die spezifischen Gruppeninteressen dienen. Anders als Marx hatte Pareto jedoch keine Rezepte zur Gesundung der Gesellschaft anzubieten. Aristokrat von Herkunft und Zyniker von Geblüt, genügte es ihm, den Verrücktheiten der Menschheit in sardonischer Unbeteiligtheit zuzusehen. Paretos Soziologie ist eines der ausgeklügeltsten Systeme in der Geschichte des Fachs. Er hat eine Anzahl von Soziologen aus verschiedenen Ländern beeinflußt, wenngleich sich nur wenige mit seinem System insgesamt identifizieren.

## Amerikanische Soziologie: Probleme der Praxis

Die Soziologie in Amerika hat sich unter ganz anderen Vorzeichen entwickelt als die europäische. Die Gesellschaftserfahrung, aus der heraus sie entstanden ist, hatte wenig zu tun mit den politischen und ideologischen Kontroversen in Frankreich und Deutschland. Amerika hatte seine eigenen Probleme: die einer Gesellschaft von Einwanderern, die sich ziemlich unvermittelt einer stürmischen Industrialisierung und dem rapiden Wachstum der Städte gegenübersahen. Die amerikanische Soziologie war von Anbeginn auf die gesellschaftliche Praxis gerichtet. Sie stand weniger im Zeichen der Politik als der Sozialreform und Sozialfürsorge. Dieser praktische, reformerische Charakter der amerikanischen Soziologie war sehr ausgeprägt. Im Anfang kamen zwar noch theoretische Einflüsse aus Europa herüber, bald aber überwogen ganz ausgesprochen amerikanische Eigenarten.

Anders als in Europa kann man sich in Amerika auch nicht auf einige wenige überragende Forscher einer klassischen Zeit der Soziologie berufen. Aber natürlich hat es auch Leute von Einfluß gegeben, von denen einige auch Schulen begründeten. Zwei wichtige Namen der Frühzeit sind William Graham Sumner (1840–1910) und Thorstein Veblen (1857–1929).

## William Graham Sumner: «Mores» und Ethnozentrismus

Sumner stand unter dem Einfluß des englischen Philosophen Herbert Spencer und gehörte der weitverbreiteten Richtung des Sozialdarwinismus an. Auch Sumner zog aus der biologischen Evolution gesellschaftliche Folgerungen. Zu seinen Lebzeiten war er sehr populär, zum Teil wohl, weil seine Theorien ziemlich genau dem entsprachen, woran die Amerikaner ohnehin glaubten. Sumner meinte, Gesellschaft folge eigenen Evolutionsgesetzen, so daß Staat und Rechtswesen gar nicht weiter einzugreifen brauchten und sollten. Dieser Gedanke entsprach durchaus einem Zeitalter, das noch an den Segen eines hemmungslosen Kapitalismus glaubte und höchst mißtrauisch gegen Eingriffe der Regierung in wirtschaftliche Angelegenheiten war. Sumners erfolgreichstes Buch ist *Folkways*.[11] Es hat viele Jahre lang auf die amerikanische Soziologie eingewirkt. Zwei Begriffe von Sumner, «Mores» (etwa Brauch, Sitte, Gewohnheit, die in die gesellschaftliche Moral eingegangen sind) und Ethnozentrismus (eine durch die eigene Volksgruppenzugehörigkeit bestimmte Weltansicht), sind soziologisches Allgemeingut geworden.

### Thorstein Veblen: Entlarven

Wenn Sumner als der Soziologe des Establishments gelten kann, so war Thorstein Veblen der geborene Rebell. Der Sohn norwegischer Bauern aus dem mittleren Westen hatte erst in der Schule englisch gelernt. Er empfand sich zeitlebens als Außenseiter der amerikanischen Gesellschaft und rebellierte gegen alle ihre Werte, vom Kapitalismus bis hin zur Sexualmoral. Sein Werk ist eines der unvergänglichsten Beispiele für das Grundmotiv des Entlarvens. Sein bekanntestes Buch heißt *The Theory of the Leisure Class*[12] und ist eine höchst boshafte, aber geistreiche Darstellung des Lebensstils der oberen Klassen in Amerika und anderswo. Veblen (der übrigens kaum vom Marxismus oder anderen radikalen europäischen Richtungen beeinflußt war) ist der Begründer einer typisch amerikanischen radikalen und kritischen Variante der Soziologie geworden, die die Kritik an den bestehenden Verhältnissen in der Gesellschaft als nahezu missionarische Aufgabe betrachtet.

### Die Empiristen: Thomas Znaniecki und Park

Erst nach dem Ersten Weltkrieg hat die amerikanische Soziologie jene Eigenart gewonnen, die sie im wesentlichen bis heute kennzeichnet. Der Wendepunkt kam, als sich viele amerikanische Soziologen entschlossen der empirischen Forschung zuwandten und, wenn auch mit Ausnahmen, theoretische Betrachtungsweisen als unpraktisch und im Grunde untauglich über Bord warfen. Der Beginn dieser neuen Periode stimmt ziemlich genau überein mit dem Erscheinen einer sehr weittragenden empirischen Studie im Jahr 1919: W. I. Thomas und Florian Znaniecki, *The Polish Peasant in Europe and America.*[13] Darin werden die Ergebnisse einer jahrelangen Untersuchung über Kultur und Lebensweise polnischer Einwanderer dargelegt, und zwar vor dem Hintergrund ihrer polnischen Heimatkultur. Thema und Methode waren für die neue Atmosphäre im Fach bezeichnend. Sowohl Thomas als auch Znaniecki waren Professoren der Universität Chicago, die in den zwanziger und frühen dreißiger Jahren ohne Frage das Sammelbecken für jede lebendige und neue Richtung der amerikanischen Soziologie wurde. Die sogenannte «Chicago School» vereinte einen ganzen Kreis von Soziologen, die damals in Chicago wirkten. Ihr Hauptinteresse galt der großen Stadt. Forscher wie Robert Park und Louis Wirth haben die Großstadtsoziologie begründet. Sie gaben dem sogenannten «field work», das heißt dem Hinausgehen und Datensammeln, den Vorzug vor dem Hocken in der Studierstube und dem Austüfteln von Theorien. Immer wieder mahnte Park seine Studenten: Macht euch die Hände schmutzig bei der Arbeit!

Die Soziologen von Chicago hatten auch eine besondere Vorliebe für abweichende, abseitsliegende Phänomene. So entstand eine Reihe höchst anschaulicher Monographien über Schattenseiten des Großstadtlebens: über Schlupfwinkel des Verbrechens oder, um an einen berühmten Stummfilm der Zeit zu erinnern, die «freudlose Gasse». Die Schule von Chicago begründete, was sich später Soziologie der Desorganisation oder der Abweichung nannte.

### George Herbert Mead: «Rollentheorie» und «Symbolische Interaktion»

Einen besonders wichtigen Einfluß hatte George Herbert Mead (1863–1931), der mit der Schule von Chicago verbunden war. Die Beziehung zwischen ihm und den Chicagoer Soziologen war recht eigenartig. Mead war nämlich keineswegs Soziologe, sondern lehrte fast während seiner ganzen akademischen Tätigkeit Philosophie an der Universität Chicago. Er selbst hat sich auch nie anders denn als Philosophen betrachtet und ein höchst schwieriges philosophisches Lebenswerk hinterlassen. Dennoch war sein Einfluß auf die amerikanische Philosophie nur gering, während er außerordentlich stark auf Soziologie und Sozialpsychologie einwirkte. Sonderbar ist weiter, daß das Buch, das den nachhaltigsten Einfluß haben sollte, erst nach seinem Tod erschien: *Mind, Self and Society*.[14] Darin hat er sehr eingehend dargestellt, wie das Selbst des Menschen überhaupt erst durch gesellschaftliche Vorgänge geschaffen wird, und nachdrücklich betont, daß der Mensch ohne gesellschaftlichen Kontext gar nicht verstanden werden kann. Einer seiner sozialphilosophischen Schlüsselbegriffe ist Rolle (worauf wir im nächsten Kapitel eingehen wollen). Damit hat er den Grund für die spätere «Rollentheorie» der amerikanischen Sozialpsychologie und Kulturanthropologie gelegt. Sein Einfluß hat bis auf den heutigen Tag eher zu- als abgenommen. Allgemein sieht man in ihm den einflußreichsten Vertreter jener Richtung, die heute in Soziologie und Sozialpsychologie als Schule der «Symbolischen Interaktion» bekannt ist.

### Talcott Parsons und Robert Merton: «Struktureller Funktionalismus»

Zwischen den beiden Weltkriegen gewann die amerikanische Soziologie stetig an Bedeutung und fand allmählich einen anerkannten und hochgeachteten Platz in der akademischen Welt. Die amerikanischen Soziologen entwickelten in dieser Zeit die modernen empirischen und statistischen Forschungsmethoden, Gebiete, auf denen Amerika unbestritten die Führung übernommen hat. Das Interesse an Theorie dagegen war in dieser Zeit gering. Viele amerikanische Soziologen waren sogar stolz auf ihr «Image» als «hartgesottene Empiriker», und erst in den vierziger Jahren regte sich wieder das Interesse an Theorie. Das war vor allem das Verdienst zweier Persönlichkeiten: Talcott Parsons von der Harvard Universität und Robert Merton von der Columbia Universität in New York. Trotz großer Unterschiede in ihrem Denken kann man sie gemeinsam als Begründer einer neuen theoretischen Richtung bezeichnen: des sogenannten strukturellen Funktionalismus. Dieser (ursprünglich von englischen Ethnologen ins Gespräch gebrachte) Ansatz betrachtet die Gesellschaft als ständig bewegtes Gebilde, in dem jeder Teil auf diese oder jene Weise zu allen anderen Teilen in Beziehung steht. Gesellschaftliche Tatbestände lassen sich danach daraufhin untersuchen, ob sie funktional oder dysfunktional für das Ingangbleiben des gesellschaftlichen Ganzen sind. In den fünfziger Jahren war der strukturelle Funktionalismus die dominierende Gesellschaftstheorie in Amerika. Erst in allerjüngster Zeit ist er etwas in den Hintergrund getreten.

## Das soziologische Establishment. Radikale Kritiker und neue Ansätze

In den Jahren nach dem Zweiten Weltkrieg war in Amerika so etwas wie ein soziologisches Establishment entstanden, das heißt, die Soziologie war ein wohletabliertes und hochangesehenes akademisches Fach geworden. Ethos und Kraft bezog sie vor allem aus der empirischen Forschung, die zunehmend komplizierte Methoden anwandte, wozu auch noch der Siegeszug des Computers beitrug. International war die führende Stellung der amerikanischen Soziologie unbestritten. Die Bücher amerikanischer Soziologen wurden überall in der Welt, auch in Europa, eifrig gelesen und übersetzt, und zur richtigen Ausbildung eines Soziologen gehörte, mindestens ein paar Jahre in Amerika studiert zu haben. Die Bedeutung der Soziologie für Amerika war in jenen Jahren nicht unähnlich der der Philosophie für Deutschland im 19. Jahrhundert.

Neuerdings hat sich die Situation etwas gewandelt. In Amerika selbst ist zunehmend Unbehagen am soziologischen Establishment entstanden, das in allerjüngster Zeit scharf und oft ungerecht von der radikalen Linken angegriffen wurde. Aber das Unbehagen an Ansätzen und Atmosphäre der Fachrichtung ist viel weiter verbreitet, und es sind Zweifel über den Nutzen ihrer Erkenntnisse aufgetaucht. Während wir dieses Buch schreiben, ist die amerikanische Soziologie ganz im Fluß, und es läßt sich kaum voraussagen, wohin sie sich wenden wird. Verglichen mit den fünfziger Jahren leben wir in einer Zeit heftiger Diskussionen und Selbstprüfung, die zu einer Belebung dieser Wissenschaft führen kann. Nach der Abhängigkeit von der amerikanischen Soziologie in den Nachkriegsjahren sind auch in Europa, vor allem in Deutschland und Frankreich, neue Ansätze zu beobachten. Selbst marxistische Regierungen haben unlängst eine ganz ungewohnte Toleranz der Soziologie gegenüber zu erkennen gegeben, die sie doch bisher als bloße bürgerliche Ideologie verketzert hatten. Das Ergebnis ist eine bescheidene, aber nicht uninteressante Entwicklung der Soziologie in diesen Ländern, einschließlich der Sowjetunion. Auch international ist die Soziologie also ganz im Fluß und voll erregender neuer Möglichkeiten.

Wir brauchen nicht noch einmal zu betonen, wie skizzenhaft dieser Überblick über die Geschichte der Soziologie ausfallen mußte. Uns ging es zur Hauptsache darum, zu demonstrieren, wie die Soziologie selbst immer wieder auf die fundamentalen Erfahrungen der Gesellschaft, in der sie entstanden ist, zurückgeführt werden muß. Mehr als jede andere Wissenschaft reflektiert sie die gesellschaftlichen Bedingungen, unter denen sie entstand und am Werke ist. Der Soziologe lebt in der Gesellschaft, und sie ist nicht nur sein Forschungsgegenstand, sondern bestimmt auch die Richtung, die seine Forschung nehmen wird.

# 3  Die Mitgliedschaft in der Gesellschaft: Sozialisation

**Säugling und Kleinkind:**
**Nichtgesellschaftliche und gesellschaftliche Komponenten**
Wohl oder übel ist unser aller Anfang die Geburt, und die ersten Erfahrungen, die wir machen, sind die des Säuglings. Wenn wir analysieren, was das bedeutet, stoßen wir auf mancherlei, das offenbar nichts mit der Gesellschaft zu tun hat. Zunächst einmal besteht ein Verhältnis des Säuglings zu seinem eigenen Körper. Er spürt Hunger und Durst, Freude, Behagen und Mißbehagen. Die physische Umgebung wirkt in vielerlei Weise auf den Säugling ein. Er empfindet Licht und Dunkelheit, Hitze und Kälte. Gegenstände verschiedenster Art nehmen seine Aufmerksamkeit in Anspruch. Sonnenstrahlen wärmen ihn, eine schmiegsame Oberfläche macht ihn neugierig, oder er wird, wenn er Pech hat, vom Regen durchnäßt oder von einer Fliege gestochen. Geboren werden heißt eintreten in eine Welt scheinbar grenzenlos reicher Erfahrungen, die zum Teil nichtgesellschaftlich sind. Der Säugling macht natürlich noch keinen solchen Unterschied. Erst in der Rückschau des Erwachsenen lassen sich gesellschaftliche und nichtgesellschaftliche Komponenten frühkindlicher Erfahrung unterscheiden. Hat man sie jedoch erst einmal unterschieden, so wird man feststellen, daß die Gesellschaftserfahrung schon bei der Geburt begonnen hat. Die Welt des Säuglings ist bevölkert mit anderen Leuten. Sehr bald ist er fähig, sie auseinanderzuhalten, und einige werden überwältigend wichtig für ihn. Das Kind interagiert von Anfang an nicht nur mit dem eigenen Körper und der physischen Umgebung, sondern auch mit anderen Menschen. Die Biographie des Individuums ist vom Augenblick der Geburt an die Geschichte seiner Beziehungen zu anderen.

Aber auch die nichtgesellschaftlichen Komponenten frühkindlicher Erfahrung werden von anderen vermittelt und zubereitet, das heißt durch Gesellschaftserfahrung. Hunger und Durst werden nur von anderen gestillt. Behagen oder Unbehagen haben ihre Ursachen meistens im Tun oder Unterlassen anderer. Den Gegenstand mit der schmiegsamen Oberfläche hat wahrscheinlich jemand anders in Reichweite des Säuglings gebracht. Wenn er vom Regen naß wird, so kommt das daher, daß jemand anders den Kinderwagen ohne Verdeck im Freien hat stehen lassen. Auf diese Weise ist die frühkindliche Gesellschaftserfahrung, die sich von anderen Erfahrungselementen unterscheiden läßt, keineswegs eine isolierte Kategorie; denn nahezu jeder Aspekt der kindlichen Welt ist nun einmal verbunden mit anderen Menschen. Das Erlebnis der anderen ist entscheidend für jedes Erlebnis des Kindes. Andere verschaffen ihm die Modelle für die Verarbeitung seiner Welterfahrung, Modelle, ohne die es nie fähig wäre, ein stabiles Verhältnis zur Außenwelt zu gewinnen, und zwar wohlgemerkt nicht nur zur gesellschaftlichen Welt, sondern auch zur physischen Umgebung. Diese Modelle bemächtigen sich sogar des kindlichen Organismus, greifen ein in seine Funktionen. Jene anderen, die seinen Hunger stillen, dringen damit in sein Inneres ein, in der markantesten Form durch einen Zeitplan für die Ernährung. Wenn das Kind zu ganz bestimmten Zeiten gefüttert wird, muß sich sein Organismus auf dieses Modell einstellen. Damit verändern sich seine Funktionen, und schließlich kommt es soweit, daß das Kind nicht nur zur bestimmten Zeit gefüttert wird, sondern eben dann auch Hunger verspürt. Auf diese simple Weise drückt die Gesellschaft dem kindlichen Verhalten ihren Stempel auf. Sie reicht bis in das Kind hinein, weil sie die Funktionen seines Magens organisiert hat. Dasselbe gilt natürlich auch für Ausscheidung, Schlaf und andere organische Vorgänge.

## Füttern oder schreien lassen? Eine Sache des sozialen Ortes

Einige dieser gesellschaftlich geprägten Modelle hängen natürlich von den Erwachsenen ab, die das Kind betreuen. Die eine Mutter füttert ihr Kind, sobald es schreit, ohne Rücksicht auf irgendeine Zeit. Vielleicht hat sie besonders empfindliche Trommelfelle, oder sie ist so verliebt in ihr Kind, daß sie es auch nicht für kurze Zeit darben lassen will. Meistens jedoch ist die Entscheidung, ob ein Kind auf Verlangen oder nach einem Zeitplan gefüttert wird, gar kein eigener Beschluß seiner Mutter, sondern diese richtet sich nach dem einschlägigen Modell ihrer Gesellschaft, die sie gelehrt hat, eben dieses für das einzig richtige zu halten. Daraus läßt sich etwas Wichtiges folgern: Gewiß erlebt das Kind sein Verhältnis zu anderen nur in einer eng umgrenzten Mikrowelt. Es bemerkt erst viel später, daß diese vor dem Hintergrund einer unendlich viel weiteren Makrowelt steht. Vielleicht ist es darum zu beneiden. Aber die unsichtbare Makrowelt, die es noch nicht kennt, hat ihm alle Erlebnisse in seiner Mikrowelt vorweg bestimmt. Wenn die Mutter zum Beispiel den strengen «Futterfahrplan» aufgibt und zum Füttern auf Verlangen übergeht, ahnt das Kind natürlich nicht, daß es diese erfreuliche mütterliche Wandlung ganz jemand anderem verdankt. Es ahnt nicht, daß die Mutter sachkundigem Rat folgt und damit etwa die Vorstellungen von Akademikerfrauen übernimmt. Im Grunde ist es also gar nicht so sehr die Mutter, die in das physiologische System des Kindes eingreift, sondern ein unsichtbares Kollektiv. Man kann aber auch noch einen anderen Schluß ziehen. Wenn die Mutter nicht zu den Akademikerinnen, sondern zur Arbeiterklasse gehört, schreit das Kind wahrscheinlich umsonst zur unrechten Zeit nach Nahrung. Die Mikrowelten frühkindlicher Erfahrungen sind also verschieden je nach der Makrowelt, von der sie sich abheben. Frühkindliche Erfahrung ist abhängig vom gesellschaftlichen Ort. Diese Relation gilt genauso für die spätere Kindheit, die Jugend, ja, schließlich für jedes Lebensstadium.

Der Futterfahrplan ist ein gutes Beispiel für das, worauf wir hinauswollen, weil er so viele Variationsmöglichkeiten zuläßt. Man kann nach genauem Zeitplan oder auf Verlangen füttern, Brust oder Flasche geben, und schließlich kann man auch ganz verschieden entwöhnen. Die Unterschiede sind groß, nicht nur je nach Gesellschaft, sondern auch nach Klassen in ein und derselben Gesellschaft. In Amerika etwa waren Mütter aus dem Mittelstand früher entschieden für die Flasche. Später führten sie eine Kampagne für die Muttermilch. So hat tatsächlich der Einkommensstand der Eltern darüber entschieden, ob ein Kind die Brust seiner Mutter oder die Flasche bekam.[1] Auch die Unterschiede in ganzen Gesellschaften sind auf diesem Gebiet beträchtlich. In der Mittelstandsfamilie der westlichen Welt bestand, bevor die Experten das Füttern auf Verlangen befürworteten, ein strenges Reglement der Zeitpläne. Der Säugling wurde zur festgesetzten Stunde gefüttert, und wirklich nur dann. In der Zwischenzeit ließ man ihn schreien. Für diese Praxis hatte man natürlich entsprechende Rechtfertigungen. Sie war nicht nur bequem, sondern angeblich auch die beste für die Gesundheit des Kindes. Betrachten wir jedoch einmal zum Unterschied die Säuglingsernährung bei den Gusi in Kenia.[2] Die Gusi kennen überhaupt keine planmäßige Ernährung. Die Mutter stillt ihr Kind, sobald es schreit. In der Nacht schläft sie nackt unter einer Decke mit dem Kind im Arm. Das Kind hat also immer Zugang zur Brust der Mutter.

Wenn die Mutter arbeitet, trägt sie das Kind auf dem Rücken, oder jemand anders geht neben ihr her und trägt es ihr. Auch dann wird das Kind so schnell wie möglich gestillt, wenn es schreit. Die Faustregel ist, daß es nicht länger als fünf Minuten schreien darf, bis es gestillt wird. Gemessen an unseren festen Zeitplänen ist das doch wirklich ein ziemlich «entgegenkommendes» Verhalten.

Die Gusis haben jedoch noch andere Ernährungspraktiken, die man mit gemischten Gefühlen zur Kenntnis nimmt. Schon ein paar Tage nach der Geburt bekommt das Kind als Ergänzung zur Brustnahrung eine Schleimsuppe. Die exakten Angaben beweisen, daß das Kind davon nicht gerade entzückt ist. Das hilft ihm aber gar nichts. Es wird mit Gewalt gefüttert. Das geschieht in der wenig «entgegenkommenden» Weise, daß die Mutter ihm die Nase zuhält. Wenn es dann zum Atmen den Mund aufmacht, wird ihm die Schleimsuppe hineingegossen. Auch ist die Mutter im Unterschied zu anderen wenig zärtlich mit dem Kind. Sie hätschelt es nur selten, vielleicht um bei Zuschauern keine Eifersucht aufkommen zu lassen. Praktisch bedeutet das jedoch, daß das Kind mehr

Zuneigung von anderen erfährt als von der eigenen Mutter. So gibt es also auch Aspekte der frühkindlichen Erziehung bei den Gusis, die uns im Vergleich mit westlichen Manieren ziemlich hart erscheinen. Andererseits beweisen die Gusi, wenn es zur Entwöhnung kommt, wieder einen hohen Grad von «Entgegenkommen». Während in der westlichen Welt die Mehrzahl aller Kinder mit sechs Monaten von der Brust auf die Flasche umgewöhnt wird, entwöhnen Gusi-Mütter ihre Kinder erst mit 22 Monaten.

## Reinlichkeitserziehung: «Busch» oder «Eingebung»?

Ein anderer Bereich kindlichen Verhaltens, dem in drastischer Weise gesellschaftliche Modellvorstellungen eingepflanzt werden, ist die Erziehung zur Reinlichkeit. Primitive Gesellschaften haben in dieser Hinsicht keine Probleme. Die allgemeine Regel ist, daß Kinder, sobald sie laufen können, den Erwachsenen in den Busch oder an einen anderen, von der Allgemeinheit zur «Toilette» bestimmten Ort folgen. Besonders einfach ist das im heißen Klima, wo Kleinkinder wenig oder gar keine Kleidung tragen. Bei den Gusi besteht die ganze Reinlichkeit in der ziemlich einfachen Maßnahme, dem Kind beizubringen, sein Geschäft außerhalb der Behausung zu verrichten. Im Durchschnitt ist es ungefähr mit 25 Monaten soweit, bei einer Lernzeit von etwa einem Monat. Noch unproblematischer ist das Wasserlassen. Kleine Kinder tragen keine Unterwäsche, so daß keine Gefahr der Verschmutzung von Kleidern besteht. Die Kinder werden zur Rücksichtnahme bei der Ausübung dieser Funktionen angehalten. Dazu genügt offenbar, daß sie die Erwachsenen nachahmen. Drohungen und Zwang scheinen überflüssig zu sein.[3]

Reinlichkeitserziehung ist dagegen bei den Gesellschaften des Westens eine problematische Angelegenheit. (Wenn Freud ein Gusi gewesen wäre, hätte er der Reinlichkeitserziehung schwerlich einen so wichtigen Platz in seiner Theorie der kindlichen Entwicklung eingeräumt.) Bei einem Vergleich der amerikanischen mit der Gusi-Gesellschaft ist leicht ersichtlich, warum Reinlichkeit in Amerika ein größeres Problem ist. Zunächst einmal tragen Kinder eine Menge Kleidungsstücke, die Toilette mit ihrem technischen Zubehör ist für kleine Kinder schwierig zu benutzen, und der «Busch» liegt leider in unerreichbarer Ferne. So sind denn Drangsale, Erfolg und Versagen bei der Reinlichkeitserziehung ein beliebtes Unterhaltungsthema amerikanischer Mütter. In einer neueren Studie,[4] bei einer Neu-England-Gemeinde durchgeführt, wird von erstaunlich vielen Strafen für Kinder berichtet, die nicht erwartungsgemäß auf die Reinlichkeitserziehung reagierten. Sie reichten vom Reiben der Nase im eigenen Kot bis zur Verwendung von Zäpfchen oder Klistieren, um das Kind an Regelmäßigkeit zu gewöhnen. (Tatsächlich gab ein Viertel bis ein Drittel der befragten Mütter zu, daß sie solche Praktiken anwendeten.) Da kleine Kinder Klistiere offenbar gründlich verabscheuen, genügte allein die Drohung damit, sie dazu zu bringen, ihr Geschäft zu machen, wann die Mutter wollte.

Ein Gusi-Soziologe, der aus diesem Material schließen sollte, daß Reinlichkeitserziehung in Amerika besonders «barbarisch» sei, würde sich sehr irren, wenn er den Schluß für andere Bereiche kindlichen Verhaltens verallgemeinerte. Amerikaner hegen zum Beispiel die Überzeugung, daß Kinder unaufhörlich Bewegung haben wollen, was heute sogar in den unteren Schulklassen berücksichtigt wird. Franzosen sind ganz anderer Ansicht.[5] In einer neueren Studie über französische Erziehungsbräuche zeigt sich ein amerikanischer Beobachter beispielsweise äußerst erstaunt darüber, daß französische Kinder elegant aufgeputzt in den Park zum Spielen geführt werden und geschickt vermeiden, sich schmutzig zu machen. Amerikanische Kinder in solcher Lage schaffen es «spielend», sich in Kürze über und über mit Schmutz zu bedecken. Dieser Unterschied erklärt sich aus der vergleichsweisen Unbeweglichkeit der kleinen Franzosen, die der Amerikaner schon bei Kindern zwischen zwei und drei Jahren konstatierte. Er war erstaunt, wie lange sie absolut stillsitzen konnten. In der erwähnten Studie wird übrigens von einem französischen Kind berichtet, das der Lehrer zum Schulpsychologen schickte, bloß weil es in der Klasse nicht stillsaß. Der französische Lehrer, dem ein solches Benehmen ganz fremd war, meinte, das Kind könne nur krank sein. Ein Grad von Bewegungsdrang, den Amerikaner für selbstverständlich halten, wirkte also in Frankreich als geradezu pathologisch.

## Sozialisation: Aus relativen werden absolute Verhaltensmodelle

Der Vorgang, in dem ein Mensch lernt, daß und wie er zur Gesellschaft gehört, wird Sozialisation genannt: ein Begriff mit vielen Aspekten. Alle bisher besprochenen Vorgänge gehören zur Sozialisation. In diesem Sinn ist sie die Einprägung gesellschaftlicher Verhaltensmodelle. Diese greifen, wie wir zu zeigen versucht haben, sogar in die physiologischen Funktionen des Organismus ein. Demnach ist die Sozialisation, und ganz besonders die frühkindliche, eine außerordentlich mächtige und wichtige Gegebenheit im Leben jedes einzelnen. Für den Betrachter von außen sind, wie wir gesehen haben, die Verhaltensmodelle, die dem Kind eingeprägt werden, höchst relativ. Sie hängen nicht nur ab von persönlichen Eigenschaften der Erwachsenen, die für uns sorgen, sondern auch von den verschiedenen gesellschaftlichen Gruppierungen, denen diese Erwachsenen angehören. Das Verhaltensmuster für ein Kind wird also nicht nur davon bestimmt, ob es Gusi oder Amerikaner ist, sondern auch davon, ob es in den amerikanischen Mittelstand oder die Arbeiterklasse hineingeboren wurde. Vom Kind aus gesehen wirken diese Verhaltensmodelle jedoch absolut und werden als absolut erfahren. Es spricht einiges dafür, daß das Kind, wenn das nicht so wäre, verstört würde und in seiner Sozialisation keine Fortschritte machte.

Die Absolutheit der Verhaltensvorschriften für das Kind beruht auf zwei einfachen Tatsachen, der großen Übermacht der Erwachsenen in der gemeinsamen Situation und der Unkenntnis des Kindes von Alternativmodellen. Die Psychologen schwanken in ihren Ansichten, ob ein Kind in diesem Lebensstadium das Gefühl hat, die Eltern in der Hand zu haben (weil sie im allgemeinen auf seine Bedürfnisse anspringen), oder ob es sich ständig von ihnen bedroht fühlt (weil es so abhängig von ihnen ist). Wie dem auch sei, objektiv gesehen sind die Erwachsenen ohne Frage die mächtigeren. Das Kind kann sich ihnen allerdings widersetzen, aber jeder derartige Konflikt endet aller Wahrscheinlichkeit nach mit einem Sieg der Erwachsenen. Sie verfügen über die Belohnungen, die das Kind sich wünscht, und über die Strafen, vor denen es sich fürchtet. Die einfache Tatsache, daß die meisten Kinder nun einmal sozialisiert werden, beweist allein schon diese Behauptung. Zugleich liegt offen zutage, daß das Kind noch keine Alternativen zu den Modellen kennt, die ihm eingeprägt werden. Die Erwachsenen bieten ihm eine Welt – für das Kind ist es *die* Welt. Erst viel später entdeckt es Alternativen zu dieser besonderen Welt. Es merkt, daß die Welt seiner Eltern in Raum und Zeit relativ ist und daß es ganz andere Verhaltensmodelle geben kann. Erst dann gewahrt der einzelne die Relativität gesellschaftlicher Modelle und sozialer Welten – im Extremfall kann ihn das dazu bestimmen, Soziologe zu werden.

## Initiation: *Die* Welt des Kindes wird *seine* Welt

Man kann die Sozialisation sozusagen von einem «Polizistenstandpunkt» aus betrachten, also in erster Linie als auferlegte Kontrollen, die sich auf ein System von Belohnung und Strafe stützen. Es gibt aber auch noch eine andere, wenn man will, humanere Interpretation, wenn man die Sozialisation nämlich als Prozeß der Initiation betrachtet, während dessen das Kind sich entfalten und sein Wesen in die ihm erreichbare Welt ausweiten kann. Aus dieser Sicht gehört Sozialisation zur Menschwerdung und Verwirklichung der im Individuum angelegten Möglichkeiten. Sozialisation ist die Einführung in eine soziale Welt, ihre vielen Interaktionsmöglichkeiten und Sinnsetzungen. Die soziale Welt der Eltern steht dem Kind zunächst gegenüber als äußere, übermächtige und geheimnisvolle Wirklichkeit. Im Lauf der Sozialisation wird ihm diese Welt begreiflich. Das Kind betritt sie und ist fähig, an ihr teilzuhaben. Sie wird *seine* Welt.

## Sprache, Denken, Reflexion und Widerspruch

Das eigentliche Vehikel der Sozialisation, vornehmlich in ihrem zweiten Aspekt, ist die Sprache. Wir werden uns später ausführlicher mit Sprache beschäftigen. Hier wollen wir nur betonen, wie entscheidend sie für das Gelingen der Sozialisation ist und über diese hinaus für jegliche Teilhabe an der Gesellschaft. Durch die Aneignung der Sprache lernt das Kind, gesellschaftlich gemeinte Bedeutungen aufzunehmen, sich zu merken und seinerseits mitzuteilen. Es ist fähig, abstrakt zu denken, das heißt, sein Geist kann sich allmählich über die jeweils unmittelbare Situation hinaus bewegen. Die Aneignung der Sprache befähigt das Kind auch zur Reflexion. Es reflektiert hinter ihm liegende Vorkommnisse und integriert sie in einen sich immer mehr ausweitenden Sinnzusammenhang. Die erlebte Gegenwart wird ständig im Hinblick auf diesen Zusammenhang interpretiert, und zukünftige Erfahrung ist nicht nur vorstellbar, sondern kann auch vorausgeplant werden. Mit zunehmender Reflexion wird das Kind sich seiner als Selbst bewußt, und zwar im wörtlichen Sinn von Re-flexion, das heißt einer Rückwendung seiner Aufmerksamkeit aus der Außenwelt auf sich selbst.

Es ist ganz einfach und bis zu einem gewissen Grad auch richtig, wenn man sich die Sozialisation als einen Formgebungs- und Bildungsprozeß vorstellt. Das Kind wird tatsächlich durch die Gesellschaft geformt und so zurechtgebildet, daß sie es als zugehörig und an ihr beteiligt anerkennen kann. Aber man darf sich das auf keinen Fall als einen einseitigen Prozeß vorstellen. Das Kind, und schon das Kleinkind, ist nicht etwa ein passives Opfer seiner Sozialisation. Es widerstrebt ihr, hat Teil an ihr, arbeitet mit in verschiedenen Graden. Sozialisation ist insofern ein reziproker Prozeß, als nicht nur der Sozialisierte, sondern auch der Sozialisator von ihr betroffen wird. Im Alltagsleben läßt sich das leicht beobachten. Gewöhnlich gelingt es den Eltern mehr oder weniger, ihr Kind den allgemeinen, in der Gesellschaft etablierten und von ihnen selbst gewünschten Modellen entsprechend zu formen. Aber auch sie selbst verändern sich durch diese Erfahrung. Die Fähigkeit des Kindes zur Reziprozität, das heißt seine selbständige Reaktion auf die Welt und die anderen Menschen, die in ihr leben, wächst in unmittelbarem Verhältnis zu seinem Sprachvermögen. Ganz wörtlich beginnt das Kind, den Erwachsenen zu widersprechen.

So sollte man denn auch die Grenzen der Sozialisation im Auge behalten, die ganz einfach durch den Organismus des Kindes gegeben sind. Ein Kleinkind von durchschnittlicher Intelligenz kann man aus einer beliebigen Weltgegend holen und zum Mitglied etwa der amerikanischen Gesellschaft sozialisieren. Jedes normale Kind kann englisch lernen. Jedes normale Kind kann die Werte und Modelle, die an die englische Sprache in Amerika geknüpft sind, annehmen. Vielleicht kann

auch jedes normale Kind ein musikalisches Notensystem lernen. Aber
nicht jedes normale Kind kann ein musikalisches Genie werden. Wenn
diese Möglichkeit nicht schon in seinem Organismus angelegt ist, stößt
jede Anstrengung der Sozialisation in dieser Hinsicht auf seinen harten
und unüberwindlichen Widerstand. Der gegenwärtige Stand der Forschung (besonders der Humanbiologie) gestattet uns noch nicht, die
Grenzen der Sozialisation genau festzulegen. Wo sie jedoch auch liegen
mögen, wir müssen uns immer bewußt sein, daß sie existieren.

## Die Aneignung von Haltung und Rolle des anderen

Welches sind die Mechanismen, nach denen sich die Sozialisation abspielt? Der Grundmechanismus ist ein Prozeß des Interagierens und
Sich-Identifizierens mit anderen. Der entscheidende Schritt dazu ist
getan, wenn das Kind gelernt hat (nach der Terminologie von Mead), die
Haltung des anderen einzunehmen.[6] Das bedeutet, daß das Kind nicht
nur lernt, eine bestimmte Einstellung an einer anderen Person zu bemerken, sondern auch, sie selbst zu übernehmen. So beobachtet es beispielsweise bei bestimmten Anlässen, etwa, wenn es sich schmutzig macht,
Anzeichen von Ärger bei seiner Mutter. Ihre ärgerliche Stimmung
kommt aber nicht nur – in Wort und Geste – zum Ausdruck, sondern
vermittelt auch einen gemeinten Sinn, nämlich, daß es verkehrt ist, sich
schmutzig zu machen. Das Kind imitiert zunächst nur den Ausdruck
dieser mütterlichen Haltung, mit und ohne Worte. Aber in diesem
Vorgang der Interaktion und Identifikation eignet es sich zugleich ihren
Sinn an. Diese besondere Phase der Sozialisation ist erfolgreich abgeschlossen, wenn das Kind gelernt hat, auch sich selbst gegenüber diese
Haltung einzunehmen, sogar wenn die Mutter abwesend ist. Man kann
oft beobachten, wie Kinder ganz allein «Mutter spielen». Sie weisen sich
selbst zurecht für ein Zuwiderhandeln gegen die Regeln der Reinlichkeitserziehung und führen manchmal eine richtige kleine Satire auf, wenn
sie nachmachen, wie sich die Mutter in solchen Fällen aufführt. Schließlich brauchen sie dann die «Aufführung» gar nicht mehr. Die betreffende
Haltung hat sich fest im Bewußtsein angesiedelt, und das Kind kann sich
wortlos, also ohne sie aufzuführen, an sie «halten». Ähnlich lernt das
Kind auch, die Rolle des anderen zu übernehmen. Für unseren derzeitigen Zweck genügt es, den Begriff Rolle einfach als kohärente und immer
wiederkehrende Haltungsfolge nach einem fixierten Modell zu definieren. Die Mutter nimmt dem Kind gegenüber also nicht nur bestimmte
Haltungen ein, sondern diese gehören zu einer vorgeformten Gesamt-
haltung, die man als die «Mutterrolle» bezeichnen kann. Das Kind lernt
also nicht nur, Haltungen, sondern auch Rollen zu übernehmen. Dabei
ist das Spiel ein besonders wichtiges Element des Lernprozesses. Wir alle
haben sicher schon Kinder gesehen, die Eltern, ältere Brüder oder Schwe-

stern spielen und später dann Polizisten, Cowboys oder Indianer. Das ist nicht nur für das Lernen dieser spezifischen Rollen wichtig, sondern das Kind bringt sich dadurch bei, *irgendeine* Rolle zu spielen. Deshalb kommt es auch gar nicht darauf an, daß es ja Cowboy oder Indianer schwerlich werden kann. Durch das Spielen auch solcher Rollen lernt es vor allem ein stets wiederholbares Modellverhalten kennen. Es geht nicht darum, daß es Indianer werden soll, sondern darum, daß es überhaupt lernt, wie Rollen gespielt werden.

## Sozialisation: vom «signifikanten» zum «generalisierten» anderen

Über diese allgemeine Funktion des «Rollen-Spielens» hinaus vermittelt derselbe Prozeß auch «wirklich» gemeinten gesellschaftlichen Sinn. Wie amerikanische Kinder die Rolle des Polizisten spielen, hängt ganz davon ab, was er für ihre eigene Umwelt bedeutet. Für ein weißes Kind aus einer bürgerlichen Wohnsiedlung ist der Polizist eine Autoritätsperson und ein Beschützer, an den man sich bei etwaigen Schwierigkeiten wenden kann. Für ein schwarzes Kind aus der Innenstadt ist diese Rolle mit Feindseligkeit und Gefahr verbunden. Es fühlt sich von ihm bedroht statt beschützt und läuft lieber vor ihm davon als zu ihm hin. Auch die Rollen des Cowboys und des Indianers sind in weißen Wohnstädten mit ganz anderem Sinn versehen als beispielsweise im Indianerreservat.

Sozialisation spielt sich in ständiger Interaktion mit anderen ab. Aber nicht alle anderen, mit denen ein Kind zu tun hat, sind für seine Sozialisation gleich wichtig. Einige haben eindeutig ganz zentrale Bedeutung. Bei den meisten Kindern sind das die Eltern und etwaige Geschwister. Oft kommen auch noch Großeltern, nahe Freunde der Eltern und Hausangestellte dazu. Andere Leute stehen nicht so im Vordergrund. Ihre Funktion für die Sozialisation ist so etwas wie ein Hintergrundgeräusch. Zu ihnen gehören alle Gelegenheitsbekanntschaften, vom Milchmann bis zu einem Nachbarn, den man nur selten sieht. Wenn man sich die Sozialisation wie ein Drama im griechischen Theater vorstellt, kann man einige Menschen mit den *dramatis personae*, andere mit dem Chor vergleichen.

Die *dramatis personae* der Sozialisation nennt Mead «signifikante andere». Es sind die Menschen, mit denen das Kind am häufigsten zusammen ist und zu denen es die stärkste Gefühlsbeziehung hat. Ihre Haltungen und Rollen sind für seine eigene Situation ausschlaggebend. Für alles, was mit dem Kind geschieht, ist wichtig, wer oder was seine signifikanten anderen sind. Dabei ist nicht nur an ihre persönlichen Eigenschaften und Eigenheiten, sondern vor allem an ihren Ort in der Gesellschaft zu denken. In den Frühphasen der Sozialisation übernimmt das Kind alle Rollen, die es spielt, von ihnen. In keineswegs übertragenem Sinn *sind* sie die Welt des Kindes. Je weiter die Sozialisation fortschreitet, desto mehr bemerkt das Kind, daß die Haltungen und Rollen in seiner sozialen Welt auf eine viel größere Wirklichkeit bezogen sind. Es entdeckt, daß nicht nur die Mutter böse wird, wenn es sich schmutzig macht, sondern daß auch andere signifikante oder nichtsignifikante andere, ja, die Erwachsenen überhaupt das gar nicht mögen. Auf diese Weise erkennt das Kind seine Verbundenheit nicht nur mit den eigenen signifikanten, sondern über sie hinaus mit einem «generalisierten anderen» (wieder ein Terminus von Mead), der die Gesellschaft als solche repräsentiert. Dieser entscheidende Entwicklungsschritt bildet sich in der Sprache ab. In der Frühphase der Sozialisation sagt sich das Kind: Mami will nicht, daß ich mich schmutzig mache. Nach Entdeckung des generalisierten anderen wird daraus die Feststellung: Man macht sich nicht schmutzig. Die persönlichen Befehle und Verbote individueller anderer entpuppen sich als allgemeine Normen.

## Internalisierung, Gewissen und die Entdeckung des Selbst

Jetzt verstehen wir auch, warum der Terminus «Internalisierung» oft als Synonym für Sozialisation verwendet wird. Gemeint damit ist, daß das kindliche Bewußtsein die soziale Welt mit ihren vielen Sinnsetzungen internalisiert. Was es vorher als außerhalb seiner selbst erfahren hatte, kann es jetzt ebensogut in sich selbst vorfinden. In einem komplizierten Prozeß der Reziprozität und Reflexion wird eine gewisse Symmetrie zwischen der Innenwelt des einzelnen und der gesellschaftlichen Außenwelt errichtet, in die hinein er sozialisiert wird. Das Phänomen, das wir gewöhnlich Gewissen nennen, beleuchtet das am klarsten. Gewissen ist letztlich in der Essenz die Internalisierung (oder vielmehr die internalisierte Präsenz) moralischer Befehle und Verweigerungen, die ursprünglich von außen her gekommen sind. Es hat alles damit angefangen, daß irgendwann im Verlauf der Sozialisation ein signifikanter anderer gesagt hat: «Tu das!» oder «Laß das!». Mit fortschreitender Sozialisation hat das Kind sich mit diesen Moralvorstellungen identifiziert. Indem es sich mit ihnen identifizierte, internalisierte es sie. Irgendwann auf diesem Weg hat es zu sich selbst gesagt: «Tu das!» oder «Laß das!» – vielleicht nahezu mit dem gleichen Sinn, mit dem es das früher von seiner Mutter oder irgendeinem signifikanten anderen gesagt bekommen hat. In der Stille hat sein Selbst sich dann dieser Vorstellungen bemächtigt. Und schließlich ist es das Gewissen des einzelnen geworden, das zu ihm spricht.

Man kann auch das wieder verschieden angehen. Man kann die Internalisierung von dem aus betrachten, was wir oben den «Polizistenstandpunkt» genannt haben, und das wäre ganz richtig. Wie das Beispiel des Gewissens deutlich zeigt, hat Internalisierung etwas mit der Kontrolle des eigenen Verhaltens zu tun. Sie macht es möglich, daß derartige

Kontrollen fortwährend und ökonomisch vorgenommen werden. Es wäre sehr kostspielig, vielleicht unmöglich für die Gesellschaft, dem einzelnen ständig andere Leute beizugesellen, die sagen: «Tu das!» oder «Laß das!». Wenn der einzelne diese Vorschriften erst einmal in sein Bewußtsein internalisiert hat, bedarf es nur noch gelegentlicher Bekräftigungen von außen. Meistens halten die meisten sich selbst unter Kontrolle. Aber das ist nur eine Weise, das Phänomen anzugehen. Internalisierung kontrolliert den einzelnen nicht nur, sie eröffnet ihm auch eine ganze Welt. Internalisierung ermöglicht dem einzelnen nicht nur die Teilhabe an der gesellschaftlichen Außenwelt, sondern befähigt ihn auch zu einem reichen Innenleben. Nur durch Internalisierung der Stimmen anderer können wir mit uns selbst sprechen. Hätte uns nie jemand signifikant von außen her angesprochen, so würde auch in unserem Inneren Schweigen herrschen. Nur durch andere können wir zu uns selbst finden. Ja, noch spezifischer, nur durch signifikante andere bekommen wir auch ein signifikantes Verhältnis zu uns selbst. Unter anderem deshalb sollte man vorsichtig bei der Wahl seiner Eltern sein.

## «Noch ein Kind» – Biologisches Wachstum und Lebensstadien

Natürlich besteht eine gewisse Parallelität zwischen biologischem Wachstum und Sozialisation, und sei es nur, daß das Wachstum des Organismus der Sozialisation Grenzen setzt. So wäre es beispielsweise sinnlos, wollte eine Gesellschaft, daß ein einjähriges Kind Fremdsprachen oder ein zweijähriges Rechnen lernte. Ein großer Irrtum wäre jedoch zu glauben, daß die gesellschaftlichen Stadien des Lebenslaufes mit den biologischen zusammenfallen müßten. Das gilt für alle Lebensstadien, auch für die Kindheit. Kindheit ist ganz verschieden strukturierbar, nicht nur durch die Festsetzung ihrer Dauer, sondern auch durch das, was von ihr erwartet wird. Zweifellos kann der Biologe Kindheit aufgrund der organischen Entwicklung definieren, und der Psychologe kann Ähnliches aufgrund der geistigen Entwicklung tun. Im Rahmen dieser biologischen und psychologischen Grenzen ist der Soziologe jedoch befugt, die gesellschaftliche Konstruktion von Kindheit zu betonen. Die Gesellschaft hat bei der Entscheidung, was und wie Kindheit ist, einen großen Spielraum.

Kindheit, wie wir sie heute verstehen und kennen, ist eine Schöpfung der modernen Welt, insbesondere der bürgerlichen.[7] Erst vor gar nicht langer Zeit ist die Kindheit in der westlichen Welt ein besonderes und beschütztes Lebensstadium geworden. Diese moderne Ansicht kommt nicht nur in zahlreichen Vorstellungen und Werten bezüglich des Kindes zum Ausdruck (beispielsweise, daß Kinder «unschuldig» sind), sondern sogar in der Gesetzgebung. So sind Kinder heute nahezu in allen modernen Gesellschaften von der allgemeinen Strafgesetzgebung ausgenommen. Es ist aber noch gar nicht so lange her, daß man sie einfach als kleine Erwachsene ansah. Das zeigt sich deutlich darin, wie sie angezogen wurden. Noch im 18. Jahrhundert liefen Kinder genauso gekleidet wie ihre Eltern herum – natürlich in kleinen Größen. Erst als die Kindheit dann zur besonderen Lebensphase, zu etwas anderem als Erwachsensein erklärt wurde, zog man die Kinder auch anders als die Erwachsenen an.

Ein bezeichnendes Beispiel für diese Sinneswandlung ist der moderne Glaube an die kindliche «Unschuld», derentwegen man Kinder vor gewissen Aspekten des Lebens bewahrt. Wenn man zum Vergleich aus dem Anfang des 17. Jahrhunderts das Tagebuch des königlichen Leibarztes aus der Kindheit Ludwigs XIII. von Frankreich studiert, liest sich das anders.[8] Als der kleine Louis noch kein Jahr alt war, spielte die Amme schon mit seinem Penis, und jedermann bei Hofe fand das sehr lustig. Etwas später machte der kleine Prinz sich eine Ehrensache daraus, zur allgemeinen Erheiterung seinen Penis selbst vorzuzeigen, ja, zum Kusse zu reichen. Das zotige Interesse nicht nur lüsterner Dienstboten, sondern selbst seiner Mutter, der Königin, an den Genitalien des Kindes hielt jahrelang an. Mit vier Jahren brachte eine Hofdame den kleinen Prinzen an das Bett der Mutter und erklärte ihm: Monsieur, hier sind Sie gemacht worden. Erst als er schon sieben Jahre alt war, fand man auf einmal, er müsse nun doch allmählich etwas mehr Zurückhaltung hinsichtlich dieses Körperteils üben. Hinzuzufügen wäre, daß Ludwig XIII. schon mit vierzehn Jahren vermählt wurde. Ein Kommentator bemerkt trocken, er habe nichts mehr dazuzulernen gehabt.

## Verschiedene Welten der Kindheit

Ein bekanntes Beispiel für verschiedene Welten der Kindheit ist der Unterschied zwischen Athen und Sparta.[9] Die Athener trugen Sorge, daß aus ihren Knaben abgerundete Persönlichkeiten wurden, die in Dichtung und Philosophie gleich bewandert waren wie in der Kriegskunst. Dieses Ideal schlug sich in der Knabenerziehung nieder. Die Welt des Kindes in Athen (wenigstens des kleinen Kindes) war beherrscht von dauerndem Wettbewerb, nicht nur in körperlicher, sondern auch in geistiger und ästhetischer Hinsicht. In Sparta dagegen lag das Gewicht auf Disziplin, Gehorsam und Tapferkeit – das heißt auf den Tugenden des Soldaten. Verglichen mit Athen erzogen die Spartaner ihre Kinder rauh, ja grausam. Sie ließen sie, um ein Beispiel zu nennen, hungern, damit sie lernten, sich ihre Nahrung zu stehlen. Es war also sehr viel angenehmer, in Athen kleiner Junge zu sein als in Sparta. Soziologisch ist das jedoch nicht die Hauptsache. Entscheidend ist vielmehr, daß die spartanische Sozialisation ganz andere Persönlichkeiten entstehen ließ als die der Athener. Die spartanische Gesellschaft, die die kriegerische Seite des Lebens verherrlichte, brauchte solche Individualitäten, und im Hinblick auf ihre Ziele war das spartanische Erziehungssystem durchaus sinnvoll.

Heute breitet sich das Erziehungskonzept des Westens rapide über die ganze Welt aus. Einer der vielen Gründe dafür ist die drastische Abnahme der Kindersterblichkeit und der Kinderkrankheiten, einer der wirklich revolutionären Erfolge der modernen Medizin. Dadurch ist die Kindheit eine freiere und glücklichere Lebensphase als jemals geworden, was die Verbreitung der westlichen Auffassung von Kindheit als einem besonders kostbaren und geschützten Lebensstadium sehr gefördert hat. Im Vergleich zu früheren Zeiten der Geschichte, auch im Westen, zeichnet sich die Sozialisation durch nie dagewesene Zartheit und durch Sorge für jedes kindliche Bedürfnis aus. Es ist anzunehmen, daß die Verbreitung dieser Art von Sozialisation und die ihr entsprechende Strukturierung der Kindheit ihre Wirkung auf die Gesellschaft bis hin in die Politik nicht verfehlen wird.

## Wir begegnen uns selbst: Meads Konzeption von «I» und «Me»

Bisher haben wir betont, wie die Sozialisation das Kind in eine spezielle soziale Welt einführt. Ebenso wichtig ist, wie sie es in sein Inneres einführt. So wie jede Gesellschaft eine Welt konstruiert hat, konstruiert auch jede die ihr spezifischen Selbsttypen. Das Kind wird nicht nur in eine Gesellschaft hineinsozialisiert, sondern auch in ein Selbst. Was bei diesem Prozeß im Bewußtsein des Kindes vor sich geht, hat Mead durch die begriffliche Unterscheidung von «I» und «Me» – etwa «Ich» und «das Ich in mir» – zum Ausdruck gebracht.[10] Wir haben die interessante Folge der Sozialisation schon erwähnt, daß das Kind mit sich selbst sprechen kann. Sein Ich und das Ich in ihm sind Partner bei dieser Unterhaltung. Sein Ich repräsentiert die spontane Gegenwart des Selbst, deren wir stets gewärtig sind. Das Ich in ihm repräsentiert dagegen jenen Teil des Selbst, der von der Gesellschaft geformt und herangebildet worden ist. Diese beiden Repräsentanten des Selbst können sich miteinander unterhalten. Ein kleiner Bub in Amerika hat allerlei gelernt, das sich angeblich so für kleine Buben gehört, beispielsweise tapfer zu sein, wenn er Schmerz empfindet. Wenn er sich das Knie blutig schlägt, registriert sein Ich den Schmerz, und er möchte am liebsten aufheulen. Das Ich in ihm hat aber gelernt, daß brave Buben tapfer sind. Das Ich in ihm bestimmt unseren kleinen Buben also, die Zähne zusammenzubeißen und den Schmerz zu ertragen. Wenn er etwas älter geworden ist, hat er vielleicht eine besonders anziehende Lehrerin in der Schule. Sein Ich registriert, wie begehrenswert sie ist, und möchte nichts als sie an sich reißen und umarmen. Das Ich in ihm hat jedoch die gesellschaftliche Norm begriffen, daß man so nicht mit seiner Lehrerin umgeht. Das stumme Gespräch der beiden Seiten des Selbst läßt sich unschwer vorstellen. Die eine sagt: «Mach schon und pack sie dir!», und die andere warnt: «Bloß nicht, das tut man nicht.» Die Sozialisation formt also einen Teil des Selbst sehr eindrücklich. Das ganze Selbst kann sie jedoch nicht formen. Es bleibt immer etwas Spontanes, Unkontrollierbares in uns erhalten, das gelegentlich unvorhergesehenerweise ausbricht. Dieser spontane Teil des Selbst steht dem sozialisierten gegenüber.

## Wir bekommen eine Identität: Zuschreibung oder eigene Auswahl

Den sozialisierten Teil des Selbst nennt man Identität.[11] Jede Gesellschaft hält für das Individuum ein ganzes Repertoire von Identitäten in Bereitschaft: kleiner Junge, kleines Mädchen, Vater, Mutter, Polizist, Professor, Dieb, Erzbischof, General. Diese Identitäten werden dem Individuum durch eine Art unsichtbarer Lotterie zugeschoben. Einige Identitäten schreibt schon die Geburt zu: kleiner Junge, kleines Mädchen. Andere stellen sich später ein: kluger Junge, hübsches Mädchen (oder dummer Junge, häßliches Mädchen). Andere Identitäten werden uns sozusagen zur Auswahl gestellt und lassen sich durch persönliche Anstrengung erwerben: Polizist, Erzbischof. Ob eine Identität jedoch zugeschrieben oder erworben worden ist, das Individuum muß sie sich durch seine Interaktion mit anderen zu eigen machen. Andere sind es, die einen so oder so identifizieren müssen. Nur wenn andere eine Identität bestätigen, wird sie für das Individuum Wirklichkeit. Identität ist, mit anderen Worten, das Ergebnis eines Zusammenwirkens von Identifizierung und Selbstidentifikation. Das gilt sogar für Identitäten, die sich Menschen erfinden.

In unserer Gesellschaft gibt es beispielsweise Männer, die lieber Frauen wären. Manche tun alles Erdenkliche, bis hin zum chirurgischen Eingriff, um ihre männliche Identität in weibliche umzukonstruieren. Das Wichtigste dabei ist jedoch, daß wenigstens einige andere bereit sind, ihre neue Identität zu bestätigen, das heißt, daß sie sie als Frauen identifizieren. Man kann unmöglich auf längere Zeit irgend etwas sein, wenn man dabei nur auf sich selbst angewiesen ist. Andere müssen uns sagen, wer wir sind, andere müssen unsere Identität bestätigen. Es kommt allerdings auch vor, daß Menschen an einer nur für sie allein wirklichen Identität festhalten. Solche Menschen bezeichnen wir als Psychotiker: interessante Randerscheinungen, mit denen wir uns hier aber nicht beschäftigen können.

## Andere Gesellschaften, andere Identitäten: amerikanische und sowjetische Sozialisation

Wenn man die Beziehung zwischen Sozialisation und Identität erst einmal verstanden hat, erkennt man auch, woher es kommt, daß sich ganze gesellschaftliche Gruppen oder Gesellschaften nach ihren jeweiligen Identitäten charakterisieren lassen. So erkennt man beispielsweise Amerikaner nicht nur an typisch amerikanischem Benehmen, sondern auch an Eigenschaften, die vielen von ihnen gemeinsam sind – und das heißt eben, an ihrer speziellen amerikanischen Identität. Zahlreiche Studien haben gezeigt, wie fundamentale amerikanische Werte, Selbstbestimmung, individuelle Leistung und Karrieregeist, von Anfang an und besonders bei Jungen zum Sozialisierungsprozeß gehören.[12] Sogar die Spiele amerikanischer Kinder spiegeln diese Werte, beispielsweise durch besondere Betonung des individuellen Wettbewerbs. Schlimme Strafen drohen dem, der nicht nach solchen Werten und als Identität in deren Sinn lebt. Das geht vom Spott der anderen Kinder bis hin zum totalen Versagen in der Berufswelt.

Im Unterschied dazu betont die sowjetische Welt Disziplin, Loyalität und Kooperationsbereitschaft mit anderen zur Erreichung von Kollektivleistungen. Auf diesen Werten liegt der Akzent der sowjetischen Kindererziehung in Theorie und Praxis. Damit will man eine Identität schaffen, die dem sowjetischen Ideal der sozialistischen Gesellschaft entspricht. Das sowjetische Kind wächst unter viel stärkerer Kontrolle auf als das amerikanische, aber es ist auch besser geschützt vor der verwirrenden Notwendigkeit, eigene Entscheidungen zu treffen. Eine Folge davon, die amerikanische Forscher beobachten konnten, ist, daß sowjetische Kinder fröhlicher wirken als ihre amerikanischen Altersgenossen.[13] Ob das allerdings den sowjetischen Anspruch auf «den neuen sozialistischen Menschen» rechtfertigt, ist eine andere Frage. Sicher ist jedoch, ob man will oder nicht, daß in der sowjetischen Gesellschaft Sozialisation so vorgenommen wird, daß in Übereinstimmung mit den Idealen und Bedürfnissen eben dieser Gesellschaft ein ihr entsprechender Identitätstyp entstanden ist.

## Sekundäre Sozialisation: der Eintritt in neue Welten

Was wir über Erziehung gesagt haben, implizierte schon, daß die Sozialisation damit, daß ein Kind die Teilhabe an der Gesellschaft erreicht, noch nicht abgeschlossen ist. Tatsächlich ist Sozialisation nie abgeschlossen. Ihre Intensität und Reichweite nehmen im normalen Lebenslauf nur nach der frühen Kindheit ab. Die Soziologen unterscheiden deshalb zwischen einer primären und sekundären Sozialisation. Die primäre ist der grundlegende Prozeß, in dem das Kind zur Teilhabe an der Gesellschaft heranreift. Sekundäre Sozialisation sind alle weiteren Vorgänge, die das Individuum in eine spezielle soziale Welt einführen. Jede Berufsausbildung ist also in gewissem Sinn sekundäre Sozialisation, die allerdings nicht allzu tief gehen muß. Wenn jemand beispielsweise staatlich beglaubigter Buchprüfer wird, muß sich darum seine Identität nicht verändern. Etwas anderes ist es jedoch, wenn jemand zum Priester oder Berufsrevolutionär ausgebildet wird. In solchen Fällen kann die Sozialisation an Intensität der frühkindlichen gleichkommen. Aber auch so verschiedenartige Lebenserfahrungen wie Aufstieg im Beruf, Wohnortwechsel, Gewöhnung an ein chronisches Leiden oder Aufnahme in einen neuen Freundeskreis sind sekundäre Sozialisation.

## Der einzelne, die anderen und die gesellschaftliche Sinnwelt

Jede Sozialisation kommt in Vis-à-vis-Situationen mit anderen Menschen zustande. Sie enthält also auch immer ein Moment der Veränderung in der individuellen Mikrowelt. Die meisten Sozialisationsprozesse, primäre und sekundäre, bringen das Individuum jedoch zugleich mit komplexen Strukturen der Makrowelt in Berührung. Was man in der Sozialisation lernt, ist normalerweise aus großen Sinn- und Wertsystemen abgeleitet, die weit über die unmittelbare Erfahrung hinausreichen. Gutes Benehmen und Reinlichkeit beispielsweise sind nicht nur sonderbare Einfälle irgendeines Elternpaares, sondern Werte, die für die Sinnwelt der ganzen Mittelklasse von größter Bedeutung sind. Ähnlich verweisen die in der Sozialisation gelernten Rollen auf große Institutionen, die in der Mikrowelt des einzelnen als solche gar nicht in Erscheinung zu treten brauchen. Wer die Rolle des tapferen Jungen beherrscht, erntet nicht nur den Beifall der Eltern und Spielgefährten, sondern fördert damit auch seine Laufbahn in einer viel weiteren Welt der Institutionen, die vom Fußballplatz in der Schule bis zum Militär reichen kann. Die Sozialisation verknüpft also Mikrowelt und Makrowelt. Zuerst verhilft sie dem einzelnen zur Hinwendung auf andere, dann bezieht sie ihn ein in eine komplexe gesellschaftliche Sinnwelt. Ob uns das gefällt oder nicht, Mensch sein bedeutet, daß diese Doppelbeziehung ein Leben lang besteht.

# 4 Was ist eine Institution?
## Das Beispiel Sprache

Wir hatten Institutionen als Regulativmuster bezeichnet, das heißt als Programme der Gesellschaft für das Verhalten von Individuen. Diese Definition ist beim Leser wohl kaum auf Widerspruch gestoßen, da sie der üblichen Verwendung des Begriffs, obgleich verschieden von ihr, nicht unbedingt entgegenzustehen scheint. Im üblichen Sprachgebrauch ist das Wort «Institution» fast ein Synonym für «Institut», eine Einrichtung, die auf irgendeine Weise Menschen «enthält», beispielsweise ein Gefängnis, ein Krankenhaus oder auch eine Universität. Es wird aber auch für jene gesamtgesellschaftlichen Gebilde in Anspruch genommen, die fast wie übernatürliche Wesen über dem Leben des einzelnen zu schweben scheinen: «der Staat», «die Wirtschaft» oder «das Bildungswesen». Würde der Leser aufgefordert, eine Institution zu nennen, so fiele ihm sehr wahrscheinlich, gar nicht zu Unrecht, eines der erwähnten Beispiele ein. Aber der übliche Sprachgebrauch verfährt zu einseitig, genauer gesagt, er bindet das Wort zu fest an diejenigen gesellschaftlichen Gebilde, die vom Gesetz anerkannt, das heißt gesetzlich kodifiziert sind. Das ist vielleicht ein Beispiel für den Einfluß des Gesetzgebers und der Juristen auf unser Denken. Wie dem auch sei, uns ist es wichtig zu zeigen, daß Institutionen im soziologischen Sinn nicht ganz dasselbe sind. Aus diesem Grunde benutzen wir dieses Kapitel, um zu beweisen, daß auch Sprache eine Institution ist.

Wir stehen sogar nicht an, zu behaupten, daß Sprache höchstwahrscheinlich die fundamentale Institution der Gesellschaft ist, genauso, wie sie die erste ist, der das Individuum in seinem Leben begegnet. Sie ist grundlegend, weil alle anderen Institutionen, welche Aufgaben und Eigenschaften sie auch haben mögen, die Sprache als Regulativmuster voraussetzen. Der Staat, die Wirtschaft und das Bildungswesen sind, abgesehen davon, was sie sonst sind, abhängig von einem linguistischen System aus Klassifizierungsmöglichkeiten, Begriffen und Anweisungen für individuelles Handeln. Sie brauchen eine sinnhafte Welt, die die Sprache errichtet und die auch nur durch Sprache in Gang gehalten werden kann.

Sprache ist die erste Institution, mit der der Mensch in Berührung kommt. Diese Behauptung klingt vielleicht erstaunlich. Wenn der Leser nach der ersten Institution gefragt wird, auf die das menschliche Lebewesen in der Kindheit stößt, wird er wahrscheinlich spontan an die Familie denken. In gewissem Sinn hat er recht. Für die überwiegende Mehrzahl aller Kinder findet die primäre Sozialisation in einer Familie statt, die aber ihrerseits eine bestimmte Form der Verwandtschaftsinstitutionalisierung bei einer bestimmten Gesellschaft ist. Natürlich ist die Familie eine besonders wichtige Institution. Wir werden im nächsten Kapitel über sie sprechen. Aber das Kind nimmt sie als solche nicht wahr. Wessen es tatsächlich gewahr wird, das sind Eltern, Brüder und Schwestern oder wer immer in dieser frühen Lebenszeit mit ihm in Berührung kommt. Erst später wird es gewahr, daß diese einzelnen und das, was sie tun, ein Beispiel für die viel größere gesellschaftliche Wirklichkeit sind, die man «die Familie» nennt. Vermutlich gelangt das Kind zu dieser Einsicht, wenn es beginnt, sich mit anderen Kindern zu vergleichen, was im Kleinkindstadium kaum vorkommen dürfte. Die Sprache dagegen wirkt schon sehr früh im makrogesellschaftlichen Sinn auf das Kind ein. Schon zu einem sehr frühen Zeitpunkt verweist sie auf weitere Wirklichkeiten jenseits der unmittelbaren Mikrowelt kindlicher Erfahrung. Sprache ist es, durch die das Kind zuerst der viel größeren Welt «da draußen» gewahr wird, einer Welt, die ihm durch die Erwachsenen seiner Mikrowelt vermittelt wird, aber weit über sie hinausreicht.

## Sprache: die Objektivierung der Wirklichkeit

Zunächst einmal erhält natürlich die Mikrowelt des Kindes Struktur. Sprache objektiviert beziehungsweise vergegenständlicht Wirklichkeit. Das heißt, das unaufhörliche Fluten der Erfahrung verdichtet und verfestigt sich durch Sprache zu gesonderten, identifizierbaren Objekten. Die Welt wird geordnet nach Tischen, Bäumen, Telefonen. Diese Art von Organisation geht natürlich über den bloßen Benennungsakt hinaus. Zu ihr gehören auch die sinngemäßen Beziehungen zwischen all diesen Objekten. Der Tisch wird unter den Baum gerückt, wenn man auf den Baum klettern möchte, und das Telefon ruft wahrscheinlich den Doktor herbei, wenn man hinunterfällt. Durch Objektivierung und Herstellung sinnvoller Beziehungen strukturiert die Sprache auch die menschliche Umgebung des Kindes. Sie setzt die Wirklichkeit deutlich unterscheidbarer Wesen als selbstverständlich voraus, die von der Mutter (meistens der obersten Göttin, deren Thron im Mittelpunkt der allmählich weiter werdenden kindlichen Welt steht) bis hin zu dem ungezogenen Jungen von nebenan mit seinen Wutanfällen reichen. Erst dank der Sprache wird es zur Gegebenheit, daß die Mutter Bescheid weiß und daß der ungezogene Nachbarsjunge bestraft werden muß. Nebenbei gesagt, liegt es auch nur an der Macht der Sprache, daß solche einmal gewonnenen Vorstellungen plausibel bleiben, selbst wenn die Erfahrung sie wenig oder gar nicht bestätigen sollte.

Von besonderer Wichtigkeit ist, daß auch die Rollen sich mittels der Sprache im kindlichen Erleben festsetzen. Wir haben über Rollen schon im Zusammenhang damit gesprochen, daß das Kind lernt, die Haltung des anderen einzunehmen – ein ganz entscheidender Schritt im Sozialisationsprozeß. Das Kind lernt erkennen, daß Rollen immer wiederkehrende Verhaltensmuster der anderen sind. Es macht jene Erfahrung, die wir oben mit dem Satz meinten: «Der ist mal wieder soweit.»[1]

Diese Erkenntnis wird ein Fixpunkt im Bewußtsein des Kindes und somit auch für seine Interaktion mit anderen, und zwar dank der Sprache. Sprache spezifiziert auf nachvollziehbare Weise, was der andere einmal wieder ist und tut. «Da ist er mal wieder der strafende Vater.» «Da hat sie mal wieder ihre gastliche Hausfrauenmiene.» Und tatsächlich kann das Kind nur durch solche sprachliche Fixierung (das heißt dadurch, daß diese dem Handeln des anderen einen feststehenden Sinn gibt, der dem entsprechenden Handeln immer wieder neu abgewonnen werden kann) die Rolle des anderen übernehmen. Sprache ist, mit anderen Worten, die Brücke vom «Da ist er mal wieder soweit» zum «Achtung, da bin ich».

## Sprache: die Erklärung und Rechtfertigung der Wirklichkeit

Rollen strukturieren die Mikrowelt des Kindes. Viele dieser Rollen greifen jedoch in das weite Reich der Makrowelt über, oder, in der Umkehrung des Bildes, sie sind Übergriffe der Makrowelt auf die unmittelbare Situation des Kindes.[2] Wenn Vater mal wieder seine Prügeltour hat, kann man sicher sein, daß ein ziemlicher Wortschwall das Prügeln begleitet. Er redet dabei. Worüber? Zum Teil macht er seinem eigenen Verdruß und Ärger Luft. Aber meistens ist sein Sprechen auf weite Strecken ein fortlaufender Kommentar zur Straftat und zum Prügeln, das sie so reichlich verdient hat. Sein Sprechen erläutert und rechtfertigt die Strafe. Unvermeidlich geschieht das in einer Weise, die über seine eigene unmittelbare Reaktion hinausreicht. Die Strafe wird in einen großen Zusammenhang von Moral und guter Sitte gestellt. Im äußersten Fall wird sogar die Gottheit als oberste Strafbehörde angerufen. Wenn wir die theologische Dimension dabei auch beiseite lassen müssen (über die die Soziologie bedauerlicherweise nichts aussagen kann), so verbinden die moralischen Erläuterungen das kleine Drama in der Mikrowelt doch mit einem großen System makroskopischer Institutionen. Der strafende Vater repräsentiert dieses System (sagen wir Moral und gute Sitten schlechthin), wenn er wieder mal «seine Tour hat». Das heißt, sobald er den Vorgang in der aufs neue erkenntlichen Rolle wiederholt, dann repräsentiert diese Rolle die Institutionen des moralischen Systems.

Die Sprache trifft das Kind also als allumfassende Wirklichkeit. Fast alles, was es sonst noch erfährt, gewinnt Struktur auf der Basis dieser grundlegenden Wirklichkeit, ist durch sie gefiltert, wird durch sie geordnet und erweitert oder, umgekehrt, zur Vergessenheit verurteilt – denn etwas, worüber man nicht sprechen kann, hat keinen festen Halt im Gedächtnis. Das gilt für jede Erfahrung, aber ganz besonders für die, in der man die anderen und die soziale Welt begreift.

## Grundmerkmale einer Institution: Außenhaftigkeit

Welche wesentlichen Merkmale hat nun also eine Institution? Wir wollen das am Beispiel der Sprache deutlich zu machen versuchen.[3] Zunächst aber machen wir einen Vorschlag: Wenn der Leser in Zukunft irgendwo auf eine Aussage über Institutionen stößt, darüber, was sie sind, wie sie sich auswirken oder sich wandeln, möge er sich an die einfache Faustregel halten, zuerst einmal zu prüfen, wie sich diese Aussage ausnimmt, wenn man sie auf die Sprache anwendet. Selbstverständlich gibt es Institutionen, die sehr anders als die Sprache sind. Wir brauchen nur an den Staat zu denken. Aber wenn eine Aussage, auch bei entsprechender Abwandlung für einen anders gelagerten Fall von Institution, sinnlos wird, sobald man sie auf die Sprache anwendet, kann man ziemlich sicher sein, daß irgend etwas an ihr ganz entschieden falsch ist.

Institutionen werden als äußere Wirklichkeit erfahren. Das ist im Grunde eine Wiederholung unserer ersten These in etwas veränderter Form. Etwas ist objektiv beziehungsweise gegenständlich, wenn jedermann (oder beinahe jedermann) zugibt, daß es tatsächlich da ist, und zwar in einer bestimmten Art und Weise. Das letztere ist besonders wichtig. Es gibt richtiges und falsches Deutsch oder Englisch, und das bleibt so, auch wenn irgend jemand die Regeln, in denen das festgelegt ist, für höheren Blödsinn hält und eine viel bessere, vernünftigere Methode zu haben glaubt, die Sprache zu organisieren. Meistens denkt man darüber gar nicht nach. Man übernimmt die Sprache, so wie man andere objektive Gegebenheiten in seine Erfahrung hereinholt. Die Gegenständlichkeit der eigenen Muttersprache ist von besonderer Mächtigkeit. Jean Piaget, der Schweizer Kinderpsychologe, erzählt irgendwo die Geschichte, wie ein Kind gefragt wird, ob die Sonne auch anders als «Sonne» heißen könne. Das Kind sagt: «Nein.» Wieso es das wisse, wird es gefragt. Einen Augenblick ist es unsicher. Dann zeigt es auf die Sonne und sagt: «Schau sie dir doch an!»

## Grundmerkmale einer Institution: Zwangscharakter

Institutionen haben die Macht zu zwingen. Diese Eigenschaft ist gewissermaßen schon durch die beiden ersten mitgegeben: die fundamentale Macht einer Institution über das Individuum besteht eben darin, daß sie gegenständlich ist und nicht fortgewünscht werden kann. Nun kann es aber vorkommen, daß jemand das übersieht oder vergißt, ja, daß er gar, was noch schlimmer wäre, das ganze Gebilde verändern möchte. Bei solchen Anlässen gibt sich höchstwahrscheinlich die zwingende Macht einer Institution in massiver Weise zu erkennen. Gebildete Eltern aus dem gehobenen Mittelstand werden ihrem Kind, wenn es die seinem Alter nachzusehenden Fehler beim Sprechen macht, freundlich zureden. Mit dieser sanften Gewalt kann es auch noch in der Vorschule rechnen, allerdings kaum seitens seiner Altersgenossen. Höchstwahrscheinlich ziehen diese die Verstöße gegen ihre Auffassung vom richtigen Deutsch – oder welcher Muttersprache auch immer – grausam ins Lächerliche und gehen vielleicht sogar mit den Fäusten gegen den Sprachsünder vor (wobei übrigens ihre Auffassung von «richtig» keineswegs mit der des Lehrers übereinstimmen muß). Ein Erwachsener kann sich auf Unannehmlichkeiten von allen Seiten gefaßt machen, wenn er sich nicht den Regeln der Sprache fügt. Ein junger Arbeiter verliert unter Umständen die Gunst seines Mädchens, wenn er sich weigert, «anständig» zu sprechen. Auch sein Fortkommen setzt er damit gründlich aufs Spiel. Webster in Amerika und Duden in Deutschland – um nur Beispiele zu nennen – stehen Wache auf jeder Stufe der Statusleiter. Aber wehe dem jungen Soldaten, der, umgekehrt, beim Militär weiter «anständig» spricht. Was jedoch den angejahrten Professor betrifft, der, um sich bei den Studenten anzubiedern, «ihre Sprache» spricht – wobei er immer mindestens zwei Jahre hinter den Dogmatismen des sich rapide wandelnden Jargons zurück ist –, so hat seine Begegnung mit der zwingenden Macht der Sprache etwas vom Pathos einer sophokleischen Tragödie.

Die Macht der Institutionen anzuerkennen bedeutet nicht, sie für unveränderlich zu halten. Tatsächlich verändern sie sich ständig – und das müssen sie, weil sie nichts sind als die unvermeidlich zerbrechlichen Hervorbringungen unzähliger Individuen, die Sinn in die Welt «ausstoßen». Wenn beispielsweise in Amerika morgen jedermann aufhörte, Englisch zu sprechen, so würde die englische Sprache als institutionelle Wirklichkeit in Amerika aufhören zu bestehen. Die objektive Existenz der Sprache hängt mit anderen Worten vom ständigen Sprechen vieler Individuen ab, die, indem sie sprechen, ihren persönlichen Absichten, Meinungen und Beweggründen Ausdruck verleihen.[4]

Diese Art von Gegenständlichkeit kann, anders als die der Naturgegebenheiten, offensichtlich niemals statisch sein. Sie ist immer im Wandel, in einem dynamischen Fluß begriffen, der manchmal auch kräftige Windungen macht. Aber für den einzelnen ist es nicht leicht, aus eigener Kraft solchen Wandel zu bewirken. Wenn er auf sich allein gestellt ist, sind die Erfolgschancen für ein solches Unternehmen meistens nur ganz minimal. Der Leser stelle sich einmal die eigene Person als Erneuerer der Grammatik oder des Wortschatzes vor. Vielleicht kann er in seiner nächsten Umgebung, seiner Mikrowelt, manchmal bescheidenen Erfolg erzielen. Tatsächlich war ihm der wohl schon in seiner Kindheit beschieden. Die Familie hat vielleicht etwas von seinem kindlichen Kauderwelsch in die interne Familiensprache übernommen. Als Erwachsener kann man ähnliche Miniatursiege erringen, wenn man sich mit seiner Frau oder im engsten Freundeskreis auf eine bestimmte Formulierung einigt. Aber wenn man kein «großer Schriftsteller» oder Staatsmann ist oder sich nicht den unsäglichen Mühen unterziehen will, ganze Menschenmassen für die Sprachrevolution zu gewinnen (man könnte hier an die Wiederbelebung des Hebräischen im Zeichen des Zionismus oder an den weniger gelungenen Versuch mit dem Gälischen in Irland denken), wird man als einzelner, der dieses «Jammertal der Wörter» verlassen möchte, die Sprache seiner Makrowelt kaum beeinflussen können.

## Grundmerkmale einer Institution: moralische Autorität

Institutionen haben nicht nur dank ihres Zwangscharakters Bestand. Sie nehmen auch das Recht auf Legitimität für sich in Anspruch, das heißt, sie nehmen sich nicht nur das Recht, einen Frevler zu züchtigen, sondern auch, ihn moralisch zu maßregeln. Selbstverständlich gibt es von Institution zu Institution Gradunterschiede der moralischen Erhabenheit. Diese Unterschiede kommen gewöhnlich im Strafmaß, das dem Frevler auferlegt wird, zum Ausdruck. Der Staat als Institution kann ihn unter Umständen vernichten. Die Mitbewohner seiner Wohnsiedlung dagegen schneiden vielleicht nur seine Frau bei geselligen Veranstaltungen. In beiden Fällen geht jedoch mit der Bestrafung ein Gefühl der moralischen Entrüstung Hand in Hand. Die moralische Autorität der Sprache kommt nur selten in roher Gewalt zum Ausdruck (obgleich es im heutigen Israel zu höchst ungemütlichen Situationen kommen kann, wenn man als Israeli nicht Hebräisch sprechen kann). Sie gibt sich vielmehr erfolgreich darin zu erkennen, daß sie beim Frevler Scham- oder gar Schuldgefühle auslöst. Das Ausländerkind, das nicht allmählich aufhört, falsch zu sprechen, der arme Einwanderer, der die Bürde seines Akzents mit sich herumschleppt, der Soldat, der von der eingefleischten Gewohnheit gewählten Sprechens nicht ablassen kann, der vorgebliche Avantgardist, dessen falscher Jargon beweist, daß er gar nicht «in» ist – alle diese Leute erleiden mehr als äußere Repressalien. Ob man mag oder nicht, die Würde moralischen Leidens muß man ihnen wenigstens zubilligen.

## Grundmerkmale einer Institution: Geschichtlichkeit

Institutionen besitzen die Qualität der Geschichtlichkeit. Institutionen sind nicht nur Gegebenheiten schlechthin, sondern auch historische Gegebenheiten. Sie haben Geschichte. In fast allen Fällen der individuellen Erfahrung war die Institution da, bevor der einzelne geboren wurde, und wird auch nach seinem Tod noch da sein. Die von der Institution verkörperten Sinninhalte sind seit langer Zeit in ihr aufgehäuft worden, von unzähligen Individuen, deren Namen und Gesichter sich nie wieder aus der Vergangenheit zurückholen lassen. So wiederholt der englischsprechende amerikanische Zeitgenosse, ohne es zu wissen, die verbalisierten Erfahrungen von Generationen Verstorbener – normannischer Eroberer, leibeigener Sachsen, schriftkundiger Mönche, elisabethanischer Rechtsgelehrter, nicht zu reden um den Puritanern, Pionieren, Gangstern und Jazzmusikern weniger ferner Zeiten.

Die Sprache (und mit ihr die ganze Welt der Institutionen) ist wie ein breiter Strom, der durch die Zeiten fließt. Wer darauf segelt oder am Ufer wohnt, wirft ständig etwas in ihn hinein. Das meiste sinkt auf den Grund oder verflüssigt sich. Manches gerinnt aber auch und wird über längere oder kürzere Zeiträume von der Strömung mit fortgetragen. Nur weniges treibt mit bis zur Mündung, bis zu jenem Punkt also, an dem dieser eine Strom wie alle anderen im Ozean der Vergessenheit, dem Ende aller erfahrbaren Geschichte, aufhört zu sein. Der österreichische Schriftsteller Karl Kraus hat die Sprache das Haus des Geistes genannt. Solange wir leben, schenkt sie uns, daß wir die anderen, uns selbst, die Welt erfahren können. Noch wenn wir uns Welten jenseits der unseren vorstellen, müssen wir Ahnung und Hoffnung in Sprache umsetzen. Sprache ist die gesellschaftliche Institution vor allen anderen. Sie ist die größte Gewalt, die die Gesellschaft über uns hat.

# 5 Die Familie

## Die Familie als die Welt

Wir hatten schon gesagt, daß das Kind die Familie anfangs nicht als solche gewahrt. Das heißt, es sieht sie noch nicht als eine bestimmte Institution in der Gesellschaft. Die Familie ist für das Kind eine ganze Welt aus Menschen und Bedeutungen, die ihm sehr wichtig sind. Im Anfang ist die Familie natürlich seine einzige Welt. Von außen her oder im Rückblick betrachtet, enthält die Familie die signifikantesten anderen der Frühzeit jeder individuellen Biographie. In unserer Gesellschaft enthält sie in diesem Lebensstadium alle signifikanten anderen. Nach alledem, was wir oben über Sozialisation gesagt haben, dürfte es evident sein, daß die Familie gesamtgesellschaftlich und in der jeweiligen Modifikation, die der einzelne erfährt, eine fundamental wichtige Institution ist. Für fast jeden Menschen ist sie sozusagen der heimatliche Hafen, von dem aus er seine lebenslange Reise durch die Gesellschaft antritt. Was ihm an diesem Ausgangspunkt widerfährt, behält prägende Kraft für alle weiteren Phasen seiner Reise.

Der Betrachter von außen kann natürlich erkennen, daß die Familie schon in diesem frühen Stadium die Mikrowelt des Individuums ist. Das Kind selbst kann sie jedoch erst später in dieser Weise begreifen. Wenn es erst einmal die riesigen Strukturen gewahrt, die an den Grenzen seines Alltagslebens lauern, beginnt es, seine Familie als jenen deutlich umgrenzten und bevorzugten Punkt zu erkennen, von dem aus es diese Strukturen sieht und Beziehung zu ihnen aufnimmt. Die Familie ist für das Kind die wichtigste Brücke zur Makrowelt, und zwar nicht nur, weil es über sie Informationen aus der Makrowelt erhält, sondern auch, weil die Einstellungen und Rollen der Erwachsenen innerhalb seiner Familie zugleich Strukturen der Makrowelt repräsentieren.

## Die Familie als Warteraum

Wenn das Kind heranwächst, wird es sich immer klarer darüber, daß die Familie der Raum ist, in dem es auf die große Welt wartet. Schließlich wird es ja einmal seinen Weg in der Makrowelt machen müssen. Je nach Umständen sieht es der Zukunft sorgenvoll oder in ungeduldiger Vorfreude entgegen. Wenn das letztere zutrifft (was in unserer Gesellschaft häufig bei Jugendlichen vorkommt), wird die Familie als störende Barriere zwischen dem Individuum und den doch wahrscheinlich lohnenden und Erfüllung verheißenden Erlebnissen empfunden, die die Makrowelt bereithält. Die Erwachsenen sehen das allerdings meistens ganz anders. Für sie ist die Familie ein Zufluchtsort vor der Makrowelt, aus deren

Spannungen, Versagungen und Beklemmungen. Für die meisten Erwachsenen ist die Familie – mindestens der Erwartung nach – der wichtigste Ort ihres Privatlebens und somit auch ihrer größten Hoffnungen auf Selbsterfüllung und emotionale Befriedigung.

Was meinen wir nun aber als Soziologen, wenn wir von «Familie» sprechen? Was ist die Familie? Den meisten, mit soziologischen Fragestellungen nicht vertrauten Menschen wird eine solche Frage absurd vorkommen. Sie werden einfach antworten, jedermann wisse schließlich, was die Familie sei. Bis zu einem gewissen Grad sind sie durchaus im Recht. Jedermann in der Gesellschaft – oder fast jedermann – weiß, was die Familie ist, weil er mit ihr vertraut ist (bezeichnenderweise gehört das Wort «vertraut» zur selben «Familie» wie «Trauung») und weiß, was er in ihr zu tun hat. Die Familie ist, mit anderen Worten, eine wesentliche Komponente der Welt unserer Gewißheit. Wenn man jedoch verstehen will, wie es um sie als Institution bestellt ist, sollte man gerade ihrer Vertrautheit wegen einigen Abstand von der Gewißheitsperspektive suchen. Tatsächlich tun sich die meisten Leute (Sozialwissenschaftler nicht ausgenommen) schwer damit, eine Definition für die doch so «vertraute» Familie zustande zu bringen. Vertrautheit ist nämlich weniger ein Herd der Mißachtung als vielmehr der Blindheit. Einen eben erst aufgetauchten Fremden können wir besser beschreiben als Eltern oder Ehepartner. Die Soziologie versucht, dem, was uns das Vertrauteste ist, ein bestimmtes Element vom Fremdheit zuzufügen, damit wir das Vertraute besser beschreiben können.

Wie wir schon bei der Behandlung der Sozialisation sagten, bestehen hinsichtlich der Form und des Wirkens der Familie zwischen verschiedenen Gesellschaften große Unterschiede. Trotz dieser Relativität ist die Familie jedoch eine der durchgängigsten Institutionen des Menschen. Wir wissen von keiner Gesellschaft, in der sie nicht in irgendeiner Form bestanden hätte oder besteht. Darüberhinaus steht sie in ganz unmittelbarer Beziehung zur biologischen Verfassung des Menschen. Biologische und gesellschaftliche Funktionen vereinigen sich in ihr, im Vergleich zu anderen Institutionen, in ganz einzigartiger Weise.

## Grundaktivitäten des Menschen

Die Sozialwissenschaftler haben eine Menge verschiedener Definitionen für die Familie vorgeschlagen, die hier aufzuzählen wenig zweckdienlich wäre. Nahezu alle stimmen jedoch darin überein, daß die Familie als Institution mit drei Grundaktivitäten des Menschen zu tun hat: Sexualität, Fortpflanzung und primärer Sozialisation. Die Strukturen der Familie (oder wie die Kulturanthropologen lieber sagen, der «Verwandtschaft») sind es, die die sexuellen Beziehungen unter den Menschen regeln. Die Familie sorgt für eine Typologie der anderen je nach dem

Grad ihrer Verwandtschaft zum Individuum. Diese Typologie wiederum legt fest, für welche Partner sexuelle Beziehungen erlaubt sind. Das Inzesttabu, seinerseits eine der ältesten und mächtigsten Institutionen der Geschichte, ist der wichtigste Beleg für diese Funktion der Familie. In Anbetracht der Macht der Sexualität als Beweggrund für menschliches Verhalten können diese institutionellen Regelungen nur die allergrößte Bedeutung für jede menschliche Gesellschaft haben. Die biologischen Fakten, die den Vorschriften für die Fortpflanzung zugrunde liegen, sind die Dauer der Schwangerschaft beim Menschen und die Hilflosigkeit des Neugeborenen. Nicht nur die Mutter ist während der Schwangerschaft ziemlich behindert, auch das Kind ist bei der Geburt völlig hilflos und müßte sterben, wenn nicht gesellschaftliche Vorkehrungen zu seinem Schutz und für seine Wartung getroffen worden wären. Die Familie als Institution sorgt für Verhaltensmodelle, die den biologischen Vorgang der Fortpflanzung umgeben und ermöglichen, daß er möglichst gefahrlos abläuft. Schließlich ist die Familie in fast allen Gesellschaften auch der Ort der primären Sozialisation – wobei das Wort «Ort» hier bedeuten soll, daß das Kind in ihrem Rahmen seine wichtigsten signifikanten anderen vorfindet.[1]

## Sekundärfunktionen der Familie: die rechtliche

Auf diesen Grundfunktionen baut sich eine Fülle anderer Sinnsetzungen und Aufgaben für die Familie auf. Diese sozusagen sekundären Funktionen sind nicht nur sehr unterschiedlich in unterschiedlichen Gesellschaften, sondern auch im Rahmen derselben Gesellschaft dem Wandel unterworfen. Die Typologie der anderen, die überall als moralisches Schema zur Regelung der sexuellen Beziehungen dient, kommt in ganz verschiedenen Bezeichnungen mit tiefgreifenden rechtlichen Folgen zum Ausdruck. Die Familie ist es, die normalerweise für den Namen und den Rechtsstatus des Individuums verantwortlich ist. Dadurch wird es nicht nur möglich, seine Herkunft zu bestimmen (was weitreichende ökonomische und juristische Folgen hat), sondern es kann auch auf dieser entscheidenden Grundlage identifiziert und sein Platz in der Gesellschaft ermittelt werden.

Sogar in der Geschichte abendländischer Gesellschaften hat die Rechtsform der Familie beziehungsweise ihr Reglement große Wandlungen durchgemacht. Das eine Extrem war die Familie im antiken Rom (noch patriarchalischer als sogar die jüdische), in der der Vater rechtlich eine absolute Führungsposition innehatte, die sogar bis zur Macht über Leben und Tod des einzelnen Familienmitglieds reichte. Das andere Extrem stellt das gegenwärtige Familienrecht in Amerika und anderen westlichen Ländern, das das stärkste Gewicht auf die unabhängigen Rechte aller Familienmitglieder legt, einschließlich der Kinder. So hat die moderne Gesetzgebung tatsächlich Vorkehrungen zum Schutz vor der eigenen Familie getroffen (zum Beispiel Rechtsschutz, der Kindern gegen ihre Eltern gewährt wird). Der Staat kümmert sich sogar ganz unmittelbar um das Individuum, ohne Rücksicht auf seinen familiären Status. (So greift er ein, wenn die elterliche Gewalt mißbraucht wird.)

## Sekundärfunktionen der Familie: die wirtschaftliche

Aus den Grundfunktionen der Familie sind auch im wirtschaftlichen Bereich ähnliche Folgerungen gezogen worden. In den meisten Gesellschaften ist der Familienhaushalt (so verschieden er auch nach Größe und Zusammensetzung sein mag) eine ökonomische Grundeinheit. Dabei bestehen große Unterschiede im Verhältnis dieser Grundeinheit zur gesamten Volkswirtschaft. Und schließlich ist die Familie auch in den meisten Gesellschaften mit der primären Sozialisation betraut. Aber das Verhältnis der frühkindlichen Erziehung zum allgemeinen Erziehungswesen ist von Fall zu Fall institutionell ganz verschieden. Es gibt viele Gesellschaften, in denen die Familie praktisch die einzige Erziehungsinstanz ist. In anderen wiederum besteht ein großes System außerfamiliärer Erziehungsinstitutionen, die mit der Familie bei der Aufzucht des Kindes wetteifern oder zusammenarbeiten.

Die Soziologen bezeichnen mit dem Ausdruck «konjugale Kernfamilie» den Typus der Familie, der heutzutage im Westen üblich ist. Das ist eine Familie, die praktisch nur aus einem Ehepaar und dessen Kindern besteht. Dieser Familientypus ist nach Zusammensetzung und Funktionen ein «Schrumpfungsergebnis». Was die Zusammensetzung betrifft, so sind die Familienangehörigen auf ein nicht mehr unterbietbares Minimum reduziert. Großeltern, unverheiratete Tanten, Vettern und deren Kinder – von entfernteren Verwandten gar nicht zu reden – sind, mindestens was den Haushalt betrifft, von der Bildfläche verschwunden. Und schließlich verlassen sogar die Kinder den Haushalt, sobald sie erwachsen sind.

In der konjugalen Kernfamilie sind auch die Funktionen im Vergleich zu älteren Familientypen ganz beträchtlich reduziert. Den Wandel im Bereich des innerfamiliären Rechtsstatus haben wir schon erwähnt. Aber auch in den wirtschaftlichen Funktionen haben sich große Veränderungen ergeben, die man kurz und bündig als eine Umstellung von einer Produktionseinheit zur Konsumeinheit bezeichnen kann. Früher hatte die Familie als Einheit Anteil am volkswirtschaftlichen Produktionsprozeß. Das galt für Bauern, Handwerker und Kaufleute. In der heutigen Gesellschaft hat die Familie ihre produktive Rolle ausgespielt. Als ökonomische Einheit ist sie nicht mehr Produzent, sondern nur noch Konsument und als solcher für die Gesamtwirtschaft ganz besonders wichtig. Auch die erzieherischen Funktionen der Familie haben drastisch abgenommen. Wohl ist sie für die Primärsozialisation noch immer von fundamentaler Bedeutung. Aber das ganze System unabhängiger Erziehungsinstitutionen hat ihr nicht nur ihre Erziehungsfunktion für das Kind im Schulkindalter abgenommen, sondern dringt auch immer weiter in die frühen und frühesten Phasen der Kindheit vor: mit Säuglingskrippen, Kindergärten, Kinderhorten, Kindertagesstätten.

## Weitere Funktionen der Familie: Erfüllung und die Privatsphäre

Das gesellschaftliche Bild der modernen Familie wäre jedoch verzerrt, wollte man nur an die Schrumpfung ihrer Funktionen denken. Sie hat zwar einige verloren, aber dafür andere gewonnen.[2] Bei diesen neuen Funktionen geht es um die fundamentalen Bedürfnisse, Erwartungen und Erfüllungen des einzelnen. Noch unsere Großeltern wären sehr erstaunt darüber, daß die Familie heute für die persönliche Erfüllung und Befriedigung aller ihrer Mitglieder aufkommen muß. In moralischer Hinsicht hat das zu einer Akzentverlagerung von den Pflichten und Verantwortungen auf die Rechte und Befriedigungen im Familienleben geführt.

Die moderne Gesellschaft hat vielleicht zum erstenmal in der Geschichte einen Bereich gesellschaftlichen Handelns errichtet, den wir gewöhnlich unser Privatleben nennen. Die Soziologen sprechen von der Privatsphäre.[3] Es handelt sich dabei um einen Lebensbereich der Gesellschaft, der von den großen öffentlichen Institutionen, besonders von Staat und Wirtschaft, gänzlich abgesondert ist. Er umfaßt allerdings viel mehr als die Familie, so zum Beispiel die ganze Welt privater Vergemeinschaftung, vom religiösen Bekenntnis bis zur Hobbygruppe, Tätigkeiten also, mit denen Menschen ihre Freizeit ausfüllen. Ohne jede Frage ist die Familie die wichtigste Institution der Privatsphäre. Dieser gesellschaftliche Standort der Familie in der institutionalen Ordnung ist der Gegenpol zu dem, den sie in primitiven oder archaischen Gesellschaften einnimmt. Für diese ist es typisch, daß die Familie im Mittelpunkt der institutionalen Ordnung steht, und die Funktionen, die bei uns heute Staat und Wirtschaft übernommen haben, werden dort von den Institutionen der Verwandtschaft erfüllt. Es gibt also in solchen Gesellschaften keine klare Scheidung zwischen der Familie und allen anderen Institutionen. Die institutionale Absonderung der Familie ist für unsere Gesellschaft besonders charakteristisch.

So hat also ein kräftiger Umschwung in der allgemeinen gesellschaftlichen Stellung der Familie stattgefunden, durch den sich – und das ist ein wichtiger Aspekt – das Verhältnis von Mikrowelt und Makrowelt wesentlich verändert hat. In vorindustriellen Gesellschaften bestand zwischen beiden eine Art Kontinuum. Die familiären Rollen weiteten sich direkt in die Makrowelt aus. Dadurch wuchs das Individuum, das in der

Familie groß wurde, direkt in die Rollen hinein, die ihm Familie und Gesamtgesellschaft übertragen hatten. In der modernen Gesellschaft dagegen sind die Grenzen zwischen der Mikrowelt der Familie und der Gesamtgesellschaft scharf und deutlich gezogen. Daraus ergibt sich, daß das Individuum zwischen Geburt und Reife eine Anzahl genau bestimmter Schwellen zu überschreiten hat, was häufig seine völlige Entfremdung von der Familie herbeiführt, in der es seine gesellschaftliche Laufbahn begonnen hat.

## Technologischer Wandel: die industrielle Revolution

Das Aufkommen der konjugalen Kernfamilie war die Folge gigantischer Veränderungen in der Technik, der Wirtschaft und der demographischen Struktur. Parallel zu diesen ergab sich eine tiefgreifende Umstellung im Bereich der Einstellungen und Werte. Kein historischer Wandel von solchem Ausmaß läßt sich auf eine einzige Ursache zurückführen. Die wichtigsten Einzelfaktoren, die so weitreichende Veränderungen im Wesen der Familie heraufbeschworen haben, sind jedoch die industrielle Revolution und die moderne Technik, die den Wandel sowohl verursacht haben als auch von ihm in ihrer Entwicklung beschleunigt worden sind.

Die moderne technische Produktion hat die Familie aus ihrer einstigen Rolle als Produzent vertrieben. In der modernen Industrie kann der Familienhaushalt keine Produktionsstätte mehr sein, und die Familie kann umgekehrt auch nicht in die industriellen Produktionsstätten versetzt werden. Man stelle sich nur einmal vor, wie eine moderne Fabrik funktionieren würde, wenn die Arbeiterfamilie dort ihre täglichen Verrichtungen ausführen dürften: die Frauen kochen und pflegen die Wäsche, die Kinder spielen mit ihrem Spielzeug, und die Großmutter hätschelt das Nesthäkchen. Aus ähnlichen, wenn auch nicht ganz denselben Gründen mußte die Familie auch aus dem Bereich der modernen Bürokratie verbannt werden, also aus der Verwaltungs- und Schreibtischtätigkeit. Dasselbe gilt auch für das Militär. Noch im Dreißigjährigen Krieg bestand eine Armee nicht nur aus der kämpfenden Truppe. Zu ihr gehörten Frauen, Kinder und Mitläufer jeglicher Art und jedes rechtlichen Status. Erst die Modernisierung der Waffentechnik, die im 18. Jahrhundert einsetzte, brachte die Trennung des Soldaten von seinem Familienleben.

Die moderne Technologie und ihr Zwillingsphänomen, die moderne Bürokratie, haben also die Familie überall aus der Arbeitswelt verbannt: in jene Privatsphäre, die – eine einzigartige Schöpfung der modernen Gesellschaft – immer mehr zu der Insel wurde, auf der die Menschen Erfüllung ihres persönlichen Lebens suchen. In der Privatsphäre konnten die Kinder in einer Atmosphäre aufwachsen, die von den ernsten und oft verzweifelten Spannungen der Arbeitswelt frei war. Wen sollte es noch wundern, daß die Kinder allmählich in der Sphäre privater Erfüllung dominierend wurden.

## Demographischer und ökonomischer Wandel
Auch die moderne Bevölkerungsexplosion kann auf die industrielle Revolution zurückgeführt werden, weil es Technik und insbesondere medizinische Technik war, die sie überhaupt erst möglich gemacht hat. Fortschritte auf dem Gebiet der Medizin haben eine Verlängerung der Lebenszeit aller Menschen, vor allem aber eine Abnahme der Säuglingssterblichkeit herbeigeführt. Gleichzeitig hat die Geburtenrate merklich abgenommen, was in Frankreich schon Ende des 18. Jahrhunderts, in den Vereinigten Staaten zu Beginn des 19. Jahrhunderts in demographischen Studien vermerkt wurde. Die Abnahme der Geburtenrate hat klar ersichtlich wirtschaftliche Gründe. Als die Familie sich aus einer Produktionseinheit in eine Konsumeinheit verwandelte, waren Kinder bald kein wirtschaftlicher Aktivposten mehr. Statt dessen wurden sie eine wirtschaftliche Belastung. Auf einem Bauernhof können Kinder zwar von wirtschaftlichem Nutzen sein. In einer Stadtwohnung aber, sagen wir in der Familie eines Buchprüfers, schlagen sie nur als Kostenfaktor zu Buche. So war es denn einmal mehr die moderne medizinische Kunst, die erlaubte, solche ökonomischen Erwägungen in praktische Maßnahmen zur Beschränkung der Kinderzahl umzusetzen. Das Ergebnis dieser demographischen Vorgänge ist, daß Kinder in modernen Gesellschaften fast Seltenheitswert und zugleich eine längere Lebenserwartung haben.

Die Abnahme der Säuglingssterblichkeit ist eine der drastischen Veränderungen der modernen Zeit. In den Vereinigten Staaten beispielsweise war die Säuglingssterblichkeit 1969 um fast ein Fünftel geringer als 1910. Zur gleichen Zeit senkte sich die Geburtenrate um fast die Hälfte. Das bedeutet, daß 1969 nur halb so viel Kinder geboren wurden wie 1910. Ihre Überlebenschancen während des Kindesalters waren jedoch fünfmal größer. Diese demographischen Tatsachen müssen in Rechnung gezogen werden, wenn man die neuen Strukturen der Kindheit, von denen oben die Rede war, begreifen will. In dieser Situation ist wieder einmal die Technik die Helferin zur Verwirklichung bestimmter Werte. Das gilt besonders für die Hausfrau und Mutter. Die technischen Neuerungen im Haushalt haben zwar die Summe an Zeit, die die Mutter für ihre Kinder braucht, nicht wesentlich verringert, dafür aber die Art und Weise verändert, in der sie diese Zeit verbringt. Unlängst hat eine amerikanische Reklame für Papierwindeln dies so ausgedrückt: «Nicht mehr waschen. Einfach wegwerfen. Jetzt haben Sie mehr Zeit für ihr Kind.»

## Neue Einstellungen und Erwartungen

Mit den Wandlungen in der Familienstruktur sind neue Werte und Einstellungen zur Sexualität gefunden worden. Es wäre ganz sicher falsch, solche immateriellen Faktoren einfach als Ursache oder Folge der technologischen und demographischen Veränderungen, von denen wir eben gesprochen haben, aufzufassen. Das Verhältnis zwischen Ideen und materiellen Entwicklungen in der Gesellschaft ist sehr viel komplizierter. Wahrscheinlich stellt man es sich am besten als Reziprozität oder wechselseitige Beeinflussung vor. Max Weber hat, wie wir wissen, den Ausdruck «Wahlverwandtschaften» dafür geprägt. Damit wollte er sagen, daß bestimmte Ideen und bestimmte materielle Entwicklungen in der Geschichte eine besondere Affinität füreinander haben, so daß sie sich sozusagen «wechselseitig auswählen». Ein gutes Beispiel dafür ist die Entstehung der modernen Auffassung von der Liebe zwischen den Geschlechtern. Die Ursprünge sind bekannt und gehen weit vor die Anfänge der Industriegesellschaft zurück. Genauer gesagt, liegen sie in den ritterlichen Sitten und Gebräuchen des hohen Mittelalters und wurden von den Troubadouren oder Minnesängern von einem Ende Europas zum anderen getragen. In langsamer Entwicklung, die sich über mehrere Jahrhunderte erstreckte, drang diese Auffassung von der Beziehung zwischen Männern und Frauen in andere Gesellschaftsklassen vor und erreichte schließlich das Bürgertum. Sie ist also sicher keine Frucht der industriellen Revolution, und kein vernünftiger Mensch würde sie gar als zu deren Ursachen gehörig bezeichnen. Vielmehr fiel diese Auffassung von der Liebe auf besonders fruchtbaren Boden, als sich im Bürgertum eine neue Struktur des Familienlebens aufgrund seines Verhältnisses zur modernen Wirtschaft entwickelte. Auch von anderen Werten, die zum modernen Familienleben gehören, läßt sich Ähnliches sagen.

Die konjugale Kernfamilie ist mit emotionalen und moralischen Erwartungen reich befrachtet worden. Mann und Frau sollen einander immer lieben. Eltern sollen ganz auf das Wohl ihrer Kinder bedacht sein. Eltern und Kinder sollen ganz sie selbst sein und dennoch ihre persönliche Erfüllung im Kreis der Familie finden. Bei so hohen Erwartungen ist es nicht allzu verwunderlich, daß die Familie heute instabil geworden ist, wozu ihre Entlassung aus der Produktion viel beigetragen hat. Unverblümt gesagt, hat ein Mann sicher weniger Lust, sich von einer Frau zu trennen, die ihm bei der Arbeit hilft, als von einer, die nur seine Kosten vergrößert. Umgekehrt ist eine selbstverdienende Frau in einer Zeit, da immer mehr Frauen in die Arbeitswelt zurückkehren, sicher eher dazu bereit, ihren Mann aufzugeben, sofern er eine Belastung für die Familie oder ein Hindernis für ihre eigene Karriere ist.

Ein anderer Grund für die Instabilität der Familie ist die zahlenmäßige Reduktion der Familienmitglieder. Früher trugen viel mehr Angehörige dazu bei, den Vorgängen im Familienkreis Zusammenhang und Dauer zu verleihen. So nimmt nicht nur die Scheidungsrate heute ständig zu, sondern fast jede Familie gerät in eine merkwürdige Krise, sobald die Kinder das Haus verlassen. Wir haben schon davon gesprochen, daß ältere Leute keinen richtigen Platz mehr in der Familie haben. Die gesellschaftlichen Folgen dieser Tatsache sind um so ernster, als es durch den Anstieg der Lebenserwartung in der modernen Gesellschaft sehr viele alte Leute gibt. Die Lebenserwartung des Durchschnittsamerikaners lag 1920 bei 54 Jahren, 1967 schon bei 70 Jahren.

## Der Unterschied zur Großfamilie

Die moderne Familie baut sich rund um die Beziehung zwischen den beiden Ehepartnern auf. Ein entgegengesetzter Typus ist die Großfamilie, die eine viel breitere und kompliziertere Basis von Verwandtschaftsbeziehungen hat. Als gesellschaftlicher Typus und als Ensemble von Werten ist die moderne Familie ein «Exportschlager» der westlichen Welt geworden, rasch nach Asien und Afrika vorgedrungen und heute auf dem besten Weg, ein universales Phänomen zu werden.[4] Die konjugale Kernfamilie wirkt sowohl in der Praxis als auch im Prinzip in fast jeder Gesellschaft destruktiv auf ältere Familienformen. In ihrer Wertsetzung betont sie die Bedeutung des Individuums gegenüber seiner Gruppe. Jedes Individuum muß auf seine eigene Weise und nicht auf dem Umweg über die Gruppe gewertet werden. Ob Mann oder Frau, ihre Individualität gibt ihnen ihre eigentlichen Rechte.

Eine der wichtigsten Konsequenzen aus dieser Wertsetzung war natürlich die zunehmende Geltendmachung des Rechts von jedermann, sich den Ehepartner selbst auszusuchen. Der Ausgangspunkt für diese Wahl ist angeblich die Liebe: ein emotionales Gewitter, das, unberechenbar und demokratisch, alle überkommen Grenzen, durch die Menschen getrennt sind, durchbricht. Das ist jedoch nicht ganz dasselbe wie das, was sich in der Praxis ereignet. Im Gegenteil, man hat eindeutig beweisen können, daß Menschen im großen und ganzen im Rahmen bestimmter gesellschaftlicher Abgrenzungen heiraten. In der amerikanischen Gesellschaft sind das hauptsächlich die Klassenschranken, wenngleich auch rassische, ethnische, religiöse und geographische Abgrenzungen eine wichtige Rolle spielen. Liebe kann dann zwar ein Gewitter sein, aber eines, das ziemlich sorgsam darauf zu achten scheint, wo es gerade hintrifft. Das Ideal der konjugalen Kernfamilie allein hat jedoch schon genügt, überkommene Werte zu revolutionieren. Menschen leben nur selten im Einklang mit ihren Idealen. Aber die bloße Tatsache, daß diese existieren, wirkt sich schon sehr wesentlich auf das aus, was wirklich passiert.

Die Werte der konjugalen Kernfamilie stehen in einem unmittelbaren

Verhältnis zu gewissen statistischen Angaben. In Amerika und anderen westlichen Ländern macht sich schon seit langem ein Trend zur Frühehe und zur Verringerung des Altersunterschiedes bei den Ehepartnern bemerkbar. Das Heiratsalter von Männern und Frauen hat in den Vereinigten Staaten stetig abgenommen – besonders drastisch im letzten Vierteljahrhundert. Dasselbe gilt für den Altersunterschied der Eheleute. Einen überzeugenden Beleg dafür liefert die bemerkenswerte Zunahme der Studentenehen. Daß die Kameradschaftlichkeit solcher Ehen die alte Autorität des Mannes untergraben muß, ist leicht verständlich: «Ich habe ihn schon in der Schule gekannt. Was weiß er denn, das ich nicht auch wüßte!» Bis zu einem gewissen Grad hängen beide Trends mit dem zur Überflußgesellschaft zusammen. Aber sie stehen auch im Zusammenhang mit der Ideologie der Ehe, nach der materielle Gesichtspunkte angeblich immer unwichtiger für den Entschluß zur Ehe geworden sind. Das einzig Wichtige ist, so heißt es, die tiefe seelische Verbundenheit der Eheleute, die sich natürlich in beliebigem Alter einstellen kann und von der materiellen Lage des einen oder anderen unabhängig ist.

## Ehe, Scheidung und Wiederverheiratung

Das alles weist darauf hin, wie wichtig die Ehe auch heute noch für die meisten Menschen ist – trotz der Tatsache, daß sich ihr Wesen so stark verändert hat. Der gleichzeitige Anstieg der Scheidungsraten (die sich in den Vereinigten Staaten seit fünfzig Jahren mehr als verdreifacht haben) wird manchmal als Beweis für das Gegenteil in Anspruch genommen. Das ist jedoch unserer Ansicht nach ein fundamentales Mißverständnis der Scheidung. Viel interessanter als Scheidungsraten sind die Daten über Wiederverheiratung, die ebenfalls beständig angestiegen sind, besonders bei Erstheiraten mit Partnern, die schon in jugendlichem Alter geschieden wurden. Die Scheidungsraten sind nicht nur kein Argument gegen die anhaltende Bedeutsamkeit der Ehe, sondern machen vielmehr den besonderen Wert, der auf sie gelegt wird, erst recht deutlich. Menschen lassen sich meistens nicht scheiden, weil sie genug von der Ehe als Institution haben, sondern weil ein bestimmter Partner einer bestimmten Ehe nicht den Erwartungen entsprochen hat. Die meisten sind daher durchaus willens, es noch einmal zu versuchen. Zur Scheidung kommt es also nicht wegen zu geringer, sondern wegen besonders hoher Erwartungen. Die Werte der konjugalen Kernfamilie, die – mindestens im Prinzip – wenig mit materiellen Interessen zu tun haben, ermutigen geradezu, eine Ehe, die den in sie gestellten Erwartungen nicht entspricht, aufzulösen, um es noch einmal zu versuchen.

Man kann mit gutem Gewissen sagen, daß dieser Wandel mehr zu Lasten der Frauen als der Männer geht. Junge Mädchen stehen unter dem starken gesellschaftlichen Druck (der Eltern, vor allem der Mutter, aber auch ihrer Altersgenossinnen), sich früh zu verheiraten. Solche Frühehen werden von beiden Partnern oft ohne ausreichende Kenntnis der Wirklichkeit des Familienlebens eingegangen. Meistens sind beide sehr jung. Die Geburt des ersten Kindes wird dann nur eine ziemlich rauhe Einweisung in diese Wirklichkeit sein, und aus begreiflichen Gründen trifft sie die Frau härter als den Ehemann. Die Aufgabe, ihre häusliche Gefangenschaft, die die Sorge für das Kind mit sich bringt, mit dem eigenen Anspruch auf Unabhängigkeit als Person und im Beruf in Einklang zu bringen, lastet einseitig auf ihr. Später kommt dann noch eine andere Krise hinzu, die ebenfalls mit den demographischen Trends zusammenhängt. Frauen heiraten heute nicht nur jung und heiraten gleichaltrige Männer, sie bekommen auch ihre Kinder meistens in jugendlichem Alter. Die Durchschnittsamerikanerin der Mittelklasse hat ihr letztes Kind vor dem dreißigsten Lebensjahr. Wenn die Eheleute die frühen Krisen bestanden haben, sind die Kinder jahrelang der Mittelpunkt ihrer Fürsorge – allerdings nicht in gleichem Maß. Nicht der Mann, sondern die Frau sagt sich: «Meine Familie ist meine Karriere.» Nun stehen aber ihre Kinder unter demselben gesellschaftlichen Druck, den elterlichen Haushalt so früh wie möglich zu verlassen. Das beginnt schon mit der Schule und mündet bald in die Gründung einer eigenen Familie. Was wird dann aus der Frau, die vorher ganz in der Familie aufgegangen war? Ihre «Karriere» ist natürlich zu Ende – meistens schon mit Vierzig, und sie weiß, daß sie normalerweise noch Jahrzehnte zu leben hat. Der Ehemann andererseits befindet sich nun in einem leeren Haus, mit einer unbefriedigten und nicht ohne Grund unzufriedenen Frau, und die Versuchung wird groß, nach anderen, grüneren Weiden Ausschau zu halten.

## Die Bedeutung des Einkommens:
### The Urban Villagers und Crestwood Heights. Zwei amerikanische Studien

Wenn es auch stimmt, daß die konjugale Kernfamilie der vorherrschende Typus in der westlichen Gesellschaft ist (und sich auch in anderen Gesellschaften durchgesetzt hat), so wäre es doch ein Fehler, sie für gleichförmig und undifferenziert zu halten. Ganz im Gegenteil, sogar in Amerika gibt es große Unterschiede in der Struktur und Lebensweise der Familie, und zwar vor allem bei den verschiedenen Bevölkerungsklassen. Wir werden das Phänomen Klasse in der modernen Gesellschaft (oder, wie die Soziologen oft sagen, Schichtung) später noch eingehend behandeln. Hier wollen wir uns noch nicht auf Einzelheiten einlassen. Im vorliegenden Zusammenhang ist es vielmehr am besten, wenn der Leser zunächst dabei nur an Einkommensunterschiede denkt. Schließlich kommt man ja, wenn man im Klassensystem aufsteigt, aus einer niedrigeren in eine höhere Einkommensstufe. Dabei ist ein Vergleich zwischen zwei klassisch gewordenen amerikanischen Studien für das Familienleben in Nordamerika hochinteressant: *The Urban Villagers* von Herbert Gans (eine Untersuchung über weiße Arbeiterfamilien im Westend von Boston) und *Crestwood Heights* (die soziologische Durchleuchtung einer Vorstadt der oberen Mittelklasse in Toronto) von John Seeley und Mitarbeitern. Ein Vergleich der Ergebnisse ist sehr aufschlußreich für das Verständnis der Familie in der modernen Gesellschaft.[5]

## Wer steht im Mittelpunkt, der Erwachsene oder das Kind?

Die Arbeiterfamilie, wie Gans sie beschreibt, ist erwachsenen-orientiert. Natürlich bedeutet das nicht, daß Arbeiter ihre Kinder weniger lieben als Eltern aus der oberen Mittelklasse. In der Westend-Familie in Boston wird erwartet, daß das Kind sich ohne besondere Eingriffe der Eltern vom Säugling bis zum Erwachsenen entwickelt. Die kleine Tochter hilft der Mutter schon früh bei der Wartung der jüngeren Kinder. Sie ist eine Art kleine Mutter. Wenn sie die von ihr erwarteten Hausarbeiten verrichtet, ist sie eine Art kleine Hausfrau. Der Sohn dagegen genießt schon früh die Freiheit des Vaters, zu kommen und zu gehen, wann es ihm paßt. Er erlebt seine Kindheit von Jahr zu Jahr mit immer weniger Aufsicht der Eltern. So haben die Kinder schon früh ihre eigene Welt, abgetrennt von der der Eltern und ohne deren allzugroße Anteilnahme. Gans sagt: «Die Welt der Kinder ist fast so unverbunden mit der der Eltern, wie es die Welten von Mann und Frau sind. Das Kind erzählt zwar zu Hause, was es mit seinen Altersgenossen erlebt, aber die Eltern in einer erwachsenen-orientierten Familie sind kaum daran interessiert. Wenn sich das Kind in der Schule auszeichnet, loben sie es zwar. Aber sie werden wohl kaum bei einer Schulveranstaltung oder einem Baseball zugegen sein, wenn das Kind dabei ausgezeichnet wird. Das ist sein Leben, nicht das ihre.»[6] Gans fügt hinzu, es sei wohl nur zu begreiflich, daß sich Kinder aus diesem Milieu zu Hause ganz anders benehmen als auf der Straße. Ein Kind, das auf der Straße energisch und sogar draufgängerisch ist, kann zu Hause ganz passiv und sogar mürrisch sein. Selbstverständlich ist die Straße, nicht die Familie der Ort, wo ein solches Kind sein Selbst zum Ausdruck bringt.

Kindheit in Crestwood Heights ist eine völlig andere Sache. Im Haus dominieren die Kinder. Sie werden ermutigt, ihr Selbst so weit wie möglich in der Familie zum Ausdruck zu bringen. Die Erwachsenen machen jede nur denkbare Anstrengung, dem kindlichen Tun ständig ihre volle Aufmerksamkeit zu schenken. Sie nehmen allerlei Mühen auf sich, um die Kinder zu unterhalten und zu erziehen. Normalerweise wird das Kind aufgefordert, Freunde mit nach Hause zu bringen. Mütter organisieren Kindergesellschaften und führen die Kinder bei geselligen

Anlässen aus. Anders als die Kinder, die Gans beobachtet hat, brauchen Seeleys Kinder nicht bei der Hausarbeit zu helfen. Gewöhnlich sind sowieso weniger Kinder da, so daß sich die Sorge für jüngere Geschwister häufig erübrigt. Interessanterweise finden die Eltern es ganz normal, daß sie den Kindern eigens erlauben müssen, diese oder jene häusliche Verantwortung zu übernehmen.

## Männer und Frauen: Arbeitsteilung

Zwar herrscht in den meisten Gesellschaften Arbeitsteilung der Geschlechter, aber in der Arbeiterfamilie ist sie besonders ausgeprägt. Die Frau hat für Haushalt und Kinder, soweit diese überhaupt überwacht werden, Sorge zu tragen. Der Mann ist der Ernährer und hat an der Haushaltsführung und Kinderaufzucht keinerlei Anteil. Meistens wird die Mutter mit disziplinarischen Problemen allein fertig. Nur in besonders gravierenden Fällen muß der Vater, wenn er von der Arbeit kommt, strafend eingreifen. Im Gegensatz dazu ist die Familie in Crestwood Heights ein Ort des intensiven Austauschs zwischen allen Mitgliedern und tatsächlich ihrer aller Zufluchtsort vor der übrigen Welt. Die Familie soll der Ort sein, wo der Vater sich nach einem harten Arbeitstag bei Frau und Kindern entspannt. Die Kinder werden angehalten, ihre Probleme in der Familie zu besprechen. Jeder einzelne nimmt so viel wie möglich Anteil am Tun der anderen. Zwar hat noch immer die Frau die meiste Arbeit im Haushalt, aber es gilt als ganz normal, daß der Mann ihr abnimmt, wozu er imstande ist. Sie soll sich als Frau (Ehefrau und Mutter) in der Familie «verwirklichen». Aber auch der Mann betrachtet die Familie als eigene Selbstverwirklichung.

Ganz anders in der Arbeiterfamilie, die vom Mann erwartet, daß er sich als Mann außerhalb des häuslichen Kreises verwirklicht. Die Familie in Crestwood Heights legt den größten Wert auf die Ansprüche und Erwartungen aller ihrer Mitglieder, betont aber zugleich deren individuelle Rechte und Ziele. Vater und Mutter haben ihren eigenen Freundeskreis, der gar nicht immer derselbe ist. Die Kinder haben wenn möglich jedes ihr Zimmer, das ihr Reich ist und das sie gestalten sollen. Es ist ihr Recht, aber auch ihre Pflicht, es zu verschönern und in Ordnung zu halten. Individuelle Besonderheiten und Wünsche werden ermutigt und berücksichtigt, sofern sie nicht allzu stark von den allgemeinen Normen des Gemeinwesens abweichen (und manchmal sogar dann noch). Sie bekommen frühzeitig Taschengeld, damit sie lernen, verantwortlich damit umzugehen. Unabhängigkeit ist Trumpf in jeder Hinsicht.

## Kindererziehung: zwei Auffassungen

Der Unterschied dieser beiden Familientypen wird besonders deutlich an den Auffassungen über Autorität und Disziplin. Die Erziehungsmethode in Westend besteht hautpsächlich aus Bestrafung und Belohnung. Dort herrscht die Vorstellung, Kinder brauchten ständig Disziplin, wenn sie nicht verwildern sollen. Schimpfen und körperliche Züchtigung sind an der Tagesordnung. Besonders die Mutter ohrfeigt die Kinder ziemlich häufig, sagt ihnen, was sie zu tun haben oder lassen sollen, und droht oft genug mit der äußersten Strafe, die kindliche Untat dem Vater zu berichten, sobald er nach Hause kommt. Das alles darf man aber nicht als einen Mangel an Zuneigung zwischen Eltern und Kindern auffassen. Strafe ist Zurechtweisung, aber nicht Zurückweisung des Kindes. Dabei hat die Arbeiterfamilie kaum eine allgemeine Theorie darüber, wie und auf welches Ziel hin die Kinder erzogen werden sollen. Ihre Methoden stammen von den eigenen Eltern oder sind spontan entstanden. Außer einigen allgemeinen moralischen Grundsätzen gibt es keine klaren Vorstellungen davon, wozu die Kinder erzogen werden.

In Crestwood Heights liegt die Situation ganz anders. In dieser Klasse hat man starke Vorurteile gegen «autoritäre» Methoden. Die Familie soll «demokratisch» sein. Die Folge davon ist eine ganz beträchtliche Ungewißheit darüber, wie man eigentlich mit Kindern umgeht. Die Mütter fürchten zugleich, zu «dominierend» oder zu «milde» zu sein. Die Eltern sind in diesen Fragen nicht nur unsicher, sondern streiten auch darüber. Sie stimmen darin überein, daß Kinder konsequent erzogen werden müssen, aber niemand weiß wirklich, wie und wozu. Deshalb wenden sich die Eltern häufig ratsuchend an Experten wie Psychiater, Pädagogen, Erziehungsberater. Aber auch Bücher und andere Kommunikationsmittel werden zu Hilfe genommen. Direkte Konfrontationen mit den Kindern, in denen man autoritär auftreten müßte, werden möglichst vermieden. Das allgemeine Ideal ist, der «Freund» seiner Kinder zu sein. Wird jedoch einmal die Autorität des Erwachsenen ausgespielt, wirkt das begreiflicherweise nicht allzu glaubhaft auf die Kinder. Körperliche Strafen gibt es zwar auch noch, aber die Eltern haben Schuldgefühle dabei und versuchen, sie zu verbergen. Im allgemeinen werden subtilere psychologische Druckmittel angewendet. Das Kind wird, mit anderen Worten, nicht so sehr gezwungen als überredet. Aber gerade weil diese Erziehungsmittel psychologisch sind, ist die Gefahr, daß das Kind sich von elterlichem Liebesentzug bedroht fühlt, viel größer als bei dem Arbeiterkind, das seine Tracht Prügel bezogen hat. Seeley und seine Mitarbeiter sprechen dies deutlich aus: «Vater wie Mutter üben ständig und manchmal unerbittlich Druck aus. Das auffallendste Merkmal dieser Art von Kontrolle ist, daß die Eltern mit einem Minimum an Gewalt durch psychologischen Druck sicheren Gehorsam erzielen.»[7]

## Andere Familientypen

Bisher haben wir den Familientypus der oberen Mittelklasse und den der Arbeiterklasse in der modernen amerikanischen Gesellschaft verglichen. Die Oberklasse hat ihre eigene Familienstruktur, zu deren Merkmalen ein wesentlich weiterer Familienkreis gehört. Damit ist dieser Typus im gewissen Sinn ein Gegenpol zur europäisch-amerikanischen konjugalen Kernfamilie.[8] Wieder ein anderer Familientypus besteht in den Gruppen unterhalb der von Gans beschriebenen Arbeiterklasse. Diese Gruppen repräsentieren das, was Oscar Lewis treffend «die Kultur der Armut» nennt. Lewis zeigt die erstaunliche Gleichförmigkeit dieser Kultur, einerlei ob in Nordamerika oder anderen Teilen der westlichen Welt:

«Zu (ihren) gesellschaftlichen und psychologischen Merkmalen gehören: das Leben in überfüllten Quartieren, der Mangel an Privatheit, eine Art Herdenleben, starke Anfälligkeit für Alkoholismus, häufige Gewaltanwendung bei Streitigkeiten, physische Gewalt bei der Kindererziehung, Prügel für die Frau, frühe Bekanntschaft mit dem Geschlechtsleben, freie Liebe oder wilde Ehe, relativ viel verlassene Mütter und Kinder, eine Neigung zum Matriarchat mit ziemlichem Einfluß der Verwandten mütterlicherseits und zugleich Vorherrschaft der Kernfamilie, eine starke Neigung zum Autoritären und die starke Betonung der Familiensolidarität − letztere ist jedoch ein Ideal, das selten erreicht wird.»[9]

Obgleich Lewis von diesem Familientypus mit viel Sympathie spricht (er hat ihn eingehend in Puerto Rico und Mexiko studiert), hat man doch nach dieser Beschreibung den Eindruck, daß er ihn im wesentlichen negativ bewertet, was zweifelsohne darauf beruht, daß er ihn an nordamerikanischen Mittelstandsnormen mißt. In den letzten Jahren wurde die negative Bewertung dieses Typus beziehungsweise einiger seiner Merkmale ernstlich in Frage gestellt, vor allem seit schwarze Intellektuelle in den Vereinigten Staaten das Bestehen einer spezifisch schwarzen Kultur unterstreichen. Die von Lewis genannten Merkmale treffen zum größten Teil auf die schwarze Familie in Amerika zu. Soziologen und andere Berichterstatter, Schwarze und Weiße, haben gerade diese Merkmale gewöhnlich beklagt und die Instabilität und Ineffektivität der schwarzen Familie hervorgehoben. Darin kann durchaus eine gewisse Verzerrung liegen. Wenn man eine Institution als ineffektiv bezeichnet, sollte man zunächst einmal fragen, wofür sie ineffektiv ist. Wahrscheinlich ist dieser Familientypus nicht gerade effektiv für den Aufstieg des einzelnen in die Mittelklasse. Er kann sich jedoch als sehr effektiv für die Festigung der Normen des eigenen Gemeinwesens erweisen und möglicherweise auch für die emotionale Befriedigung des einzelnen in diesem Gemeinwesen. Um nur einen Gesichtspunkt zu erwähnen: Es ist noch keineswegs sicher, daß die häufige Abwesenheit oder gar das Fehlen der Vaterfigur in der schwarzen Familie so schlimme Folgen hat, wie man oft annimmt.[10]

## Krise und Experiment

Die moderne Familie befindet sich heute in einem Krisenzustand. Ihre Tugenden und ihre Eignung für die Gesellschaft von heute und morgen werden immer mehr in Frage gestellt – am meisten natürlich von der Jugend. Das Paradoxe an dieser Krise ist, daß eben zu der Zeit, in der die Institution in ihren Ursprungsländern in den Streit der Meinungen geraten ist (und manchmal sogar als veraltet angesehen wird), ihr Siegeszug in außerwestlichen Gesellschaften, denen sie vorher unbekannt war, nahezu unvermindert andauert. Nebenbei gesagt, ist die Familie nicht die einzige Institution, der es heute so ergeht. Wie dem auch sei, die Krise, in die sie geraten ist, hat inzwischen nicht nur ihre Werte, sondern ihre gesellschaftliche Form als solche in Mitleidenschaft gezogen.

Zwar betrachtet man die Familie und besonders die Ehe noch immer als den Ort der persönlichen Erfüllung, aber man ist immer unsicherer geworden, ob sie dieser Erwartung noch entsprechen kann. Als gesellschaftliche Einheit scheint sie vielen Menschen zu eng und zu zerbrechlich für eine solche Aufgabe. Die Folge waren in den letzten Jahren allerlei Experimente mit dem Ziel, die Grundeinheit des Privatlebens zu verbreitern und zu verändern. Eine ziemlich extreme neue Form ist die Kommunebewegung, die in Amerika (und in gewissem Maß auch in Europa) starken Zuspruch gefunden hat. Dabei geht es um den Versuch, die Eigensüchtigkeit der konjugalen Kernfamilie aufzugeben und eine neue Version des alten Clans oder der erweiterten Großfamilie an ihre Stelle zu setzen. Eine Anzahl Erwachsener lebt in einem Haushalt zusammen, und jeder betrachtet sich als mit jedem verheiratet. Die Kinder, die aus diesem Zusammenleben hervorgehen oder in es hineingenommen werden, gelten als Kinder der gesamten Kommune. Die wirtschaftlichen Aufgaben und Lasten werden gemeinsam getragen, und die Idee des Privateigentums ist verpönt. Eine gemäßigtere Form desselben Phänomens ist, daß mehrere Ehepaare zusammen oder nahe beieinander wohnen, um wirtschaftlich zu kooperieren und auch die Kindererziehung und das Problem geselliger Kontakte gemeinsam zu bewältigen. Es handelt sich also um einen Versuch, die Vorteile der alten Großfamilie mit dem Individualismus und der Privatheit der späteren Kleinfamilie zu vereinigen.

Derartige Experimente sind noch zu jung, um schon systematisch untersucht worden zu sein. Ein Vorläufer der modernen Kommunebewegung ist jedoch ziemlich eingehend erforscht worden: die Kibbuz-Bewegung in Israel.[11] Der Kibbuz ist eine landwirtschaftliche Gemeinschaftssiedlung. Er geht zurück auf die Frühzeit der jüdischen Besiedlung Palästinas und ist der Versuch einer idealistischen sozialistischen Gruppe, mit einer neuen und vollkommeneren Form der Gesellschaft zu beginnen. Heute gibt es eine ganze Reihe unterschiedlicher Typen in verschiedenen Gegenden Israels. Aber der sozialistische Typus, der die alten Gemeinschaftsideale der Gründergeneration verwirklichen will, besteht noch immer. Man hat dabei nicht etwa die Ehe als solche abgeschafft, sondern vor allem Gewicht auf die kollektive Erziehung der Kinder gelegt. In der Praxis bedeutet das, daß Mann und Frau in einer gesonderten Wohneinheit zusammenleben, nicht aber ihre Kinder bei sich haben. Diese sind vielmehr in einem «Kinderhaus» mit allen anderen Kibbuz-Kindern zusammen untergebracht. Ob der Kibbuz die in ihn gesetzten Erwartungen erfüllt hat, ist schwer zu sagen. Zweifelsohne hat ihn beeinträchtigt, daß er nur eine Enklave oder eine Reihe von Enklaven in der israelischen Gesellschaft war und ist. Die Gemeinschaft der Juden in Palästina, später der unabhängige Staat Israel, ist niemals im ganzen sozialistisch gegliedert gewesen, so daß der Kibbuz, bei aller Bodenständigkeit, ein Minoritätsphänomen ist. Dennoch ist klar zu erkennen, daß die Erziehung im Kibbuz die Menschen, die in ihm aufgewachsen sind, geprägt hat. Sehr allgemein gesprochen, sieht es so aus, als ob Kibbuz-Kinder später weniger neurotisch und individualistisch wären als Kinder aus konventionellen Familien. Ob man diesen Wandel zu begrüßen oder zu beklagen geneigt ist, hängt natürlich davon ab, wie man die Wertakzente bei der Persönlichkeitsentfaltung setzt.

# 6 Das Gemeinwesen

Wir wachsen in Landschaften auf. Auch wenn wir wenig davon bemerken, übt doch die natürliche Landschaft unserer Kindheit einen wahrscheinlich nicht unerheblichen Einfluß auf unser Leben aus. Wer an der
See aufwächst, entwickelt sich begreiflicherweise anders als ein Kind aus
den Bergen. Aber darüber wissen die Dichter sicher mehr als die Soziologen. Ohne jeden Zweifel wirkt jedoch die menschliche Landschaft, in der
man aufwächst, entscheidend auf den Charakter und auch auf den Lebensweg, den man einschlägt. Wenn die Soziologen von Gemeinwesen
sprechen, kann man statt dessen ruhig «menschliche Landschaft» sagen,
um damit anschaulich zu machen, was gemeint ist.

## Wir machen Entdeckungen:
## Was ist das da draußen für ein Gemeinwesen?
Das Wort «Gemeinwesen» soll hier an sich nicht als Fachausdruck verstanden werden. Es bezeichnet einfach die unmittelbare gesellschaftliche
Umwelt, in der sich das Leben des einzelnen abspielt, oder, um es anders
auszudrücken, jenes gesellschaftliche Gebilde, dessen äußerste Grenzen
mit allem zusammenfallen, das man gerade noch persönlich im Alltagsleben vorfinden und erfahren kann. Das Gemeinwesen ist also jener natürliche Bereich, den das Kind betritt, wenn es sich aus dem engen Familienkreis hinausbegibt. In diesem Augenblick macht es Bekanntschaft mit
den spezifischen Strukturen seines Gemeinwesens. Diese sind selbstverständlich ganz verschieden, je nachdem, ob es auf einem Bauernhof oder
in einer Großstadtstraße aufwächst. In jedem Fall aber lernt das Kind,
sich in Strukturen zurechtzufinden, die über das eigene Elternhaus weit
hinausreichen. Damit lernt es zugleich, an einem größeren Bereich der
Gesellschaft teilzuhaben und teilzunehmen.

## Ländliche und städtische Gemeinwesen:
## Größe, Dichte und Bevölkerungszusammensetzung
Ein Unterschied zwischen Gemeinwesen hat es den Soziologen, vor allem
in Amerika, ganz besonders angetan: der zwischen ländlichen und städtischen Gemeinwesen. In der Zeit, in der die amerikanische Soziologie zu
ihrer eigentlichen Entfaltung kam, war Amerika noch ein Land, in dem
der größere Teil der Bevölkerung auf dem Land oder in Kleinstädten
lebte. Aber das hat sich rasch verändert, so daß der Unterschied zwischen
Stadt und Land heutzutage ein Gegensatz zwischen neu und alt, modern
und altmodisch geworden ist. Dieser Gegensatz, einerlei, ob er als rück-
wärtsgewandte Sehnsucht nach dem Land oder als Vorfreude auf die

Zukunft in der Stadt erlebt wurde, hat einen nachhaltigen Eindruck auf alle hinterlassen, die auf ihn aufmerksam wurden. So wurde denn die Großstadt zu einem der ersten Themen, die die amerikanischen Soziologen fesselten, und in mancher Hinsicht ist es dabei geblieben.

Wir hatten schon in einem der vorangegangenen Kapitel gesagt, daß die zwanziger und dreißiger Jahre die Blütezeit der Großstadtsoziologie und Chicago ihr eigentlicher Stammplatz gewesen ist. Ganz abgesehen vom internen Verlauf der Wissenschaftsgeschichte war Chicago nun einmal die aufregendste, am stürmischsten anwachsende und in gewissem Sinn die typische amerikanische Stadt zur damaligen Zeit. Das Wachstum ihrer Bevölkerung war phänomenal. 1860 lag die Einwohnerzahl noch bei etwas mehr als 100000. Um 1900 war sie gut bis zu 1,5 Millionen angestiegen. 1930 betrug sie schon über 3,3 Millionen. In Chicago zum Zeitpunkt gelebt zu haben, als die Großstadtsoziologie dort entstand, muß gewesen sein, als befände man sich in einem Explosionszentrum. Die Erregung und Faszination, die diese einzigartige Stadt bei den Soziologen der Schule von Chicago auslöste, sind also durchaus verständlich.[1]

Städtische und ländliche Soziologie – in Deutschland sprechen wir von Gemeindesoziologie, die beides umfaßt – und Großstadt- und Agrarsoziologie – die sich aber nicht ganz mit Gemeindesoziologie decken – sind in Amerika gleichzeitig entstanden.[2] Aber die erregendsten neuen Ideen, Methoden und Experimente verdanken wir doch der Großstadtsoziologie, die mit einem Wort der eigentliche Aktionsschauplatz der Soziologie war. Die ländliche Soziologie diente ihr gewissermaßen als Folie und Fährte, um durch Untersuchung des ländlichen Gemeinwesens die Besonderheiten des großstädtischen um so deutlicher hervorzuheben. (Übrigens hat das im Fach zu einem Status- und Prestigegefälle geführt, natürlich völlig zu Unrecht. Und da heutzutage so viele Amerikaner von den Reizen des Großstadtlebens genug haben, dürften die Landsoziologen bald zu größerem Ansehen gelangen.)

Zunächst aber müssen wir uns einmal über Definitionsfragen einigen. Was meinen wir, wenn wir als Soziologen von Stadt oder Land sprechen. Jeder hat da natürlich schon seine bestimmten Vorstellungen. Aber daß doch ein gewisses Definitionsproblem besteht, wird deutlich, wenn wir uns einmal fragen: Wo beginnt denn eigentlich die «Stadt», und wo ist das «Land» zu Ende? Die Volkszählung unterscheidet natürlich nach rein numerischen Gesichtspunkten. Das ist aber für den Soziologen wenig zweckdienlich. Schließlich kann er zwischen den verschiedenen Typen von Gemeinwesen keine willkürlichen Grenzen ziehen, sondern muß sich fragen, wodurch sie sich gesellschaftlich grundsätzlich unterscheiden.

Für die Soziologen von Chicago ist diese Frage tatsächlich vordringlich gewesen. Louis Wirth, einer ihrer angesehensten Vertreter, hat auf drei soziologische Merkmale der Großstadt hingewiesen: die Größe, die dichte Ballung und die Heterogenität der Bevölkerung.[3] Diese drei Merkmale zusammen sind für die Großstadt bezeichnend. Jedes für sich genommen würde noch nicht besagen, daß es sich um ein großstädtisches Gemeinwesen handelt. Große Städte sind Plätze, wo sehr viele Menschen beisammen wohnen. (Da Wirth nicht für die Volkszählung gearbeitet hat, lag ihm wenig an einer genauen Größenbestimmung.) Große Städte sind andererseits Plätze, wo Menschen sehr dicht beisammen wohnen. Und schließlich leben in ihnen ganz verschiedene Leute dicht beisammen und gehen ganz verschiedenen Tätigkeiten nach.

## Folgen des Großstadtlebens

Aus diesen drei Merkmalen ergeben sich ein paar allgemeine soziologische Konsequenzen. Wegen der Größe und Mannigfaltigkeit der Großstadt ist es trotz dichter Besiedlung schwierig, eine so nahe und umfassende Gemeinsamkeit zu erhalten, wie sie für ländliche Gemeinden charakteristisch ist. Die Stadt ist mit anderen Worten kein gesellschaftliches Gebilde, das geeignet wäre, althergebrachte Denk- und Handlungsweisen zu bewahren. Da sich der überkommene Zusammenhalt und die gewohnten Kontrollen in der Stadt abnutzen, treten formalere zwischenmenschliche Beziehungen und auch formalere Kontrollen an ihre Stelle. Es gibt eine Fülle von Organisationen und Vereinigungen jeglicher Art, deren einige dazu dienen, die verschiedenen Gruppen einander näherzubringen, während andere die Kontakte und die Zusammenarbeit verschiedener Gruppen erleichtern.

Großstadtleben ist mehr oder weniger Leben in der Fremde. Infolgedessen werden die zwischenmenschlichen Beziehungen oberflächlich und im wesentlichen funktionsbestimmt (sie werden auf ganz spezifische und eng umschriebene Funktionen beschränkt). Aber im gleichen Maß, wie die Fremdheit in der Großstadt zunimmt, wächst auch die Nähe, ein ganz natürliches Ergebnis der großen Besiedlungsdichte. Das ist eine unvermeidliche Ursache für Beklemmung und Spannung. Die Soziologen von Chicago haben diese Seite des Großstadtlebens (nicht eben glücklich) die «gesellschaftliche Desorganisation» genannt. Damit meinten sie ganz allgemein die Ausbrüche von Konflikten, die sich selbstverständlich ergeben: Konflikte im Individuum und Konflikte zwischen Individuen. Sie untersuchten Verbrechen, Jugendkriminalität, Geisteskrankheit und psychische Störungen, Selbstmord und eine Menge anderer Erscheinungen, die man mindestens unter dem Gesichtspunkt von Recht und Ordnung «gesellschaftliche Probleme» nennen kann.

Vor allem aber war es das Element der Heterogenität – das heißt, der außerordentlichen Vielfalt an Menschen und Milieus in der Großstadt –, das die Soziologen von Chicago faszinierte: die Gegensätzlichkeit unvereinbarer Welten, die, wenn auch oft gänzlich abgetrennt voneinander, doch Seite an Seite existieren konnten. Die meisten Soziologen, die diese Welten erforschten, kamen aus den Staaten des mittleren Westens und hatten einen ausgesprochen kleinstädtischen Hintergrund. Chicago mußte sie zugleich anziehen und abstoßen. Aber der überwältigende Kontrast zu den Welten ihrer Kindheit und Jugend befruchtete die soziologische Phantasie. Und noch ein weiterer interessanter Gesichtspunkt kam hinzu: Chicago schockierte die Soziologen genauso wie ganz Amerika – oder besser, wie die Großstadt Amerika schockierte. So stand das große Staunen der Soziologen also für eine kulturelle Einstellung, die viel weitere Kreise beherrschte. Kein Wunder, daß sie mit ihren Forschungen überall Aufsehen erregten.

## Die Schule von Chicago: «Participant Observation»

Die Gegensätzlichkeit der Welten in der Großstadt wird besonders deutlich in einem klassischen Werk der Schule von Chicago: *The Gold Coast and the Slum* von Harvey Zorbaugh, erschienen 1929.[4] Zorbaugh hat einen ziemlich kleinen Bereich der Nordseite von Chicago sehr sorgfältig untersucht und eingehend geschildert, wie auf so engem Raum gänzlich verschiedene Welten nebeneinander existieren. Nur ein paar Straßen trennten einen Slum, ein Wohnviertel der Oberklasse, eine Ansammlung von Quartierhäusern, ein Bohèmeviertel – vergleichbar mit Greenwich Village in New York – und schließlich eine Art «freudlose Gasse», in der Landstreicher und ähnliche Ausgestoßene der Gesellschaft hausten. Jede dieser Welten wird in geradezu liebevoller Detailliertheit dargestellt. Das Buch ist auch methodisch ein klassisches Beispiel, und zwar für die sogenannte «Participant Observation» (eine Methode, bei der der Forscher sich selbst so viel wie möglich an dem beteiligt, was er untersuchen will), die auch dazu beigetragen hat, die Schule von Chicago berühmt zu machen.

Der wohl eindrucksvollste Teil des Buches ist die Schilderung der ebenso tristen wie aufreibenden Welt der Quartierhäuser. Dieses Kapitel ist ein absoluter Höhepunkt der Großstadtsoziologie von Chicago. Es vermittelt ein Bild totaler persönlicher Isoliertheit, Verlassenheit und zugleich Freiheit von Menschen. Zorbaugh hat dabei nicht etwa den Fehler begangen, diesen Zustand des Individuums in gesellschaftlicher Vereinzelung auf ein Fehlen von Institutionen zurückzuführen. Da gibt es zum Beispiel im Bedarfsfall die Bar oder das Restaurant, das die ganze Nacht geöffnet ist. (Beide wurden übrigens von anderen Soziologen eingehend untersucht.) Bezeichnend für das Großstadtleben ist nicht etwa ein Mangel an Institutionen. Tatsächlich ist das Geflecht von Institutionen sogar viel dichter und komplizierter als in der Landgemeinde.

Das Entscheidende ist vielmehr das Verhältnis der Menschen zu den Institutionen, ein Zustand, der in hohem Maß durch Fremdheit und Entfremdung gekennzeichnet ist.

## Gemeindestudien: Die Verstädterung von Middletown

Neben den soziologischen Forschungsarbeiten, die sich in die labyrinthischen Tiefen der Großstadt wagten, steht eine Reihe von Studien über kleinere Gemeinden. Der unbestrittene Klassiker dieser Art amerikanischer Gemeindestudien ist das Werk von Robert und Helen Lynd über eine Gemeinde, die sie «Middletown» nannten.[5] Die Autoren haben zweimal Untersuchungen in Middletown angestellt: vor und nach dem Ausbruch der großen Depression. Die beiden Berichte erschienen 1929 (*Middletown*) und 1937 (*Middletown in Transition*). Auch sie verwendeten die Methode der «Participant Observation» und gingen nach Middletown wie zwei Ethnologen, die in die geheimsten Schlupfwinkel eines Eingeborenendorfes eindringen wollen. Sie beobachteten, beschrieben und notierten alles, und das möglichst ohne eigene Werturteile. Das Ergebnis ist eine der vollständigsten Darstellungen eines amerikanischen Gemeinwesens, die je unternommen wurden.

Die Lynds richteten sich nach dem Vorbild des Kulturanthropologen W. H. Rivers. Wie dieser sorgten sie am Forschungsort für ihren Lebensunterhalt, schufen sich ein Zuhause, erzogen ihre Kinder und beteiligten sich an Freizeitbeschäftigungen und religiösen und anderen öffentlichen Veranstaltungen. Sie gingen von der Annahme aus, daß diese verschiedenen Bereiche des Gemeindelebens in einem Zusammenhang stünden und daß der erste Bereich, der Lebensunterhalt, der entscheidende wäre. Dementsprechend lenkten sie ihr Augenmerk besonders auf die Wirkungen von Industrie und Geschäftsleben auf das Gemeinwesen. Andererseits interessierten sie sich nicht nur für die Gegenwart von Middletown, sondern auch für seine Geschichte. In der historischen Perspektive wurde ihnen deutlich, daß das ausschlaggebende Ereignis, das Middletown zu dem gemacht hatte, was es war, die Errichtung moderner Fabriken gewesen war. Middletown repräsentierte also das Kleinstadt-Amerika unter dem Einfluß der Industrialisierung.

Die stärkste und nachhaltigste Veränderung war, daß die angestammte Bevölkerung von Middletown sich allmählich nicht mehr in erster Linie im Sinn dieses Gemeinwesens verstehen konnte. Immer mehr wurde ihr Leben durch Kräfte und Menschen, die von außen kamen, geprägt und gestaltet. Dieser Wandel machte sich besonders in der Zeit zwischen den beiden Studien bemerkbar, das heißt, er hat während der großen Depression und unter dem frühen «New Deal» stattgefunden. Dadurch daß die Einwohner solcher Gemeinwesen wie Middletown in ein größeres Zusammenspiel gesellschaftlicher Kräfte hineingezogen wurden, änderten sich auch das Wesen und die bisherigen gesellschaftlichen Verflechtungen der bürgerlichen Gemeinschaft. Tatsächlich kann man, hält man sich Wirths Charakterisierung des Großstadtlebens vor Augen, sogar sagen, daß, auch wenn die Einwohnerzahl und -dichte in Middletown sich nicht verändert hätten, der Lebensstil durch die Kräfte von außen dennoch verstädtert worden wäre. Wenn Lokalüberlieferungen und alte ortsfeste Bindungen verschwinden, müssen die Menschen sich zu ihrer materiellen und psychischen Sicherheit an größere Organisationen und Identifikationsmöglichkeiten halten. Ein Paradebeispiel dafür sind die Gewerkschaften.

## Die amerikanische Kleinstadtideologie

Das Idol der Kleinstadt, des kleinen geschlossenen Gemeinwesens, ist tief im amerikanischen Gemüt verankert. Auch zur Zeit des großen Umschwungs haben sich viele Amerikaner gewehrt, die Werte des kleinen Gemeinwesens und das Selbstverständnis, die es vermittelt, aufzugeben. Die Leute in solchen Gemeinwesen haben sich ihren Sinn für Unabhängigkeit erhalten, noch wenn die konkreten Fakten in aller Deutlichkeit bewiesen, daß es eine solche Unabhängigkeit gar nicht mehr gab. So weigerten sie sich etwa, das Bestehen von Klassen, Klassenkonflikten und tiefen Spannungen in ihrem Gemeinwesen zur Kenntnis zu nehmen. Sie beharrten auf ihrem Selbstverständnis im Sinne eines älteren und angeblich glücklicheren Amerika. Die Ideologie der kleinen Stadt – dieses Mal einer Kleinstadt im Norden des Staates New York – haben Arthur Vidich und Joseph Bensman in einer Gemeindestudie jüngeren Datums eindrucksvoll belegt und dargestellt. Ihr Buch: *Small Town in Mass Society* ist 1958 erschienen.[6] Vidich und Bensman haben nachweisen können, wie die Einwohner dieser Stadt, deren Grundstrukturen längst durch gesamtgesellschaftliche Kräfte bestimmt wurden, weiter (entgegen allem Augenschein) an der Auffassung festhielten, ihre Stadt sei eigentlich geblieben, was sie immer schon gewesen war.

## Auf der Suche nach dem besten Platz für die Kinder: der Auszug nach Suburbia

Vor allem in den «suburbs» genannten modernen Wohnstädten hat sich in den letzten Jahrzehnten der ernsthafte Versuch bemerkbar gemacht, den alten Traum von der Kleinstadt neu zu verwirklichen.[7] Die große Zahl von Suburbs, die nach dem Zweiten Weltkrieg aus dem Boden schossen, war nur zum Teil ein negatives Phänomen, das heißt eine Flucht aus der Stadt und vor ihren Problemen. Tatsächlich ist die positive Seite viel interessanter, die Sehnsucht nämlich, einen Traum von echtem Leben wahrzumachen. Dieser Traum ist genaugenommen das Wiedererwachen der alten amerikanischen Kleinstadtideologie. Sein äußeres Bild besteht aus kleinen Einfamilienhäusern, Bäumen und Rasen, ruhigen Straßen und viel frischer Luft. Gesellschaftlich war es der Traum vom nachbarlichen Leben unter Menschen, die man kennt und die dieselben Wertvorstellungen haben: von einer Atmosphäre also der Freundlichkeit und des guten Zusammenlebens. Tatsächlich hingen die Motive für die neue Lebensform in der Suburb mit dem neuen Familienethos zusammen, von dem wir im vorigen Kapitel gesprochen haben. Und meistens ging es beim Auszug nach Suburbia mehr um die Kinder als um die Erwachsenen. Die Kinder vor allem sollten sich an den Bäumen und stillen Straßen freuen und die gute Luft genießen. In ihrem Interesse glaubten die Eltern, eine «begehrenswerte» Umwelt suchen zu müssen.

Im politischen Tagesstreit der Gegenwart wird oft der Vorwurf erhoben, das Grundmotiv all dessen sei eigentlich «Rassismus» gewesen, der Wunsch also, sich von schwarzen und anderen Minderheiten in der Großstadt abzusetzen. Zweifelsohne war auch das ein Beweggrund unter anderen. Aber es wäre doch eine grobe Verzerrung der Situation, wollte man dieses eine Motiv als das Hauptmotiv bezeichnen. Der Auszug nach Suburbia war wirklich eine Flucht, und zwar aus allen Spannungen und Konflikten und aus der Anonymität des Großstadtlebens. Was die Menschen nach Suburbia zog, war etwas, das im allgemeinen als besonders lobenswert gilt: die elterliche Sorge für die Kinder.

## Suburbia und die Sehnsucht nach Zugehörigkeit: «das neue Landvolk»

Es gibt mittlerweile eine ganze Anzahl von Studien, die diesen neuen Typ des Gemeinwesens beschreiben. *Crestwood Heights* hatten wir bereits erwähnt, ein Buch, dem der Rang eines Klassikers der Gemeindesoziologie sehr wohl zukommt. Ein anderes Werk, das gewöhnlich nicht als Gemeindestudie betrachtet wird, ist *The Organization Man* von William White.[8] Es wurde 1957 veröffentlicht. White ging es vor allem darum, die soziale Welt des leitenden Angestellten in großen Unternehmen zu studieren. Dabei gelangte er ganz von selbst dazu, die äußeren Lebensgewohnheiten dieser Kreise detailliert zu beschreiben. Er hatte sich eine Suburb in der Nähe von Chicago, die er «Park Forest» nennt, vorgenommen, und dieser Teil seines Buches ist in seiner Art eine Modellstudie.

Whites Studie und ähnliche dieser Art beweisen, daß sich der Traum von Suburbia für die meisten, die ihn in die Tat umgesetzt haben, als trügerisch herausgestellt hat. Zwar sind die äußerlichen Erwartungen im allgemeinen erfüllt worden – obgleich auch diese Freuden oft getrübt werden durch hohe Steuerlasten und sogar durch Verstädterungssymptome (Umweltverschmutzung, Verkehrsstauungen, Kriminalität und überfüllte Schulen), die schließlich auch den Weg nach Suburbia finden. Am brüchigsten ist jedoch der gesellschaftliche Aspekt des Traumes. Die

Sehnsucht nach Zugehörigkeit und gesellschaftlicher Verwurzelung bleibt schon dadurch unerfüllt, daß die Leute von Suburbia sehr wenig ortsfest sind. In Park Forest wechselten jedes Jahr ungefähr 35 Prozent der Einwohnerschaft den Wohnsitz. «Das neue Landvolk» – das meistens zur Mittelklasse oder oberen Mittelklasse gehört – ist äußerst mobil, sowohl im gesellschaftlichen wie im geographischen Sinn. Unter solchen Umständen nehmen sich die Bekundungen der Kleinstadtzusammengehörigkeit oft recht gekünstelt aus.

Die Fröhlichkeit des geselligen Lebens, die der Traum versprochen hatte, wird dadurch verdorben, daß sich ständig Prestige- und Statusgesichtspunkte in die neue Gemeinsamkeit einschleichen. Die Flucht aus der Anonymität der Großstadt kann sich in eben dem Maße beklemmend auswirken, als sie erfolgreich gelungen ist; denn in Suburbia ist man von Nachbarn umgeben, deren Neugier vor keinem privaten Aspekt zurückschreckt. Am schlimmsten ist, daß viele dieser guten Nachbarn auch noch beruflich oder geschäftlich füreinander relevant sind. So stellt sich denn das erträumte Gemeinwesen, wenngleich es tatsächlich eine Befreiung aus der Großstadtanonymität ist, oft genug als eine Falle heraus, in die man gegangen ist: die Falle der gesellschaftlichen Tyrannei einer neuen und sonderbaren Art von «Landvolk». Die schwerwiegende Folge ist eine widerwärtige Gleichförmigkeit, die den Traum von Suburbia für viele, besonders für junge Leute, zum Alptraum hat werden lassen. Der große Fluchthelfer aus dieser Gleichförmigkeit ist das Auto, und so hat sich denn in der Gesellschaft von Suburbia vornehmlich eine Automobilkultur entwickelt. Das Leben dreht sich allmählich nur noch um den Wagen oder die Wagen der Familie. Dadurch haben die Alltagsverrichtungen eine ganz neue und eigenartige Struktur erhalten, von der natürlich die Hausfrau und Mutter am meisten betroffen wird. Sie verbringt den größten Teil des Tages damit, ihre Kinder von einer «Verpflichtung» zur anderen zu kutschieren.

## Verstädterung und Vervorstädterung

Die Umwandlung einer überwiegend ländlichen in eine überwiegend städtische Gesellschaft nennt man Verstädterung. Dieser Vorgang hat zwei Hauptursachen: die Industrialisierung und das Anwachsen der Bevölkerungszahl. Eine industrielle Wirtschaft fordert und ermöglicht zugleich die Konzentration großer Populationen. An ihren strategischen Punkten häuft sie gewaltige Mengen an Arbeitskraft auf. Ihre sogenannte «Infrastruktur» – das hochorganisierte Zusammenwirken von Transportwesen, Kommunikationsmitteln und Verwaltung – erlaubt eine derartige Ballung von Menschen. Die demographische Revolution (eng verknüpft mit den Fortschritten der Medizin und Ernährungskunde auf Grund technischer Errungenschaften) hat die Bevölkerung allein schon zahlenmäßig ständig wachsen lassen. Die Großstädte wurden zu Zentren der Erwerbsmöglichkeiten und damit Anziehungspunkte für Massen von Einwanderern aus immer noch «rückschrittlichen» Gebieten. Das ist heutzutage nicht mehr nur ein amerikanisches, sondern ein weltweites Phänomen.[9] Für Amerika muß man es aber im Zusammenhang mit der Suburbia-Bewegung sehen. Die Bevölkerungsstatistik läßt klar einen ständigen Zuzug aus ländlichen in städtische Gebiete erkennen. Zugleich aber gab und gibt es den Auszug aus den Großstädten mit ihrer Bevölkerungskonzentration in bereits mehr oder weniger verstädterte Gebiete, in denen die Konzentration geringer ist. Auch das läßt sich aus der Bevölkerungsstatistik eindeutig herauslesen.

Die eigentliche Landbevölkerung hat zwischen 1910 und 1960 um 30,1 Prozent abgenommen, während im selben Zeitraum die Einwohnerschaft der Städte von 45,7 auf 69,9 Prozent angestiegen ist. Andererseits ist die Zahl von Menschen in Städten von einer Million und mehr Einwohnern zwischen 1910 und 1930 von 9,2 Prozent auf 12,3 Prozent angewachsen. Zwischen 1930 und 1960 jedoch ist sie auf 9,8 Prozent gesunken. 1960 lebten in den Vereinigten Staaten 18,9 Prozent Städter in Gemeinwesen von 200000 bis zu einer Million Menschen. 1910 waren es nur 12,9 Prozent. Andererseits wohnten 1960 25,8 Prozent der Bevölkerung in städtischen Gemeinwesen von 25000 bis zu 100000 Einwohnern. 1910 waren es nur 14,9 Prozent. Weiter lebten 1960 19,5 Prozent der amerikanischen Bevölkerung in Städten von etwa 5000 bis 25000 Einwohnern. 1910 waren es nur 14,7 Prozent. Mindestens in den Vereinigten Staaten bedeutet also Verstädterung nicht, daß etwa die Innenstädte von Chicago oder New York immer bevölkerter werden. Ganz im Gegenteil, die jüngsten Ziffern deuten darauf hin, daß die Einwohnerzahl der Stadtkerne stagniert oder sogar leicht abnimmt. Das größte Wachstum und zugleich die größte Verstädterung haben die halbländlichen Vorstädte und Außensiedlungen zu verzeichnen.

Man muß sich jedoch vor dem Fehler hüten, Verstädterung nur als geographisches oder demographisches Phänomen anzusehen. Vor allem handelt es sich um die Ausbreitung einer bestimmten Kultur und Lebensform mit ganz spezifischen Einstellungen und Gewohnheiten. Die städtische Lebensweise ist es, die das Land in den letzten Jahrzehnten triumphal erobert hat. Das geht so weit, daß nur ganz wenige Gebiete mit einer echten ländlichen oder kleinstädtischen Kultur und Gesellschaft übriggeblieben sind. Einer der wichtigsten Faktoren für diese Entwicklung ist wahrscheinlich die Ausbreitung der Massenkommunikationsmittel, besonders des Fernsehens. Diese Medien tragen städtische Vorstellungen und städtische Werte auch in den letzten Winkel. Die ländliche und die kleinstädtische Kultur hatten einfach nicht genügend Hilfsquellen, um dem Einbruch städtischer Lebensformen Widerstand leisten zu können. Interessanterweise hat dieser Widerstand jetzt in der Stadt selbst begonnen – im Rahmen ihrer typischen Kultur und vor allem bei der Jugend. Für sie ist die Stadt heute mehr eine Drohung als ein Versprechen. Man ist nicht nur viel empfindlicher gegen ihre äußerlichen Unannehmlichkeiten geworden (Umweltverschmutzung, Überfüllung), sondern man mißtraut auch der «Raffinesse» ihrer Kultur. Die Sehnsucht nach dem «einfachen» und «gesünderen» Leben, wie es das kleine Gemeinwesen angeblich anbietet, ist sehr groß geworden. Die Brisanz der Bewegung für den Umweltschutz hat das sehr deutlich werden lassen.

Die Grundmerkmale des Wesens der Stadt haben schon die soziologischen Klassiker, vor allem Georg Simmel und Max Weber, herausgearbeitet.[10] Simmel hat besonderes Gewicht auf das, was er das «geistige» Leben der Stadt nennt, gelegt. Er betont, daß Stadtleben eine besondere Art von Bewußtsein erzeugt, das sich unausweichlich aus den städtischen Lebensbedingungen ergeben muß. Bezeichnend für dieses Bewußtsein sind die ausgesprochene Neigung zur Intellektualität, rationale Nüchternheit, Anonymität und «Aufgeklärtheit». Weber hat sich besonders für die Bedeutung interessiert, die die Stadt für Neuerungen in der Geschichte hat. Mit ihrer starken Konzentration heterogener Menschen war die Stadt von jeher der Ort, wo Überkommenes an Kraft verlor und neue Formen des gesellschaftlichen Lebens entstanden. Schon in den antiken Städten «passierte» immer etwas, schon sie waren die Schauplätze der «Aktion» in der Gesellschaft. Das ist in unserer Zeit nicht anders geworden.

Viele typische Eigenarten der modernen Welt – einschließlich ihrer besonders wichtigen Fähigkeit zu raschem Wandel – hängen direkt mit der Bedeutung ihrer Städte für sie und mit dem allgemeinen Prozeß der Verstädterung zusammen. Unsere gesellschaftliche Landschaft ist heute, wohl oder übel, vorwiegend und immer mehr eine städtische Landschaft geworden. Nur noch wenige Kinder finden, wenn sie aus ihrem unmittelbaren Familienkreis hinaustreten, draußen eine Welt mit nichtstädtischen Strukturen vor. Sie geraten vielmehr nur aus einem Bezirk der gigantischen Stadt, die die moderne Gesellschaft geworden ist, in einen anderen.

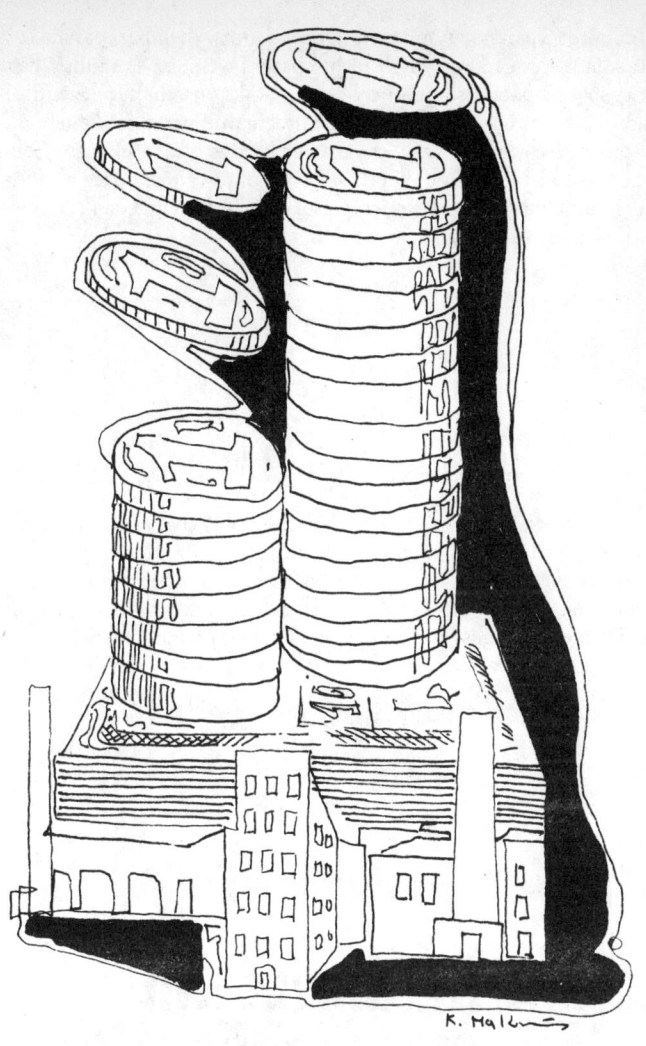

*Man sollte sparen . . .*

...um nicht sparen zu müssen. Das ist nur scheinbar paradox: Wer spart, solange er es kann, muß nicht sparen, wenn er es müßte, hätte er nicht gespart. Sparen, so definiert es die Volkswirtschaft gelegentlich, sei Konsumverzicht. Das klingt so nach Entbehren. Sparen ist kein Verzicht, es ist ein Aufschub. Der fröhliche Sparer hält es mit Wieland: «Genieße, was du hast, als ob du heute noch sterben solltest; aber spare es auch, als ob du ewig lebtest. Der allein ist weise, der, beides eingedenk, im Sparen zu genießen, im Genuß zu sparen weiß.»

# 7 Das geschichtete Gemeinwesen

**Die Menschen als Typen: Gesellschaftliche Differenzierung**

Wenn man in der Gesellschaft aufwächst, lernt man immer mehr, wie verschieden die Menschen, mit denen man zusammenkommt, sind. Jungen sind anders als Mädchen. Jungen und Mädchen sind anders als Erwachsene. Es gibt Alte und Junge, Protestanten und Katholiken, und manche Leute sprechen mit einem Akzent. Es gibt Ärzte, Lehrerinnen, Babysitter, Briefträger, Polizisten und Gelegenheitsarbeiter. Alle diese Leute sind nicht nur als Individuen, sondern auch als gesellschaftliche Typen verschieden. Der springende Punkt ist, daß die Gesellschaft die Menschen nicht nur nach ihren individuellen Eigenheiten, sondern auch nach Gruppen, in die sie gehören, unterscheidet.

Sobald wir diese Erfahrung machen, stoßen wir auf das, was die Soziologen gesellschaftliche Differenzierung nennen. Die Art und Weise der Differenzierung, das heißt die gesellschaftliche Typologie, mittels derer man nach Gruppen unterscheiden kann, ist für das Analysieren jeder Gesellschaft grundlegend. Eine der wesentlichsten Aufgaben der Sozialisation ist, daß wir diese Typologie kennenlernen. Hand in Hand mit der Erfahrung der gesellschaftlichen Differenzierung geht jedoch noch eine andere. Die Menschen sind nämlich nicht nur als gesellschaftliche Typen verschieden, sondern auch nach Rängen, und zwar im Rahmen der Typologie ihrer Gesellschaft. Der Arzt gehört nicht nur zu einem anderen Typus als der Gelegenheitsarbeiter. Er hat dazu auch noch eine höhere gesellschaftliche Stellung. So etwas ergibt sich natürlich nicht in jedem Fall von Differenzierung. Normalerweise steht der Arzt auf derselben Rangstufe wie der Rechtsanwalt. Manche Differenzierungen enthalten also noch zusätzlich eine Art Höhenmesser. Aber sobald wir wissen, zu welchem gesellschaftlichen Typus jemand gehört, können wir auch sagen, wie hoch oder tief er auf der gesellschaftlichen Rangskala steht. Dieses Phänomen einer Ordnung nach Rängen nennen die Soziologen gesellschaftliche Schichtung, und die verschiedenen Ränge heißen Schichten.

Hans ist der Sohn eines Arztes. Der Vater von Paul ist Gelegenheitsarbeiter. Wenn Hans und Paul sich in der Volksschule oder auf einem öffentlichen Spielplatz kennenlernen, sind sie erstaunt, wenn nicht gar erschrocken. Klar ist, daß Hans seine Eltern schon viel mehr Geld gekostet hat als Paul. Dieser eine große Unterschied hat alle möglichen sichtbaren Konsequenzen – von der Lage der elterlichen Wohnung bis hin zur Zahnpflege der Kinder. Aber da gibt es auch noch ganz andere Unterschiede, die sich nicht so einfach ins Ökonomische ummünzen lassen. Hans hat eine Menge «guter Manieren» lernen müssen. Paul findet die ganz einfach albern. Andererseits jagt Paul Hans einen Schrekken ein, weil es so aussieht, als könnte er ganz hübsch gewalttätig werden. In Konfliktsituationen, bei denen Hans versucht, sich mit Worten zu helfen, läßt Paul nur allzubald seine Fäuste sprechen. Aber wenn Hans sich auch vor Pauls Fäusten fürchtet, macht ihm doch seine Unabhängigkeit großen Eindruck. In einem Alter nämlich, in dem Paul sich schon nicht nur auf dem Spielplatz, sondern in der ganzen Gegend herumtummeln darf, wird Hans noch auf Schritt und Tritt von der Mutter, der Hausangestellten, einem Babysitter oder irgendwelchen lästigen Verwandten begleitet. Außerdem haben die beiden Jungen einen unterschiedlichen Wortschatz. Paul kennt eine Menge prächtiger Obszönitäten. Dafür hat Hans mehr Freiheit, die paar Obszönitäten, die er kennt, auch anzubringen, sogar zu Hause. Die Musik, von der Hans gelernt hat, daß man sie schön findet, ist für Paul nur ein unangenehmes Geräusch, und das ist wahrscheinlich umgekehrt ganz genauso. Auch die Moral der beiden Jungen ist nicht ganz dieselbe. Paul findet beispielsweise nichts dabei, wenn ein schwarzes Kind vom Spielplatz gejagt wird, während Hans bei diesem grausamen Vorgang mit Schuldgefühlen zu kämpfen hat.

Das alles gehört zu einem Prozeß, in dem Hans und Paul das ABC der gesellschaftlichen Schichtung lernen. In seiner ganzen Konsequenz wird ihnen dies natürlich erst sehr viel später klar. Doch bei diesem Lernprozeß bekommen die Kinder nicht nur Informationen über die Gesellschaft, sondern sie lernen auch die Maßstäbe kennen, nach denen sie selbst andere auf der gesellschaftlichen Rangskala einordnen können. Dank der Grunddynamik der Sozialisation, über die wir schon gesprochen haben, führt sie dieser Lernprozeß schließlich auf eine noch tiefere Ebene, nämlich zur Definition ihres eigenen Selbst. Das Kind lernt, sich selbst in einer Rangordnung zu identifizieren, und normalerweise werden die gesellschaftlichen Modelle, Sitten, Geschmacksrichtungen und Werte, die seinem Rang anhaften, wichtige Bestandteile seiner Identität. Gegen diese kann man sich freilich später auch auflehnen. Aber für den Lebensweg, den man einschlägt, spielen sie auf jeden Fall eine wichtige Rolle.

## Die Deutlichkeit der Erfahrung: geographische Unterschiede

Solch ein Lernprozeß findet unabhängig davon statt, in welche Art von Gemeinwesen das Kind zufällig hineingeboren wurde. Aber natürlich gibt es Unterschiede der Schichtungserfahrung bei verschiedenen Arten von Gemeinwesen. Das Verhältnis zwischen Hans und Paul wäre beispielsweise verschieden, je nachdem, ob sie in einer Großstadt, einer Kleinstadt oder in einer Suburb aufwachsen. Sehr wahrscheinlich wäre ihre Erfahrung der Schichtung in einer Kleinstadt am deutlichsten und ausgeprägtesten. In der Großstadt gibt es mehr gesellschaftliche Typen, und die Schichtungsordnung ist viel komplizierter. Die diversen Gruppen leben jedoch auch viel abgesonderter voneinander, so daß es seltener zu persönlichen Kontakten kommt. Für die Situation in der Suburb schließlich ist es im allgemeinen bezeichnend, daß die Menschen mehr oder weniger derselben Schicht angehören. In vielen Suburbs, in denen Leute wie die Eltern von Hans wohnen, wäre es sehr leicht möglich, daß er seine Kindheit verbrächte, ohne je einen Jungen wie Paul näher kennenzulernen.

## Klasse, Rasse und ethnische Zugehörigkeit

Die Phänome der Schichtung, auf die wir eben angespielt haben, werden gewöhnlich (nicht nur von Soziologen, sondern in der Umgangssprache) als Klassenunterschiede bezeichnet. Darauf, was dieser Ausdruck eigentlich bedeutet, werden wir bald kommen. Im Augenblick begnügen wir uns mit der Behauptung, daß all die Unterschiede zwischen Hans und Paul, von denen wir gerade gesprochen haben, auf der verschiedenen Klassenzugehörigkeit ihrer Familien beruhen. In der amerikanischen Gesellschaft wird nun die Schichtungserfahrung noch durch zwei weitere Faktoren kompliziert: nämlich durch Rasse und ethnische Zugehörigkeit. Für die letztere, die in Amerika eine ganz besondere Rolle spielt, haben amerikanische Soziologen den Ausdruck «Ethnicity» geprägt. Damit sind all jene Eigenarten gemeint, die die verschiedenen Einwanderergruppen aus ihrer Heimatkultur nach Amerika mitgebracht und beibehalten haben. Wenn die Eltern von Hans Enkel jiddisch sprechende jüdische Einwanderer aus Osteuropa sind, während der Vater von Paul in Griechenland auf die Welt kam, tritt höchstwahrscheinlich bei der irritierenden Begegnung der beiden Jungen auch noch eine starke ethnische Komponente zur Erfahrung ihres Klassenunterschiedes. Sollte Pauls Vater aber nicht von Griechen, sondern von Schwarzen abstammen, so wäre das Erlebnis ihrer Unterschiedlichkeit noch sehr viel ausgeprägter. Rasse und ethnische Zugehörigkeit sind in Amerika mit Klasse verflochten, so daß sich ein höchst kompliziertes und oft schwer analysierbares Schichtungssystem ergeben hat.

## Soziologie als Ausgrabung: nach welchen Kriterien?

Wie wir gleich sehen werden, ist die Art, wie Soziologen Schichtung sehen und untersuchen, ganz verschieden. Übereinstimmung herrscht allerdings darüber, daß das Phänomen global ist. Alle uns bekannten Gesellschaften haben irgendein System, ihre Mitglieder nach höheren oder niedrigeren Positionen zu klassifizieren. Unwillkürlich verbinden wir mit dem Wort Schichtung geologische Vorstellungen. Man denkt etwa an einen Berg, an dem sich verschiedene Gesteins- und Erdschichten, die übereinander liegen, erkennen lassen. Genau diese Vorstellung soll der soziologische Begriff wecken. Ja, man soll auch noch die Oberfläche des Berges abtragen wollen, damit man die genaue Anordnung der Schichten feststellen kann. Berge werden nur selten so aufgebrochen, daß ihre geologische Schichtung auf einen Blick sichtbar wird. Das gilt auch für Gesellschaften. Bei jeder soziologischen Untersuchung von Schichtung muß man deshalb normalerweise viel und tief graben und das Oberflächenmaterial aussondern, das verdeckt, was sich tatsächlich unter ihm abspielt. Übrigens haben Soziologen zudem oft kein allzu großes Vertrauen zu den Ausgrabungsprojekten ihrer Kollegen, genau wie Geologen.

Alle menschlichen Gesellschaften sind geschichtet, sie unterscheiden sich jedoch weitgehend nach Kriterien der Schichtung. Die Mitglieder einer Gesellschaft können beispielsweise nach Alter, körperlicher Tüchtigkeit oder Bildung einrangiert werden. So gibt es Gesellschaften, in denen hohes Alter dem Menschen einen hohen Rang verleiht. China war einmal das klassische Beispiel dafür. In primitiven Gesellschaften, wo die Menschen oft von einem Minimum leben und ständig um ihr Überleben gegen die Natur und andere Menschen kämpfen müssen, ist oft die körperliche Tüchtigkeit ein wichtiger Rangindex. Dasselbe gilt übrigens merkwürdigerweise auch für viele Kinder- und Jugendlichengruppen in unserer eigenen Gesellschaft. So ist es sehr leicht möglich, daß Paul den hohen Rang, den er auf dem Spielplatz einnimmt, einfach der Tatsache verdankt, daß er jeden, der ihm ins Gehege kommt, ordentlich verprügelt. Als wichtiger Rangindex ist auch der Faktor Besitz sehr verbreitet. In vielen Gesellschaften gilt für Bildung das gleiche; sie kann sogar wichtiger sein als Besitz. In der Welt der frommen osteuropäischen Juden (wir haben angenommen, daß die Familie von Hans ihr entstammt) war es gar nicht ungewöhnlich, daß ein vermögender Kaufmann einen bettelarmen Rabbiner als Ehemann für seine Tochter wählte, der nichts anderes als seine Talmudkenntnisse besaß. Davon kann übrigens mancherlei noch auf Hans übertragen worden sein, der vielleicht später lieber einen Doktortitel als ein großes Aktienpaket haben möchte.

## Kriterien für Rang: objektiv, subjektiv oder mehrheitlich?

Sobald wir über Rang sprechen, stellt sich sogleich ein theoretisches Problem ein: Wer bestimmt ihn? Sprechen wir über die Rangverteilung, die ein Betrachter von außen – wie der Soziologe – vornimmt? Meinen wir den Rang, den der einzelne Mensch sich selbst zuerteilt? Oder sprechen wir von dem Rang, den ihm andere zusprechen? Jede dieser drei Möglichkeiten verweist auf einen anderen Untersuchungsansatz. Erstens kann Schichtung nach objektiven Kriterien der Soziologie erforscht werden. Nehmen wir beispielsweise einmal die Faktoren Vermögen und

Bildung. Selbst ein ganz oberflächlicher Blick auf die Schichtung der amerikanischen Gesellschaft läßt erkennen, daß mindestens Einkommen und Ausbildung wichtige Faktoren zur Rangbestimmung von Menschen sind. Menschen aus der Mittelklasse haben ein größeres Einkommen und eine bessere Ausbildung als Menschen aus der Arbeiterklasse. Auf der Grundlage dieser beiden Faktoren könnte der Soziologe, aus welchen Erwägungen heraus auch immer, Trennungslinien zwischen der Mittelklasse und der Arbeiterklasse ziehen. Jeder, der mehr als die Summe X an Einkommen hat, gehört zur Mittelklasse. Jeder, der weniger als eine Summe Y an Ausbildung vorzuweisen hat, wird der Arbeiterklasse zugerechnet. Auf diese Weise entsteht dann eine Skala, auf der die kombinierten Faktoren Einkommen und Ausbildung entscheiden würden, wohin jemand im Klassensystem gehört. Natürlich kann man eine solche Skala auch nach anderen Merkmalen errichten.

Zweitens kann man Schichtung aufgrund des subjektiven Bewußtseins von Personen untersuchen. Dann fragt man sie einfach, zu welcher Klasse sie sich selbst zählen. In Amerika antworten übrigens die meisten Leute, wenn ihnen diese Frage gestellt wird, daß sie sich zur Mittelklasse gehörig fühlen, eine Antwort, die bei oberflächlicher Betrachtung geradezu Verheerungen unter den reinlichen Unterscheidungen anrichten müßte, die unsere oben genannten soziologischen Klassiker vorgenommen haben. Drittens läßt sich Schichtung an der Art und Weise, wie Menschen einander sehen, erforschen. Will man jemanden also schichtenmäßig lokalisieren, so fragt man eine Anzahl Leute, wo sie ihn unterbringen würden. Das eigene Urteil bildet sich dann aufgrund einer Art Mehrheitswahlrecht. Mit dieser Methode kann man, wenn man sie genügend differenziert, auch die Schichtung eines ganzen Gemeinwesens untersuchen.

Bei den mit diesen drei Methoden erreichten Ergebnissen können und müssen sich selbstverständlich ganz erhebliche Widersprüche herausstellen. Ein Soziologe, der nach objektiven Kriterien vorgegangen ist, hat die Person A beispielsweise der Arbeiterklasse zugewiesen. Die Person A hört von dieser Fehlentscheidung, ist wütend und erklärt, das ganze Forschungsprojekt sei eine kommunistische Verschwörung. A hatte sich natürlich immer zur Mittelklasse gerechnet. Aber der gleiche Widerspruch kann sich zwischen seiner Selbsteinschätzung und der durch andere (den Soziologen nicht mitgezählt) herausstellen. Andererseits ist es gar nicht so sicher, ob eine sorgfältige Zusammenstellung der Plazierungen von A durch alle anderen am Ende mit den objektiven Kriterien übereinstimmt, mit denen der Soziologe gearbeitet hat. Aus solchen Widersprüchlichkeiten sollte man keine voreiligen Schlüsse ziehen. Natürlich ist es möglich, daß unser Soziologe ein Schreibtischphilosoph ist und Kriterien ausgebrütet hat, die mit der zu erforschenden gesellschaftlichen Wirklichkeit nichts mehr zu tun haben. Aber es ist auch möglich, daß Menschen in einer bestimmten Situation die wirklichen Kräfte, die ihr Leben bestimmen, gar nicht wahrnehmen. Die Wut, mit der A auf die Klassifizierung durch den Soziologen reagiert, kann sehr wohl auf einem stillen Verdacht beruhen, den er sich selbst nicht eingesteht: dem Verdacht nämlich, daß er über seine Stellung in der Welt in einer Selbsttäuschung befangen sein könnte. Einfach gesagt: Soziologen können sich über die Lebenswirklichkeit von anderen Menschen irren, aber diese anderen können sich auch über die eigene Lebenswirklichkeit irren. Daß man sich in einer bestimmten Situation befindet, ist noch keine Garantie dafür, daß man diese Situation auch verstanden hat. (Wenn das nicht so wäre, würde die Soziologie zur bloßen Zeitverschwendung.)

## Welche Kriterien sind Ursachen und welche Folgen?

Ein weiteres theoretisches Problem, das auch schon am Anfang auftritt, ist die Frage, welche Kriterien man als Grund- und Ursachenfaktoren ansehen soll und welche nur als Folgen. Mit anderen Worten: Was bestimmt letztlich die Schichtung? Auch dafür ist das Verhältnis von Einkommen und Ausbildung eine gute Illustrationsmöglichkeit. Uns wird heute immer klarer, daß Ausbildung in unserer Gesellschaft ein besonders wichtiger Faktor dafür ist, welche Stellung man einnehmen und behalten kann. Infolgedessen haben eine Reihe von Soziologen bei der Bestimmung der Klassenzugehörigkeit von Personen auf Ausbildung und Einkommen gleiches Gewicht gelegt. Schon nach kurzer Überlegung kommt man jedoch auf den Gedanken, daß man Ausbildung kaufen kann. Jemand, dessen Einkommen über die Jahre hin beträchtlich gestiegen ist, kann sich Bildung wie eine Ware auf dem Markt kaufen, wenn auch nicht mehr für sich selbst, so doch für seine Kinder. Andere Soziologen haben also ebenso plausibel behauptet, daß Ausbildung eine Folge von Einkommen sei und daß eher Einkommen als Ausbildung der ursächliche Faktor für die Stellung einer Person im gesellschaftlichen Schichtengefüge sei.

Wir haben bisher in diesem Buch unter den Soziologen eine weitgehende Übereinstimmung über die verschiedenen Themen, die wir besprochen haben, festgestellt. Für das Thema Schichtung gilt das leider nicht mehr. Auf diesem Gebiet gibt es große Meinungsverschiedenheiten und Richtungsgegensätze zwischen Soziologen und soziologischen Schulen, und wir können nicht weitergehen, ohne ihnen Beachtung geschenkt zu haben. Dieses Buch soll eine allgemeine Einführung in die Soziologie sein und nicht etwa unsere eigene Einstellung zu kontroversen Fragen im Fach propagieren. Deshalb können wir den verschiedenen Richtungen und Lehrmeinungen in der Schichtungstheorie auch keine guten und schlechten Zensuren erteilen. Mit anderen Worten, wir können nicht den

Schiedsrichter bei ihrem Streit spielen. Aber wir müssen doch aufzeigen, wo ihre Gegensätze liegen und (das ist genauso wichtig) welchen Unterschied es für das Verständnis des Phänomens ausmacht, ob man sich für diese oder jene Richtung entscheidet.

## Karl Marx: der Begriff Klasse

Die stärksten Impulse zur Erforschung der Schichtung hat der Marxismus gegeben,[1] und zwar nicht nur in seiner eigenen Richtung, sondern auch als Provokation zu alternativen Theorien. Karl Marx (1818–1883) gilt im konventionellen Sinn nicht als Soziologe (und hat sich natürlich auch nicht als Soziologe gesehen). Aber sein Werk und die marxistischen Richtungen, die von ihm ausgegangen sind, haben ganz neue Wege zur Erforschung gesellschaftlicher Phänomene gewiesen. Auf ihnen haben sich im Verlauf der Geschichte ganz verschiedene Begegnungen mit einer herkömmlichen Soziologie ergeben, deren Beginn man im allgemeinen bei Auguste Comte (1789–1857) ansetzt. Wir haben uns bei der Darstellung der Geschichte des Faches an die Tradition gehalten. Das ändert aber nichts an der Tatsache, daß es Marx war, der eine völlige Umwälzung in der Art und Weise bewirkt hat, wie Gelehrte der verschiedensten Fächer menschliche Angelegenheiten angehen, eine Umwälzung von größter Bedeutung für jedes Fach, das es mit dem Menschen zu tun hat. (Einen vergleichbaren Einfluß hatten später Sigmund Freud [1856 bis 1939] und die verschiedenen psychologischen Theorien, die sich von seinem Werk ableiten.) Nirgends wird das deutlicher als auf dem Gebiet der Schichtung. Es war Marx, der dem Begriff Klasse die zentrale Bedeutung für die Wissenschaften vom Menschen gegeben hat. Und tatsächlich sind seither die meisten soziologischen Untersuchungen über Schichtung mehr oder weniger konforme oder kontroverse Ergebnisse der Auseinandersetzung mit dem marxistischen Ansatz.

## Die Eigner und die Enteigner: der Kampf um knappe Güter

Bei Marx ist Klasse bestimmt durch das Verhältnis einer Gruppe zu den Produktionsmitteln, wobei er dieses Verhältnis mehr oder weniger eingeschränkt als Eigentum an den Produktionsmitteln sah. Klassen sind also dadurch definiert, wieviel oder wenig ihre Angehörigen besitzen, und zwar nicht nur vom Sozialprodukt einer Gesellschaft, sondern auch von den Mitteln, mit denen es produziert wird. Jüngere Marxisten haben diese Definition dahingehend modifiziert, daß sie weniger die gesetzliche Eigentümerschaft als das Element der Kontrolle über die Produktionsmittel in den Blick rückten. Sie bestanden darauf, daß die eigentlich wichtige Determinante für die Klassenposition nicht so sehr das ist, was jemand sein gesetzliches Eigentum nennen kann, sondern die Verfügungsgewalt, die er effektiv über Güter ausüben kann. Wie dem auch sei, die marxistische Schichtungstheorie und der Klassenbegriff sind grundsätzlich ökonomisch. Das steht in enger Beziehung zur Grundkonzeption der Gesellschaft als solcher in marxistischer Sicht. Gesellschaft bedeutet nach Marx den Kampf um die knappen Güter, die Menschen haben wollen oder nötig haben. Aus diversen historischen Gründen haben verschiedene Menschengruppen verschiedenen Zugang zu diesen Gütern. (Geschriebene) Geschichte ist die Geschichte des Kampfes zwischen Gruppen über diese Kontrolle. Mit anderen Worten: Alle Geschichte ist die Geschichte von Klassenkämpfen. Für die marxistische Theorie ist daher Klasse nicht nur eine wichtige, sondern die zentrale Kategorie für jede Analyse der Gesellschaft.

In manchen historischen Situationen kann Klassenkampf etwas sehr Komplexes sein und von mehreren Gruppen mit verschiedenen Merkmalen ausgetragen werden. Im Grunde ist Klassenkampf jedoch nach der marxistischen Theorie der Kampf zweier klar definierter Gruppen, der Besitzenden und der Besitzlosen. Wie es der Gesellschaft seiner Zeit (der kapitalistischen des frühen 19. Jahrhunderts) entsprach, fand für Marx der eigentliche Kampf zwischen Bourgeoisie und Proletariat statt. Damals war die alte Oberklasse – der Adel – in den meisten europäischen Gesellschaften schon weitgehend in den Hintergrund getreten, und die alte Mittelklasse – die Bourgeoisie – hatte, zumindest seit der Französischen Revolution, die effektiven Kontrollen übernommen. Dieser Klasse der Kapitalisten gehörte nicht nur die wirtschaftliche Maschinerie, sondern sie übte auch die Kontrolle über sie aus. Das Proletariat auf der anderen Seite ist definiert durch das Fehlen von Eigentümerschaft und Kontrolle. Das Verhältnis der Bourgeoisie zum Proletariat besteht aus Ausbeutung und Unterdrückung. Die politischen Auseinandersetzungen (in Frankreich und Deutschland im 19. Jahrhundert), die Marx beschrieben hat, sind nur Geplänkel an einer Oberfläche, unter der der Klassenkampf stattfindet. Aus Gründen, auf die wir hier nicht eingehen können, glaubte Marx, das eigentliche Ergebnis dieses Kampfes werde eine siegreiche proletarische Revolution sein. Was die Schichtung anbetrifft, so unterstreicht sein ökonomischer Ansatz zwar die objektiven Faktoren. Aber er hat auch deren subjektive Dimensionen gesehen, die er Klassenbewußtsein genannt hat. Er behauptete, daß zwischen den objektiven Bedingungen der Klasse und dem subjektiven Bewußtsein der Menschen von ihrer Stellung im Klassensystem eine Kluft bestehe. Viele Menschen täuschen sich über ihren wirklichen Ort in der Gesellschaft. Das nennt Marx falsches Bewußtsein. Ein voll entwickeltes Klassenbewußtsein ist eine der wichtigsten Voraussetzungen für das Gelingen der proletarischen Revolution. Das bedeutet, daß immer mehr Menschen sich als Angehörige einer Gruppe der Unterdrückten erkennen müssen, die ein gemeinsames Schicksal und eine gemeinsame Bestimmung haben.

Die marxistische Schichtungstheorie hatte und hat noch heute eine große Anziehungskraft für alle, die die Gesellschaft radikal verändern wollen, und genau das hat Marx mit seiner Theorie gewollt. Aber auch als bloße Theorie hat sie etwas Faszinierendes. Wie kompliziert eine marxistische Analyse auch im Einzelfall sein mag, im Grunde läuft sie auf geistige Vereinfachung hinaus. Ist alles gesagt und getan, so entpuppt sich jede gesellschaftliche Situation als Kampf zwischen Menschen, die ihre Vorrechte behalten, und anderen Menschen, die sie ihnen nehmen wollen. Auf diese Weise entsteht der Anschein, daß man von gleichgültigen Einzelheiten zum Wesentlichen jeder gesellschaftlichen Situation vorstoßen kann.

## Klasse, Status, Macht: Max Webers dreifacher Ansatz

Nächst der marxistischen Schichtungstheorie ist die, die Max Weber begründet hat, am einflußreichsten gewesen.[2] Wir hatten schon darauf hingewiesen, daß sein Ansatz zur Soziologie in vieler Hinsicht eine dauernde Auseinandersetzung mit Marx ist. Das gilt ganz besonders für seine Schichtungstheorie. Er hatte den Eindruck, daß die Auffassung, die Marx von diesen Dingen hatte, viel zu simpel sei und deshalb zu einem Zerrbild der Schichtungsphänomene führen könne. Um gegen diese vermutete Simplizität des Marxismus anzugehen, entwickelte Max Weber ein begriffliches Dreierschema, genauer gesagt, er erklärte, daß es drei verschiedene Typen der Schichtung gebe.

Erstens erkannte auch er die Phänomene, die er mit Marx der Klasse zuschrieb. Zwar legte er weniger Gewicht auf das Eigentum, stimmte aber doch mit Marx darin überein, daß bei diesem Typus die Dynamik fundamental ökonomisch sei. Eine Klasse ist bei Weber eine Gruppe von Menschen mit ähnlichen Lebenschancen. Damit will er sagen, daß die Angehörigen einer Klasse, weil ihnen die Art des Zugangs zu knappen Gütern gemeinsam ist, höchst wahrscheinlich ähnliche Lebensläufe haben, beziehungsweise mehr oder weniger dasselbe in der Gesellschaft erreichen werden.

Der zweite Schichtungstypus beruht auf dem Status, das heißt auf dem Grad der «Schätzung», die ein einzelner oder eine Gruppe in der Gesellschaft genießt. Selbstverständlich besteht oft ein enger Zusammenhang von Klasse und Status. Das ist aber weder notwendig noch allgemein. So kommt es vor, daß jemand eine hohe Position im Klassensystem hat, aber keinen vergleichbaren Status bekommt. Ein einfaches Beispiel dafür ist der reiche Emporkömmling, der in eine aristokratische Gesellschaft eindringen möchte. Umgekehrt können einzelne oder Gruppen mit hohem Status eine relativ niedrige Position im Klassensystem haben. Das gilt beispielsweise in vielen Gesellschaften für das Militär. Eng mit dem Statusbegriff hängt Webers Begriff des Standes als Schicht zusammen. Ein Stand ist nach ihm eine gesellschaftliche Gruppe, in die das Individuum hineingeboren wird und in der es bleibt, weil es sich nach dem, was Weber Ehrenkodex nennt, richtet. Deshalb ist gesellschaftlicher Aufstieg in einem ständischen System erheblich schwieriger als in einem Klassensystem, dessen Mobilitätsmechanismus hauptsächlich durch Verfügung über wirtschaftliche Mittel bestimmt ist. Diese allein genügen natürlich in einem Ständesystem nicht. Man kann alles mögliche kaufen, nur den Zufall seiner Geburt nicht. Mit dem muß man sich abfinden, einerlei wieviel Geld und Gut man hat. In einem perfekten Ständesystem könnte theoretisch niemand aufsteigen. Manche können allerdings abrutschen – weil sie sich nicht an den Ehrenkodex gehalten haben. Tatsächlich kennt aber auch das Ständesystem Aufstiegsmöglichkeiten; die wichtigste ist die durch Heirat. Wer den Richtigen oder die Richtige heiratet, kann den Zufall seiner Geburt gewissermaßen korrigieren.

Der dritte Webersche Schichtungstypus ist der auf der Basis von Macht. Auch Macht kann – muß aber nicht – mit Klasse oder Status zusammengehen. Weber definiert Macht ziemlich einfach als Fähigkeit, eigene Intentionen in der Gesellschaft auch gegen Widerstand durchzusetzen. Bei der Darstellung dieses Typus der Schichtung bedient sich Weber des Ausdrucks privilegierte Klasse oder Partei. Andere Soziologen bevorzugen den Ausdruck Elite. Wie man sich aber auch zur Terminologie stellt, es ist ganz sicher, daß Gesellschaften nicht nur durch den Zugang zu knappen Gütern und Status, sondern auch durch Macht bestimmt werden: Einige Gruppen sind mächtiger als andere. Der dritte Typus der Schichtung ist demnach politisch.

Max Webers Schichtungstheorie hat in Europa und in Amerika stark auf die nichtmarxistische Soziologie gewirkt. Ihre Anziehungskraft liegt darin, daß sie ein vielfältigeres und differenzierteres Begriffssystem bietet als das marxistische Modell. Weber hat der Versuchung widerstanden, die Vielfalt der Schichtungsphänomene auf eine einzige treibende Kraft zurückzuführen (obgleich er Marx soweit zustimmen würde, daß auch er die moderne Gesellschaft hauptsächlich als Klassengesellschaft versteht und durch ökonomische Kräfte determiniert sieht). Genau wie Marx hat auch er die Möglichkeit von Diskrepanzen bei der objektiven und subjektiven Einordnung in das Schichtungssystem erkannt. Anders als Marx hat er diese Dimension aber nicht auf die Frage des Klassenbewußtseins eingeschränkt. Klasse, Status und Macht bilden ein Koordinatensystem, innerhalb dessen sich nahezu jedes Schichtungsproblem erforschen läßt.

## Die strukturell-funktionale Schule:
## individuelle Motivierung für das Funktionieren des Systems

Die strukturell-funktionale Schule der amerikanischen Soziologie hat ihre eigene Theorie zur Schichtung entwickelt.[3] Eine Zeitlang hatte sie großen Einfluß, der aber, das läßt sich wohl ohne weiteres sagen, in den letzten Jahren im Abklingen ist. Welche Kriterien zur Ortsbestimmung im Schichtungssystem die Soziologen dieser Schule auch verwenden (einige sind mehr, andere weniger von Weber beeinflußt), sie legen das Schwergewicht immer darauf, daß Schichtung die Gesellschaft dadurch in Gang hält, daß sie für Motivierungen und Belohnungen des Individuums in der Gesellschaft sorgt. Gewisse Aufgaben müssen in der Gesellschaft erfüllt werden; daher ist es notwendig, daß Menschen ihre Kraft daran wenden. Um das zu tun, müssen sie motiviert sein, und die beste Motivation sind Belohnungen, die man für die gelungene Durchführung seiner Aufgaben erhält. Schichtung wirkt sich, mit anderen Worten, aus wie altmodische Kinderstubenpädagogik: als ob die Gesellschaft zum einzelnen sagte: «Tu, was von dir erwartet wird, und du bekommst oder behältst einen Rang, der gewisse Privilegien hat. Weigere dich zu tun, was von dir erwartet wird, und du bekommst entweder nie einen solchen Rang, oder du wirst ihn, wenn du ihn schon haben solltest, verlieren.» Anders als beim Marxismus auf dem Kampf liegt der Akzent hier also auf der Integriertheit und Stabilität der Gesellschaft, und im Sinn der Weberschen Drei-Faktoren-Vorstellung wird hier Status sehr viel stärker betont als Klasse und Macht.

## Kritik an der Davis-Moore-Hypothese

In dieser ihrer ausgeprägtesten Form ist die strukturell-funktionale Schichtungstheorie mit den Namen zweier amerikanischer Soziologen verbunden: Kingsley Davis und Wilbert Moore, weshalb sie als «Davis-Moore-Hypothese» bekanntgeworden ist. Diese ist nicht nur von Soziologen anderer Richtungen, sondern auch im strukturell-funktionalen Lager selbst kritisiert worden. Melvin Tumin hat darauf hingewiesen, daß die «Belohnungen» des Schichtungssystems als solche nur aufgefaßt werden können, wenn man schon Einstellungen und Gewohnheiten hat, die sie begehrenswert machen, was aber nur für eine begrenzte Anzahl von Menschen zutrifft. Mit anderen Worten, Tumin hat versucht zu zeigen, daß die Davis-Moore-Theorie die «Offenheit» des Klassensystems überbewertet (vermutlich weil sie in diesem Punkt einer amerikanischen Ideologie entgegenkommt).

Talcott Parsons hat die strukturell-funktionale Schichtungstheorie abgeändert. Er ging zunächst von einer Auffassung aus, die der Davis-Moore-Hypothese sehr nahesteht, entfernte sich aber in der Folgezeit immer weiter von ihr. Ganz besonders betonte er die Notwendigkeit, daß Werte und Normen, die bei der Schichtung wirksam sind, richtig erkannt werden. Die Kenntnis der konkreten materiellen «Belohnungen» genügt nicht. Man muß auch das feine Netz aus normativen Urteilen erkennen, die sowohl über die «Belohnungen» als auch über die Möglichkeiten, belohnt zu werden, gefällt werden. Allen strukturell-funktionalen Positionen gemeinsam ist die Auffassung von Schichtung als Teil eines funktionierenden Gesellschaftssystems. Sie unterscheiden sich dagegen darin, wie sie die Komplexheit und das besondere Wesen dieser Funktionen sehen. Werte und Normen wie die, die Menschen zur Aktivität motivieren, sind für die Erhaltung des Gesellschaftssystems schon als solche funktional.

Die strukturell-funktionale Theorie hat viele amerikanische Soziologen angezogen, weil sie in Übereinstimmung mit Werten, die in weiten Kreisen der Vereinigten Staaten hochgehalten werden, die Leistung und ihren Lohn betont, und das im Unterschied zu den so viel unvorteilhafteren Ergebnissen, zu denen die Theorien von Marx und Weber gelangen. Die Grundvorstellung der strukturell-funktionalen Theorie ist, daß das bestehende Schichtungssystem *de facto* im Sinn der Integration und Stabilität der Gesamtgesellschaft funktioniert. Viele Kritiker wenden dagegen ein, daß sie nur eine Hypothese sei und noch dazu von der Evidenz nur wenig empirisch gestützt werde. Marxistische Kritiker mögen sogar behaupten, die strukturell-funktionale Schichtungstheorie sei nichts anderes als die theoretische Ausformulierung einer in der amerikanischen Gesellschaft weitverbreiteten Form von falschem Bewußtsein, dessen Hauptbestandteil die Illusion sei, daß Menschen, wenn sie nur tun, was von ihnen erwartet wird, die obersten Sprossen der sozialen Leiter erklimmen können. Strukturell-funktionale Soziologen könnten diesen Kritikern antworten, daß sogar noch die Illusion funktional für die Bewahrung der Integriertheit und Stabilität einer Gesellschaft ist. Wenn man sagt, daß ein Gesellschaftssystem funktioniert, so heißt das nicht notwendig, daß es auch ein Ausdruck von Wahrheit oder Gerechtigkeit ist.

## Das Kastensystem und die Rassenschichtung in Amerika

Trotz all dieser theoretischen Differenzen herrscht in der amerikanischen Soziologie Einmütigkeit über den Anwendungsbereich der beiden Begriffe Klasse und Status. Wie verschieden auch die grundsätzlichen theoretischen Standpunkte sein mögen, daß der erste Begriff sich auf ökonomische und der zweite auf nichtökonomische Grundlagen der gesellschaftlichen Rangstufung bezieht, gibt wohl jeder zu. Wegen der besonderen Rassensituation in Amerika hat man nun zusätzlich noch den Begriff der Kaste in die allgemeine Terminologie der Schichtungstheorie eingeführt.[4] Ursprünglich stammt der Begriff aus Indien. Aber die amerikanischen Soziologen haben ihm eine viel weitere Bedeutung beigelegt. Kaste ist eine Schicht, in die man hineingeboren wird, in der man heiraten muß und aus der es (mindestens theoretisch) keinen Ausweg gibt. In einer Reihenfolge der «Härtegrade» würde also der Begriff Klasse am Anfang, der Kastenbegriff am Ende und der Webersche Stand in der Mitte stehen. Selbstverständlich läßt sich der Kastenbegriff zur Beschreibung der Rassensituation in Amerika heranziehen. Daß allerdings die Analyse der Schichtung dadurch nur komplizierter geworden ist, erübrigt sich fast zu sagen, und das besonders, weil jeder, der mit der amerikanischen Situation vertraut ist, weiß, daß Kaste und Klasse in den Vereinigten Staaten ganz besonders eng verschwistert sind. Gewiß stimmt es, daß in Amerika grundsätzlich kein Schwarzer in die Schichten der Weißen Eingang findet (es sei denn durch das sogenannte «passing», das heißt dadurch, daß er vorgibt, nicht schwarz zu sein). Aber auch innerhalb der schwarzen Gruppe gibt es große Klassenunterschiede, die eine Menge damit zu tun haben, wie die Rassensituation jeweils erfahren wird. Darüber hinaus liegt bei Anwendung objektiver Klassenkriterien jedoch ein großer Teil der schwarzen Gruppe unterhalb der amerikanischen Mittelklasse. Marxistische Analytiker der amerikanischen Situation haben aus dieser Tatsache den Schluß gezogen, der Konflikt zwischen den Rassen in Amerika sei einfach eine besondere Art von Klassenkampf. Mit dieser Auffassung stimmen allerdings nur wenige nichtmarxistische Soziologen überein, wenngleich es klar ist, daß man das amerikanische Schichtungssystem ohne Berücksichtigung von Klasse und Rasse nicht verstehen kann.

## Lebensstil: Unterschiede zwischen Klassen

Ein anderer Schlüsselbegriff der amerikanischen Schichtungsforschung ist Lebensstil. Geprägt von Max Weber, meint dieser Begriff die Gesamtkultur oder Lebensweise verschiedener gesellschaftlicher Gruppen. Die Unterschiede zwischen den Welten von Hans und Paul, auf die wir zu Anfang dieses Kapitels hinwiesen, sind ein Ausdruck des verschiedenen Lebensstils von Klassen. Einige amerikanische Soziologen haben das Hauptgewicht ihrer Untersuchungen auf den Lebensstil anstatt auf ökonomische Faktoren gelegt und geglaubt, damit einen eindeutig nichtmarxistischen Zugang zur Schichtung gewonnen zu haben. Das gilt besonders für die von Lloyd Warner inspirierte Schichtungsforschung.[5] Am Anfang dieser Theorie stand eine intensive Untersuchung der Gemeinde Newburyport, Massachusetts, die Warner und seine Mitarbeiter nach bei solchen Unternehmungen üblichem Brauch auf den Allerweltsnamen «Yankee City» tauften. Warners Werk hat viele andere Untersuchungen der Klassenphänomene angeregt, ganz besonders im Hinblick auf den unterschiedlichen Lebensstil verschiedener amerikanischer Klassen. Kritiker seines Ansatzes bestanden allerdings darauf, daß Lebensstil eine Folge der Klassenlage und nicht ein an sich determinierender Faktor für diese sei. Jedermann wird jedoch die Realität des Phänomens Lebensstil und die Tatsache, daß bedeutsame Unterschiede zwischen den Lebensstilen verschiedener Klassen existieren, zugeben. Mit anderen Worten: Verschiedene Schichten leben auch in verschiedenen Welten.

## *Elmtown's Youth*, «die Elite», «die guten Kinder» und «die dreckige Bande»

Einige der vorangegangenen Betrachtungen mögen manchem Leser abstrakt vorkommen wie Theorien, die nichts zu tun haben mit dem wirklichen Leben von Menschen außerhalb eines elfenbeinernen Turmes, in dem der Soziologe vermeintlich haust. Ein solcher Eindruck wäre allerdings ein Irrtum. Normale Menschen, die in normalen amerikanischen Gemeinwesen leben, erfahren die Wirklichkeit der Schichtung jeden Tag. Mehr noch, diese Erfahrung beginnt schon sehr früh im Leben. Eine sehr wichtige Untersuchung der Wirkung von Klasse auf Jugendliche in einer Stadt im Mittelwesten ist *Elmtown's Youth*, 1949, von August Hollingshead. Hollingsheads Buch hat beachtliches Aufsehen über die Grenzen der Soziologie hinaus erregt, weil es so radikal in Frage stellt, woran viele Amerikaner damals noch glaubten (und woran manche heute noch glauben): daß nämlich die amerikanische Gesellschaft in irgendeiner Form klassenlos sei, eine Gesellschaft, die keine grundsätzlichen Unterschiede zwischen Menschen mache. Zu dieser Einstellung gehört der Glaube, diese Demokratie werde in den öffentlichen Schulen am besten gelernt. Hollingsheads Daten haben alle diese Vorstellungen hoffnungslos durcheinandergewirbelt.[6] Hollingshead teilte die Bevölkerung von Elmtown in fünf Klassen ein (seine Kriterien brauchen uns im einzelnen hier nicht zu beschäftigen), die von einer Oberklasse 1 bis zu einer ganz niedrigen Unterklasse 5 reichten. Damit war er in der Lage, sehr eingehend aufzuzeigen, wie die Klassensituation aber auch jeglichen Aspekt der Jugendlichen bestimmte. Erfolg oder Versagen in der Schule standen in direktem Verhältnis zur Klassenzugehörigkeit. In der High-School von Elmtown blieben beispielsweise 2,9 Prozent der Kinder aus der «Klasse 1» sitzen. Die Verhältniszahl der «Klasse 5» war 23,1 Prozent. In gewissem Ausmaß lassen sich diese Unterschiede mit Vorurteilen der Lehrer erklären. Aber der viel wichtigere, fundamentale Faktor ist der Unterschied im Lebensstil der Klassen, und zwar im Zusammenhang mit der Tatsache, daß die Schule selbst auf den Lebensstil der oberen Klassen eingestellt ist. Auch das Privatleben der Jugendlichen war entsprechend durch ihre Klassenzugehörigkeit determiniert. Hollingshead fand heraus, daß 61 Prozent der Pärchen, die sich in der High-School von Elmtown zusammentaten, aus derselben Gesellschaftsklasse stammten. 35 Prozent kamen aus benachbarten Gesellschaftsklassen zusammen, und nur 4 Prozent waren Jugendliche, deren Klassen weiter auseinanderlagen. 100 Prozent der Schüler aus den Klassen 1 und 2 beteiligten sich an Veranstaltungen der Schule außerhalb des Unterrichts. 73 Prozent der Jugendlichen aus Gesellschaftsklasse 5 nahmen an keiner Unternehmung teil. Die Gegebenheiten ihrer Klassenzugehörigkeit waren den Kindern durchaus bewußt und wurden von ihnen zwar nicht im Soziologenjargon, aber auf ihre eigene Weise auch zum Ausdruck gebracht. So entdeckte Hollingshead, daß sich die Jugendlichen in dieser Schule selbst in drei allgemeine Kategorien einteilten: «die Elite», «die guten Kinder» und «die dreckige Bande». Diese gewissermaßen internen Schichtungskategorien standen in unmittelbarer Beziehung zum Klassensystem der ganzen Gemeinde.

## Vornehme Ruhe, lautstarke Tüchtigkeit und schneller Genuß: Klassen in Neu-England

Wir haben das Werk von Lloyd Warner und seinen Mitarbeitern schon erwähnt, das ungefähr zur gleichen Zeit wie das von Hollingshead erschienen ist. Warner hat das Gemeinwesen, das er untersuchte, in sechs Klassen eingeteilt, die von einer obersten Oberklasse, Abkömmlingen alter Neu-England-Familien, bis zu einer untersten Unterklasse, einer Art Lumpenproletariat, reichten. Er hat versucht aufzuzeigen, daß jede dieser Klassen einen ausgeprägten Lebensstil hatte, der weit über Unterschiede in der Verfügungsgewalt über ökonomische Güter hinausreichte. So hat er beispielsweise die bereits erwähnte oberste Oberklasse von einer Oberklasse unterschieden, deren Mitglieder erst sehr spät in die vornehmen Kreise aufgestiegen waren. In manchen Fällen hatten diese viel mehr Geld als die Angehörigen der obersten Oberklasse. Aber sie bemühten sich, deren Lebensstil nachzuahmen. Das beste Wort, um diesen Lebensstil zu kennzeichnen, ist «Ruhe». Es ist ein ganz anderer Lebensstil als der der oberen Mittelklasse, aus der die meisten Angehörigen der Oberklasse eben erst aufgestiegen waren. In der oberen Mittelklasse werden die Früchte wirtschaftlicher Tüchtigkeit zwar mit mehr oder weniger Geschmack, aber offen und manchmal geradezu angriffslustig zur Schau gestellt. Im Gegensatz dazu verlangt der Oberklassenstil, daß man Reichtum so weit wie möglich verbirgt. Dementsprechend besteht natürlich auch ein Unterschied im Ethos. Das Ethos der Mittelklasse ist, mit einfachen Worten, offensiv und streberhaft. Werte, die in der Mittelklasse als gesunder Ehrgeiz angesehen werden, sind für die Oberklasse «kleinkariert» und ordinär.

Ähnliche Unterschiede im Ethos gibt es auch weiter unten auf der sozialen Leiter. Warner hat nachweisen können, daß die Trennungslinie zwischen dem, was er die oberen Unterklassen und die Unterklassen genannt hat, vor allem eine Frage der Moral ist. Die obere Unterklasse (die meisten Soziologen würden sie heute die Arbeiterklasse nennen) ist arm, in manchen Fällen sogar so arm wie die Leute aus der Schicht unter ihr. Aber sie ist ganz durchdrungen von einem Ethos harter Arbeit,

Disziplin und Ehrgeiz. Im Gegensatz zu ihr besitzt die untere Unterklasse keinerlei derartige Tugenden. Ihr Ethos ist überwiegend auf raschen Genuß eingestellt, und für die Belohnungen, nach denen die anderen Schichten streben, hegt sie meistens nur Verachtung. In gewissem Sinn sind sich die höchsten und niedrigsten Schichten in Warners Schema sonderbar ähnlich, nämlich in der Verachtung für die ehrgeizige Betriebsamkeit der Mittelklassen. Diese ist im größten Teil des Klassensystems nach Warner vorherrschend (womit er ganz konkret mindestens die symbolische Bedeutung der amerikanischen Selbstvorstellung als Mittelklassengesellschaft verifiziert hat). Wenn man von der Spitze bis zum Boden hinuntersteigt, reicht das Mittelklassenethos von der unteren Oberklasse bis zur oberen Unterklasse. In diesen Schichten ist tatsächlich jedermann strebsam. Diese ganz fanatische Betriebsamkeit wird von den beiden Polen des Systems her nur gleichgültig und verächtlich belächelt, von den Leuten an der Spitze und vom Bodensatz des Systems.

## Die Kinsey-Reporte: «Sozialebene» und Sexualleben

Zur selben Zeit, also 1948, wurden die ersten Ergebnisse der Untersuchungen über das Sexualverhalten in Amerika von Alfred Kinsey veröffentlicht.[7] Einiges von seinem Material beweist auf die denkbar drastischste Weise, wie weit noch die intimsten Aspekte des persönlichen Lebens durch Klassenzugehörigkeit beeinflußt werden. Natürlich war Kinsey kein Soziologe, und seine Arbeiten zeigen tatsächlich einen bemerkenswerten Mangel an soziologischer Sicht. Allerdings hat er Indikatoren für das, was er «Sozialebene» nennt, in die Analyse seiner Daten einbezogen. Die Ergebnisse sind in der Tat erstaunlich. So fand er beispielsweise, daß männliche Jugendliche, je höher oben sie im Klassensystem stehen, um so später sexuellen Verkehr haben. Statt dessen wenden sie verschiedene sexuelle Praktiken an, die in den Bereich des «Petting» gehören und die die Befriedigung verschaffen müssen, die auf den unteren Sozialebenen der vollzogene Verkehr verschafft. Allgemein gesprochen, haben die höheren Schichten ein vielseitigeres und phantasievolleres Sexualleben, das in vielen seiner Details auf den unteren für pervers gehalten würde. Kinseys spätere Befragung amerikanischer Frauen ergab ein ähnliches Schema. Vielleicht hat sich seither viel in der amerikanischen Sexualpraxis geändert. Einzelheiten sollen uns jedoch hier nicht beschäftigen. Heute wie damals gibt es jedenfalls Klassenunterschiede auch auf diesem Lebensgebiet.

Es ist also möglich, daß, sichtet man die Literatur in ganz verschiedenen Richtungen, sich etwas herauskristallisiert, das man als eine Ethnographie der Klasse in der amerikanischen Gesellschaft bezeichnen könnte. Klassen, weit davon entfernt, lediglich ökonomische Klammern zu sein, schaffen kulturelle Sinnwelten, die das Leben der ihnen Zugehöri-

gen weitgehend beherrschen. So wie die Gesellschaft sich wandelt (beispielsweise in ihren Sexualpraktiken), so wandeln sich auch die Inhalte
aller dieser Welten, und manchmal verwischen sich die Trennungslinien
zwischen den Klassen oder werden verlegt. Was sich jedoch bei diesem
Wandel behauptet, ist die Grundtatsache der Klassenunterschiede. Das
simple Ergebnis für die Praxis ist die Möglichkeit einer Art von «Weissagung»: Wenn wir die Klassenzugehörigkeit eines Menschen kennen,
können wir sehr viel über sein Leben aussagen. Natürlich sind wir nicht
in jeder Einzelheit völlig sicher. Weissagung ist Wahrscheinlichkeitsbe-
hauptung, und Ausnahmen gibt es immer. Dennoch können wir, wenn
wir beispielsweise einen Menschen in die obere Mittelklasse einordnen
(ohne etwas anderes von ihm zu wissen und vielleicht, ohne ihn jemals
gesehen zu haben), mit ziemlicher Gewißheit etwas über die Aufteilung
seines Haushaltsgeldes aussagen, die Anzahl seiner Kinder erraten, die
Lage seiner Wohnung und die Art und Weise, wie er seine Ferien
verbringt. Das ist aber noch nicht alles. Wir können auch in vielen
Punkten auf seine politische Einstellung schließen, wir vermuten seine
Religionszugehörigkeit und die Anzahl und Art der Bücher, die er liest.
Wir können sogar voraussagen, ob er mit seiner Frau bei Lampenlicht
oder im Dunkeln Verkehr haben wird. (Wenn wir von einem Mann aus
der oberen Mittelklasse sprechen, besteht die Chance, daß die Lampe
brennt.)

## Kaste und Klasse: Statuskompensation

Wenn wir nun von der Klassenschichtung zur Kastenschichtung überge-
hen (in Amerika also die Rassenschranke zwischen Weißen und Schwarzen überschreiten), stoßen wir wieder auf das Grundphänomen der
unterschiedlichen Lebensstile, nur wird es noch komplizierter, weil das
schwarze Gemeinwesen auch in sich selbst nach Klassen unterteilt ist.
Auch hier finden wir ausgesprochen klassengebundene Lebensstile, deren einige sich sehr ähnlich unterscheiden wie die im weißen Gemeinwesen, während andere eigentümlich für das schwarze Gemeinwesen sind.
Dabei bemerken wir auch die scharfen Trennungslinien zwischen den
beiden Gemeinwesen, deren Resultat typische und übergeordnete Lebensstile der Schwarzen, unabhängig von ihrer Klassenscheidung, sind.
   Eine frühe und sehr einflußreiche Untersuchung der Beziehungen
zwischen Klasse und Kaste ist das Buch von John Dollard: *Caste and
Class in a Southern Town*, das 1937 erschien.[8] Dollard hat deutlich
gezeigt, wie Kaste und Klasse im Alltagsleben dieser südstaatlichen
Gemeinde ineinander verschränkt sind. Er interessierte sich beispielsweise besonders für die Tatsache, daß Weiße der Unterklasse weit mehr
Feindseligkeit gegenüber Schwarzen an den Tag legen als Weiße der
Oberklasse. Dabei spielt zweifelsohne mit, daß der Konkurrenzkampf auf

den unteren Ebenen des Gesellschaftssystems sehr viel härter ist. Es gibt jedoch noch eine ganz andere Dimension, in der der Status eine Eigensphäre gegenüber der ökonomischen beansprucht. Im traditionellen südstaatlichen Schichtensystem rangiert das ganze schwarze Gemeinwesen unter dem ganzen weißen. Im Rahmen des weißen bestehen andererseits scharfe Klassengegensätze und Ressentiments. Die Kaste war seit jeher ein Mechanismus zur Statuskompensation für die Weißen der Unterklasse. Es war ganz einfach so, daß ein Weißer, so niedrig auch seine Klassenlage sein mochte, im Kastensystem unwiderruflich vor jedem Schwarzen rangierte. Darüber hinaus ließ eine besondere Etikette der Beziehungen zwischen den Rassen im alten Süden diese Tatsache besonders deutlich werden, wann und wo immer ein Weißer und ein Schwarzer sich begegneten.

## Schwarz-Sein

Diese Etikette war ein ausgeklügeltes System, das jede Begegnung zwischen Weißen und Schwarzen im Alltagsleben regulierte. Die Grundregel war sehr einfach: Der schwarze Partner der Interaktion mußte in Worten und Gesten ständig zum Ausdruck bringen, daß der Status des weißen Partners dem seinen überlegen war. Jede Interaktion war also eine systematische Selbsterniedrigung des schwarzen Partners, der dazu auch noch vom weißen erniedrigt wurde. Ein Schwarzer mußte einen Weißen beispielsweise immer beim Nachnamen anreden und noch ein «Mister» oder so ehrerbietige Titel wie «Sir» oder «Boss» hinzufügen. Er selbst wurde meistens bei seinem Vornamen oder so unehrerbietig wie mit «boy» angeredet. Dieser Etikette befleißigten sich die Weißen aller Klassen ständig, wenn auch in der Oberklasse im allgemeinen wohlwollender als in der Unterklasse.

Daß das für die Schwarzen eine starke seelische Belastung war und eine Art von Entpersönlichung nach sich ziehen konnte, bedarf kaum besonderer Betonung. Aber auch noch eine andere Konsequenz war von großer Bedeutung, nämlich daß die gesellschaftliche Existenz der Schwarzen auf sonderbare Weise gedoppelt wurde. Ihr Leben hatte einerseits eine offizielle Fassade, die ständig bei Beziehungen zu Weißen zur Schau gestellt wurde. Zur Fassade gehörten zum Beispiel die Züge jener kindlichen und verantwortungslosen Fröhlichkeit, die die Weißen den Schwarzen so gern nachsagen. Der Lebensstil hinter der Fassade, den die Schwarzen hatten, sobald sie unter sich waren, war jedoch oft völlig anders. Hier durften die Masken fallen und ganz unterschiedliche Rollen gespielt werden. Dieser Zwiespalt der schwarzen Existenz im Süden beweist, wie ironisch die immer wieder vorgebrachte Behauptung weißer Südstaatler zu bewerten ist, daß sie «Neger sehr gut kennen». Was sie tatsächlich kannten, war nur die Fassade, und ihre Unwissenheit über das, was dahinter vor sich ging, war abgrundtief. Die Schwarzen dagegen hatten einen viel genaueren Einblick in die Welt der Weißen, weil Weiße keinen Grund zur Verstellung vor Schwarzen hatten. Seit Dollards Buch erschienen ist, sind natürlich große Veränderungen im Rassensystem vor sich gegangen, im Süden, aber auch in anderen Landesteilen. Einzelheiten dieser typischen Schichtung nach Kasten überleben jedoch noch heute. Und vielleicht ist sogar noch wichtiger, daß die seelischen Folgen des Systems weiter eine Rolle für die Einstellung der beiden Gruppen zueinander spielen.

### Heißt Vorankommen Weiß-Werden?

Spätere Studien über schwarze Gemeinwesen in Amerika zeigen, daß – welche Veränderungen auch sonst stattgefunden haben mögen – eine wesentliche Seite der Situation sehr ähnlich geblieben ist, daß nämlich der Lebensstil eines Schwarzen, je höher er auf der Klassenleiter plaziert ist, dem des weißen Gemeinwesens desto nähersteht.[9] Auch das hat natürlich wieder einen ökonomischen Aspekt. Schwarze aus der Mittelklasse können, weil sie über die entsprechenden Geldmittel verfügen, an viel mehr Bereichen des im ganzen von den Weißen beherrschten Gemeinwesens teilhaben als Schwarze der Unterklasse. Jenseits dieses Faktums vollzieht sich jedoch ein subtileres Kräftespiel von Meinungen, Werten, Geschmack und Manieren. Ein Weißer der Mittelklasse wird mit einem Schwarzen der Mittelklasse viel leichter auf einen Nenner kommen als mit Schwarzen der unteren Klassen. Auf das schwarze Gemeinwesen selbst übertragen, impliziert diese Feststellung, daß der Schwarze der Unterklasse einen spezifisch schwarzen Lebensstil besser bewahrt hat als der der Mittelklasse. Es ist allerdings durchaus möglich, daß der jüngst aufgekommene schwarze Nationalismus Veränderungen in der Richtung herbeiführt, daß eine ausgeprägtere schwarze Kultur entsteht, die alle Klassen des schwarzen Gemeinwesens umfaßt. Soziologische Voraussagen darüber sind allerdings vorläufig noch ziemlich gewagt.

### Andere Lebensstile: kreuz und quer durch die Klassen?

Die Erwähnung der schwarzen Kultur führt zu der noch umfassenderen Frage, ob es in der amerikanischen Gesellschaft heute Lebensstile und Statusbewertungen gibt, die das Klassensystem durchbrechen. So ist beispielsweise behauptet worden, die Religionszugehörigkeit könne in einer Situation, in der der Wert der ethnischen Zugehörigkeit für die persönliche Identität zweifelhaft und die Mobilität zwischen den Klassen stärker geworden ist, eine wichtige Rolle für die Statusbildung spielen.[10] Möglich ist jedoch auch, daß ganz andere Lebensstiltypen an Bedeutung gewinnen. Die wichtigste, auf die wir noch zurückkommen werden, ist die moderne Jugendkultur. Allerdings gibt es auch Klassenunterschiede in der Art und Weise, wie die Jugendlichen auf diese Kultur ansprechen. Nichtsdestoweniger scheint sie im ganzen die bisher entscheidenden Klassenfronten aufzubrechen. In den letzten Jahren haben aber auch noch andere Lebensstile (meistens mit Konsum- und Freizeitgewohnheiten verbunden) an Bedeutung für die Statusbestimmung eines Individuums gewonnen. Man braucht nur an den Lebensstil zu erinnern, der, auf verschiedenen Klassen- und Altersebenen, von der Zeitschrift *Playboy* mit so viel Erfolg repräsentiert wird, oder an den Lebensstil, der sich um das Statussymbol «Motorrad» ausgebildet hat.

Tom Wolfe, ein Schriftsteller mit scharfem Blick für die Veränderungen der amerikanischen Szene (um den ihn die meisten Soziologen beneiden dürften) hat für dieses Phänomen die treffende Bezeichnung «Statussphären» gefunden.[11] Wenn Wolfe die Dinge richtig sieht, dann haben die alten Kriterien für Klasse und klassengebundenen Lebensstil in diesen Statussphären weitgehend an Bedeutung verloren. Junge Leute mit ganz verschiedenem Klassenhintergrund können demnach Tätigkeiten, Kleidung, Sprache und Gruppierungsmodelle der Motorradkultur aufgreifen und, was noch entscheidender ist, Status daraus gewinnen. Auch hier ist es noch zu früh für einigermaßen gesicherte Voraussagen darüber, ob Statussphären vielleicht einmal für die Schichtungsordnung der amerikanischen Gesellschaft wichtiger werden als Klassenzugehörigkeit. Wenn es dazu kommen sollte, müssen allerdings viele soziologische Aussagen über das Phänomen der Schichtung gründlich revidiert werden.

# 8 Die geschichtete Gesellschaft

Der Mensch ist das Lebewesen, das Pläne macht. Er entwirft Projekte. Er träumt von der Zukunft und meistens von einer Zukunft, die besser ist als die Gegenwart. Das Kind malt sich aus, wie es als Erwachsener sein wird, und auch der Erwachsene sieht sich im Geiste in einem Zustand zukünftiger Erfüllung. Gewöhnlich richten sich diese Projektionen nicht nur in die Zeit, sondern auch auf den Raum. Seine zukünftige Erfüllung stellt sich der Mensch nicht nur in späterer Zeit, sondern auch in anderen Räumen vor – an Orten in weiter Ferne, Orten jedenfalls, die sehr viel weiträumiger sind als sein gegenwärtiger Aufenthalt. Besonders in der Kindheit und Jugend erlebt man die Mikrowelt als ein Vorzimmer der Makrowelt. Die Mikrowelt ist der Raum, in dem man wartet und hoffend für die Zukunft arbeitet, auf daß sie einmal über seine Grenzen hinausreiche.

Das ist an sich gar nichts Neues. Das Pläneschmieden scheint wesentlich zum Menschsein zu gehören. Wie weit wir auch in die Vergangenheit zurückgehen, immer haben Menschen auf die Zukunft hin geplant. Für unsere gegenwärtige Gesellschaft ist jedoch eigentümlich, daß die meisten Menschen glauben, die Pläne zur Verbesserung ihrer Stellung in der Welt hätten gute Erfolgsaussichten und es sei daher nur vernünftig, systematisch auf eine bessere Zukunft hinzuwirken. Darüber hinaus enthält dieser Glaube jedoch auch noch ein moralisches Element. Er gründet sich nicht nur auf die sachliche Behauptung, daß eine bessere Zukunft tatsächlich möglich sei, sondern auch auf das moralische Urteil, daß wir ein Recht auf eine bessere Zukunft haben. Diese Ideen haben in der abendländischen Kultur eine lange Geschichte, in die wir uns hier unmöglich vertiefen können. Nachdem sie sich einen dominierenden Platz in der Weltansicht der westlichen Menschheit erobert hatten, haben sie sich heute mit viel Erfolg über die ganze Erde ausgebreitet. Die Zukunftserwartungen sind heute fast überall anspruchsvoller und dringlicher geworden und haben auf diese Weise ein Element der Rastlosigkeit in die meisten heutigen Gesellschaften gebracht. Das alles hat sich sowohl auf die Auffassung der individuellen Biographie als auch auf die der Gesamtgesellschaft ausgewirkt. Der einzelne sieht sein persönliches Leben als eine Erfolgsleiter und hält jede Phase für eine Sprosse, die aufwärts führt. Die ganze Gesellschaft wird dementsprechend für ein Gebilde gehalten, daß das Vorwärtskommen ermöglicht. Man glaubt, die Gesellschaft, so, wie sie ist, sei tatsächlich ein solches Gebilde, oder man ist, wenn sie nicht so aussieht, leidenschaftlich davon überzeugt, daß sie verändert werden müsse, um diesen Erwartungen zu entsprechen. Wir betonen ausdrücklich, daß das Überhandnehmen und die Macht dieser Vorstellungen in der modernen Gesellschaft neu sind. Während der längsten Zeit der Menschheitsgeschichte haben die meisten Menschen sich damit zufriedengegeben, daß ihre Träume Träume blieben, daß ihr Platz in der Gesellschaft im großen und ganzen auf Lebenszeit derselbe bleiben würde (wenn natürlich auch einige ihrer Projekte hie und da kleine Verbesserungen herbeiführen konnten) und daß es wenig Zweck habe, sich dagegen aufzulehnen – da die Welt nun einmal so sei, wie sie ist, und wohl immer so bleiben werde. Diese Überzeugung von der Unabänderlichkeit des eigenen gesellschaftlichen Schicksals gründete sich sehr oft auf religiöse Vorstellungen vom Wesen der Welt und vom Ort des Menschen in ihr.

## Statuszuweisung und Statuserwerb

Soziologen machen einen Unterschied zwischen zugewiesenem und erworbenem Status.[1] Der zugewiesene Status gehört zum Menschen kraft seiner Geburt oder irgendeines anderen biographischen Faktums, auf das er keinen Einfluß hat. So haben beispielsweise ein Prinz und ein Aussätziger jeder seinen zugewiesenen Status, und es gibt nichts, was der Prinz dazu getan hätte, den seinen zu erwerben, noch was der Aussätzige tun könnte, den seinen loszuwerden. Der erworbene Status auf der anderen Seite ist ein Ergebnis der persönlichen Leistung des einzelnen. Wenn jemand also vom Bürogehilfen zum Bürovorsteher aufsteigt, so ist der Grund für den höheren Status seine eigene Leistung (es sei denn, er wäre mit dem Chef verwandt). Aus Gründen, die wiederum eine lange Geschichte haben, ist die moderne Gesellschaft durchdrungen von einem Leistungsethos. Man erwartet vom einzelnen, daß er im Leben Besseres erreicht, und von der Gesellschaft, daß sie ihm die Gelegenheit dazu bietet. Einige Psychologen erklären ausdrücklich, die Sozialisation unserer Gesellschaft flöße uns ein starkes Leistungsbedürfnis ein. Die meisten Spiele amerikanischer Kinder sind Wettbewerbsspiele. Von früher Kindheit an werden gute Leistungen durch Beifall angespornt und belohnt, und jedes Versagen wird dem Kind als eine sehr ernste Angelegenheit vorgehalten.

Auf das Schichtungssystem übertragen ist Leistungsethos Mobilitätsethos, das heißt, das Individuum hat den Ehrgeiz, seine Position im Schichtungssystem zu verbessern. Mobilitätsethos ist seit den Anfängen der amerikanischen Geschichte ein wesentlicher Bestandteil der Nationalideologie. Amerika hält sich für das Land der unbegrenzten Möglichkeiten, also für eine Gesellschaft, in der jeder Status erworben werden kann und alle Unterschiede zwischen Menschen, die durch Zuweisung entstanden sind, aufgehoben werden können. Genau das sollte der große Unterschied zwischen der Neuen und der Alten Welt sein. Die Nationalideologie fordert dementsprechend, daß die Hauptinstitutionen der Gesellschaft dem einzelnen seine Mobilität erleichtern. Die amerikanische freie Wirtschaft, die amerikanische Regierung und (sehr wichtig!) das amerikanische öffentliche Schulwesen sind von der Idee der Chancengleichheit durchdrungen oder – wo es daran hapert – von der Idee, sie herbeizuführen.

## Lebenschancen: Gibt es Chancengleichheit bei der Geburt?

Die Frage, die sich von selbst stellt, ist, wie wirklichkeitsnah diese Erwartungen und Vorstellungen sind. Gibt es wirklich Chancengleichheit in der amerikanischen Gesellschaft? Und wenn nicht, besteht wenigstens die Tendenz dazu? Wenn der einzelne sein Leben Revue passieren läßt, kommt es bei dieser Frage darauf an, ob und in welchem Maß er in Illusionen befangen ist. Was kann er in Anbetracht seiner Position im Schichtungssystem tatsächlich vom Leben erwarten? Und wie stehen die Chancen dafür, daß er seine Lage verbessert?

Wir können uns hier noch einmal auf Max Webers Begriff der Lebenschancen beziehen, die, wie wir schon gesehen haben, ein entscheidendes Element seiner Klassenkonzeption sind. Klassenposition bestimmt nach seiner Auffassung die Chancen dafür, nach welchem Plan das Leben verlaufen wird. Wir können also auch im Sinn des amerikanischen Schichtungssystems fragen, welche Lebenschancen entstehen durch die Position eines einzelnen in ihm. In gewissem Sinn ist diese Frage schon mitgestellt beim Unterschied der Lebensstile zwischen Klassen, den wir gerade erörtert haben. Aber Unterschiede des Lebensstils sind, wenn man so will, milderer Natur als Unterschiede der Lebenschancen. Bei den letzteren handelt es sich ganz ausgesprochen um das, was Menschen hoffen oder befürchten, wenn sie ihren Blick auf die Zukunft richten. Von der amerikanischen Nationalideologie der Chancengleichheit her gesehen, sind die soziologischen Daten über Klassenunterschiede der Lebenschancen sehr bestürzend. Mindestens enthüllen sie eine tiefe Kluft zwischen der Rhetorik und den Realitäten der Gesellschaft.

Man kann mit der einfachsten Bedeutung, die der Ausdruck Lebenschancen nahelegt, anfangen, nämlich mit der Lebenserwartung.[2] Der Ausdruck meint die Wahrscheinlichkeit, daß ein Individuum bis zu einem bestimmten Alter leben wird. 1940 war die allgemeine Lebenserwartung in Amerika (allgemein in dem Sinn, daß nicht nach männlich und weiblich, Rasse, Einkommen oder anderen Unterscheidungskategorien differenziert wird) 62,9 Jahre. Unter dem Gesichtspunkt des Einkommens hatte die niedrigste Zensus-Kategorie (Männer und Frauen zusammen) eine Lebenserwartung von 58,7 Jahren, die höchste dagegen 67,8 Jahre. Das bedeutet: Wenn jemand an der Spitze des amerikanischen Schichtungssystems geboren war, hatte er die begründete Aussicht auf neun Lebensjahre mehr als jemand, der vom Boden des Systems herkam. Im gleichen Jahr hatte die niedrigste weiße Einkommensgruppe 60,2 und die höchste 67,8 Jahre Lebenserwartung. Die Lebenserwartung der niedrigsten nichtweißen Gruppe war dagegen 49,9 und die der höchsten 55,9 Jahre. Selbst wenn ein Nichtweißer das Glück hatte, auf der Klassenleiter eine hohe Einkommensstufe zu erreichen, war seine Lebenserwartung also noch immer fast fünf Jahre niedriger als die eines Weißen aus der niedrigsten Einkommensgruppe und lag mehr als elf Jahre unter der eines Weißen in einer vergleichbaren Einkommensgruppe. Die Weißen, die ganz unten in der Einkommensskala standen, konnten etwa zehn Jahre mehr als Nichtweiße erwarten.[3] 1967 war die allgemeine Lebenserwartung auf 70,5 Jahre angestiegen. Obwohl sowohl Rassen- als auch Klassenunterschiede verringert worden waren, bestand noch immer eine ganz erhebliche Differenz. Die allgemeine Lebenserwartung von Weißen war 71,3, die von Nichtweißen 64,6 Jahre. Die Kluft war tatsächlich schmaler geworden. Ohne Unterscheidung nach Einkommensgruppen betrug der Abstand zwischen Weißen und Nichtweißen nur noch 6,7 Jahre.[4] Der Zuwachs an Lebenserwartung bei Nichtweißen war doppelt so hoch wie bei Weißen. Nichtsdestoweniger bleibt jedoch die Tatsache bestehen, daß der Zufall der Geburt auf den verschiedenen Ebenen des Schichtungssystems für die Chancen, ein bestimmtes Alter zu erreichen, bestimmend ist.

## Einkommen, Gesundheit, seelische Gesundheit und Institutionen, die an der Mittelklasse orientiert sind

Die Gründe für diese Unterschiede sind nicht schwer zu finden. Die höheren Gesellschaftsschichten können sich viel besser ernähren, wissen, wie man die Gesundheit fördert, und sind (was besonders wichtig ist) medizinisch besser versorgt. Man denke dabei nur einmal an einen Bereich der Gesundheitsvorsorge, nämlich wie oft der Zahnarzt pro Person und Jahr aufgesucht wird. Bei Familien mit einem Einkommen unter 2000 Dollar war es 1966 0,8mal, bei Einkommen von 4000 bis 7000 Dollar 1,4mal und 2,3mal bei Familien, die mehr als 7000 Dollar Einkommen hatten.[5] In den unteren Schichten sind die Menschen häufiger krank, haben weniger Möglichkeiten, Krankheiten vorzubeugen oder zu kurieren, und sterben deshalb mit aller Wahrscheinlichkeit früher. Was für die physischen Erkrankungen gilt, trifft auch auf die psychischen und Geisteskrankheiten zu. In einer ganzen Reihe von Untersuchungen ist eine beträchtlich höhere Rate solcher Erkrankungen bei den unteren als bei den oberen Klassen, bei Nichtweißen als bei Weißen festgestellt worden.[6]

Soziologische Studien über die Bedeutung der Klassenzugehörigkeit für seelisch-geistige Erkrankungen haben jedoch noch einen anderen interessanten Aspekt zutage gefördert, daß nämlich Patienten aus der Unterklasse anders angesehen und deshalb auch anders behandelt werden als die aus der Oberklasse. Es scheint so, daß ganz ähnliche klinische Symptome bei Angehörigen der Unterklasse als psychotisch diagnostiziert werden, die bei Patienten aus der Oberklasse noch unter Neurosen fallen. Das hat zur Folge, daß der Patient aus der Unterklasse, wenn er medizinische Hilfe für psychische Symptome sucht, viel eher in einer Nervenheilanstalt landet als ein Patient aus den höheren Klassen. Damit kommen wir zu einem wichtigen Punkt, der die Lebenschancen im Rahmen des Schichtungssystems betrifft: Die meisten institutionellen Betriebe, mit denen ein Mensch in seinem Leben zu tun hat, werden von Personen aus den höheren Schichten geleitet und überwacht. Psychiater, Sozialfürsorger, Wohlfahrtspfleger und Rechtsanwälte (alles Leute, die bei der Überweisung eines Patienten der unteren Klasse in eine Nervenheilanstalt mitreden) haben Mittelklassenstatus. Man braucht nicht einmal unbedingt an absichtliche Bevorzugung oder gar Vorurteil zu denken, wenn man die unterschiedliche Behandlung von Zugehörigen verschiedener Klassen erkennt. Der Akademiker aus der Mittelklasse hat ein viel unmittelbareres Verhältnis und besseres Verständnis, wenn er es mit seiner eigenen Klasse zu tun hat. Solch ein Zugang ergibt sich nicht so leicht zu Patienten aus der unteren Klasse. Diese ganz einfache soziologische Tatsache hat für die Lebenschancen der Unterklasse weitreichende Konsequenzen in einer Gesellschaft, in der sie ständig mit Institutionen zu tun hat, die am Mittelstand orientiert sind.

## Bevölkerungsklassen, Verbrechensklassen, Gerechtigkeitsklassen?

Diese Tatsache ist in höchstem Maß für Verbrechen und Strafe relevant. Zusammenfassend kann man sagen, daß die Rate der Verbrechen und Haftstrafen in der Unterklasse höher liegt als in der Oberklasse und bei Nichtweißen höher als bei Weißen.[7] Dafür gibt es zwei Erklärungen, die sich nicht im geringsten widersprechen. Erstens stimmt es sicher, daß Leute aus der Unterklasse und Nichtweiße mehr Verbrechen (besonders gewisse Verbrechenstypen wie Gewaltverbrechen) begehen. Der gesellschaftliche Kontext, in dem man in diesen Schichten lebt, ist aus einleuchtenden Gründen prädestinierter für Verbrechen als der höherer Schichten. Aber es gibt noch einen zusätzlichen Grund für den Unterschied, und das ist die Diskriminierung, die Strafvollzug und Rechtswesen dem Delinquenten aus der Unterklasse zufügen.

Gewisse Verbrechen, die charakteristisch für Menschen aus der Mittelklasse sind (in Amerika «White-collar-Verbrechen» genannt wie Unterschlagung und ähnliche illegale oder pseudolegale Handlungen), lassen sich leichter verbergen als solche, die typisch für die Unterklasse sind.

So kann also schon bei der Kriminalberichterstattung Klassendiskriminierung unterlaufen. Die Polizei und andere Vollzugsinstanzen sind häufig duldsamer gegen Missetäter aus der Mittelklasse. Fast mit Sicherheit enthalten die Arrest-Raten Klassenunterschiede, die nicht einfach auf die Eigentümlichkeit des Verbrechens für die Klasse des Verbrechers zurückgeführt werden können. Dieselbe Diskriminierung, wenngleich in subtilerer Form, ist zu beobachten, wenn ein Rechtsverletzer vor Gericht kommt. Sie drückt sich schon darin aus, daß ein Angehöriger der Oberklasse sich den sachkundigsten Rechtsbeistand aussuchen kann, und tritt kraß zutage in der Möglichkeit, Kautionen zu stellen. In noch subtilerer Form verbirgt sie sich schon in gewissen Vorurteilen und Einstellungen der Richter, der Geschworenen ebenso wie der Anklagebehörde.

## Wer ist glücklich? Einige Klassenunterschiede

Die amerikanische Nationalideologie hat das Streben nach Glück zu einem der obersten Prinzipien erhoben, denen die Gesellschaft anhängen soll. Wenn es tatsächlich irgendwo Chancengleichheit gibt, dann müßte sie sicherlich hier zu finden sein. Die soziologischen Daten machen auf bedrückende Weise deutlich, daß Chancen auf Erfolg des Glücksstrebens von Klasse zu Klasse weit divergieren. Die Scheidungsraten sind in den unteren Einkommensgruppen fast viermal so hoch wie in den obersten. Die Koppelung von Scheidung und Unglück ist vielleicht bestreitbar. Die folgenden Angaben sind jedoch weniger zweifelhaft: In einer Untersuchung gaben 30 Prozent der ungelernten Arbeiter an, daß sie keine nahen Freunde hätten. Das galt dagegen nur für 10 Prozent der Akademiker und hohen Wirtschafts- beziehungsweise Regierungsfunktionäre.[8] Menschen in den Unterklassen leben einsamer, und ihre dauerhaften Bindungen sind gefährdeter. Deshalb sollten die folgenden Angaben nicht überraschen: In einer Untersuchung aus dem Jahr 1965 wurden die Befragten aufgefordert, sich selbst auf einer Glücksskala einzuordnen. An der Spitze standen diejenigen, die antworteten, sie wären tatsächlich «sehr glücklich». Bei einem Jahreseinkommen von über 10 000 Dollar waren 38 Prozent «sehr glücklich». Die Zahl rutschte auf 26 Prozent bei Einkommen zwischen 5000 und 6000 Dollar und auf nur 14 Prozent bei Einkommen unter 3000 Dollar.[9]

## Klassenzugehörigkeit und Bildungsaussichten

Eine entscheidende Verbindung besteht zwischen Klassenzugehörigkeit und der Chance, eine bestimmte Bildungsstufe zu erreichen. Eine Studie aus dem Jahr 1957 ergab, daß 44 Prozent der Kinder aus Familien mit einem Jahreseinkommen von 10 000 Dollar und mehr ein College besuchten. Dagegen standen nur 17 Prozent bei Einkommen von 5000 bis 7000 Dollar, und der Wert fiel auf 9 Prozent bei Kindern aus Familien mit

Einkommen unter 5000 Dollar.[10] Man kann diese Unterschiede zwar mit dem Lebensstil in Verbindung bringen, wobei sich etwas vergleichsweise so Harmloses ergäbe wie die Möglichkeit oder Unmöglichkeit, mit 20 Jahren Shakespeare oder Milton wirklich zu schätzen. So bedauerlich das Gefälle im Sinn eines humanistischen Bildungsideals sein mag: Bildung hat leider sehr viel handfestere Beziehungen zu den Lebenschancen des einzelnen. Insbesondere steht sie in einem direkten Verhältnis zu seinem Einkommen. Nach Zahlen aus dem Jahr 1967 hatten Personen mit weniger als acht Schuljahren ein Durchschnittseinkommen von 3606 Dollar, Personen mit acht Schuljahren 5139 Dollar und solche mit einem bis drei Jahren College 8843 Dollar. Wer schließlich vier und mehr Jahre College aufzuweisen hatte, brachte es auf ein Durchschnittseinkommen von 11924 Dollar.[11] Wer die höheren Weihen der Bildung nicht genossen hat, weiß also sicherlich Shakespeare nicht so zu schätzen wie ein Collegeabgänger (wenn er überhaupt je von Shakespeare gehört hat). Aber es ist ihm wahrscheinlich doch noch schmerzlicher, daß der Collegeabgänger so viel mehr Geld im Jahr verdient als er.

Das Verhältnis von Klassenzugehörigkeit und Bildung führt uns zu einem weiteren wichtigen Faktum der Schichtung: dem Teufelskreis, als der es sich auf den unteren Ebenen vielfach auswirkt. Der Angehörige der Unterklasse hat weniger Bildungschancen. Ein Ergebnis seiner mangelhaften Bildung ist sein geringeres Einkommen. Dieses wiederum verringert seine Chancen zur Verbesserung seiner Stellung im Klassensystem und, was noch härter ist, die Chancen für eine bessere Erziehung seiner Kinder. Auch für diese Zusammenhänge gibt es wieder zwei Erklärungen:

Erstens besteht hier eine direkte Verbindung zwischen Lebensstil und Lebenschancen. Wir brauchen uns nur kurz an die unterschiedlichen Vorstellungen von Kindererziehung zu erinnern, die wir in einem früheren Kapitel besprochen haben, um das ganz klar zu sehen. Fast alles, was sich in der Mittelstandsfamilie abspielt, kann das Kind motivieren, das Erziehungssystem für seine eigene Zukunft fruchtbar zu machen. Der familiäre Hintergrund in der Unterklasse ist dem weniger förderlich.

Zweitens setzt sich auch hier dieselbe Mittelstandsorientierung durch, von der wir im Zusammenhang mit Medizin und Rechtswesen gesprochen haben. Schulunterricht wird erteilt und Schulen werden verwaltet von Akademikern aus der Mittelklasse. Mehr noch, auch die Leistungsmaßstäbe werden von eben diesen Mittelstandsakademikern aufgestellt. Ganz unwillkürlich wird dabei das Kind aus der Unterklasse oft negativer beurteilt, einfach weil seine Sprache, Denkweise und Vorstellungswelt einem anderen Typ von Klasse angehören. Ein solches Kind ist deshalb von Anfang an benachteiligt im Erziehungssystem, selbst wenn alle Leute, mit denen es in Berührung kommt, ihm helfen wollen und wenn es die nötige Intelligenz und Leistungsbereitschaft mitbringt. Die bereits erwähnte Studie über die Schuljugend in Elmtown hat diese Tatsache sehr deutlich gemacht. Später ist die Verklammerung von Klasse und Bildung mit ihren die Mobilität behindernden Effekten noch besonders in bezug auf schwarze Kinder untersucht worden.

## Worauf will ich hinaus? Typen sozialer Mobilität

Daß die Lebenschancen eines Menschen durch seine Herkunft im Schichtungssystem wesentlich bestimmt werden, ist also erwiesen. Man sollte daher vorsichtig bei der Wahl seiner Eltern sein. Daraus ergibt sich wiederum eine naheliegende Frage: Bis zu welchem Ausmaß läßt sich Fortuna in die Karten sehen oder gar korrigieren? Hat man, wenn man unvorsichtig bei der Wahl seiner Eltern war, irgendwelche Chancen, den Fehler wiedergutzumachen? Soziologisch ausgedrückt ist das die Frage nach den Chancen für soziale Mobilität.

Soziale Mobilität ist Bewegung im Rahmen des Schichtungssystems. In der soziologischen Literatur steht das Wort «Mobilität» auch oft allein und bezeichnet dasselbe Phänomen. Aber wir brauchen einige zusätzliche Begriffsbestimmungen. Man unterscheidet zunächst zwischen sozialer und geographischer Mobilität. Die letztere bezeichnet einfach Bevölkerungsbewegungen im physikalischen Raum und steht an sich nicht unmittelbar in Beziehung zur sozialen Mobilität. Arabische Nomaden zum Beispiel bewegen sich ständig von Ort zu Ort, aber ihre Wanderungen haben normalerweise keinerlei Stellungswechsel auf einer Schichtenleiter zur Folge. In unserer Gesellschaft besteht jedoch ein Zusammenhang dieser beiden Formen der Mobilität. Soziale Mobilität macht sehr oft auch geographische erforderlich. Ein Beispiel: Die Möglichkeiten sozialer Mobilität sind in ländlichen Gegenden meistens geringer als in der Stadt. Infolgedessen ist der Einzug von Menschen aus dem Land in die Städte gewöhnlich mit sozialer Mobilität oder mindestens mit Hoffnung darauf gekoppelt. Weitere Unterschiede macht man zwischen Mobilität nach oben oder nach unten. In beiden Fällen handelt es sich um soziale Mobilität. Zwar haben die meisten Leute, amerikanischen Wertvorstellungen entsprechend, nur Mobilität nach oben im Sinn, wenn davon die Rede ist. Aber die Menschen steigen im Schichtungssystem nicht nur auf, sondern auch hinunter, und es ist wichtig, das im Auge zu behalten. Ferner gibt es vertikale und horizontale Mobilität, wobei nur die erstere soziale Mobilität im eigentlichen Sinn ist, daß heißt Bewegung nach oben oder unten im Schichtungssystem. Horizontale Mobilität bedeutet Veränderungen der gesellschaftlichen Stellung in ein und derselben Schicht. Wenn ein Lehrer Rektor wird, so ist das vertikale Mobilität. Aber wenn ein Lehrer eines Tages statt Mathematik nur noch Geographie unterrichtet, so ist das horizontale Mobilität, die aller Wahrscheinlichkeit nach an seinem Rang im beruflichen Schichtungsschema nichts ändern wird. Sodann unterscheidet man zwischen Berufs- und Generationsmobilität (manchmal heißt das auch Intra-Generationsmobilität und Inter-Generationen-Mobilität). Unter Berufsmobilität (oder Intra-Generationsmobilität) versteht man eine Bewegung im Leben eines Erwachsenen wie etwa den Aufstieg vom Lehrer zum Rektor. Generationsmobilität (oder Inter-Generationen-Mobilität) andererseits bezieht sich auf die entsprechenden Ränge bei zwei aufeinanderfolgenden Generationen. Wenn der Vater des Lehrers beispielsweise der Hausmeister der Schule war, hat der Sohn eine Generationsmobilität erlebt, auch wenn er, nachdem er einmal Lehrer geworden ist, nicht mehr weiterkommt.

Schließlich gibt es den Unterschied zwischen individueller und Gruppenmobilität. Die erwähnten Beispiele betrafen natürlich sämtlich individuelle Mobilität, aber es können auch ganze Gruppen in Bewegung geraten. So könnte es sein – etwa aufgrund gewerkschaftlicher Initiative – daß Hausmeister an Schulen ihr Einkommen verdreifachen, sich eine neue Berufsbezeichnung (beispielsweise «Gebäude-Ingenieure») zulegen und einen akademischen Grad für die Zulassung zu ihrem Gewerbe verlangen. In einem solchen Fall, der keineswegs selten ist in unserer Gesellschaft, erleben alle Angehörigen der betreffenden Gruppe eine ganz beachtliche soziale Mobilität, nach welchen Kriterien man sie auch bemessen will, und das trotz der Tatsache, daß sie einst wie heute Hausmeister waren und sind.

## Geld, Heirat, Bildung, Politik und «Eindruck»: fünf Mittel zur Mobilität

In einem Schichtungssystem wie dem unsrigen gibt es für Individuen fünf Hauptmittel zur sozialen Mobilität nach oben. Natürlich sind sie miteinander verquickt, können aber nichtsdestoweniger zum Zweck der Analyse gesondert betrachtet werden. Das erste und vielleicht wichtigste ist gezieltes wirtschaftliches Handeln. Durch harte Arbeit, Glück, durch Beziehungen oder Schwindel kann man seine Stellung im Wirtschaftssystem verbessern. In den meisten Fällen bedeutet das einfach, daß das Einkommen und damit die eigene «Kaufkraft» höher wird – und zwar nicht nur im rein materiellen Sinn, sondern auch für die immateriellen Segnungen des Status.

Die zweite Möglichkeit, die immer noch mehr mitspielt, als viele sich klarmachen, ist Heirat. Das heißt, man verbessert seine Lage durch eine «gute Partie». Das ist zwar in unserer Gesellschaft eher etwas für Frauen als für Männer, ist aber keineswegs ausschließlich auf Frauen beschränkt.

Der dritte Weg zum sozialen Aufstieg führt über die Bildung. Er ist zwar dem ersten des wirtschaftlichen Handelns oder der entsprechenden

Stellung eng benachbart, verläuft aber dennoch gesondert von diesem. Man müht sich in diesem Fall nicht so sehr an seinem Arbeitsplatz, als daß man sich dieser oder jener Form der Fortbildung unterzieht.

Die vierte Möglichkeit zur Mobilität ist die politische. In diesem Fall kommen Verbesserungen der Stellung von Personen oder ganzen Gruppen durch politischen Druck, über Verhandlungen oder Garantien zustande. Hier geht es hauptsächlich um die Mobilität von Gruppen. Heute wenden beispielsweise die schwarzen und anderen nichtweißen Minoritäten in Amerika politische Mittel an, um die Gesellschaft zu zwingen, ihnen eine kollektive Verbesserung im Schichtungssystem zuzugestehen und zu garantieren.

Schließlich gibt es noch eine fünfte Methode, die sich am besten mit einem allerdings in anderem Zusammenhang geprägten Ausdruck des amerikanischen Soziologen Erving Goffman bezeichnen läßt: «Eindruckschinden» (impression management). Mobilität wird hier durch Manipulation von Statussymbolen und durch die eigene Ausstrahlung gewonnen. Man denke etwa an soziale Kontexte wie die «Caféhaus-Gesellschaft», wo allerlei Schmarotzer, Bauernfänger und Leute mit angeblichen Inside-Informationen dadurch voranzukommen versuchen, daß sie auf andere, die es schon in dem betreffenden Berufszweig geschafft haben, einen günstigen Eindruck machen. Für die Gesamtgesellschaft ist dieser Weg vielleicht von minderer Bedeutung. Aber sicherlich machen viele Leute zusätzlich zu den ersten vier Methoden auch von dieser Gebrauch.

## Bereiche der Übereinstimmung: das «Wesen» der sozialen Mobilität

Wieviel Mobilität nach oben gibt es in der amerikanischen Gesellschaft? Direkt ist diese Frage nur sehr schwer zu beantworten. Die Daten über soziale Mobilität sind erstaunlich spärlich, und die meisten lassen überdies mehrere Deutungen zu. Unterschiede in der Interpretation beruhen aber nicht nur auf der Mehrdeutigkeit der Daten, sondern haben ihren Grund auch in divergierenden theoretischen Voraussetzungen der Interpreten. Am ehesten erreichbar sind Angaben über Beruf und Einkommen (die Grundlagen dafür liefert die amerikanische Bevölkerungsstatistik). Wir haben jedoch schon gesehen, daß Klasse und Schichtung allgemein viel zu subtile Phänomene sind, um sich einfach mit Berufs- und Einkommensstand in Deckung bringen zu lassen. Die Schwierigkeit besteht deshalb darin, Angaben über Beruf und Einkommen mit den komplizierten Phänomenen des Lebensstils und des Klassenbewußtseins in die richtige Beziehung zu bringen. Eine gründliche Behandlung dieser Fragen würde den Rahmen dieses Buches bei weitem überschreiten, da es dabei um weittragende und oft recht undurchsichtige Zusammenhänge geht. Das Beste, was wir statt dessen anbieten können, ist eine summarische Darstellung von Tendenzen der sozialen Mobilität, über die sich die Soziologen einigermaßen einig sind. Wir werden aber auch auf einige wichtige Punkte hinweisen, über die man in der modernen Soziologie verschiedener Meinung ist.[12]

1. Bei der beruflichen Mobilität von Generation zu Generation (das heißt von Vätern zu Söhnen) ist die Aufwärtsbewegung beträchtlich, wobei allerdings scharfe Unterschiede zwischen verschiedenen Berufskategorien bestehen. Zahlen von 1950 beweisen, daß 77 Prozent aller Akademiker damals von der Position ihrer Väter zu ihrer eigenen aufgestiegen waren, bei den Facharbeitern und Werkführern trifft das dagegen nur auf 56 Prozent zu.[13] Eine ansehnliche Zahl von Individuen schafft es, mit anderen Worten, ihre Position gegenüber der ihrer Väter zu verbessern, die Mittelklasse aber schneidet dabei am günstigsten ab.

2. Vom Beruf aus gesehen, herrscht am meisten Mobilität bei Kategorien, deren Status ähnlich oder benachbart ist (wobei man hinzufügen muß, daß der relative Status vieler Berufe in den letzten Jahrzehnten unverändert geblieben ist). Es ist beispielsweise sehr viel wahrscheinlicher, daß der Sohn eines ungelernten Arbeiters Automechaniker, als daß er Rechtsanwalt wird. Ähnlich wird der Sohn eines Rechtsanwalts eher Professor der Jurisprudenz als Direktor einer großen Aktiengesellschaft. Die Barriere, deren Überschreiten die meisten Schwierigkeiten bereitet, ist die von der Hand- zur Kopfarbeit.

3. Vom Beruf aus gesehen, sind die Mobilitätsraten in Amerika während des letzten halben Jahrhunderts sehr ähnlich geblieben. Das heißt, im Verhältnis hat sich etwa dieselbe Zahl von Menschen in der Berufsstruktur nach oben bewegt. Diese Mobilitätsraten sind überdies ganz ähnlich denen in anderen westlichen Industriegesellschaften. Uneins sind die Soziologen darüber, ob der Zuzug zu den höchsten Schichten schwerer oder leichter geworden oder sich gleich geblieben ist. Die überwiegende Meinung derer, die sich mit dieser Materie eingehend beschäftigt haben, ist jedoch, daß die höchsten Schichten in Amerika sich dem Zugang von Menschen aus unteren Schichten besonders hartnäckig verschließen.

4. Wahrscheinlich ist Mobilität heute meistens das Ergebnis von Wandlungen in der Berufsstruktur überhaupt, wobei der wachsende Bedarf an Schreibtischarbeit, technischer und sonstiger gelernter Arbeit und der entsprechend geringere Bedarf an ungelernter Arbeit sicher wichtige Faktoren sind. Dieser Wandel in der Berufsstruktur scheint sich in anderen Industriegesellschaften (einschließlich der Sowjetunion) genauso auf die Mobilität auszuwirken.

5. Das wichtigste Instrument für Mobilität ist Bildung geworden. Der Teufelskreis Klasse/Bildung, über den wir gesprochen haben, wird

dadurch besonders gefährlich, und es ist nur allzugut begreiflich, daß das Ausbildungssystem für die Schwarzen, die ihre Situation in der Gesellschaft verbessern wollen, die häufigste Zielscheibe ihrer politischen Agitation geworden ist.

6. Aus all diesen Gründen ist die Mobilität der untersten Schichten besonders erschwert, ja hat praktisch aufgehört, was sich besonders hart für Schwarze und andere rassische Minderheiten auswirkt. Wenn man das zusammen mit der bereits erwähnten Überzeugung einiger Soziologen sieht, daß die höchste Schicht heute einen fast geschlossenen Kreis bildet, so ergibt sich ein interessantes Bild der Mobilität. Im wesentlichen findet sie in dem großen Ausschnitt der Gesellschaft statt, der zwischen den höchsten und den niedrigsten Schichten liegt. Ganz oben und ganz unten im Schichtungssystem bleibt höchstwahrscheinlich alles beim alten.

7. Vom Beruf aus gesehen haben sich die mittleren Sektoren des Schichtungssystems am meisten erweitert. Kurzum, die Mittelklasse ist am stärksten gewachsen. Manche Soziologen vergleichen das heutige Schichtungssystem mit einem Rhombus, im Unterschied zur Pyramide, die die Schichtung in älteren Zeiten der Gesellschaft symbolisieren würde.

8. Die selbständigen Berufe haben ständig abgenommen. Sogar Akademiker sind mehr oder weniger Gehaltsempfänger geworden, statt auf eigene Rechnung zu arbeiten.

9. Das Einkommen fast aller Schichten hat im letzten Jahrhundert ständig zugenommen, so daß, absolut gesehen, insgesamt eine Gruppenmobilität nach oben zu verzeichnen ist. Um die tatsächlichen Einkommensunterschiede bemessen zu können, haben die Nationalökonomen den Begriff des «Realeinkommens» eingeführt, das heißt, sie übersetzen die Einkommensziffern aus den verschiedenen Perioden in eine Standardwährung und können auf diese Weise die unterschiedliche Kaufkraft berücksichtigen. So hat beispielsweise zwischen 1939 und 1959 das Realeinkommen ungelernter Arbeiter um 176 Prozent zugenommen, bei gelernten Arbeitern sind es 172 Prozent, bei Angestellten 111 Prozent und bei leitenden Angestellten und Selbständigen 95 Prozent.[14] Vom Einkommen her gesehen ist der nationale «Kuchen» viel größer geworden. Jeder hat ein Stück Wachstum abbekommen, das für die untersten Schichten am größten war.

10. Dennoch sind in der gleichen Periode die Einkommensdifferenzen der verschiedenen Schichten ziemlich gleich geblieben. Das heißt, es hat keine drastische Umverteilung des Nationaleinkommens stattgefunden, auch wenn von einigen Seiten behauptet wird, die Kluft zwischen den einzelnen Schichten sei stetig kleiner geworden. Bemerkenswert ist übrigens, daß die an sich sehr zuverlässigen Angaben der Statistiker über

diese Materie manchmal nicht leicht zu durchschauen sind. Da gibt es beispielsweise Leute mit kleinem Bareinkommen, die aber ein eigenes Haus besitzen. Verheimlichte Einnahmequellen haben alle Bevölkerungsschichten. Am einträglichsten sind sie natürlich in den höheren Schichten. Die Frage, ob der Anteil der höchsten Schichten am Nationaleinkommen sich geändert hat, ist dementsprechend strittig.

11. Auch das Verhältnis zwischen Einkommen und Mobilität scheint in anderen westlichen Industriegesellschaften ähnlich zu sein, wenngleich der Gesamtzuwachs an Nationaleinkommen in Amerika am höchsten gewesen ist. Ob die Einkommensunterschiede in der Sowjetunion höher oder niedriger sind, ist wiederum strittig, während man sich einig darüber ist, daß sie in unterentwickelten Ländern größer sind als in den hochindustrialisierten.

### Interpretationsunterschiede: mehr «Klasse» oder mehr «Status»?

Auch wenn man mit all diesen Überlegungen übereinstimmt, gibt es ganz verschiedene Interpretationsmöglichkeiten. Die Gegensätze sind besonders groß zwischen Marxisten sowie anderen radikalen Richtungen und den konventionelleren soziologischen Theorien. Die Radikalen betonen den Widerspruch zwischen dem auf einer Ideologie der Chancengleichheit gegründeten Mobilitätsethos und den faktischen Mobilitätschancen. Sie weisen auf den Verlust an Freizügigkeit und Selbstbestimmung im Beruf hin, der mit einer angeblichen Abgeschlossenheit der höchsten Schichten zusammengeht. Die gegensätzlichen theoretischen Ausgangspunkte sind sehr wichtig. Wenn man Klasse nach traditionell marxistischer Weise im Sinn von Besitz oder Nichtbesitz an den Produktionsmitteln definiert – und nur so –, kann man durchaus sagen, daß alles, was sich ereignet hat, tatsächlich nicht neu ist und daß die fundamentale Kluft weiterbesteht zwischen einer kleinen Gruppe von Kapitalisten, denen die Gesellschaft gehört, und einer wachsenden Masse von Proletariern, die darum nicht weniger Proletarier sind, weil sie jetzt satt werden und im Angestelltenverhältnis stehen.[15] Hinsichtlich der Situation der Schwarzen wird der Akzent auf die sich verringernde Möglichkeit der untersten Schichten gelegt, sich aus ihren unterprivilegierten Stellungen herauszumanövrieren.[16] Andere, der amerikanischen Gesellschaft gegenüber weniger kritisch eingestellte Soziologen betonen den Aufschwung des ganzen Systems im Hinblick auf Berufschancen, Bildung und Einkommen sowie die angebliche Verringerung der schichtenspezifischen Einkommensdifferenzen.[17] Zu einer solchen Beurteilung der Sachlage kommt man eher von einem theoretischen Ansatz aus, der mit einem elastischeren Klassenkonzept als dem des Marxismus arbeitet, und ganz besonders dann, wenn man die subtileren Elemente des Status gegenüber einer starr auf ökonomische Kriterien ausgerichteten Rangordnung hervorhebt.

## Wie empfinden die Menschen ihre Chancen?

Bei alledem scheint ganz klar zu sein, daß das Bewußtsein dessen, was vor sich geht, ein bestimmender Faktor dafür ist, wie die Situation aufgefaßt wird. Das gilt, wie wir eben erklärt haben, besonders auch für die Soziologen selbst. Verschiedene theoretische Standpunkte ergeben verschiedene Beurteilungen der empirischen Wirklichkeit. Wer natürlich an einem bestimmten Bewußtsein festhält, ist geneigt zu glauben, Menschen, die einen anderen Standpunkt haben als er, könnten nur darin befangen sein, was die Marxisten «falsches Bewußtsein» nennen. Dabei aber geht es um mehr als das Bewußtsein der Soziologen.

Objektive Kriterien wie die für Berufsmobilität oder Einkommensverteilung sagen uns gar nichts darüber, wie die Menschen ihre Situation in der Gesellschaft empfinden. Wir haben beispielsweise dargelegt, daß nach allgemeiner Übereinstimmung die Mobilitätsraten in der amerikanischen Gesellschaft in der letzten Zeit nicht drastisch gestiegen sind. Wenn man die breiten mittleren Sektoren des Schichtungssystems vor Augen hat, so haben sie allerdings auch nicht abgenommen. Aber das, was man etwa «Mobilitätsstimmung» nennen könnte, hat sich erheblich gewandelt. In der ersten Jahrhunderthälfte waren die Kraft des amerikanischen Ethos der offenen Horizonte, der unbegrenzten Möglichkeiten und der Mythos des Selfmademan noch ungebrochen. Heute scheint eine ganz andere Stimmung zu überwiegen. Wir können hier nicht auf die historischen Ursachen für diesen Wandel eingehen, sondern nur darauf hinweisen, daß er allem Augenschein nach nicht allein aus den objektiven Gegebenheiten der Mobilität erklärt werden kann. Die Art und Weise, wie die Menschen die Gesellschaft empfinden, ist jedoch ein wichtiger Ursachenfaktor für das, was sich später ereignet. Die Desillusionierung und der fehlende Glaube an die alte Nationalideologie sind Faktoren von beträchtlicher soziologischer Bedeutung und können weitreichende Folgen haben.

Ein anderes Beispiel: Wir erwähnten die Einmütigkeit der Soziologen darüber, daß die Mobilitätsraten in den wichtigsten Industriestaaten des Westens weitgehend dieselben geblieben sind. Sehr verschieden ist jedoch das Mobilitätsbewußtsein. In Deutschland beispielsweise war das Gefühl dafür, «sich in Bewegung zu befinden», viel stärker als in Frankreich, obwohl die Mobilitätsraten faktisch ganz ähnlich sind. Auch hierbei können wir nicht auf die Ursachen für solche Unterschiede eingehen (die übrigens eher kultureller und politischer Natur als auf die Schichtungssysteme der beiden Länder zurückzuführen sind). Wir betonen jedoch auch in diesem Fall, daß die Bewußtseinsverschiebungen Kausalfaktoren eigener Gesetzmäßigkeit sind und daher auf das, was sich im Rahmen der Schichtung begeben wird, Einfluß haben.

## Benachteiligt? Wem gegenüber?

In dieses Kräftespiel gehört auch etwas, das man «relative Benachteiligung» nennen könnte. Ob Menschen sich benachteiligt fühlen, hängt davon ab, mit wem sie sich vergleichen. Arme Einwanderer aus Europa vergleichen sich, obwohl sie sich auf dem niedrigsten Niveau des amerikanischen Schichtungssystems befinden, nicht mit den Leuten über ihnen, sondern mit denen, die sie in Europa zurückgelassen haben. Ein solcher Vergleich fällt eher vorteilhaft für sie aus. Mit anderen Worten, ihre relative Benachteiligung ist gering. Für ihre Kinder kann sich die Situation schon anders darstellen. Sie interessieren sich nicht mehr für das Land ihrer ethnischen Herkunft, sondern vergleichen sich statt dessen mit Amerikanern, denen es viel besser geht als ihnen. Ihre relative Benachteiligung kann also sehr hoch sein. Das Bewußtsein der Situation ist bei beiden Generationen völlig unterschiedlich, trotz der Tatsache, daß (wie wir annehmen wollen) die objektiven Gegebenheiten für beide dieselben sind. Wenn Leute sagen, sie fühlen sich unterprivilegiert oder benachteiligt, handelt man am besten nach der guten soziologischen Faustregel zu fragen: Wem gegenüber? Manchmal wird die Antwort sich auf die Vergangenheit beziehen, manchmal auf andere Gesellschaftsschichten oder auch andere Gesellschaften, und gar nicht selten kommen dabei utopische Vorstellungen zum Ausdruck, denen nirgendwo eine empirische Wirklichkeit entspricht. Ein Soziologe, der sich mit Schichtung beschäftigt, muß, wo auch sein eigener theoretischer Standort sein mag, diese Faktoren ernst nehmen, wenn er kein Zerrbild davon gewinnen will, was tatsächlich vor sich geht.

## Meinungsverschiedenheiten und eine Landschaft im Wandel

Ein letztes warnendes Wort noch. Der Leser der vorangegangenen Kapitel hat zweifelsohne bemerkt, wie verschiedene Meinungen es zu wichtigen Fragen der Soziologie gibt. Das mag ihn bekümmern oder anspornen, je nachdem, auf welchem Standpunkt er selbst steht. Wir meinen, daß es mindestens interessant ist. Der Leser sollte jedoch bedenken, daß zu den besonderen Schwierigkeiten des Soziologen – und anderer Sozialwissenschaftler – die sich rapide verändernde Situation beiträgt. Das gilt natürlich für die meisten Gegenstände soziologischer Forschung, aber es wird ganz besonders akut, wenn man sich auf das Gebiet der Schichtung begibt. Arbeiten über amerikanische Schwarze beispielsweise, die erst vor fünf Jahren entstanden sind, scheinen jetzt schon einigermaßen veraltet, wenn nicht unglaubhaft. Eine Reihe von Vorgängen (so etwa die Bewegung im schwarzen Gemeinwesen für eine autonome Subgesellschaft, das weitverbreitete «Ausscheren» Jugendlicher der oberen Mittelklasse aus früher etablierten Berufsbildern und das neue ethnische und politische Selbstbewußtsein bei der weißen Arbeiterklasse) können das amerikanische Schichtungssystem in nicht zu ferner Zukunft tiefgreifend beeinflussen. Jeder, der soziologisch denken und arbeiten will, sollte sich daher der schönen Tugend befleißigen, theoretisch flexibel genug zu bleiben, um neue Entwicklungen zur Kenntnis nehmen zu können.

# 9 Was ist soziale Kontrolle? Der Fall Bildung

Plötzlich ist der Tag gekommen: der erste Schultag. Man hat ihn sehnsüchtig erwartet oder hat ein bißchen Angst davor gehabt. In jedem Fall erleben die meisten Kinder diesen Tag als einen besonders wichtigen, als Überschreiten einer bedeutsamen Schwelle. Sie verabschieden sich von ihren Angehörigen an der Haustür oder im Schulhaus. Und dann sind sie allein, an einem ungewohnten Ort, unter anderen Kindern, einer ganz neuen Autorität ausgesetzt, dem Lehrer. Ein neues Leben nimmt seinen Anfang.

## Der Schule «übergeben»

In unserer Gesellschaft bedeutet das Bildungssystem für die meisten Kinder die erste Begegnung mit etwas, das die Soziologen eine formale Organisation nennen. Darunter versteht man einfach eine Institution mit genau festgelegten Regeln, die von einem eigenen Personal verwaltet wird. Wenn das Kind die Schwelle von der Familie zur Schule überschreitet, begibt es sich nicht nur in einen neuen Zuständigkeitsbereich, sondern auch in eine neue Art von Zuständigkeit. Die Familie «übergibt» es gewissermaßen einer ganz andersartigen Instanz. Andere Regeln gelten, und zwar nicht nur für dieses eine Kind, sondern auch für alle anderen, die in seiner Situation sind. Mehr noch, wie wohltuend die Schule auch wirken mag, sie behandelt das Kind doch als eines unter vielen (wenn man so will, als eine «Nummer»). Jetzt kann es nicht mehr den Status der Einzigartigkeit beanspruchen, den es zu Hause in der Familie hatte. Wohl oder übel muß es sich in der neuen Situation «zurechtfinden». Wenn das Kind in die Schule kommt, tut es den ersten Schritt in eine weitere Welt, die ihm die Schule zugleich vorstellt und vermittelt.

## Von der Schule «übernommen»

Zu betonen ist, daß es sich dabei um eine Eigenart des Bildungssystems in der modernen Gesellschaft handelt. Man kann den Begriff Bildung sehr weit fassen, nämlich als jegliche Form der Sozialisation, die auf die abgeschlossene primäre Sozialisation folgt (eigentlich also als jede Art von sekundärer Sozialisation). Bildung wäre dann eine nahezu totale Angelegenheit. Für unsere Gesellschaft eigentümlich ist jedoch, daß Bildung tatsächlich von einer formalen Organisation verwaltet wird, die außer dieser Aufgabe keine andere hat. Bildung ist, mit anderen Worten, eine eigene Institution und als solche von anderen Sphären des gesellschaftlichen Lebens abgetrennt. Sie ist vor allem von der Familie abgesondert, die früher viele Aufgaben erfüllte, die heute in den Zuständigkeitsbereich des formellen Bildungssystems fallen. Damit ist das Überschreiten einer Schwelle, von dem wir eben sprachen, also keine allgemein menschliche Erfahrung, sondern vielmehr eine, die typisch für die moderne Gesellschaft ist. In dieser ist es jedoch eine ganz entscheidende Erfahrung. Viele Jahre lang, von der Kindheit über die Jugend bis in die frühen Reifejahre, ist das Bildungssystem die wichtigste große Institution, mit der der einzelne zu tun hat. Und selbst wenn er offiziell aus der Zuständigkeit dieser Institution entlassen wird (einerlei bis zu welcher Station er gekommen ist), so will das nicht heißen, daß er nun seine Bildung abgeschlossen hat. In dieser oder jener Form verfolgen ihn ihre Organisationen und Aktivitäten sein Leben lang.

Bildung ist tatsächlich eine der eingreifendsten Institutionen der modernen Gesellschaft. Das Vorankommen und der Erfolg in vielen Berufen hängen ab von ständiger Weiterbildung (je höher man auf der Berufsleiter steigt, desto mehr Weiterbildung braucht man), oft sogar von wiederholten Aufenthalten in Schulen und Schulungsstätten dieser oder jener Art. Selbst das formelle Unterrichtssystem hat eine starke Tendenz zu immer längerer Dauer: In der modernen Gesellschaft gehen die Menschen immer länger zur Schule. Jeder beliebige Berufszweig verlangt immer längere Ausbildungszeiten. Mehr noch, das offizielle Erziehungssystem greift immer früher in das Leben des Individuums ein: in Gestalt von Kindergärten, Kinderhorten, Spielgruppen, Wettbewerben (head start programs) und dergleichen. Lehrberufe aller erdenklichen Sparten sind jetzt ein Hauptzweig des Berufswesens und verbrauchen einen beachtlichen Teil des Sozialprodukts. Ein angesehener Nationalökonom sprach in diesem Zusammenhang zutreffend von einer «Bildungsindustrie».[1]

Bei der Bedeutung der Bildung für unsere Gesellschaft ist es kein Wunder, daß immer mehr Soziologen sich mit ihr befaßt haben. Heute ist Bildungssoziologie ein eigenes Forschungsgebiet geworden; ihr fällt ein ganzes Spektrum von Problemen zu: vom Klassenzimmer als gesellschaftliche Institution bis zu der bedeutsamen Frage nach der Beziehung zwischen Bildung und Gesamtgesellschaft (übrigens vor allem im Sinn der sozialen Mobilität, von der wir im vorigen Kapitel gesprochen haben).

## In die Schule gehen: aus der Sicht des Lehrers
Wie erlebt der einzelne seinen Weg durch das Bildungssystem? In der Geschichte der abendländischen Kultur gibt es eine Bildungsideologie, die besagt, wie diese Erfahrung sein sollte. Die Schule soll Können und Wissen vermitteln, die der einzelne zum Erfolg im Leben nötig hat. Sie soll auch (und das betont die klassische Bildungstradition noch stärker)

den Charakter bilden und den Horizont erweitern, ganz unabhängig von Erfolgskriterien, die eine bestimmte Gesellschaft anwendet. Zwar besteht eine deutliche Spannung zwischen den zweckbestimmten («Bildung fürs Leben») und den nichtzweckbestimmten («Bildung um ihrer selbst willen») Elementen der Ideologie, aber im amerikanischen Bildungssystem ist für beide mindestens verbal beachtlich geworben worden. Zweifelsohne werden die ideologischen Absichten häufig verwirklicht, und viele Menschen erleben ihren Weg durch das Bildungssystem wenigstens streckenweise im ideologisch beabsichtigten Sinn. Es ist auch sicher, daß die in der Schule verbrachten Jahre eine Menge Erfahrungen mit sich bringen, die zwar mit dem Bildungssystem zusammenhängen, ohne jedoch direkt von ihm vorgesehen zu sein, Erfahrungen, die «erzieherisch» auf den einzelnen wirken, im zweckbestimmten wie im nichtzweckbestimmten Sinn. Er lernt nämlich durch die gesellschaftlichen Beziehungen zu anderen (Lehrern und Altersgenossen). Auch das sollte man im Sinn behalten, zumal sich die Bildungssoziologie meistens mit ganz anderen Aspekten dieser Erfahrung abgibt.

## Aus der Sicht des Schülers: unter Druck stehen

Ein zentraler Aspekt der Erfahrung ist jedoch, daß der einzelne unter Druck steht, und zwar nicht unter Druck allein, sondern unter systematischem Druck. In gewissem Maß gehört das dazu, sobald man von Bildung als Institution spricht, als welche die Soziologen sie erkannt haben, sobald sie sich für sie zu interessieren begannen.[2] Es genügt jedoch nicht, zu behaupten, Bildung sei eine Institution. Man muß weiter fragen, um was für eine Institution es sich handelt und wie sie sich zu anderen Institutionen der Gesellschaft verhält.

Wichtig ist, zu erkennen, daß Bildung heutzutage eine globale Institution ist. Was immer ihr Wesen und ihre Eigenarten in der amerikanischen Gesellschaft sein mögen, als Institution ist sie heute über die ganze Welt verbreitet und hat überall große Bedeutung.[3] Ivan Illich, ein schonungsloser Kritiker der gegenwärtigen Auffassung von Bildung (sein Hauptanliegen ist die Beziehung zwischen Bildung und «Entwicklung» in Lateinamerika), hat die Schule sogar als die neue «Universalkirche» bezeichnet.[4] Nordamerikanische Villenbesitzer und mexikanische *campesinos*, die Häupter kapitalistischer Aktiengesellschaften und revolutionäre Sozialisten, Menschen geradezu aller ideologischen Schattierungen teilen offenbar den Glauben an Bildung als eines der höchsten Güter und an die Schule als ihren organisierten Vermittler. Kirchen verkünden eine Religion; in diesem Sinn hat Illich überzeugend dargestellt, daß die Schule heute sehr viel mehr als den eigentlichen Ausbildungsprozeß repräsentiert. Sie zeugt vielmehr für die tiefen Sehnsüchte des modernen Menschen nach einem besseren Leben. Wenn man die Schule als eine Art

Kirche ansehen kann, dann ist ihre Religion die des Fortschrittsglaubens – eines Glaubens an den Fortschritt für jeden einzelnen, für ganze Gesellschaften und (in ihrem universalsten Anspruch) für die ganze Menschheit.

Das alles widerspricht jedoch keineswegs der Tatsache, daß die Schule als drückend erfahren wird. In der Geschichte der Menschheit haben Kirchen es nun einmal von jeher gut verstanden, Druck auszuüben, und die Menschen haben noch die menschenfreundlichsten Religionen im praktischen gesellschaftlichen Leben oft als unerträgliche Unterdrücker erlebt. Das moderne Bildungssystem und seine Schulen bilden darin keine Ausnahme.

## Aus der Sicht des Schülers: auf Druck reagieren

Die Menschen reagieren auf diesen Druck verschieden, wobei einige Verschiedenheiten wohl zu Lasten der individuellen psychischen und vielleicht sogar physischen Veranlagung gehen. Andere Unterschiede müssen soziologisch erklärt werden. Wir haben schon früher gesehen, daß die Position im Schichtungssystem der Gesellschaft ein entscheidender soziologischer Faktor für das Verhältnis des einzelnen zum Bildungssystem ist. Mehr als jeder andere bestimmt dieser Faktor, ob man seinen Weg durch das System unter günstigen oder ungünstigen Vorzeichen beginnt.

Das weiße Kind der amerikanischen Mittelklasse beginnt seinen Bildungsweg unter sehr günstigen Auspizien. Es hat die Chance, daß die Einstellungen und Gewohnheiten, die es vor seinem Schuleintritt angenommen hat, seinem Schulerfolg förderlich sein können. Es hat die Chance, daß die Familie ihm auf jeder Station seiner Bildungsreise jedwede Art von Hilfestellung (finanziell und psychologisch) leistet. Wahrscheinlich werden also die Lehrer mit Sympathie und Verständnis auf ein solches Kind eingehen, auch dann noch, wenn es nicht den höchsten Erwartungen entspricht. Schließlich ist gar nicht unwichtig, daß der Bereich des Bildungssystems, in dem es sich aufhält, wahrscheinlich relativ gut finanziert, gut besetzt und gut ausgestattet ist. Aber selbst bei dieser bevorzugten Bevölkerungsgruppe können wir ein ganzes Geflecht aus Bedrückungen feststellen, die auf manchen sehr lasten, vielen die oberen Stufen der Bildungsleiter versperren und auf alle einen starken Einfluß ausüben.

## Bin ich schlecht, wenn ich versage?

In erster Linie ist da der Druck, den die Ideologie der «Universalkirche» selbst ausübt. «Fortschritt» ist nicht nur etwas, woran alle glauben sollen. Sie sollen auch ihr Scherflein dazu beitragen. Die «Religion» ist, mit anderen Worten, nicht passive Kontemplation, sondern fordert aktiven

Einsatz. In der Praxis bedeutet das, daß vom einzelnen Leistung erwartet wird und der Wille, etwas zu leisten. Unweigerlich geht es dabei um Leistung nach den Satzungen des Bildungssystems. Umgekehrt wird Leistungsschwäche als ein moralischer Mangel angesehen. Wenn das Individuum richtig sozialisiert ist, muß sein Versagen Schuldgefühle in ihm wachrufen. Diese ideologische Konstellation trägt einen interessanten Widerspruch in sich. Der Erfolg im Bildungssystem beruht angeblich – mindestens in hohem Maß – auf der Intelligenz des Lernenden. Dementsprechend wird Mißerfolg einem Mangel an Intelligenz angelastet (für den man doch wohl kaum zur Rechenschaft gezogen werden kann). Dennoch wird Mißerfolg moralisch mißbilligt. Glauben ist leider nur selten mit Logik verbunden. Da das Bildungssystem mit zahllosen Hürden versehen ist, kann es unmöglich Erfolg für alle garantieren. Es ist Vorherbestimmung, daß einige (in Wirklichkeit viele) die Spitze nicht erreichen werden. Wer es also nicht schafft, wird gleichzeitig als dumm abgestempelt und mit der Schuld für die Folgen seiner angeblichen Dummheit belastet. Dazu kommt, daß jeder natürlich über die realen Konsequenzen seines etwaigen Versagens Bescheid weiß, Konsequenzen wie verminderte Lebenschancen auf allen Gebieten vom Einkommen bis hin zur Wahl des Ehepartners. Der eigentliche Druck, den das Bildungssystem auf den einzelnen ausübt, ist die Furcht vor Versagen, wozu noch die vielen Ängste kommen, die diese Grundfurcht im Schulalltag spiegeln. Fortschrittsglaube hat in der amerikanischen Gesellschaft von jeher eine große Rolle gespielt, und der Glaube an die Bildbarkeit und Bildungsbereitschaft des einzelnen war einer seiner wichtigsten Bestandteile. Die dazu erforderlichen Tugenden waren unter anderem persönlicher Ehrgeiz und Wettbewerbsbereitschaft. Das amerikanische Bildungssystem stützt sich einerseits auf diese Tugenden und begünstigt sie andererseits. Amerikanische Kinderspiele sind vorwiegend Konkurrenzspiele und trainieren schon die Kinder für den Wettbewerb. Entscheidend dafür ist die Gewinner/Verlierer-Formel. Am Ende gewinnt oder verliert in jedem Spiel jemand, und der Ehrgeiz eines jeden ist natürlich, Gewinner zu sein. Nur sehr kleine Kinder wünschen sich manchmal sehnsüchtig, daß «alle gewinnen». Aber sie lernen schon bald, daß das ganz «unmöglich» ist – unmöglich jedenfalls in der amerikanischen Gesellschaft; denn es gibt auch Gesellschaften und Kinderspiele, bei denen «jeder gewinnt».

Das Bildungssystem begünstigt nicht nur den Wettbewerb als solchen, sondern auch (außer bei einigen Sportarten) den individuellen Wettbewerb. Jeder einzelne steht mit allen anderen im Wettbewerb. Die akademische Sünde des «Mogelns» macht das besonders deutlich. Einem schwächeren Kameraden im Examen zu helfen gilt in der amerikanischen Schule aller Sparten als «Mogeln» und wird als unmoralisch betrachtet. In einer anderen Gesellschaft (und tatsächlich sogar in den

Subgesellschaften der Jugendlichengruppen auch in Amerika) kann solche Hilfeleistung als «Freundschaftsdienst» angesehen werden, gilt also als moralisch und wird oft sogar gefordert. Eine besondere Verfeinerung dieser sonderbaren Moral ist das sogenannte *honor system* (Ehrensystem), das noch immer in vielen Schulen und Colleges gültig ist. Hier wird nicht nur erwartet, daß man selber nicht «mogelt», sondern auch auf die anderen aufpaßt und «Mogeln» auf diese Weise überhaupt verhindert. Schlimmstenfalls muß man ein derartiges Fehlverhalten seiner Kameraden sogar dem Lehrer melden. In alledem kommt eine Moralauffassung zum Ausdruck, die nicht nur auf Wettbewerb eingestellt ist, sondern auch individualistisch ist und auf Menschen entmutigend wirken muß, die solidarisch genug fühlen, um jedem den Erfolg seiner Leistung zu gönnen.

## Meine Personalakte: geballtes Wissen

Die Bildungsideologie begnügt sich nicht mit moralischer Rhetorik. Sie ist streng bürokratisch in Prozessen organisiert, denen das Individuum ausgeliefert ist.[5] Der gesamte individuelle Bildungsweg bekommt auf diese Weise Strukturen. Das Wissensgut ist «verpackt» in Kurse: Einheiten, die sich (noch dazu numeriert) aneinanderfügen, und die Gesamtsumme ergibt das jeweilige Ausbildungsziel (den Abschluß dieses oder jenes Lehrganges, den Erwerb dieses oder jenes «Grades»), das der Schüler oder Student erwartungsgemäß erreichen soll. Das Punktesystem bezeugt diese quantitative und auf Anhäufung ausgerichtete Auffassung vom Studium. Von einem Soziologiekurs wird zum Beispiel erwartet, daß er eine bestimmte Quantität von Wissen «anbietet». Kurs 202 folgt auf Kurs 201, und wenn man beide belegt hat, so heißt das vielleicht, daß man «mehr» Soziologie gelernt hat. Hat man, sagen wir, etwa zehn Kurse – jeder zu drei Punkten – absolviert, gilt man offiziell als jemand, der genug Stoff in sich aufgenommen hat, um Examen im Hauptfach Soziologie zu machen, vorausgesetzt natürlich, daß man die genügenden «Grade» vorzuweisen hat. Grade und Durchschnittsgrade bemessen den Fortschritt des Pilgers im Bildungssystem. Sie sind das Verdikt des Racheengels zu Erlösung oder Verdammnis, nur daß dieser Engel ein vollbeamteter Bürokrat ist und daß der Tag des Gerichtes mindestens am Ende jedes Studiensemesters naht. Mehr noch, ein einmal gefälltes Urteil läßt sich kaum aufheben. Es ist in alle Personalbögen eingegangen, kreuz und quer registriert und vielleicht sogar in den Computer gefüttert worden. Es ist in Kopien an Datenbanken verschickt worden und verfolgt den Studenten von Ausbildungsstufe zu Ausbildungsstufe wie ein uralter Fluch. Während sein «Gepäck» immer mehr anwächst und es viele Jahre lang durch das Labyrinth der Prüfungen, Zeugnisse und Diplome irrt, wird aus dem Kind ein Erwachsener.

## Wer sind die Gewinner?

Der Zweck von alledem ist, daß die sachgemäße Erfüllung diverser gesellschaftlich nützlicher Aufgaben gesichert wird und daß umgekehrt jene ausgeschlossen werden, die als ungeeignet für diese Aufgaben beurteilt worden sind. Auch wenn man eine ausgesprochen kritische Einstellung zum Bildungssystem hat, wird man zugeben müssen, daß es diesen Zweck denn doch einigermaßen erfüllt. Die Kriterien für «Eignung» und «Nichteignung» sind allerdings zweifelhaft. Es ist ziemlich sicher, daß das System kraft seines Eigengewichts so manchen ausmerzt, der unter anderen Umständen «geeignet» wäre. Ein Hauptgrund dafür ist eine bestimmte Persönlichkeitsvorstellung. Das System bevorzugt einen gewissen Persönlichkeitstypus, Menschen, die introvertiert, konformistisch und unfrei sind, kurzum, den bürokratischen Typus. Umgekehrt tut es sich schwer mit Menschen, die sich widersetzen können, mit den Extrovertierten, den Nonkonformisten, den Zwanglosen, kurzum, dem für Bürokraten unbequemen Typus.[6] Das aus dieser Einstellung erwachsende Vorurteil geht oft mit den schon besprochenen Klassenvorurteilen zusammen. Aber es ist nicht etwa identisch mit ihnen.

## Und wenn ich «Hilfe» brauche?

Seiner Ideologie nach ist das Bildungssystem menschenfreundlich. Sein Druck ist ein Segen. So hat es denn auch seine Vorsorgen für das Individuum getroffen, das strauchelt und «Hilfe» benötigt. Das amerikanische Bildungssystem ist auf allen seinen Stufen von einem Netz beratender und therapeutischer Instanzen durchzogen. Es steht außer Zweifel, daß diese dem einzelnen oft «helfen» – bestenfalls bringen sie ihn dazu, schließlich doch voranzukommen, schlimmstenfalls können sie den Schock des Scheiterns ein wenig mildern. Aber dieses Netz ist selbst ein Bestandteil der Maschinerie der Bedrückung. Seine Ideologie ist meistens mit der des gesamten Systems identisch, und sein Riesenvorrat an «objektiven» Tests und Beurteilungsvorschlägen liefert ein zusätzliches Instrumentarium für die «Platzanweisung», das Kanalisieren und Ausmerzen von Individuen.[7]

## Bin ich tüchtig? Sind wir tüchtig?

Die Gesellschaft, die dieses Bildungssystem hat, ist technologisch hoch entwickelt und benötigt das entsprechende Personal. Die amerikanische Gesellschaft ist ganz durchdrungen von einem Ethos der Tüchtigkeit, dessen Wurzeln in erster Linie im kapitalistischen Wettbewerbsgeist und dann zusätzlich bei den Bedürfnissen der modernen Technologie zu suchen sind. Dieses Ethos hat auch das Bildungssystem stark beeinflußt.[8] Das System soll seine maximale Leistungsfähigkeit dadurch erweisen, daß es ein Maximum an tüchtigen Menschen hervorbringt, die ihrerseits wiederum die Leistungsfähigkeit der Gesamtgesellschaft gewährleisten. 1956, als die Russen ihren ersten Erdsatelliten starteten, hat der Glaube an die Tüchtigkeit des amerikanischen Bildungssystems einen schweren Schock erlitten. Zahlreiche Kritiker des Schulsystems traten plötzlich auf den Plan, und der Ruf nach «Qualitätserziehung» wurde zum nationalen Entrüstungsschrei.[9] Eine Folge war, daß beträchtliche Summen öffentlicher Gelder in das Bildungswesen gepumpt wurden, womit man zwar schon früher begonnen hatte, was aber erst in den fünfziger Jahren in großem Stil einsetzte. Unter anderem führte das zu beachtlichen Gehaltserhöhungen für Lehrer aller Sparten und Grade. Im Universitätsleben entstand auf diese Weise eine akademische Unternehmerschaft, die Robert Nisbet unlängst in einer Arbeit über die akademische Szene «Gelehrtenkapitalismus» genannt hat.[10] In den sechziger Jahren kam es dann zu massiven Protesten, zuerst bei Gesellschaftskritikern (wie Paul Goodman, der erklärte, das Bildungssystem verdamme die Jugendlichen zu einem sinnwidrigen Leben), dann in der Studentenbewegung, die in der Berkeley-Revolte von 1964 gipfelte.[11]

Auch das nichtweiße und das Kind aus den unteren Klassen haben es mit demselben Bildungssystem zu tun. Nur sind die Auswirkungen noch viel verheerender. Wie schwarze Kinder aus dem Großstadtgetto dem begegnen, ist gut und ausführlich dokumentiert.[12]

Aus Gründen, die wir schon bei der Behandlung der amerikanischen Rassenschichtung gestreift haben, hat das schwarze Kind eine ungünstige Ausgangsstellung für seinen Bildungsweg. Im großen und ganzen ist dafür nicht nur das Bildungssystem verantwortlich, aber es trägt zur Benachteiligung bei durch die äußeren Bedingungen, die es dem schwarzen Kind bietet. Dazu gehören baufällige Gebäude, minderwertige Ausstattung, schlecht vorbereitete und oft ressentimentbeladene Lehrer. «Erfolg» im Sinn des Bildungssystems ist für das schwarze Kind also nicht nur schwer zu erreichen, sondern beeindruckt es auch nicht als ein begehrenswertes Ziel, auf das hinzustreben sich lohnte. Mehr noch, das schwarze Kind entdeckt schon früh die Realitäten der Rassendiskriminierung und bezweifelt deshalb auch früh, daß «Bildungserfolg» notwendig auch jenen «Erfolg» in der Gesellschaft einbringt, den die Bildungsideologie verspricht. Die Folge von alledem ist, daß schwarze Kinder und Jugendliche Bildung nicht nur in bedrückender Weise erfahren, sondern auch als eine ihnen feindliche Macht, als sinnlos oder sogar als grausame Unterdrückung. Der Ruf nach *community control*, nach Kontrolle des schwarzen Gemeinwesens über die Schulen, in denen seine Kinder im großstädtischen Getto erzogen werden, ist mindestens zum Teil eine Reaktion auf diese Situation.[13]

## Aus der Sicht des Schülers: unter Kontrolle stehen

Das bisher Gesagte mag eine Vorstellung von den Problemen gegeben haben, mit denen es die Bildungssoziologie zu tun hat (wobei wir allerdings die kritischen Aspekte des Status quo überbetont haben). Jetzt wollen wir uns fragen, welche Erfahrungen das Kind selbst macht, eine Frage, mit der wir dieses Kapitel begonnen haben. Vor allem hat es ein Erlebnis der sozialen Kontrolle. Wir halten die Schule für ein grundlegendes Instrument der sozialen Kontrolle und interessieren uns deshalb weniger für das Bildungssystem als formale Organisation eigenen Rechts als vielmehr für die Tatsache, daß es der wichtigste und erste Fall von sozialer Kontrolle ist, dem der Mensch begegnet, und daß es zugleich ein ganzes System an sozialen Kontrollen unterhält, die dem Menschen über einen großen Teil seines Lebens folgen. Was ist soziale Kontrolle? Der Ausdruck wurde von einem der ersten amerikanischen Soziologen, Edward Ross, in einem Buch mit gleichlautendem Titel geprägt.[14] Heute gehört der Begriff zum Allgemeingut der Soziologie, und zwar ganz unabhängig von seiner ursprünglichen Verwendung bei Ross.

Soziale Kontrolle ist jedes Mittel der Gesellschaft, durch das Individuen zur Anerkennung der Regeln der Gesellschaft oder eines ihrer Ausschnitte genötigt werden. Soziale Kontrolle bewirkt also, daß der einzelne gesellschaftlich «im Glied» bleibt. Wer sich an unsere Beschreibung des Wesens von Institutionen erinnert, wird erkennen, daß soziale Kontrolle ein wesentliches Element jeder Institution ist. So kann man sogar sagen, daß die Sprache soziale Kontrolle ausübt. Normalerweise ist der Begriff jedoch beschränkt auf institutionale Prozesse, in denen soziale Kontrolle mit Sanktionen verbunden ist. Das bedeutet, daß wir von sozialer Kontrolle sprechen, wenn das Individuum spezifische Strafen für spezifische Vergehen erwarten muß. In diesem Sinn unterscheidet man dann zwischen äußerer und innerer Kontrolle. Die äußere Kontrolle bedroht uns mit Strafen im Rahmen der Gesellschaft. Im Extremfall kann das die Todesstrafe oder körperliche Verstümmelung sein. Mittlere Strafen sind wirtschaftliche Sanktionen. Aber auch gesellschaftliche Mißachtung, Klatsch oder gar Ächtung sind äußere Kontrollen. Innere Kontrollen drohen uns nicht von anderen, sondern aus unserem eigenen Bewußtsein. Ihre Wirksamkeit ist vom Erfolg der Sozialisation abhängig. Wenn deren Wirkung anhält, wird das Individuum, sobald es gegen bestimmte gesellschaftliche Regeln verstoßen hat, von seinem eigenen Bewußtsein gestraft, was im Effekt einer Internalisierung der sozialen Kontrolle gleichkommt. Beide Aspekte der sozialen Kontrolle sind im Bildungs- und Erziehungssystem von größter Bedeutung.

## Aus der Sicht des Schülers: die Disziplin

Von den klassischen Soziologen hat sich nur Emile Durkheim substantiell mit Bildung beschäftigt. In einem seiner wichtigsten Werke zu diesem Thema mit dem passenden Titel *L'Education morale* (Moralische Erziehung) trägt eines der ersten Kapitel die Überschrift: «Das erste Element der Moral: Der Geist der Disziplin.»[15] Man muß das im Sinn von Durkheims Gesamtauffassung der Gesellschaft als moralische Ordnung verstehen. Die fundamentale Aufgabe der Erziehung und Bildung war für ihn die Hinwendung des Kindes zur Moral – aber die läßt sich nur erreichen, wenn man Kindern eine Disziplin beibringt, die sie zu moralischem Handeln anhält, auch wenn ihnen keine äußeren Sanktionen drohen. Mit anderen Worten, Erziehung verhilft dem Individuum zur Moral, wenn sie ihm ein Gewissen einpflanzt, das seinerseits in Einklang mit den Regeln der Gesellschaft steht und es in deren Sinn diszipliniert. Durkheim, das sei hinzugefügt, hielt das für eine gute Sache. Man mag seiner Bewertung zustimmen oder nicht, sicherlich hatte er jedenfalls darin recht, daß er als die eigentlichen Wurzeln der Gesellschaft ihre moralische Ordnung und Bildung als Internalisierung moralischer Disziplin durch jede neue Generation erkannte.

An diesem Punkt hilft es uns weiter, wenn wir zwei Begriffe des amerikanischen Soziologen Robert Merton einführen: manifeste und latente Funktionen.[16] Eine Funktion ist für Merton jedweder soziale Prozeß, der die Gesellschaft zusammenhält. Manifeste Funktionen sind überlegt und beabsichtigt. Latent sind die unbewußten und unbeabsichtigten. So ist beispielsweise die manifeste Funktion eines Studenten, der ein soziologisches Seminar belegt, Soziologie zu studieren. Eine latente Funktion derselben Unternehmung kann sein, daß er öfter mit einem Mädchen zusammenkommt, das auch in dieses Seminar geht.

## Die manifesten Funktionen

Die manifesten Funktionen der Bildung sind schnell aufgezählt. Manche sehen Bildung als Vermittlung von Wissen um seiner selbst willen. Für andere vermittelt sie Wissen, das für das Leben nützlich ist. In beiden Fällen sehen die Betreffenden sie auf sich selbst und ihren persönlichen Lebensweg bezogen. Außerdem wird vorausgesetzt, daß sie Werte vermittelt oder – wie viele Eltern sich ausdrücken, wenn sie gefragt werden, was sie von der Schule für ihre Kinder erwarten – daß diese dort den Unterschied zwischen Recht und Unrecht kennenlernen. Schließlich glaubt man, daß Bildung den Charakter so formt, daß ein bestimmter, gesellschaftlich erwünschter Menschentypus «erzogen» wird.

Schon an diesen manifesten Funktionen der Institution Bildungswesen werden seine Kontrollaspekte offenbar. So kennt beispielsweise menschliches Wissen im Grunde fast keine Grenzen. Das Bildungssystem aber vermittelt bestimmtes Wissen, was bedeutet, daß anderes Wissen nicht vermittelt wird. Wenn etwa ein Berufsberater mit einem Schulabgänger über dessen Zukunft spricht, informiert er ihn über viele Fortbildungsmöglichkeiten, aber die Laufbahn des Bankräubers oder der Prostituierten wird er kaum als Möglichkeit erwähnen. In nur wenig sublimerer Weise akzentuiert beispielsweise der Geschichtslehrer jene Elemente der Vergangenheit, die der Aufrechterhaltung national anerkannter Werte und Ideale dienen. Werte und Eigenschaften, die das Bildungssystem begünstigt, sind solche, die von der Gesellschaft legitimiert sind. Umgekehrt werden Werte und Eigenschaften, die nicht als gesellschaftlich etabliert gelten, entweder ignoriert oder ausdrücklich verurteilt. Was immer die manifesten Funktionen des Bildungswesens auch sonst noch sein mögen, die meisten lassen sich unschwer im Sinn von Durkheim unter die Kategorie «Der Geist der Disziplin» einordnen. Die soziale Kontrollfunktion des Bildungswesens wird jedoch noch deutlicher, wenn wir uns mit den latenten Funktionen der Bildung befassen.

## Die latenten Funktionen

Die Funktion des Bildungswesens im weitesten Sinn ist die gesellschaftliche «Plazierung» – ein Ausdruck übrigens, den die Erzieher selbst gern und ausgiebig gebrauchen. Er hat jedoch eine Doppelbedeutung. Als manifeste Funktion bedeutet er, daß ein Kind «richtig» plaziert werden muß. Das heißt, sein Status muß nach anerkannten Kriterien ausgemacht werden, so daß es in ein Laufbahnprogramm gelangt, das seiner Bewertung auch tatsächlich angemessen ist. Zweitens bedeutet «Plazieren» jedoch – und zwar als unausgesprochene, latente Funktion –, daß ein Kind gelehrt wird, «seinen Platz» zu kennen; es muß lernen, seine Beurteilung durch die Schule hinzunehmen und deshalb den Weg einzuschlagen, der seiner Beurteilung sinngemäß entspricht. Ein Kind wird beispielsweise als «langsam» abgestempelt. Dementsprechend wird es in den verschiedenen «Zweigen» des Bildungssystems plaziert und kommt wahrscheinlich eher in eine Fachschule als in eine wissenschaftliche Abteilung. Daß diese Platzanweisung weitreichende Folgen für die Zukunft des Kindes hat, erübrigt sich zu sagen. Aber das System versucht natürlich gleichzeitig, dem Kind seine Bewertungsmoral einzuschärfen, so daß es seinen Platz als gerecht empfindet und motiviert wird, in den ihm vom System gewiesenen Kanälen weiterzukommen. Hier haben wir es mit einer sehr wirkungsvollen Kombination von äußerer und innerer Kontrolle zu tun.

## Und die Chancengleichheit?

Wir sprachen schon darüber, daß das amerikanische Bildungssystem allen Kindern gleiche Bildungschancen verspricht. Man muß sich darüber klar sein, daß Bildung ihre Kontrollfunktion ausübt, einerlei ob das System den egalitären Idealen entspricht oder nicht. Die soziologische Kritik am Bildungswesen hat sich vorwiegend solcher Situationen angenommen, in denen die egalitären Ideale verletzt worden sind. Wir haben schon im vorigen Kapitel auf die soziologischen Erkenntnisse hinsichtlich der Verknüpfung von Bildung mit sozialer Mobilität hingewiesen. Die entsprechende Kardinalfrage kommt ebenso summarisch wie treffend im Titel eines 1940 erschienenen Buches zur Bildungssoziologie zum Ausdruck: *Who shall be educated?*[17] Wie wir sahen, ergibt sich schlüssig aus vorliegenden Daten, daß die Schulen Kinder aus den unteren Schichten des Klassensystems diskriminieren, besonders dann, wenn es sich um Kinder aus den nichtweißen Minoritätsgruppen handelt. Manifest dient Bildung zwar als Träger der Mobilität, latent ist sie jedoch eine Instanz, die Mobilität unter Kontrolle hält. Die Kritiker des Bildungssystems haben sich besonders mit der Diskriminierung beschäftigt und gefordert, daß das Bildungssystem sein egalitäres Ethos hochhalten solle. In den letzten Jahren waren die Stimmen aus dem schwarzen Lager besonders lautstark, und radikale weiße Kritiker haben sie ebenso lautstark unterstützt. Sie haben natürlich recht, wenn sie auf die schweren Vergehen gegen das Egalitätsprinzip hinweisen. Nur ist die Verknüpfung von Bildung und sozialer Kontrolle so komplex und leider auch viel zu eng, als daß diese Kritiker vollauf im Recht wären.

Hans Gert und C. Wright Mills betonen in ihrem Buch über Sozialpsychologie, daß gesellschaftliche Institutionen sich das nötige Personal sowohl aussuchen als auch formen.[18] Personalauslese ist der Prozeß, durch den Personen aus dem vorhandenen Angebot an Arbeitskräften für spezifische Aufgaben der Gesellschaft ausgesucht werden. Personalformung ist dagegen der Vorgang, durch den die Gesellschaft sicherstellt, daß immer ein Angebot an Arbeitskräften für ihre Aufgaben erhalten bleibt. Derartige Prozesse gibt es in jeder Gesellschaft. In unserer werden sie vorwiegend vom Bildungssystem versehen. Hat man das eingesehen, so sollte auch klar sein, daß die Kontrollfunktionen der Bildung, selbst wenn sie die egalitären Ideale besser verwirklichen sollte (und vielleicht gerade dann), ihre Bedeutungen behalten.

Wir möchten uns an dieser Stelle eine phantastische Abschweifung gestatten, bei der einen allerdings das Frösteln überkommen kann. Stellen wir uns einmal eine Situation vor, in der die Chancengleichheit bei der Bildung völlig verwirklicht wäre, eine angenommene Situation also, die, einerlei wie sie zustande gekommen sein sollte, keinerlei Diskriminierung von Kindern aus Gründen ihrer Klassen-, Rassen- oder Volkszugehörigkeit duldet. Die Plazierung des Kindes würde dann einzig und allein aufgrund seiner Fähigkeiten vorgenommen, und zwar nach Maßgabe der Beurteilung durch die Erziehungsinstanzen. Sie wird auf diese

Weise viel behutsamer vor sich gehen können, und zwar im Sinn der beiden vorher erwähnten Aspekte. Jedes Kind wird an «seinen Platz» gewiesen – nach wissenschaftlichen und daher den gerechtesten Kriterien, die denkbar sind. Wichtiger ist jedoch, daß das Kind «seinen Platz» sehr viel überzeugender kennenlernen würde, und zwar, weil es sich wohl kaum noch über Ungerechtigkeiten beklagen könnte. Kurzum, es gibt keine Entschuldigungen mehr. Wenn wir diese Utopie in ihren logischen Konsequenzen zu Ende denken, kommen wir zu einer totalitären Welt, in der jeder einzelne genau das bekommt, was er verdient hat, und noch dazu der subjektiven Annehmlichkeiten beraubt ist, glauben zu können, er hätte tatsächlich etwas Besseres verdient. Hier ist zwar nicht der Ort, über mögliche Bildungsreformen zu diskutieren, die uns sowohl vor der gegenwärtigen Diskriminierung als auch vor einem solchen totalitären Alptraum bewahren könnten. Aber wir wollten doch darauf hinweisen, daß die Beseitigung der Ungleichheiten bei den Bildungschancen, für sich genommen, die Verknüpfung von Bildung und sozialer Kontrolle nicht aufheben würde.

## Aus der Sicht des Schülers: Was kann ich tun?

Mit dem Schuleintritt beginnt also eine lebenslängliche Beziehung des Menschen zu formalen Kontrollgebilden, und es gehört tatsächlich zum Wichtigsten, was man in der Schule lernt, daß man mit dieser Tatsache zurechtkommt. Eine latente Funktion des Unterrichts wäre demnach, wenn man so sagen darf, daß dem Kind so etwas wie eine rudimentäre und praktische Soziologie beigebracht wird. Da die sozialen Kontrollen nun einmal gegeben sind, stellt sich die Frage, was kann der einzelne tun? Möglich sind vier Grundreaktionen: echter Konformismus, gespielter Konformismus, Sich-Versagen oder Rebellion.[19]

Der echte Konformist ist derjenige, der seinen Platz kennt, akzeptiert und sein Verhalten entsprechend einrichtet. Hinsichtlich der latenten Funktionen des Bildungssystems vertritt er einen sehr erfolgreichen Typus – oder das Bildungssystem hat vielmehr bei diesem Typus besonders gut funktioniert. Äußerlich braucht er kaum unterschieden zu sein von dem, der den Konformisten nur spielt. Auch dieser kennt seinen Platz, aber er tut nur so, als ob er ihn akzeptierte und sich an die Spielregeln hielte. Das ist genau das, was Erving Goffman «working the system» (etwa: das System ausnützen) genannt hat. Eine weitere Möglichkeit ist, daß man sich von allem distanziert. Das kann absichtslos geschehen wie bei so vielen Versagern, die ganz einfach aufgeben. Aber es gibt auch ein beabsichtigtes Sich-Versagen, das gewöhnlich mit einer Bindung an Werte und Lebensziele einhergeht, die mit den vom Bildungssystem verkündeten nicht übereinstimmen. Schließlich gibt es die Möglichkeit, zu rebellieren, das heißt, den entschiedenen Versuch, das

System im Hinblick auf Werte, die man für besser hält, von Grund auf zu verändern. Diese vier möglichen Reaktionen gelten natürlich der Gesellschaft und ihren Kontrollen überhaupt und beschränken sich keineswegs nur auf das Bildungssystem. Dort allerdings können wir sie besonders deutlich am Werk sehen. Bei vielen Menschen in unserer Gesellschaft werden die Grundreaktionen schon in der Schulzeit ausgeprägt und halten sich dann oft das ganze Leben lang.

Die Erfahrung des ersten Schultages, «eine Schwelle zu übertreten», ist also alles andere als eine Illusion gewesen. Sie ist vielmehr, wenn wir es einmal so formulieren dürfen, eine vollgültige soziologische Einsicht. Wenn nicht schon früher, so ist das Kind von nun an gezwungen, «die Gesellschaft ernst zu nehmen». Sein Leben wird «ernst» und immer ernster. Damit muß es fertigwerden, und es besteht die Aussicht, daß die Art, wie es mit der Schule fertigwird, seinen weiteren Weg durch die Gesellschaft und sein Verhältnis zu anderen Institutionen und sozialen Kontrollsystemen beeinflussen, wenn nicht gar bestimmen wird.

# 10 Bürokratie

## Die Erfahrung, «verwaltet» zu werden

Die Erfahrung mit der Bürokratie beginnt, wie wir im vorigen Kapitel dargestellt haben, für die meisten Menschen, sobald sie mit dem Bildungswesen in Berührung kommen. Sie ist damit aber gewiß nicht zu Ende. Als Erwachsener kommt man gezwungenermaßen mit einem sich ständig erweiternden Kreis bürokratischer Institutionen in Berührung – mit Staat, Wirtschaft und sogar mit kulturellen Organisationen. Die Grunderfahrung, die man dabei macht, läßt sich als das Erlebnis, «verwaltet» zu werden, bezeichnen. Wir möchten betonen, daß man damit nicht notwendig bösen Mächten ausgeliefert ist, die einen unterdrücken. Es bedeutet jedoch, daß man als einzelner in straff regulierte und unpersönliche Prozeduren mit anonymen Organen verwickelt wird. Ob man will oder nicht, man wird «als Nummer» behandelt.

Die sich mehrenden Beziehungen zu organisierten Bürokratien lassen sich in der Tat an den vielen Kennziffern bemessen, die jeder einzelne Mensch zugeteilt bekommt. Das beginnt mit der Nummer der staatlichen Sozialversicherung und der Nummer des Einberufungsbescheids für den Wehrdienst (um zwei Kennziffern zu nennen, die als erfreulich beziehungsweise unerfreulich empfunden werden). Wenn man älter wird, kommen wahrscheinlich noch Lizenzen, Diplome und Genehmigungen dazu, die vom Führerschein bis zu den manchmal astronomischen Kennzahlen reichen, die man angeben muß, wenn man öffentlichen Dienststellen eine Antwort schuldet. Auch die Beziehung des einzelnen zu wirtschaftlichen Institutionen verwickelt ihn in ein Gewirr von bürokratischen Instanzen, die ihm alle möglichen Nummern aufnötigen, von der der Stromrechnung bis hin zu all den Kundenkarten und Kontonummern, die ein jeder besitzt. Sogar von der Kirche oder vom Vogelschutzverein bekommt man eine Nummer, und beide weigern sich strikt, irgendwelche Verhandlungen zu führen, wenn man sich nicht mit seiner Nummer ausweist. Bei alledem wächst die Wahrscheinlichkeit, daß die Nachrichten, die zwischen dem einzelnen und den diversen bürokratischen Zentralen hin- und hergehen, heute vom Computer verarbeitet werden.

Mit oder ohne Computer, für die Einzelperson stellt sich jede dieser organisierten Bürokratien als eine Art gigantisches Büro dar, das mit Akten angefüllt ist. Irgendwo und irgendwie unter all diesen Akten befindet sich auch die eine, die den «eigenen Fall» betrifft. Aller Wahrscheinlichkeit nach begegnet man kaum jemals den Personen, die den «eigenen Fall» entscheiden, sondern allenfalls ihren untergeordneten

Vertretern, oder man ist auf schriftliche Verhandlungen mit ihnen beschränkt. Betont werden muß, daß dieses Prinzip der Anonymität für alle Arten von Bürokratie gilt, für die Kirchen nicht weniger als den Staat und die Stromversorgung. Wir behaupten, daß der einzelne, der verwaltet wird, mit dem Eindruck der Anonymität, soziologisch gesehen, recht hat und einer wichtigen Erkenntnis auf die Spur gekommen ist, daß sich nämlich alle bürokratischen Vorgänge unabhängig von dem jeweiligen institutionellen Zusammenhang, in dem sie stehen, ähneln. Bürokratie verhängt also über jeden gesellschaftlichen Zusammenhang, in dem sie tätig ist, ihr ureigenes Kräftespiel. Immer handelt es sich um die gleichen Vorgänge, um ähnliche Beziehungen zwischen den beteiligten Personen, und alle Bürokratien sind von ein und demselben Geist durchdrungen.

Der Ausdruck «formale Organisation», den wir im vorigen Kapitel gebrauchten, ist nicht etwa ein Synonym für Bürokratie. Es gibt auch formale Organisationen, die, wie wir schon gezeigt haben, ihrem Wesen nach unbürokratisch sind. Das Heer des Dschingis-Khan beispielsweise hatte eine bestimmte Personalstruktur und mehr oder weniger festgelegte Verfahrensvorschriften, die es zwar als formale Organisation ausweisen, aber ganz gewiß nicht als Bürokratie. Wenn man dagegen von der modernen Gesellschaft spricht (die modernen Heere mit eingeschlossen), sind die beiden Ausdrücke tatsächlich nahezu deckungsgleich. Der einfache Grund dafür ist, daß die meisten formalen Organisationen in der modernen Gesellschaft ihrem Wesen nach bürokratisch sind. Diese Feststellung allein schon dürfte genügen, um die große Bedeutung des Phänomens Bürokratie für unsere Zeit zu belegen.

## Grundmerkmal: ein stehendes Personal

Bürokratie ist ein Phänomen, das sich nicht leicht präzise definieren läßt. Statt sich auf Definitionsversuche einzulassen, haben die meisten Soziologen versucht, die Elemente zu beschreiben, die offenbar zum eigentümlichen Bestand des Phänomens Bürokratie gehören. Die klassische Darstellung der Bürokratie ist die von Max Weber, und die meisten späteren Soziologen haben (manchmal mit einigen Vorbehalten) anerkannt, daß sie die sozialen Grundmerkmale, auf die es ankommt, herausstellt.[1]

In erster Linie charakteristisch für Bürokratie ist, daß sie eine eigene Organisation darstellt und einen eigenen Stab von hauptberuflichen Beamten und Angestellten hat (worin sie anderen formalen Organisationen ähnlich ist). Mehr noch, als Organisation ist sie abgetrennt vom Privatleben und privaten Tätigkeiten ihrer Beschäftigten. Wir können uns das an folgendem Beispiel klarmachen: Eine häufig wiederkehrende Figur im neuen Testament ist der «Zöllner», das heißt jener Mann, der zur Zeit von Jesus die Steuern für die römische Verwaltung in Palästina eintrieb. Neben der Tätigkeit als Steuereinnehmer hatten Zöllner gewöhnlich noch andere Beschäftigungen. Sie waren beispielsweise Gastwirte, kleine Kaufleute oder Handwerker. Meistens erledigten sie das alles an einem Ort, dort, wo sie mit ihrer Familie wohnten. Die oberste Steuerbehörde der Vereinigten Staaten ist das genaue Gegenteil. Diese Organisation hat nur die eine Aufgabe, Steuern einzunehmen. Ihre Beschäftigten sind hauptamtlich tätig und betreiben kein Nebengewerbe zu Hause oder bringen ihre Kinder nicht zum Spielen mit ins Büro. Inwieweit diese bürokratische Struktur die Korruption verhindert, die den «Zöllner» in den Augen seiner Mitbürger so fragwürdig erscheinen ließ, können wir hier nicht erörtern. Wie der moderne Steuerbürokrat auch zu Bestechung und Erpressung stehen mag, mindestens arbeitet er in einem ganz anderen Milieu als sein biblischer Ahnherr.

## Grundmerkmal: genaue Zuständigkeitsbereiche

Bürokratien haben genaue Zuständigkeitsbereiche, die nach bestimmten Regeln geordnet sind. So sind beispielsweise die oberste Steuerbehörde und das Einwanderungsbüro Bundesbürokratien. Aber sie bearbeiten ganz verschiedene Sachgebiete. Bei der Steuerbehörde würde man vergebens ein Visum für einen ausländischen Verwandten beantragen, und das Einwanderungsbüro dürfte kaum bereit sein, jemandes Steuererklärung entgegenzunehmen. In beiden Fällen würde der Bürokrat, an den man sich mit einem so abwegigen Anliegen wendet, mehr oder weniger höflich erklären, er sei nicht «zuständig». Der Gedanke der «Zuständigkeit» ist eines der Grundmerkmale jeder Bürokratie. Er besagt, daß jede bürokratische Instanz (und jeder in ihr tätige Bürokrat) ein spezielles Gebiet bearbeitet – und nur dieses. Der Vorteil dieser Aufgliederung ist im Grunde derselbe wie bei einem Fließband. Mindestens im Prinzip sind Ordnung und Schnelligkeit des Arbeitsprozesses auf diese Weise gesichert. Mehr noch, jede Arbeitseinheit und die Beziehung von Einheit zu Einheit werden durch klare und ganz spezielle Richtlinien gesteuert. Das bedeutet, daß ein Bürokrat, dessen Zuständigkeit (oder Nichtzuständigkeit) bestritten wird, sich normalerweise auf eine Verordnung berufen kann (sagen wir: Ausführungsbestimmungen zur Steuergesetzgebung, Verordnung 5423-W-5b vom 12. Juli 1970), die wahrscheinlich sein Handeln oder Nicht-Handeln im gegebenen Fall rechtfertigen wird.

## Grundmerkmal: eine Hierarchie

Um derartig funktionieren zu können, ist eine Bürokratie hierarchisch straff gegliedert, zum Beispiel von der Bundeszentrale über Länderzentralen bis hin zur Lokalbehörde, die ihrerseits wiederum eine eigene Mini-Hierarchie ist, in der jeder Sachbearbeiter seinen Rang hat. Mit dem hierarchischen Prinzip geht ein Aufsichtssystem einher. Jeder einzelne Bürokrat, von der obersten bis zur untersten Stufe, ist einem anderen Bürokraten verantwortlich, der seine Arbeit mehr oder weniger sorgfältig überwacht. Auch die Beziehungen zwischen den verschiedenen hierarchischen Graden sowie die Pflichten und Rechte jedes Personalmitglieds sind genau und im einzelnen geregelt und festgelegt. Theoretisch weiß jeder Bürokrat, was von ihm erwartet wird und was er seinerseits als Gegenleistung der Organisation zu erwarten hat. Einer bürokratischen Hierarchie implizit sind die Vorstellungen der Rechenschaft und des Einspruchs. Jeder Bürokrat ist einem anderen Rechenschaft schuldig (gelegentlich auch einer Außen-Instanz) für den Fall, daß sich jemand über ihn beschwert. Umgekehrt kann gewöhnlich auch die Klientel des Bürokraten ihre Zuflucht zu bestimmten Einspruchsverfahren nehmen, wenn sie irgendwelche Beschwerden hat. Im Prinzip sehen die Richtlinien für das Verhalten der Bürokratie alle nur möglichen Schwierigkeiten vor, die entstehen könnten. Stellt sich jedoch eine unvorhergesehene Schwierigkeit ein, so werden die Richtlinien entsprechend erweitert. Mit anderen Worten, alle bürokratischen Regulierungssysteme haben die immanente Tendenz zur Erweiterung.

Die Kommunikation zwischen den einzelnen Behörden und ihren Vertretern in einer Bürokratie ist von Grund auf unpersönlich und findet nicht von Angesicht zu Angesicht statt. Bürokratien waren von jeher auf schriftlichen Verkehr angewiesen. Das hat sich heutzutage etwas geändert, seit das Telefon und elektronische Kommunikationsmittel aufgekommen sind. Die Unpersönlichkeit und Indirektheit des Verkehrs sind jedoch geblieben. Die Flut von Informationen, die sich von Dienststelle zu Dienststelle bewegt, muß irgendwo gehortet werden. Deshalb ist die Akte eines der Grundelemente jeder Büroausstattung (die Lochkarte ist genau dasselbe in technologischer Vervollkommnung).

## Grundmerkmal: ein rationales Expertensystem

Eine Bürokratie erwartet, daß jeder ihrer Angehörigen für seine Stellung sachgemäß ausgebildet ist. Sie setzt, mit anderen Worten, ein rationales Sachkundigkeitssystem voraus. Infolgedessen hängt auch die individuelle Laufbahn in einer Bürokratie davon ab, daß man seiner Sparte entsprechend ausgebildet ist und daß ein rationales Qualifikationssystem da ist, durch das der einzelne bewertet werden kann. Ein typischer Fall sind die Eignungsprüfungen für die Beamtenlaufbahn. Theoretisch ist das Aufrücken in einer Bürokratie nichts anderes als der erfolgreiche Aufstieg auf einer Karriereleiter, obgleich offenbar oft gegen dieses Prinzip verstoßen wird. Verschiedene Typen von Bürokratie verlangen natürlich auch verschiedene Typen fachlicher Qualifikation. In allen Bürokratien muß man jedoch zusätzlich auch noch die jeweilige «Verkehrsregelung» und die entsprechenden Vorschriften und Richtlinien kennen. Welche

Bereiche des gesellschaftlichen Lebens eine Bürokratie auch jeweils verwaltet, sie hat einen Eigenbestand an Wissen, der nur indirekt mit Fragen außerhalb der Bürokratie zu tun hat. Ein Sachbearbeiter in der Landwirtschaftsverwaltung beispielsweise mag, je nach seiner Stellung, Experte für Saatgut sein. Ebenso wichtig ist jedoch, daß er die administrativen Kanäle kennt, die seinen Platz in der Bürokratie mit der Zentrale verbinden. Jede Bürokratie hat also das, was Max Weber «Dienstgeheimnisse» genannt hat. Gewöhnlich haben sie nichts oder nur wenig mit der Außenwelt zu tun und sind undurchschaubar für den Außenstehenden, sei er ein Antragsteller oder ein Parlamentarier, der die inneren Zustände einer Behörde durchleuchten möchte. Deshalb haben Bürokratien ein zähes Leben und die Fähigkeit, sich gegen Druck von außen abzusperren. Regierungsbürokratien zum Beispiel sind erstaunlich tüchtig darin, die Politik jener demokratisch gewählten Parteipolitiker zu boykottieren, die doch ihre obersten Vorgesetzten sind. Eine neue Partei kommt in die Regierung, und einer ihrer Politiker übernimmt etwa das Landwirtschaftsministerium. Er möchte eine bestimmte Agrarpolitik betreiben, auf die sich seine Partei verpflichtet hat. In der Theorie müssen ihm seine bürokratischen Untergebenen natürlich dabei helfen. In der Praxis können sie ihn jedoch, wenn sie gegen seine Politik sind, auf jeder bürokratischen Stufe sabotieren, und zwar einfach dadurch, daß sie sein Programm in ein Gewirr bürokratischer Prozeduren verstricken. Sie kennen alle diese Prozeduren. Er kennt nur sein politisches Ziel. Das mindeste, was sie ihm antun können, ist, ihm das Leben sauer zu machen.

## Grundmerkmal: eine Moral der «Objektivität»

Schließlich pflegt eine Bürokratie eine bestimmte Moral, die der «Objektivität». Im allgemeinen wird vom Bürokraten angenommen, daß er jeden «Fall» frei von persönlichen Gefühlen oder ungeachtet privater Beziehungen bearbeitet. Auch das ist natürlich ein Ideal, gegen das oft gesündigt wird. Im Vergleich mit nichtbürokratischen Organisationsweisen ist es jedoch weitgehend verwirklicht. Fälle «persönlicher Einflußnahme» sind, ob in größerem oder kleinerem Umfang, Ausnahmen in der modernen bürokratischen Verwaltung, während sie bei den älteren Formen nichtbürokratischer Verwaltung die Regel waren. Das Hauptergebnis dieser Moral ist das, was Max Weber «Kalkulierbarkeit» nennt. Sie beruht darauf, daß das Funktionieren der Bürokratie soweit wie möglich geschützt ist vor den persönlichen Gefühlen und Launen derjenigen, die ihre Aufgaben ausführen. Dadurch ist das Wirken der Bürokratie in hohem Maße voraussagbar. Wenn man einmal die Regeln und Vorgänge kennt, die auf eine bestimmte Angelegenheit zutreffen, kann man sich ungefähr ausrechnen, wie die Bürokratie den Fall behandeln wird und welche Aussichten man selbst dabei hat. Bürokratie verhilft der

Gesellschaft also zu einer gewissen Stabilität. Es ist kaum zu sagen, wie eine komplexe technologische Gesellschaft ohne diese Stabilität existieren könnte. Man kann sich eine solche Gesellschaft auch kaum ohne bürokratische Verwaltungsformen vorstellen – mindestens nicht ihre Politik und ihre Wirtschaft. Wir möchten hinzufügen, daß das für kapitalistische und sozialistische Wirtschaft, für den demokratischen und den nichtdemokratischen Staat gilt.

## Max Webers Theorie der Rationalisierung

Die soziologischen Einsichten über die Bürokratie haben zu der Idee der allgemeinen Bürokratisierung geführt. Dieser Ausdruck besagt einfach, daß sich die bürokratischen Verwaltungsformen auf allen wesentlichen Gebieten der Institutionalisierung in modernen Gesellschaften vermehren. Max Weber selbst hat das in Beziehung zur allgemeinen Theorie der Rationalisierung gesetzt, womit die Vermehrung rationaler Verfahrensweisen in der Gesellschaft gemeint ist (rational bedeutet seinerseits eine logische Beziehung zwischen Mittel und Zweck sozialen Handelns, und zwar sowohl beim Handelnden als auch beim wissenschaftlichen Betrachter). Bürokratie ist, was immer ihre Fehler und Unvollkommenheiten sein mögen, die rationalste Form sozialer Organisation. Ihre Rationalität ist eine unerläßliche Forderung bei Gesellschaften, die mit moderner Technologie arbeiten. Historisch gesehen, hat zwar der Staat die moderne Bürokratie aus der Taufe gehoben. Heute jedoch machen die Erfordernisse einer technologischen Wirtschaft ihren Fortbestand unvermeidlich. Bürokratie ist heute nicht nur die dominierende Form der Verwaltung politischer und wirtschaftlicher Institutionen in industriell fortgeschrittenen Ländern (einerlei ob kapitalistisch oder sozialistisch), sondern die Bürokratisierung ist anscheinend auch eine wesentliche Komponente der Modernisierung für die Gesellschaften der sogenannten dritten Welt geworden.[2] Die Erfahrung mit der Bürokratie, mit der wir dieses Kapitel eingeleitet haben, ist heute global geworden.

## Unterschiede und Widersprüche

Während sich die bisher erwähnten Merkmale bei allen Bürokratien finden, gibt es doch auch wichtige Unterschiede je nach den Gebieten des gesellschaftlichen Lebens, die von Bürokratien verwaltet werden. Zwar sind die Grundmerkmale der Bürokratie einer Kirche nicht anders als die bei einer Aktiengesellschaft, aber in wesentlichen Zügen unterscheiden sie sich doch auch aufgrund der verschiedenen Aufgaben, die sie haben. Die historischen Wurzeln der Bürokratie liegen beim absolutistischen Staat, der im 17. Jahrhundert zuerst in Frankreich und dann auch in anderen europäischen Ländern aufkam. Von staatseigenen Bereichen wanderte die Bürokratie dann bald in alle Gruppen, die in irgendeiner

Form am politischen Prozeß teilhatten. So kam sie auch in die politischen Parteien und die Gewerkschaften. Die Herrschaft kleiner bürokratischer Eliten über solche Gruppen steht natürlich in einem gewissen Widerspruch zu ihrer demokratischen Ideologie in westlichen Ländern. Bei den Soziologen besteht jedoch die allgemeine Auffassung, daß diese Art von Herrschaft unvermeidlich ist. Roberto Michels, ein italienischer Soziologe aus der Generation unmittelbar nach Max Weber, hat dieses Phänomen «das eiserne Gesetz der Oligarchie» genannt.[3] In allgemeinster Form bedeutet das, daß immer die wenigen über die vielen herrschen. Bei modernen Gesellschaften sind die wenigen diejenigen, die die Kontrolle über bürokratische Apparate haben.

Ein interessanter Bereich der Bürokratisierung in Amerika war im letzten halben Jahrhundert die Wirtschaft. Hier liegt die erschreckende Diskrepanz nicht zwischen einer demokratischen Ideologie und mehr oder weniger undemokratischen Fakten, sondern zwischen dem Ethos und Ideal des freien Unternehmertums und der Tatsache, daß gigantische Bürokratien mit allen wirtschaftlichen Verrichtungen betraut sind. James Burnham hat diese Verschiebung treffend als «die Revolution der Manager» bezeichnet.[4] Seine Vorstellungen von deren Folgen waren vielleicht etwas übertrieben. Es kann jedoch keinen Zweifel darüber geben, daß jedes Unternehmen, das mit den Methoden der modernen technologischen Produktion und des Vertriebs arbeitet, nach bürokratischen Regeln verwaltet werden muß. Vergleichende Studien haben das immer wieder gezeigt, und besonders interessant sind die Vergleiche von Betriebsformen in kapitalistischen und sozialistischen Ländern.[5] Was für Unterschiede zwischen der Automobilindustrie in den Vereinigten Staaten und der Sowjetunion auch bestehen mögen, die Art, wie eine große Autofabrik faktisch geleitet wird, muß unbedingt sehr ähnlich sein und ist es auch tatsächlich. Manche Soziologen und Sozialwissenschaftler leiten aus dieser Tatsache eine «Konvergenztheorie» ab und behaupten, daß die Grundinstitutionen der amerikanischen und der russischen Gesellschaft sich in wachsendem Maß angleichen. Auch das ist wohl wieder eine Übertreibung, weil dabei einzelne Faktoren anderen gegenüber überbewertet werden. Die Theorie enthält jedoch eine wichtige Wahrheit, daß nämlich die Bürokratisierung die Gesellschaften der ganzen Welt in mancher Hinsicht einander angeglichen hat und ihnen dadurch auf vielen Gebieten den Verkehr miteinander erleichtert.

## Organisierte Religionen und Bildungsbürokratien

Wir haben schon darauf aufmerksam gemacht, daß sich die Bürokratisierung heute auch auf andere Gebiete erstreckt als auf Staat und Wirtschaft. Eines von ihnen ist die organisierte Religion. Deutlich zeigt das eine Studie auf, die Paul Harrison vor einiger Zeit über die Organisation der Baptisten in Amerika gemacht hat.[6]

Das Beispiel ist besonders interessant wegen der traditionell starken Gegnerschaft der Baptisten gegen jede zentrale Autorität. Das geht so weit, daß die Delegierten beim Bundeskonvent der Baptisten «Boten» genannt werden, womit unterstrichen werden soll, daß jeder nur der einen Gemeinde verantwortlich ist, die ihn gesandt hat, und nicht etwa einer übergeordneten nationalen Autorität. Der historische Ursprung dieser Tradition ist die starke Betonung der Eigenständigkeit jeder örtlichen Gemeinde, an der Baptisten immer festgehalten haben. Dennoch konnte Harrison tatsächlich auch bei ihnen eine Bürokratie auf nationaler Ebene und die üblichen Organisationsformen nachweisen, die Bürokraten so am Herzen liegen. Die Bürokratisierung hat also auch vor den Baptisten nicht haltgemacht, obwohl sie sie theologisch und rhetorisch ganz und gar ablehnen.

Auch von der Bürokratisierung des Bildungswesens haben wir schon gesprochen, einem Prozeß von besonders weitreichenden Folgen. Besonders in Amerika ist ein ganzes Heer von Bildungsbürokraten entstanden, deren Verfahrensweisen (und vielleicht Denkweisen) denen der Bürokraten in politischen und wirtschaftlichen Bürokratien sehr ähnlich sind. Der alte Gedanke von den beiden Partnern bei der Bildung, dem Lehrenden und dem Lernenden, ist auf allen Stufen des Bildungssystems, vom Kindergarten bis ins Doktorandenseminar, längst überholt. Auf jeder einzelnen Stufe hat sich noch eine dritte Partei eingenistet und ist immer stärker geworden: die Verwaltung. Und was noch mehr bedeutet, sie hat sich der Kontrolle darüber bemächtigt, was tatsächlich vor sich geht.[7]

## Fehlfunktionen, Sachentfremdung und Entpersönlichung

Robert Merton hat die Aufmerksamkeit auf von ihm so benannte «Fehlfunktionen der Bürokratie» gelenkt, das sind unbeabsichtigte und oft zersetzende Folgen der Bürokratisierung.[8] Dazu gehört vor allem die sogenannte «Sachentfremdung», eine Gewichtsverlagerung vom Zweck auf die Mittel. Eine Bürokratie soll ein bestimmtes Gebiet des gesellschaftlichen Lebens verwalten und darin bestimmte Aufgaben erfüllen. Der Auftrag einer städtischen Schulbehörde ist beispielsweise, die städtischen Schulen zu verwalten und ihre erzieherischen Belange zu schützen. Immer wieder kommt es jedoch dank der bürokratischen Eigendynamik zu Situationen, bei denen sich das Augenmerk der Bürokraten statt auf diese ihre Aufgabe auf jene Mittel richtet, die ihnen ihr eigener Apparat zur Verfügung stellt. Sie sind fasziniert von ihren Methoden und von den Verwicklungen der bürokratischen Hierarchie. So können jemanden, der eine Schulbehörde aufsucht und den Gesprächen der in ihr tätigen Bürokraten zuhört, tatsächlich Zweifel befallen, ob die Schulen, die angeblich von dieser Stelle aus verwaltet werden, überhaupt wirklich vorhanden sind. Die Sorge der Bürokraten gilt dem reibungslosen Funktionieren der bürokratischen Maschinerie als solcher, deren ursprüngliche Zweckbestimmung dieser Sorge jetzt untergeordnet ist. Die gesellschaftliche Wirklichkeit wird mit einem papierenen Netz zugedeckt, unter dem der Bürokrat sie gar nicht mehr wahrnimmt. Gelingen und Mißlingen stehen nun unter einem ganz anderen Vorzeichen. Im Extremfall kann das Sprichwort zutreffen: «Operation gelungen, Patient tot.» Die Interessen der Verwalter weichen jedenfalls immer mehr von denen der Verwalteten ab und können manchmal diametral entgegengesetzt sein. Auf gewiß unbeabsichtigte und oft unmerkliche Weise entstehen so dank der Eigendynamik der Bürokratie soziale Konflikte.

Wir haben schon darauf hingewiesen, daß die Bürokratie eine qualitative Veränderung der sozialen Beziehungen herbeiführt. Dank der Bürokratie ist es zu einer Gewichtsverlagerung von (soziologisch ausgedrückt) «primären» auf «sekundäre» Beziehungen gekommen, das heißt von echten persönlichen Begegnungen zwischen Menschen zu entfernten, anonymen Beziehungen, die sich rigoros auf bestimmte Sachbestände beschränken. Damit führt die Bürokratisierung zu einer allgemeinen Entpersönlichung des Alltagslebens und vermehrt die Gefahr, daß entsteht, was Emile Durkheim Anomie genannt hat, eine menschliche Verfassung also, in der man das Gefühl hat, keine festen sozialen Bindungen mehr zu irgend jemandem zu haben und in einer Welt zu leben, die man nicht mehr begreifen, geschweige denn kontrollieren kann. Diese Folge der Bürokratisierung ist zweifelsohne eng verknüpft mit dem, was heutzutage allgemein «Entfremdung» genannt wird.

## Die Persönlichkeit des Bürokraten: Ursachen und Folgen

Bürokratie führt auch zur Entstehung eines bestimmten Persönlichkeitstypus. Wir können hier noch einmal auf die beiden Begriffe Personalauslese und Personalformung zurückkommen. Es sind gewöhnlich Persönlichkeiten eines ganz bestimmten Typus, die Erfolg in der bürokratischen Laufbahn haben. Mehr noch, die Bürokratie bringt Sozialisationsprozesse mit sich, die diesen Typus tatsächlich ausformen. Karl Mannheim, auch ein europäischer Soziologe der Generation unmittelbar nach Max Weber, hat von der Psychologie des Bürokraten gesagt, daß sie in erster Linie auf Sicherheit bedacht sei.[9] Mit anderen Worten, die größte Sorge des Bürokraten ist, «kein Porzellan zu zerschlagen» und sein Porzellan vor dem Zerschlagenwerden zu schützen.

Zu dieser unter Bürokraten verbreiteten Einstellung haben mehrere Faktoren beigetragen. Einer der wichtigsten ist die schon erwähnte Kalkulierbarkeit bürokratischer Prozesse, deren beabsichtigte Funktion, wie wir gesehen haben, die Sicherheit der Voraussagbarkeit sozialer Prozesse ist. Unabsichtlich stellt jedoch eine Psychologie, die das zustande bringt, sozusagen die ursprüngliche Absicht auf den Kopf. Der Bürokrat ist nun psychisch unfähig geworden, Nichtvoraussagbares zu behandeln. Wenn das ein Organisationsprinzip des Lebens geworden ist, erfährt man alle Erscheinungen menschlicher Spontaneität und Überraschung nur noch als schwere Störungen. Ein weiterer Faktor für das Zustandekommen dieser Psychologie ist die abhängige Stellung des Bürokraten in der Hierarchie und die Tatsache, daß er ständig Rechenschaft ablegen muß. Außer an der obersten Spitze der Bürokratie ist jeder ständig der Aufsicht eines anderen unterstellt. Die Überlebenschancen und das Vorwärtskommen im Beruf hängen von der Beziehung zu anderen Leuten in der Hierarchie ab. Die Bürokraten haben dieses Berufsrisiko wirksam verringert dadurch, daß sie die Unkündbarkeit des Berufsbeamten erfunden haben. Dennoch sind Bürokratien fast unvermeidlich Brutstätten aller möglichen Intrigen und Machenschaften. In gewissem Maße gilt das natürlich für jede Tätigkeit, in der man Karriere machen kann. Aber bei anderen Berufen ist es doch unwahrscheinlicher, daß die erwähnte «Sachentfremdung» sich breitmacht oder gar überhand nimmt. In einer Gruppe von Ingenieuren beispielsweise, die eine Brücke bauen, sind sicherlich auch einige, die sehr darauf bedacht sind, daß ihre Arbeit von den Vorgesetzten auch genügend gewürdigt wird. Die Arbeit, eine Brücke zu bauen, ist jedoch so konkret und zeitraubend, daß sie ein ausschließliches Karrieredenken gar nicht aufkommen läßt. Bürokratische Sachkunde dagegen ist höchst abstrakt und völlig an die isolierte Welt des Büros gebunden. Sie ist sozusagen immer nach innen gewandt, das heißt nur auf die bürokratische Wirklichkeit statt auf die Vorkommnisse und das Handeln in der Außenwelt gerichtet. Beklemmungen, die sich aus dieser Eigentümlichkeit ergeben, bewirken das Überwiegen des Sicherheitsdenkens, auf das Mannheim hingewiesen hat.

Hinzu kommt, was sowohl Max Weber wie Mannheit betont haben, daß Bürokratie notwendig eine scharfe Trennung zwischen öffentlichem und privatem Leben mit sich bringt. Auch das ist bei anderen Berufen in der modernen Gesellschaft ähnlich – zum Beispiel bei allen Tätigkeiten in der industriellen Produktion. Wegen der Abgeschlossenheit der bürokratischen Welt mit ihren Dienstgeheimnissen ist diese Trennung im Leben des Bürokraten besonders einschneidend. Mannheim sagt von ihm: «Er lebt in zwei Welten und muß deshalb gewissermaßen zwei Seelen haben.»[10] Daraus ergeben sich wichtige psychische Konsequenzen: eine Spaltung sowohl der Werte als auch der Gefühle. Man glaubt und empfindet im Büro ganz anders als zu Hause. Jemand kann feinfühlig und rücksichtsvoll mit seiner Familie, im Büro aber völlig rücksichtslos sein. Das Gegenteil kann natürlich ebensogut der Fall sein. Diese Trennung des Lebens in einen öffentlichen und einen privaten Sektor hat weiter zur Folge, daß man in dem einen die Benachteiligungen aus dem anderen kompensiert. Wer sich in seiner bürokratischen Laufbahn gedemütigt und zurückgesetzt fühlt, kann nach Hause gehen und den Hecht im Karpfenteich spielen. Aber auch das Büro kann umgekehrt der Zufluchtsort vor Gezänk und Ärger im Familienleben sein. Wir werden später noch Gelegenheit haben, auf diese Doppelrolle zurückzukommen, die überall in der modernen Gesellschaft gespielt wird, im Fall des Bürokraten jedoch von ganz besonderer Bedeutung ist.[11]

## Soziologisch gesehen: vom System oder vom «Klienten» aus?

Für die soziologische Analyse der Bürokratie gibt es zwei ganz verschiedene Ansatzpunkte. Der erste geht vom bürokratischen System aus, der zweite von den in ihm «gefangenen» Individuen. In der neueren amerikanischen Soziologie war der erste Ansatz der bei weitem erfolgreichere, wenngleich er in letzter Zeit scharf kritisiert worden ist.

Der erste Ansatz ist charakteristisch für den strukturellen Funktionalismus und für die sogenannte Systemtheorie, die ihm in ihren soziologischen Grundvoraussetzungen sehr nahesteht. Eine seiner Schlüsselkategorien ist der Begriff Systemerhaltung, womit zweierlei impliziert wird: einmal, daß eine Bürokratie ein mehr oder weniger geschlossener Mechanismus ist, dessen Funktionen ihre eigene Logik haben, und zum anderen, daß einer der sozusagen fundamentalen «Instinkte» eines solchen Systems ist, seinen eigenen Fortbestand in der Gesellschaft zu sichern. Philip Selznick, einer der besten Analytiker der Bürokratie in der modernen amerikanischen Soziologie, hat diesem Ansatz dadurch zu weiterer Klärung verholfen, daß er die von ihm so genannten «Imperative» eingeführt hat, das sind die beherrschenden Prinzipien, die für das Wirken bürokratischer Systeme unerläßlich sind.[12]

## Selznicks «Imperative des Systems»

Diese Imperative gelten sowohl für die innere Arbeitsweise des Systems als auch für seinen Zusammenhang mit der Gesamtgesellschaft, in der es arbeitet. Der oberste Imperativ ist daher die Sicherheit der Organisation im Rahmen der weiteren gesellschaftlichen Umwelt. Wenngleich dieser Imperativ für alle bürokratischen Systeme gilt, sind seine Implikationen von Fall zu Fall deutlich verschieden. So hat eine staatliche Bürokratie ein ganz anderes Verhältnis zu ihrer gesellschaftlichen Umwelt als etwa die Bürokratie der baptistischen Freikirche. Beide müssen jedoch ihre Sicherheit gegen Kräfte verteidigen, die ihre Politik etwa bestreiten könnten oder sogar ihren gesellschaftlichen Fortbestand gefährden. Ein anderer Imperativ ist die Stabilität der innerbehördlichen Autoritäts- und Verkehrsverfassung. Auch auf diesen Imperativ kann man den Begriff «Sicherheit» anwenden. Es ist entscheidend, daß jede einzelne Instanz und jeder einzelne Mitarbeiter genau wissen, wer für was und wer wem verantwortlich ist. Weiterhin ist es in einem so komplizierten Kommunikationssystem, wie es das der modernen Bürokratien ist, wichtig, daß die Individuen wie die Instanzen einigermaßen Gewißheit darüber haben, daß ihre Mitteilungen auch dort ankommen, wohin sie gerichtet sind. Das ist bei Nachrichten, die von der Spitze der Hierarchie nach unten weitergegeben werden, besonders wichtig, weil sonst die Kontrolle des bürokratischen Apparats gefährdet ist.

Ein besonders interessanter Imperativ, den Selznick nennt, ist die Stabilität der informellen Beziehungen in der Organisation. Hier geht es um einen ganzen Bereich des bürokratischen Lebens, den amerikanische Soziologen intensiv untersucht haben, indem sie da anknüpften, wo Max Weber aufgehört hat. Die allgemeine Auffassung ist, daß jede Bürokratie auch eine informelle Struktur hat, die sich gleichsam unter der Oberfläche des formellen Organisationsplanes befindet. Die Personen in einer Bürokratie verkehren nicht nur über die offiziellen Kanäle miteinander, die die Bürokratie zu diesem Zweck geschaffen hat, sondern unterhalten viel mannigfaltigere inoffizielle und manchmal sogar unzulässige Beziehungen. Diese informelle Struktur steht der formellen nicht notwendig feindselig gegenüber. Im Gegenteil, sie kann dazu dienen, das System zu erhalten, weil sie schwierige Situationen glättet, Lücken füllt, die der formelle Verkehr offen läßt und dem Personal ganz allgemein das Gefühl der Zugehörigkeit gibt und persönliche Befriedigung verschafft. Diese informellen Beziehungen dürfen jedoch nicht außer Kontrolle geraten. In welchem Maße sie auch offiziell in der Organisation geduldet sein mögen, sie müssen «an ihrem Platz bleiben» und dürfen nicht mit den formellen Funktionen des Systems in Konflikt geraten.

Ein weiterer Imperativ in der Organisation ist die Beständigkeit ihrer Politik. Drastische Umstellungen der Politik gefährden das bürokratische Grundprinzip. Das heißt nicht etwa, daß Bürokratien sich nicht auf sozialen Wandel einstellen können, aber es gelingt ihnen besser, wenn der Wandel stufenweise erfolgt. Schließlich ist da noch der Imperativ der Homogenität, das heißt, daß das Personal eine einheitliche Auffassung von der Organisation und ihrem Auftrag haben muß. Auch das bedeutet nicht unbedingte Konformität, aber es muß doch eine gewisse Übereinstimmung darüber bestehen, wozu die Organisation da ist und was sie darstellt.

## Ausbalancierte Systeme: «offen» und «geschlossen»

Mit diesem Ansatz gewinnt man ein Bild der Bürokratie, bei dem ihre Stabilität und Ausgewogenheit überwiegen. Damit ist jedoch keine statische Situation gemeint und nicht gesagt, daß Bürokratien immer stabil sind, sondern vielmehr, daß sie als Organisationen zur Stabilität neigen. Alle Institutionen sind immer im Wandel begriffen, und bürokratische

Institutionen bilden da keine Ausnahme. Ein gut funktionierendes bürokratisches System kann sich so verändern oder erweitern, daß es mit neuen Situationen fertigwird. Im Mindestfall ist eine Überprüfung der Einteilungsschemata bei den Akten nötig. Im Maximalfall muß ein neuer Organisationsplan ausgearbeitet werden. Unterschiedlich ist allerdings der Grad ihrer «Offenheit» in der Interaktion mit anderen Systemen oder gesellschaftlichen Kräften. Relativ «offene» Bürokratien befinden sich dauernd in einem Prozeß der Anpassung an die gesellschaftlichen Kräfte in ihrer weiteren Umgebung, relativ «geschlossene» vermeiden dagegen so weit wie möglich, auf ihre Umwelt zu reagieren. Dieser Unterschied ist offenbar bedingt durch den Grad an Macht, die das Publikum einer Bürokratie jeweils anwenden oder gegen das Personal der Bürokratie mobilisieren kann. Eine Bürokratie, die mehr oder weniger vom Ineinandergreifen demokratischer Prozesse abhängt, wird also zu größerer «Offenheit» neigen als eine, die sich um dergleichen nicht zu kümmern braucht. Letztere kann es sich leisten, dem alten Wahlspruch zu folgen: «Nie sich entschuldigen, nie etwas erklären.» Die andere dagegen braucht alle möglichen Öffentlichkeitskontakte, um ihr Publikum einigermaßen bei Laune zu halten.

## Vorteile und Nachteile der systemtheoretischen Analyse

Bei diesem Ansatz wird die Autonomie der systemeigenen Funktionen vorausgesetzt. Viele Funktionen müssen dabei (in Mertons Sinn) latent sein, was die Einsichten oder Absichten der Partizipanten an der betreffenden gesellschaftlichen Situation betrifft. Die Vorgänge «entwickeln sich» eher, als daß sie «von Menschen betrieben» werden. So spiegelt die soziologische Analyse in sehr eigentümlicher Weise das bürokratische Ethos der Sachlichkeit und Unpersönlichkeit. Umgekehrt wird der in jeder Situation waltende subjektiv gemeinte Sinn unterbewertet, und das Eingreifen von Menschen wird eher als Unvollkommenheit oder Funktionsfehler des Systems betrachtet. Dieser Ansatz hat ganz bestimmte Vorteile. Er erlaubt eine umfassende und einleuchtende Vorstellung von der Organisation in Bewegung. Dem Soziologen ist sie überschaubar, und er versteht, was vor sich geht, nach Maßgabe einer integralen Logik, deren Ursprung im System als Ganzem statt bei seinen persönlichen Partizipanten zu liegen scheint. Eine solche Auffassung ist natürlich charakteristisch für die strukturell-funktionalistische Analyse, einerlei welches institutionelle Gebiet analysiert wird. Bei der Bürokratie ist sie besonders ergiebig, weil diese tatsächlich höchst rational orientiert ist. Bürokratien funktionieren also mehr wie Systeme als die meisten anderen gesellschaftlichen Institutionen und können daher ohne weiteres auf diese Weise untersucht werden.

Der strukturell-funktionale beziehungsweise systemtheoretische An satz hat jedoch auch einen Nachteil: die Gefahr, daß die Bürokratie zu sehr vom Standpunkt des «Management» aus gesehen und diese Perspektive verabsolutiert wird. Die Gefahr wird am deutlichsten, wenn «Probleme» in einer Bürokratie analysiert werden müssen. Man nehme zum Beispiel an, daß sich ein Kreis von Eltern, die aus irgendeinem Grund unzufrieden mit der Ausbildung ihrer Kinder sind, zusammentut, um einem Programm zu widersprechen, das von der städtischen Schulbehörde in Kraft gesetzt worden ist. Wenn die Aktion der Eltern irgendwie Erfolg hat, schädigt sie natürlich oder behindert mindestens das glatte Funktionieren des Systems, so wie es die Bürokratie vorgezeichnet hat. Vom Standpunkt der Bildungsbürokraten aus gesehen, sind es die Eltern und ihre Aktion, die das «Problem» heraufbeschworen haben. Ganz ähnlich wird auch ein Soziologe, der die Situation strukturell-funktional oder systemtheoretisch analysiert, das «Problem» als eine Funktionsstörung des Systems auffassen, die die Eltern verursacht haben. Unnötig zu sagen, daß die Eltern eine ganz andere Auffassung haben. Ihr Problem ist die vermeintlich schlechte Ausbildung ihrer Kinder, und die Schulbehörde wird zu einem Teil dieses Problems in dem Maße, in dem sie es unterläßt, den Schaden zu beheben. Mit anderen Worten, der strukturell-funktionale Ansatz bringt immer die Gefahr mit sich, daß auch der Soziologe Elemente einer Situation außer acht läßt, die sich in der «offiziellen» Sicht, in der des Management, nicht oder ganz anders darstellen.

### Die Alternativsicht: vom Individuum aus

Für die soziologische Untersuchung der Bürokratie besteht die Alternative, den Standpunkt der Akteure in einer gegebenen Situation einzunehmen, und zwar nicht nur den der offiziellen Vertreter der Organisation, sondern vor allem jener, die ihr Publikum oder gar ihre Opfer sind. Ein schon klassisch gewordenes Beispiel für diesen Ansatz ist Erving Goffmans Buch über – ausgerechnet – die Irrenanstalt als bürokratische Institution.[13] Zwar hat er damit besonders auf das relativ spezielle Gebiet der Soziologie der Medizin gewirkt. Sein Ansatz ist aber für die Analyse der Bürokratie überhaupt sehr brauchbar. Die Irrenanstalt hat – wie in der Tat alle bürokratisch verwalteten Institutionen – eine Ideologie, die das Handeln des Management legitimiert, und zwar in ihrem Fall als das, was «gut ist für die Patienten», die ihr ausgeliefert sind. Goffman schiebt derartige Legitimationen souverän beiseite, wobei er psychiatrische Definitionen von Maßnahmen nicht etwa ausnimmt. Statt dessen sieht er die Situation einfach so, daß eine Personengruppe eine andere kontrolliert. Ganz besonders interessiert er sich dafür, wie die kontrollierten Personen die Situation sehen und auf sie reagieren. Und ganz speziell interessiert ihn das, was er «Ausfindig-Machen» nennt, das heißt die ausgeklügelte

Strategie, mit der die Patienten der bürokratischen Organisation ausweichen oder die Kontrollen zu umgehen verstehen und sich so eine Lebensführung sichern, die der Selbstauffassung der Organisation oft gänzlich entgegengesetzt ist.

Goffman unterscheidet bei jeder Organisation zwischen primärer und sekundärer Anpassung. Unter primärer Anpassung versteht er die des Individuums an die formelle Struktur der Organisation. Jemand, der sich ihr ganz anpaßt und nichts weiter tut, ist für ihn ein «programmierter Angehöriger» der Organisation. Mit sekundärer Anpassung meint er dagegen die vielen unerlaubten Methoden, mit der Organisation zurechtzukommen. Manche darunter können dank gewisser informeller und inoffizieller Situationsbestimmungen in der formalen Struktur «aufgehen». Andere sind gefährlich und zersetzend. Infolgedessen wird die sekundäre Anpassung je nach Grad vom Management akzeptiert oder geduldet. Manchmal, und sei es nur, um die äußerliche Harmonie zu erhalten, kommt es zu halboffiziellen Situationsbestimmungen, die sehr weit in der Hinnahme von unerlaubtem Verhalten gehen können. Das ganze Geflecht des Umgangs und der Kompromisse mit der Autorität, das durch sekundäre Anpassung entsteht, nennt Goffman passend «Unterleben» der Organisation.

Jede bürokratische Organisation (und eine Irrenanstalt ist keine Ausnahme) hat beispielsweise ein Kommunikationssystem, dessen Zweck natürlich die Übermittlung von Weisungen und Informationen zwischen den einzelnen bürokratischen Organen ist, und zwar nach unten und nach oben in der Hierarchie. Man kann es aber auch für illegale Zwecke benutzen, so zum Beispiel, um Wetten abzuschließen. Solange man dabei die nötige Diskretion walten läßt, braucht sich das nicht störend auszuwirken, kann also im formalen Kommunikationssystem «aufgehen». Man kann aber auch weniger harmlose Mitteilungen über das offizielle System weitergeben, so zum Beispiel Vorwarnungen, wenn die bürokratischen Oberen eine Aktion planen, und zwar mit der ausgesprochenen Absicht, diese zu sabotieren. In einem solchen Fall ist es aus mit dem «Aufgehen», und die Bürokratie muß einschreiten, um das «Unterleben» wieder unter ihre Kontrolle zu bringen.

David Silverman, ein englischer Soziologe, hat unlängst vorgeschlagen, aus diesem Ansatz eine ganze Theorie der formalen Organisation zu entwickeln, die mit ihren vielfältigen Phänomenen besser fertigwird als strukturell-funktionalistische und systemtheoretische Analysen.[14] Bei einem solchen Ansatz betrachtet man die Bürokratie (oder jede andere formale Organisation) einfach als Sammelpunkt von Situationsbestimmungen, deren keine bevorzugt wird, weder die des Management, noch die irgendeiner anderen Gruppe. Man versucht vielmehr, alle Definitionen der Situation zu verstehen und zu erkennen, wie sie bei der Entstehung der gesellschaftlichen Gesamtwirklichkeit der betreffenden Bürokratie zusammenwirken. Der Schwerpunkt liegt dabei auf anderen Faktoren, und man wird kaum mit den Begriffen «System» oder selbst «Funktion» arbeiten können. Statt dessen wird es um die verschiedenen Gruppen gehen, die in einer gegebenen Situation interagieren, um sie selbst, um ihre Absichten, Perspektiven und um ihr strategisches Vorgehen. Bürokratische Organisationen werden in dieser Sicht als Schauplätze des Konflikts oder, etwas weniger abstrakt, der Verhandlung und des Kompromisses aufgefaßt. Hinzuzufügen wäre noch, daß die beiden Ansätze, so verschieden sie sind, sich nicht gegenseitig ausschließen müssen. Sie richten sich einfach auf verschiedene Aspekte desselben Gesamtphänomens.

### Und wenn ich es leid bin?

Wenn wir noch einmal zur Grunderfahrung der Bürokratie zurückkehren, mit der wir dieses Kapitel begonnen haben, so ist sie, worauf schon Max Weber hingewiesen hat, ein Erlebnis vollständiger Rationalität und Rationalisierung. Das gilt nicht nur für die Bürokraten selber, sondern für alle, die mit der Bürokratie in nähere Berührung kommen – und das ist in modernen Gesellschaften nahezu jeder. Das bedeutet, daß der Geist der Bürokratie nicht etwa nur die Bürokraten erfaßt hat, sondern zahllose Menschen. Ganz besonders empfindet auch das Publikum die Zwiespältigkeit, von der wir gesprochen haben, manchmal genauso wie das Personal selbst.

Für fast jedermann sind heute weite Bereiche des eigenen Lebens bürokratisiert, und man kann sich in ihnen nur bewegen, wenn man sich dem Grundprinzip des bürokratischen Verhaltens fügt. Um mit Goffman zu sprechen: Man muß «programmiert» sein. Das allein schon ist unangenehm. Auch wenn es nicht so weit kommt, daß man sich geradezu unterdrückt oder ganz verlassen vorkommt, ist man doch sehr wahrscheinlich auf verschiedenen Lebensgebieten äußerlich eingeengt und innerlich lustlos. Um in der bürokratischen Welt bestehen zu können, muß man Gefühle wie Haß, Ungeduld, Begeisterung oder Angst ständig unter Kontrolle haben. Eine bürokratisierte Welt erwartet, daß man zu jeder Zeit «vernünftig» ist. Gerade diese Zumutung kann in ein mächtiges Verlangen, «unvernünftig» zu sein, umschlagen: auf den Tisch zu schlagen, ein Formular zu falten oder zu lochen, das ungefaltet oder ungelocht sein soll, auf die Bekanntmachung im Lautsprecher eine grobe Antwort zu geben, kurzum, der Bürokratie klarzumachen, daß sie zum Teufel gehen soll. Gefühle und Erlebnisse, denen in einer bürokratisierten Welt der Ausdruck versagt ist, suchen auf die eine oder andere Art Ventile. Manchmal kann (wie wir in jüngster Zeit oft erleben konnten) von der Bürokratie unterdrücktes Gefühl zu eruptiven Ausfällen gegen bürokratische Organisationen führen. Meistens versucht der einzelne jedoch, seine Unzufriedenheit auf anderen Lebensgebieten zu kompensieren – so im Privatleben, in politischen oder religiösen Bewegungen. Die Rationalisierung des Lebens, die die Bürokratie bewirkt hat, schafft sich ihre eigene irrationale Gegenkraft. Schon Weber hat diese Entwicklung kommen sehen. Je nach Standpunkt kann man sie als Hoffnung der Menschheit oder als Bedrohung des geordneten Daseins der Gesellschaft auffassen. In jedem Fall aber muß man einsehen, daß es bestimmte Grenzen für die Macht der Bürokratie und ihre Prinzipien gibt. Die sogenannte «Jugendkultur» unserer Tage ist ein erstes Beispiel für den Widerstand gegen die Bürokratisierung des Lebens.

# 11 Jugend

## Die Unklarheit der gesellschaftlichen Aufforderung: «Tu nur, was deinem Alter zukommt»

Einfach ist es nicht, jung zu sein: Die Freuden der Kindheit verflüchtigen sich, und die des Erwachsenseins stellen sich erst ganz allmählich ein. Wann die Jugend beginnt und wann sie zu Ende ist, wird nicht deutlich, und was sie eigentlich bedeutet, wenn sie einmal da ist, steht schon ganz und gar nicht fest. Es gibt keine scharfen Trennungslinie zwischen den verschiedenen Stadien unseres Lebenslaufes. Die moderne Gesellschaft kennt nur wenige jener «Übergangsriten», die bei vielen anderen Gesellschaften die Schwelle zwischen klar geschiedenen Lebensstadien markieren. Nichtsdestoweniger bekommen junge Menschen oft genug zu hören: «Tu nur, was deinem Alter zukommt», wobei der Sinn dieser Aufforderung in der modernen Gesellschaft mindestens zwiespältig ist. Wenn der junge Mensch es in ihr zu etwas bringen will, muß er die Segnungen eines höchst bürokratischen Bildungsestablishments und starken Wettbewerbsdruck hinnehmen. Und all das soll er sehr ernst nehmen. Zugleich bezweifeln aber die Erwachsenen, daß er fähig ist, wenn es um wichtige Lebensfragen für ihn geht, mit zu entscheiden. Männliche Jugendliche sollen zwar Wehrdienst leisten, aber wählen durften sie mindestens bis vor ganz kurzer Zeit noch nicht. Weibliche Jugendliche begegnen höchst widerstreitenden Erwartungen, von denen einige im Sinn traditioneller Werte die Tugenden der «Weiblichkeit» betonen, während andere nachdrücklich auf der Gleichheit der Geschlechter bestehen und Recht und Notwendigkeit der Frau unterstreichen, berufstätig und finanziell unabhängig zu sein. Männliche und weibliche junge Menschen sehen sich gleichermaßen einer verwirrenden Vielfalt nicht nur möglicher Berufswege, sondern auch Lebensstile und Weltanschauungen konfrontiert. Zudem sind die Erwachsenen den Jugendlichen in dieser Lage kaum eine Hilfe. Sie reagieren vielmehr hysterisch und widersprüchlich: An einem Tag bejubeln sie die Jugend als Hoffnung für die Gesellschaft, am anderen klagen sie sie der finstersten, umstürzlerischen Verschwörung an.

## Zusammenhalten gegen Zwänge

Es ist kein Wunder, daß Menschen sich in einer solchen Situation verbünden, und so hat sich denn eine Gemeinschaft der Jugend mit ganz ausgesprochenen Eigenarten gebildet, in der die jungen Menschen unter sich sind und sich gegenseitig bei all den Bedrückungen, die ihnen die Welt der Erwachsenen auferlegt, helfen. Jung zu sein ist ihnen eine

Identität, die sie laut in Sprache, Kleidung und Kunstgeschmack proklamieren. Im Rahmen des Bildungswesens stellt sich die Gemeinschaft der Jugend in fast allen Einzelheiten als der genaue Widerpart zur Bürokratie und ihrem Geist dar. Wo Bürokraten Ordnung verlangen, reagiert die Gemeinschaft der Jugend mit einer Spontaneität, die oft ans Chaotische grenzt. Während die Bürokratie für Disziplin ist, verherrlicht die Gemeinschaft der Jugend Freude. Das Wort «Zwänge» ist bezeichnend für das Bild, das sich die Jugend von der Bürokratie macht, und sie selbst sieht sich genau im Gegensinn als zwanglos, spontan, frei. Wenn man in der heutigen Gesellschaft jung ist, hält man nach einem Zufluchtsort Ausschau; die Gemeinschaft der Jugend wird als solcher erlebt.

**Biologie und Rechtswesen:**
**Körperlicher Befund «Reife», rechtlicher Status «Jugendlicher»**
Was ist Jugend? Der gesunde Menschenverstand ist schnell bereit zu einer biologischen Antwort, nur daß er uns damit wie bei so vielerlei nur allzu leicht in die Irre führt. Zweifellos gibt es einen biologischen Wachstumsprozeß, der mit der Geburt (genauer mit der Empfängnis) einsetzt und fortschreitet, bis das Individuum die seiner biologischen Spezies entsprechende Vollreife erreicht hat. Von diesem Zeitpunkt an beginnt allerdings schon sein Verfall, schnell oder langsam, je nachdem, wie es in seinen Sternen steht. Möglich ist auch durchaus, daß die Zeitspanne des eigentlichen biologischen Reifens sich von einer historischen Periode zur anderen ändert. Manche Anthropologen glauben, daß die Geschlechtsreife sich im Lauf etwa des letzten Jahrhunderts immer früher eingestellt hat. Wie dem auch sei, der biologische Wachstumsprozeß setzt jedenfalls dem, was die Gesellschaft vom Individuum erwartet, gewisse Grenzen. Es wäre unsinnig, von einem Zweijährigen zu erwarten, daß er die Regierungsgeschäfte führt, und von einem Siebzigjährigen, daß er sich sportlich hervortut. Die biologischen Fakten bilden jedoch, wie wir schon bei der Besprechung der Sozialisation gesehen haben, für diese und die gesellschaftliche Wirklichkeitsbestimmung nur einen mehr oder weniger losen Rahmen. Jedenfalls helfen sie uns nur wenig weiter, wenn wir nach der Dauer und kulturellen Substanz der Jugend fragen. Streng biologisch könnte man den Beginn der Jugend auf den Tag festsetzen, an dem man seinen letzten Milchzahn verliert, und ihr Ende auf den, an dem man sein erstes weißes Haar bekommt. Vom biologischen Standpunkt gesehen, wäre gegen eine solche Definition nichts einzuwenden.

Wenn der gesunde Menschenverstand nun aber eher bürokratisch als wissenschaftlich beflügelt ist, dürfte er sich nach einer juristischen Anleitung dafür, was Jugend ist, umsehen. Das amerikanische Rechtswesen wimmelt von Statuten und Institutionen, die ganz speziell für die Jugend gedacht sind. Es gibt eine eigene Rechtsprechung für die Jugend und eigene Gerichtshöfe, die sich mit Jugendstraftaten befassen. Das Gesetz vertritt also ganz entschieden die Auffassung, daß es so etwas wie Jugend gibt und daß sie von den ihr vorangegangenen und nachfolgenden Lebensstadien unterschieden werden muß. Abgesehen davon ist das Gesetz jedoch nicht gerade der beste Führer, wenn man ausfindig machen will, was sich hinter dem Phänomen verbirgt. Mit 14 Jahren kann man einen Führerschein haben; wenn man mit 16 vergewaltigt wird, ist man im Sinn der einschlägigen Gesetze keine Jugendliche mehr; mit 18 Jahren kann man in Pornofilme und zur Wahlurne gehen. Selbst wenn man davon absieht, daß diese Bestimmungen von Staat zu Staat sehr verschieden sind, fragt man sich doch, welche von ihnen denn nun die Schwelle bezeichnet, an der man die Jugend überschritten hat. Der Soziologe kann nur darauf verweisen, daß das Rechtswesen immer die Gesellschaft spiegelt, in der es Gültigkeit hat, und daß in diesem speziellen Fall die Mehrdeutigkeit des Rechts die Mehrdeutigkeit der Vorstellungen von Jugend in der Gesellschaft spiegelt. Wir halten uns also an den berühmten Ausspruch des amerikanischen Soziologen W. I. Thomas: «Wenn Menschen eine Situation als wirklich bestimmen, so ist sie auch in ihren Konsequenzen wirklich.» Für einen Soziologen ist Jugend jedenfalls weder eine biologische noch eine juristische Gegebenheit, sondern Sache der gesellschaftlichen Definition. Die biologischen Gegebenheiten sind nur der Rahmen dieser Definition, die juristischen sind nichts anderes als ihre Konsequenzen.

## Kindheit (Jugend), Erwachsensein: eine neue Phase der Biographie

Verschiedene Gesellschaften bestimmen die Stationen der Biographie ganz verschieden, so auch das Stadium der Jugend.[1] Die biologischen Gegebenheiten zwingen jede Gesellschaft, mindestens zwischen den Frühphasen der Kindheit und dem, was sich im Leben des Individuums daran anschließt, zu differenzieren. So hat denn jede Gesellschaft eine Definition für die Kindheit. Aber viele Gesellschaften kennen keine Phase zwischen ihr und dem Erwachsensein. In vielen Gesellschaften tritt also das Individuum unmittelbar vom Kindesstadium ohne jede Zwischenphase in das Erwachsenenalter ein. Der israelische Soziologe S. N. Eisenstadt (eine Autorität auf dem Gebiet der Jugendsoziologie) meint, daß Jugend um so mehr als Sonderphase in Erscheinung tritt, je tiefer die Kluft zwischen den Wertorientierungen der Familie und den großen Institutionen einer Gesellschaft sei.[2] Dann nämlich werde eine eigene Zeitspanne nötig, um dem Individuum den Übergang von der einen in die andere Welt zu erleichtern. Die Auffassung von Jugend in der modernen Gesellschaft ist ganz anders als in jeder anderen uns bekannten. Jugend ist nicht nur eine Phase für sich zwischen dem Erwachsenenalter und der Kindheit, sondern greift nach vorwärts und rückwärts immer weiter aus und hat sich immer mehr eine eigene soziokulturelle Welt geschaffen. Die globale Tendenz ist, daß die Jugend immer früher beginnt und immer länger dauert. Lebensstile und Verhaltensweisen, die noch vor wenigen Jahren typisch für Studenten waren, haben inzwischen schon die Oberschule erobert und erreichen auch schon noch jüngere Altersgruppen. Andererseits hält sich jeder unter Dreißig heute für jung, und die Symbole der Jugend werden in viel späteren Stadien noch zur Schau gestellt. Akademische Grade werden häufig erst in den frühen Dreißigerjahren erworben, und Politiker und leitende Beamte und Angestellte gelten bis Mitte Vierzig als «jung». Diese gesellschaftlichen Tatsachen hängen mit der steigenden Lebenserwartung zusammen, die, wie wir in einem früheren Kapitel dieses Buches festgestellt haben, eine der großen Wandlungen in der modernen Zeit ist. Es macht offenbar einen Unterschied, ob man an seinem dreißigsten Geburtstag begründete Aussichten auf noch weitere zwanzig oder weitere vierzig Lebensjahre hat. Die gesellschaftlichen Vorstellungen von Jugend lassen sich jedoch nicht nur aufgrund bevölkerungsstatistischer Verschiebungen erklären. Sie sind differenzierter und komplexer und müssen mit einer ganzen Reihe von Faktoren in der modernen Gesellschaft in Zusammenhang gebracht werden.

## Warum *verursacht* Industrialisierung das Phänomen «Jugend»?

Die eigentliche Ursache für das Phänomen Jugend ist das Aufkommen der industrialisierten Gesellschaft mit ihrem institutionellen Kräftespiel. Die typischen Merkmale für Jugend in Amerika entsprechen denen in anderen Industriestaaten, während die Lage junger Menschen in den sogenannten unterentwickelten Ländern (die uns hier nicht beschäftigen kann) gänzlich anders ist. Warum war die Industrialisierung der Gesellschaft der Anstoß für die Entstehung des Phänomens Jugend? Wir haben schon früher in diesem Buch gezeigt, daß die industrielle Revolution die Arbeitsteiligkeit der Gesellschaft verstärkt hat und damit die Familie (und also die Kindheit) von den modernen Produktions- und Administrationsprozessen abgetrennt hat. Das Phänomen Jugend entspricht einfach einer noch weitergehenden Aufteilung und Abtrennung. F. Musgrove, ein englischer Soziologe, hat diese Zusammenhänge ausgezeichnet dargestellt:

«Der Jugendliche ist zur gleichen Zeit erfunden worden wie die Dampfmaschine. Der Erfinder der Dampfmaschine hieß Watt (1765), der des Jugendlichen Rousseau (1762). Nachdem die Gesellschaft den Jugendlichen nun einmal entdeckt hatte, stellten sich ihr gleich zwei Probleme: Wie und wo konnte sie ihn ihrer Struktur einfügen und wie ihn dazu bewegen, sich auf ihre Spezialisiertheit einzustellen?»[3]

Die Bezeichnung «Jugendlicher» ist nicht ganz zutreffend, weil Jugend mehr bedeutet als Jugendalter. Aber der allgemeine Inhalt des Zitats trifft auch auf Jugend zu. Anders ausgedrückt: Die industrielle Revolution hat eine institutionelle Struktur entstehen lassen, in der «Raum» für Jugend «erlaubt» ist. Nachdem sie die Familie von den Institutionen der Wirtschaft und des Staates abgetrennt hatte, ergab sich sozusagen ein «Zwischenraum», in dem das «Privatleben» in vielerlei Form gedeihen konnte. Jugend ist gewissermaßen ein «Luxus», den sich diese Gesellschaft – neben vielen anderen – leistet. Und Jugend teilt mit Kindheit ein entscheidendes Merkmal: Auch sie wird von der «ernsten» Arbeit der wirtschaftlichen und politischen Institutionen verschont.

## Spezialisiertheit und Bildungsethos

Ein weiteres Ergebnis der industriellen Revolution auf diesem Gebiet betrifft die Bildungsstruktur. Die immense Arbeitsteilichkeit der modernen Gesellschaft verlangt immer mehr Spezialisierung. Diese wiederum hat, ob immer ganz sinngemäß oder nicht, dazu geführt, daß für jeden nur denkbaren Beruf immer größere Anforderungen an die Vorbildung gestellt werden. Unweigerlich verlängerte sich dadurch die Zeit, die der einzelne in den verschiedenen Zweigen des Bildungssystems zubringt. Außerdem herrscht die allgemeine Auffassung, daß ein ziemlich hohes Maß an Allgemeinbildung für fast jeden Beruf nötig sei.

Ein Beispiel ist die Polizei. Bis vor gar nicht langer Zeit waren die Anforderungen, die dieser Beruf an die Vorbildung seiner Anwärter stellte, äußerst gering. Eine gute körperliche Verfassung, Durchschnittsintelligenz und Charakter (was immer das sein mag) waren die einzigen Voraussetzungen, die man für diesen Beruf mitbringen mußte. Heute ist in den meisten amerikanischen Städten ein High-School-Diplom absolut erforderlich. Einige Polizeidirektionen (so etwa in New York) begrüßen es sehr, wenn ein angehender Polizeibeamter auch noch einige Jahre College vorweisen kann. Wenn sich erst einmal eine solche Bildungsgläubigkeit in einem Berufszweig eingenistet hat, kann man kaum noch sagen, wieviel und welche Bildung tatsächlich für die Ausübung des Berufs notwendig ist und wann es sich etwa nur um Statusmanipulierung und Geltungsbedürfnis handelt. So kann bei manchen Berufen ein Anwärter gezwungen werden, drei Jahre in einer weiterführenden Schule zu verbringen, weil er diese Zeit braucht, um sich die nötigen Kenntnisse oder Fertigkeiten anzueignen. Bei einem anderen dagegen wird die dreijährige Vorbildung gefordert, damit die Berufsorganisation der Gesamtgesellschaft mehr gesetzliche und wirtschaftliche Zugeständnisse abzwingen kann. In einem solchen Fall wird einfach ein dreijähriger Lehrplan, auch wenn er an sich überflüssig ist, erfunden und mit allen Mitteln durchgesetzt.

## Nehmt die Jugend aus der Fabrik und steckt sie in die Schule

Glücklicherweise (wenn auch kaum zufällig) sind die Bildungsforderungen der industriellen Berufsstruktur Hand in Hand gegangen mit einem Bildungsethos, das zu den wesentlichen Kulturleistungen des aufsteigenden Bürgertums gehört.[4] Hier ist nicht der geeignete Ort dafür, auszumachen, wer zuerst auf dem Plan war, die Bildungsforderungen der industriellen Gesellschaft oder das Bildungsethos jener Klasse, die zur Hauptsache für die Ausformung eben dieser Gesellschaft verantwortlich war – oder ob (wie wir vermuten) die beiden Phänomene sich eine Zeitlang gegenseitig beeinflußt haben. Wie auch die Reihenfolge gewesen sein mag, mit den wachsenden Bildungsforderungen der industriellen Gesellschaft wuchs auch der Glaube an Bildung und an das Bildungssystem, das ihn institutionell verkörperte. Mit der üblichen unvermeidlichen Verspätung bemühte sich das Rechtswesen, mit diesen Entwicklungen Schritt zu halten. Gesetze legalisierten die Abtrennung von Kindheit und früher Jugend von den Produktionsprozessen durch das Verbot der Kinderarbeit. Sinngemäß wurde auch die Zuständigkeit des Bildungssystems für die Belange von Kindheit und früher Jugend durch Gesetze über die Schulpflicht legalisiert. Das Recht paßte sich den gesellschaftlichen Wirklichkeitsbestimmungen an, der Jugend wurde ein eigener Platz in der institutionellen Ordnung zugewiesen.

Der Anteil junger Menschen an der industriellen Produktion und allem, was dazu gehört, hat entsprechend stetig abgenommen. In den Vereinigten Staaten nahmen 1900 noch 62,1 Prozent männlicher Jugendlicher zwischen 14 und 19 Jahren am Arbeitsprozeß teil. 1930 war der Prozentsatz auf 40,1 zurückgegangen und 1963 auf 36,5.[5] Natürlich zeigen sich dabei erhebliche Klassenunterschiede; der Rückgang ist in den oberen Klassen viel stärker. Darüber, ob das Verhältnis von Jugend und institutionalisierter Arbeit eine latent ökonomische Funktion hat, läßt sich streiten. Wenn man wie manche Nationalökonomen annimmt, daß eine moderne Industriegesellschaft die ihr zur Verfügung stehende Arbeitskraft gar nicht absorbieren kann, wäre der Ausschluß der Jugend vom Arbeitsmarkt, aus welchen Gründen auch immer, ein funktionales Element. Wenn man dieses nationalökonomische Argument jedoch bezweifeln sollte, wäre dieser Ausschluß unvernünftig. Wie jedoch die wirtschaftliche Logik auch sein mag, mit der Bezeichnung «Jugend» meint man immer mehr einen Bevölkerungsteil, der nicht erwerbstätig ist.

Wir sollten dabei wiederum eine demographische Gegebenheit nicht außer acht lassen: das steile Abnehmen der Kindersterblichkeit als Ergebnis der modernen Medizin und Ernährungswissenschaft. Das hat zur Folge, daß es heute viel mehr junge Leute gibt als früher. Institutionen, die für die Jugend da sind, besonders also das Bildungssystem, müssen daher für sehr viele junge Menschen eingerichtet sein. Dies hat nicht nur quantitative, sondern auch qualitative Folgen.

## Sozialpsychologische Faktoren:
## «Sozialisation als Antizipation» und Entfremdung von den Eltern

Die moderne Industriegesellschaft hat noch differenziertere Tatsachen in bezug auf das Phänomen Jugend geschaffen. Es ist wahrscheinlich ein eingeborenes Element der menschlichen Natur, daß es Trennungslinien zwischen den Generationen gibt. In der modernen Gesellschaft sind sie jedoch besonders scharf gezogen. Dafür gibt es zwei Gründe. Einmal hat die starke soziale Mobilität jeglicher Art dazu geführt, daß junge Menschen oft in ein gesellschaftliches Milieu geraten, das ganz anders als das ihrer Eltern ist. Aber selbst wenn das nicht der Fall ist, «streben» sie, als Folge dessen, was Robert Merton «Sozialisation als Antizipation» genannt hat, oft in ein anderes Milieu und werden allein schon dadurch ihren Eltern entfremdet. Der andere Grund ist, daß die moderne Gesellschaft so komplex und vielgestaltig ist, daß Menschen sehr verschieden leben können. Unterschiede in der Lebensführung finden sich häufig gerade in der Einzelfamilie. Auch dafür ist wiederum ihre Abtrennung von den «wichtigen» Vorgängen des gesellschaftlichen Lebens ein maßgeblicher Faktor. Aus der Perspektive der Jugend gesehen, verschwinden die Eltern scheinbar in einer fremden Welt und tauchen nur zeitweise in dem begrenzten Lebensbereich wieder auf, den sie mit ihnen teilen. Der sozialpsychologische Effekt ist fast unvermeidlich eine mehr oder weniger tiefgehende Entfremdung. Eine Folge der sich verschärfenden Scheidung der Generationen ist das mächtige Verlangen der Jugend, autonom zu sein, das heißt, eigene Normen und Lebensstile zu haben, die von denen der Erwachsenenwelt relativ unabhängig sind. Ausgeschlossen von den «ernsten» Angelegenheiten in der Welt der Erwachsenen und auf sich selbst zurückgeworfen, muß sich die Jugend in der modernen Gesellschaft von Generation zu Generation selbst neu definieren. Daß ihre Definitionen – besonders in letzter Zeit – ausgesprochen in Opposition zur Wirklichkeitsbestimmung der vorigen Generation stehen, sollte nicht wundernehmen.

## Sozialisation «ins Offene»

Ein weiterer Kausalfaktor für das Phänomen Jugend ist die komplizierte und oft ambivalente Sozialisation, die in der modernen Gesellschaft die Regel ist.[6]

In früheren Zeiten und bei altertümlichen Gesellschaften war die

Sozialisation ein geschlossener und stetiger Vorgang, der dem einzelnen die zwingenden Modelle lieferte, in die er hineinwuchs. In der modernen Gesellschaft dagegen ist sie charakterisiert durch ein hohes Maß von Unstetigkeit und Zusammenhanglosigkeit. Wahrscheinlich entstehen durch eine solche Situation Persönlichkeiten, die an Geschlossenheit zu wünschen übriglassen – mit anderen Worten, Menschen, die ihrer ganz und gar nicht sicher sind. Sowohl die primäre Sozialisation als auch die frühen Stadien der sekundären Sozialisation führen also ihre Aufgabe gewissermaßen nicht zu Ende. Sie lassen die Persönlichkeit «offen». Daraus würde folgen, daß ein eigener Zeitraum, in dem der einzelne den Prozeß abschließen kann, ein funktionales Element der Gesellschaft wäre. Jugend, wie diese sie definiert, kommt diesem Bedürfnis entgegen. Das bedeutet, daß das biographische Stadium der Jugend den Zweck hat, dem Individuum Zeit zur Vollendung seiner Sozialisation zu geben, «sich zu finden».

## Im Zeichen der Jugend: intensives Gefühl und Rollenexperimente

In der modernen Gesellschaft hat das Phänomen Jugend formelle und informelle institutionelle Folgen. Die wichtigste formelle war wohl das «Aufgehen» in einem gigantischen Bildungssystem, worüber wir schon gesprochen haben. Aber es haben sich auch informelle Folgen eingestellt, nämlich die Entstehung eigenständiger sozialer und kultureller Modelle für Jugend. Einige davon sind anscheinend spontan aus der Gemeinschaft der Jugend selbst aufgetaucht. Andere haben sich aus der Interaktion mit der Gesamtgesellschaft entwickelt. Schließlich hat letztere zweifellos auch direkt und bewußt Modelle für Jugend manipuliert. Jedenfalls bedeutet Jugend heute nicht nur, daß Massen junger Menschen durch das Bildungssystem wandern. Das Phänomen ist vielmehr komplexer und hat institutionelle Gegebenheiten geschaffen, die anders und dem etablierten Bildungswesen oft diametral entgegengesetzt sind. Worin ist nun die moderne Jugend eigenständig? Am wichtigsten ist wohl, daß sie eine Periode des Aufruhrs der Gefühle – oder wenigstens einiger sehr starker Gefühle – mit sich bringt. Das beruht sicher zum Teil auf biologischen Tatsachen. Es ist anzunehmen, daß so, wie der jugendliche Organismus heute kräftiger ist, auch das Gefühlsleben sich dem früherer Generationen von Jugendlichen gegenüber intensiviert hat. Das genügt jedoch nicht, um das Maß an Emotionalität zu verstehen, das die Jugend heute bekundet, und erklärt auch die Unterschiede zu vergleichbaren Lebensstadien bei anderen Gesellschaften nur ungenügend. Wir glauben eher, daß die hohe Emotionalität der heutigen Jugend eine Folge ihrer gesellschaftlichen Definition ist. Sie spiegelt die dieser Definition innewohnenden Konflikte und Ambivalenzen. Ein Hauptelement dabei ist natürlich Sex. Auch dafür gibt es selbstverständlich eine biologische Begründung. Aber der sexuelle Aspekt ist bei der Definition der Jugend in der modernen Gesellschaft merkwürdig stark betont. Es handelt sich um eine Periode der sexuellen Entdeckungen, in der mit Hilfe der Sexualität emotionale Spannungen entlassen werden. Andererseits erzeugt die jugendliche Sexualität ihre eigenen emotionalen Spannungen und Krisen. Sehr viel weiter gefaßt bedeutet Jugend jedoch, daß mit Rollen experimentiert wird. Die sexuellen Rollen sind nur ein Teilaspekt.

Man kann das auch so formulieren, daß die heutige Jugend in den Grenzen des gesellschaftlich Möglichen den Versuch macht, die Sehnsüchte der Sozialisation als Antizipation zu verwirklichen. Der einzelne «versucht sich» jetzt in verschiedenen Rollen – mit dem anderen Geschlecht, in allerlei Berufen (hauptsächlich in Studienkursen, die auf diese Berufe vorbereiten) und im Kontakt mit verschiedenen künstlerischen oder ideologischen Gruppen. Jugend hat also auch eine spielerische und manchmal sogar theatralische Seite, die jedoch nicht von der Bedeutung ablenken darf, die gerade diese «Spielhaltung» für den einzelnen hat. Manchmal ist das Spiel nämlich tatsächlich verzweifelt ernst. Ein wesentlicher Bestandteil der jugendlichen Erfahrung in der modernen Gesellschaft in die Instabilität der Werte (man kann auch sagen, ihre Unzuverlässigkeit), ja der Identität überhaupt. «Was lohnt sich denn wirklich?», «Womit soll ich mein Leben verbringen?», «Wer bin ich?» Das sind die typischen Fragen der Jugend. Gewiß sind sie auch allgemein menschlich, werden aber als Folge der modernen Definition von Jugend heute ganz besonders massiv und dringend gestellt.

Sehr charakteristisch für Jugend heute ist ihr Suchen nach «echten» Werten und «echter» Identität. Die Gesellschaft erwartet, daß der einzelne sich in dieser Lebensperiode «findet», und die Jungen haben diese Erwartung gründlich internalisiert. Die Gesellschaft gesteht der Jugend weiter zu, daß der Prozeß des Sich-Findens alle möglichen Experimente nötig macht. Junge Menschen sollen «sich die Hörner ablaufen» – nicht nur auf sexuellem, sondern auf jedem Gebiet des Lebens.

## Jugendkultur oder Subkultur

Wir hatten behauptet, daß diese Grundmerkmale der heutigen Jugendkultur sich aus den typischen Strukturen der industriellen Gesellschaft ergeben. Nun sind diese Merkmale nicht etwa neu und reichen in manchen Fällen sogar mindestens bis ins späte 18. und frühe 19. Jahrhundert zurück. Die Idee, daß die Jugend einen Kampf gegen die ältere Generation führt, ist beispielsweise gar nicht neu, sondern ist zum erstenmal in der Romantik vor etwa 150 Jahren zum Ausdruck gekommen. Aus den angeführten Gründen brach der Konflikt besonders scharf in der bürgerlichen Jugend – und zwar ganz besonders der akademischen – aus.

Studentenbewegungen im Zeichen jugendlicher Rebellion spielen seither in vielen westlichen Ländern eine wichtige kulturelle und politische Rolle.[7] In letzter Zeit (in Amerika vor allem im letzten Jahrzehnt) hat sich diese Situation außerordentlich zugespitzt. Die Gründe dafür werden heftig diskutiert; hier ist nicht der Ort, unsere eigene Ansicht darüber zu äußern. Wir möchten nur darauf hinweisen, daß der Konflikt oft gerade dort aufgeflammt ist, wo die Gemeinschaft der Jugend mit bürokratischen Strukturen zusammenstößt – und das ist natürlich vor allem im Bildungssystem. Diese Konfrontation und der nachfolgende Konflikt haben sich – und das muß betont werden – in einer fast voll entwickelten industriellen Gesellschaft ergeben und sind keineswegs nur auf Amerika beschränkt. Wie immer man das ganze Phänomen also soziologisch oder sozialpsychologisch zu erklären geneigt ist, man sollte bedenken, daß rein inneramerikanische Entwicklungen kaum zu einem befriedigenden Verständnis des Problems führen dürften.

Ein Anzeichen für die Verschärfung des Konflikts ist, daß sowohl in den jüngsten Kommentaren der Sozialwissenschaftler als auch in den Massenmedien der Ausdruck «Jugendkultur» ganz offiziell gebraucht wird und offenbar Beifall findet. Das Wort «Kultur» allein legt schon nahe, daß es sich hier um einen geschlossenen Komplex handelt, mit dem sich die Gesellschaft auseinandersetzen muß. Noch vor etwa zehn Jahren war die Bezeichnung entweder noch unbekannt oder wurde, wenn sie auftauchte, negiert. Bestenfalls wurde sie völlig unverbindlich gebraucht, um bestimmte Verhaltensmuster von Jugendlichen zu charakterisieren.[8] Heute dagegen ist man fast allgemein davon überzeugt, daß die Jugendkultur nicht nur ein soziales Faktum ist, sondern auch, daß sie in massiver Opposition zum kulturellen Status quo steht und daß sich in ihr sogar die Zukunft der Gesellschaft ankündigt.[9]

Die Jugendkultur ist ein neues Phänomen, das vorläufig von der Soziologie noch unzureichend erforscht ist. Die meisten Kommentare stammen von Journalisten und Publizisten, und was an Daten vorliegt, ist unbefriedigend. Wir können hier deshalb nur ganz vorläufige und vorsichtige Aussagen über das Phänomen machen. Gleichwohl sprechen wir über ein Phänomen von größter Bedeutung für die heutige Gesellschaft und möchten wenigstens die Fragen anschneiden, die es aufwirft. Streng soziologisch genommen wäre die Bezeichnung Subkultur besser. Wie schon das Wort andeutet, ist Subkultur ein soziokulturelles Gebilde, das wie eine Insel oder Enklave in der Gesamtgesellschaft besteht. Wir sind schon auf subkulturelle Phänomene gestoßen, als wir uns mit Klasse, Volkszugehörigkeit und Rasse in Amerika beschäftigten. So ist beispielsweise das schwarze Gemeinwesen Träger einer Subkultur in der amerikanischen Gesellschaft. Welche Beziehungen die Jugendkultur möglicherweise auch sonst zur größeren Gesellschaft haben mag, sie ist in diesem Sinne eine Subkultur in der Gesellschaft. Als solche hat sie nun eine Reihe von Merkmalen, die wir, wie vorläufig auch immer, aufzeigen möchten.

## Ästhetik, Zusammenhalt und Moral

Wie es sich für eine Kultur gehört, haben wir es mit zwei Merkmalkomplexen zu tun: ästhetischen und moralischen. Die ästhetischen Merkmale der Jugendkultur zeigen sich in ihrem ganz eigenen Stil und Geschmack; sie kommen am sichtbarsten im persönlichen Auftreten, in Kleidern, Schmuck oder Haartracht zum Ausdruck. Die Jugendkultur hat einen ausgesprochenen Sinn für Künstlerisches, der mit ihrer betonten Spontaneität und Kreativität zusammenhängt und seinen wohl auffälligsten Ausdruck in der Rock-Musik findet, die heute viel mehr als eine Kunstrichtung ist, nämlich eine symbolische Kundgebung, um nicht zu sagen, ein Sakrament der Subkultur. In den bildenden Künsten bevorzugt sie farbstarke und unruhige Formen und neigt zu dem, was man «psychedelische Kunst» nennt (die eine erstaunliche und interessante Ähnlichkeit mit dem deutschen Jugendstil nach der Wende zum 20. Jahrhundert aufweist). Auch in den darstellerischen Künsten, in Tanz und Theater, fordert die Jugendkultur rückhaltlose Expressivität, Turbulenz und vor allem kollektive Gestaltung. Dieses letztere Element beherrscht alle ihre Ausdrucksweisen. Das Schwergewicht der Jugendkultur liegt auf Gemeinschaft, Zusammengehörigkeit, auf Ekstase, die alle mit allen teilen. Daß alle diese Werte im schärfsten Kontrast zum Geist der bürgerlichen Gesellschaft stehen, ist bemerkenswert.

Das Thema kollektiven künstlerischen Gestaltens schlägt eine Brücke von der Ästhetik zur Moral. Gemeinschaftsgeist gilt als moralischer Wert, wieder in scharfem Gegensatz zum Individualismus und Wettbewerbsgeist der Mittelstandsgesellschaft. Redlichkeit, Aufrichtigkeit, «Echtheit» werden ständig gefordert und der «Heuchelei» der Erwachsenenwelt entgegengestellt. Die Freiheit von allem Zwang und das Streben nach Glück ohne Schuldgefühl spielen eine starke Rolle und bilden die Antithese zum puritanischen Erbe der amerikanischen Gesellschaft (einschließlich der «protestantischen Ethik»), das für den «Geist des Kapitalismus» so maßgebend war. Am stärksten drückt sich die gesamte Thematik der Jugendkultur in dem verbreiteten Gebrauch von Drogen aus. Es wäre aber falsch, diese Thematik einfach mit dem Drogenproblem gleichzusetzen. Wichtiger und dauerhafter drückt sich die Jugendkultur auf sexuellem Gebiet aus, wo sie eng mit der sogenannten sexuellen Revolution zusammengeht. Sie selbst hat Sex als einen der wichtigsten, wenn nicht den wichtigsten Lebensbereich definiert, in dem jeder einzelne sich und den anderen in völliger Freiheit und Redlichkeit erfahren soll. Der Nacktheitskult, den die Jugend treibt, ist ein bezeichnender Ausdruck ihres Strebens nach «Echtheit». Der Mensch, der sich nackt den Blicken seiner Mitmenschen aussetzt, hat nicht nur seine Kleidung, sondern auch die Maske der Unaufrichtigkeit abgelegt, hinter der seine wahre Identität vorher verborgen war.

Bei alledem ist die Verbindung von Kollektivismus und Individualismus besonders interessant. Einerseits betont die Jugendkultur die Gemeinschaft leidenschaftlich, und in ihren großen symbolischen Aktionen kommt es zu einer fast mystischen Vereinigung vieler einzelner in gemeinsamer Ekstase. Das Festival von Woodstock ist ein berühmtes Beispiel. Aber jedes gelungene Rock-Konzert ist im Grunde nur eine Replik im kleineren Rahmen. Andererseits hat die Jugendkultur jedoch die Selbstbestimmung des einzelnen und sein Recht, in den Grenzen des Möglichen «zu tun, was ihm paßt», auf ihr Banner geschrieben. Das ist nur scheinbar ein Widerspruch. Das gemeinsame Grundmotiv ist die Suche nach wahrer Identität. Die Gemeinschaft und ihre Ekstasen werden als Mittel, die Identität zu finden, erfahren. Wir können uns hier nicht mit der Frage beschäftigen, ob die Ziele der Jugendkultur moralisch gültig und praktisch erreichbar sind. Wir können sie nur darstellen, so wie die Jugend sie auffaßt, und versuchen, begreiflich zu machen, welchen Sinn sie haben.

## Wirtschaftliche Basis und Jugendmarkt

Jede Kultur oder Subkultur hat eine wirtschaftliche Grundlage, und die Jugendkultur ist keine Ausnahme. Ihre ökonomische Struktur ist wichtig für das Verständnis ihres Verhältnisses zur Gesamtgesellschaft. Einerseits ist zu betonen, daß sie auf die eine oder andere Weise wirtschaftlich von der Gesamtgesellschaft getragen wird. Wir haben ja schon gesehen, daß immer mehr junge Menschen nicht am Produktionsprozeß beteiligt sind. Viele werden direkt von ihren Eltern unterstützt, und auch das Bildungssystem, das ja weitgehend vom Staat finanziert ist, unterstützt die Jugend in vielerlei Weise.

Zugleich aber besitzt die Jugend eine riesige Kaufkraft. Ihr eigener Stil und Geschmack kommt nicht nur in einer wirtschaftsfeindlichen Haltung zum Ausdruck, sondern auch, und das ist sehr wichtig, in der Art und Weise ihres Konsums. In der Herstellung von Jugendkleidung und -schmuck, in der Veranstaltung von Jugendmusik mit ihrem oft übermäßig kostspieligen technischen Zubehör, in der Jugendkunst und nicht zuletzt im Drogenkonsum der Jugend stecken handfeste Geschäftsinteressen. Dieser Markt und seine Geschäftemacher sind in ständigem Kontakt mit der Jugendkultur, die sicher auch zum Teil geschäftlich manipuliert ist. Was immer die Vorbilder der buntscheckigen Kleidung sein mögen, die jetzt geradezu zur Uniform der Jugend geworden ist, sie ist durch massive Reklame an den Mann gebracht worden und hat sich für sehr viele Geschäftsleute als außerordentlich profitabel erwiesen.

Zwischen der Jugend und ihren subkulturellen Konsumgewohnheiten besteht ein paradoxes Verhältnis. Einerseits drückt ihr Gebaren aus, was die Jugend sein möchte. Andererseits kann ihr modisches Zubehör, nachdem es nun einmal auf dem Markt ist, von jedermann gekauft werden – Leute über dreißig, die sich gern mit der Jugend identifizieren, mit eingeschlossen. Die Jugendkultur ist, wie das überall im gesellschaftlichen Leben passiert, wo Werbung nötig ist, in höchstem Maß der Dynamik der Mode unterworfen. Was wirklich «in» ist, wandelt sich unaufhörlich und mindestens teilweise, weil die Mode von Leuten manipuliert wird, die ein Geschäftsinteresse an ihr haben. So muß man sich denn, wenn man «up to date» sein will, oft recht anstrengen. Die Jugendkultur, die den bourgeoisen Konkurrenzneid so gründlich verachtet, hat auf diese Weise ihre eigene Version des Spiels «Was Müller kann, kann Meier schon lange» entwickelt.

## «Statussphären», klassenlose Ekstase und Konsummodelle

Auch das Verhältnis der Jugendkultur zum Schichtungssystem ist wichtig. Sie durchbricht nämlich in beachtlichem Maß die Klassenschranken. Im Sinn des schon einmal zitierten und recht glücklich gewählten Ausdrucks von Tom Wolfe «Statussphären» hat die Jugendkultur Symbole und Verhaltensmodelle geschaffen, die Menschen mit ganz verschiedenem Klassenhintergrund Status verleihen. Außerdem ist sie – und das gehört zu ihrer Moral der rückhaltlosen Offenheit (um nicht zu sagen Nacktheit) – ausgesprochen egalitär ausgerichtet, so daß sie nicht nur rassisch bemerkenswert tolerant ist, sondern in einem sehr realen Sinn eine Art von klassenloser Gesellschaft gebildet hat. Die Aufhebung der Klassenschranken ist besonders markant bei den subkulturellen Kundgebungen. Junge Menschen aller Klassen können sich an den kollektiven Ekstasen eines Rock-Festivals beteiligen (und, soweit bekannt, ist das auch der Fall). Klassenschranken gewinnen erst wieder an Bedeutung, wenn es um Konsumverhalten geht, weil junge Leute aus verschiedenen Klassen nun einmal verschieden viel Geld ausgeben können. Wir haben schon erwähnt, welch ansehnliche Kosten damit verbunden sind, die geeignete technische Ausrüstung für das Abspielen von Jugendmusik zu erwerben. Schließlich kann sich nicht jeder eine erstklassige Stereoanlage leisten.

Die stärksten Klassenunterschiede liegen jedoch wohl im Bereich der Werte und des Bewußtseins. Mindestens in Amerika sieht es so aus, als ob das «neue Bewußtsein» der Jugend in der oberen Mittelklasse am ausgeprägtesten wäre. In den Colleges für die Jugend der oberen Klassen hat die Jugendkultur sich am reichsten entfaltet, nicht so sehr in denen der unteren Mittelklasse und der Arbeiterklasse. Hier ist nicht der geeignete Ort, nach Erklärungen für diese Unterschiede zu suchen. Wir möchten nur noch einmal auf die bereits dargestellten Klassenunterschiede in der Kindererziehung hinweisen und glauben, daß sie den besten Ansatz für eine soziologische Erklärung auch dieser Unterschiede bieten. Aber die Jugendkultur ist nicht nur in der oberen Mittelklasse mehr verbreitet, sondern diese bringt ihr auch viel mehr Sympathie als die unteren Schichten der amerikanischen Gesellschaft entgegen. Zum Teil erklärt sich das einfach dadurch, daß Eltern die Extravaganzen ihrer eigenen Kinder geduldiger ertragen als die von Kindern anderer Leute. Jedenfalls sind viele Erwachsene der oberen Mittelklasse bereitwilliger auf viele – wenn nicht alle – Eigenwilligkeiten der Jugendkultur eingegangen. Die untere Mittelklasse und die Arbeiterklasse neigen dagegen eher dazu, die Jugendkultur bestenfalls recht dubios zu finden oder sie schlimmstenfalls als «moralischen Sumpf» zu verabscheuen. Wir hatten ja unlängst genügend Gelegenheit, gewisse politische Auswirkungen dieser verschiedenen Beurteilungen kennenzulernen.

## Jugend: Unstete Träger einer neuen Politik und Religion

Eine Seite der Jugendkultur, die wir noch hervorheben müssen, ist ihre Unstetigkeit. Sie ist ganz auf raschen Wandel eingestellt und lädt geradezu dazu ein, von allen möglichen Mächten und Bewegungen, die sie brauchen können, mißbraucht zu werden. Dazu tragen ihre Emotionalität, ihre Werte, aber auch ihre zerbrechliche Wirtschaftsstruktur bei. Man sollte diesen ihren Flüchtigkeitscharakter unter keinen Umständen vergessen, wenn man an die ideologischen Kundgebungen der Jugendkultur in der letzten Zeit denkt, besonders im Bereich der Politik und der Religion. In den letzten paar Jahren herrscht in der amerikanischen Jugendkultur eine Art «Linksmode» (leider gibt es keinen besseren Ausdruck dafür), die ihren Ausdruck in einer ziemlich verbreiteten Opposition – von gemäßigt bis radikal – nicht nur gegen die derzeitige amerikanische Politik (vor allem den Krieg in Südostasien), sondern auch gegen das wirtschaftliche und politische System findet. Viele Amerikaner sehen deshalb in der Jugendkultur, sei es hoffnungsvoll oder besorgt, eine potentiell «revolutionäre» Kraft.

In den letzten Jahren hat diese Subkultur auch ein erstaunliches Interesse für religiöse Bewegungen gezeigt (besonders für magische und esoterische Richtungen). Manche haben daraus geschlossen, die Jugendkultur sei die Avantgarde eines neuen religiösen Zeitalters (der bekannte Schriftsteller Paul Goodman spricht in einem Zeitschriftenartikel im Zusammenhang mit der Jugendkultur von einer neuen Reformation). Möglich ist es natürlich, daß die Jugendkultur tatsächlich Vorläufer oder Träger politischer oder religiöser Erneuerungen werden kann. Andererseits können sich diese Neigungen, eben wegen der gewissen Unstetigkeit der ganzen Bewegung, in gar nicht so ferner Zukunft auch wieder verflüchtigen. Man tut gut daran, auch das zu bedenken, wenn man die so überaus selbstsicherern Prognosen mancher Kommentatoren hört.

## Jugendkultur: Konfrontation und Kontinuität

Zwischen der Jugendkultur und der Gesamtgesellschaft besteht in den letzten Jahren nicht nur in Amerika, sondern auch auf internationaler Ebene eine Konfliktsituation – hauptsächlich in der Universität; doch es gibt Anzeichen dafür, daß sie auch schon bis in die Schule reicht. Die Konfrontation zwischen der Universität und rebellierenden Studenten, die zuerst vor etwa zehn Jahren in Berkeley stattfand, ist in den Augen sehr vieler Leute (junger und alter) die entscheidende Manifestierung der Jugendkultur.[10] Zweifelsohne hat diese Konfrontation eine entscheidende Bedeutung für unsere Gesellschaft und gewiß nicht nur für die Zukunft der Universität als Institution. Man kann jedoch den Konfliktcharakter des Verhältnisses der Jugendkultur zur übrigen Gesellschaft auch überbewerten. Schließlich besteht auch ein Kontinuum zwischen Jugend und Gesellschaft, besonders in Amerika, das sich immerhin seit seinen Anfängen als die «Neue Welt» versteht, als eine kraftvolle und jugendliche Gesellschaft, die vor dem dekadenten Hintergrund der «Alten Welt» erstanden ist. In Amerika existiert schon lange ein Ethos der Jugend, und daher kommt es wohl, daß so viele Erwachsene mindestens auf einigen Gebieten mit der Jugend sympathisieren. Auch die Identifikation der Älteren mit den Jungen ist nicht neu in Amerika. Der alternde Professor, der sich wie ein Hippie anzieht, ist nur eine «Neuauflage» der Dame in mittleren Jahren, die sich wie ein Teenager zurechtmacht.

## Gegenkultur: Station oder Daueraufenthalt?

Dennoch wollen wir das allgemein oppositionelle Motiv in der heutigen Jugendkultur nicht etwa leugnen. Die entscheidende Frage (die wir hier nicht beantworten können) ist, ob aus ihr jetzt eine dauerhafte Gegenkultur entsteht, von der Menschen der verschiedensten Altersstufen erfaßt werden könnten. Ihrer ganzen Anlage nach ist die Jugendkultur nur eine Station im Leben des einzelnen. Schließlich wird jeder, einerlei wie lang seine Haare sind, leider einmal älter. So gesehen könnten viele Bekundungen der Jugendkultur nichts als eine farbenfreudige Wiederholung des ehrwürdigen Brauchs sein, sich «die Hörner abzustoßen». Diese Gesellschaft gesteht dem einzelnen durchaus zu, daß er ein paar Jahre lang «aus der Reihe tanzt», und ist sogar willens, ihn dabei noch zu unterstützen. Es gibt jedoch auch Anzeichen dafür, daß einige Menschen diese Station zu ihrem festen Wohnsitz machen, diejenigen nämlich, die auf die Dauer «aus der Reihe tanzen». Zusammengeschlossen zu Kommunen oder in Siedlungen am Rande der akademischen Stätten oder auch in den Hippie-Zentralen der großen Städte, gehen sie meistens ganz ungeregelten Beschäftigungen nach und leben in betontem Gegensatz zu den Sitten der Mittelklasse. Wenn eine solche Gegenkultur sich in der Gesellschaft häuslich niederließe und wenn sie viele Menschen anzöge, wäre das von großer Bedeutung für die amerikanische Gesellschaft.

# 12  Arbeit und Freizeit

Erwachsensein heißt arbeiten müssen. Der «Ernst» des Lebens beginnt, sobald man arbeiten muß. Kindheit und Jugend sind, wie wir gesehen haben, nicht so «ernst», und zwar eben deshalb, weil von diesen Phasen der Biographie keine Arbeit erwartet wird. Wenn man nicht arbeitet, «spielt» man angeblich. Die Haupttätigkeiten vor dem Erwachsenenalter gelten also als eine Art «Spielen». Aber auch der Erwachsene arbeitet nicht immer. Sein Leben besteht vielmehr aus Arbeitszeit und Freizeit, die sich wechselseitig ablösen. In der amerikanischen Gesellschaft kostet das Spielen, die Freizeit, oft eine Menge Kraft und macht erstaunlich wenig Freude. Gleichwohl gilt Spielen allgemein als Freizeitbeschäftigung, und das Leben des Erwachsenen ist demgemäß nach dem Rhythmus von Arbeit und Freizeit organisiert.

## Neue Formen und Probleme von Arbeit und Freizeit

Arbeit und Spiel sind anthropologische Grundkategorien, das heißt, man kann sich den Menschen ohne sie nicht vorstellen. Die Menschen haben zu allen Zeiten gespielt. Was sich im Lauf der Geschichte gewandelt hat, sind nur die Merkmale beider Lebenssphären und ihr Verhältnis zueinander. Einen fundamentalen Wandel hat die industrielle Revolution mit sich gebracht, mit dem Ergebnis, daß die Gesellschaft heute ganz spezifische Formen von Arbeit und Spiel hat. Eine der deutlichsten Veränderungen betrifft die Zeitaufteilung zwischen den beiden Sphären. Durch die technologische Produktion hat sich die Arbeitszeit der meisten Menschen ganz erheblich verringert. Infolgedessen haben sie mehr Freizeit. Aber auch Erlebnis und Verständnis der Arbeit haben sich entschieden gewandelt. Arbeit ist für viele Menschen zum «Problem» geworden.

Wenn man von etwas sagt, es sei ein «Problem», so bedeutet das, daß man sich fragt, was es damit auf sich hat. Gewiß hat sich die Frage nach der Bedeutung der Arbeit auch schon Menschen in vorindustriellen Gesellschaften gelegentlich gestellt. Verglichen mit der bohrenden Frage nach dem «Sinn der Arbeit» in der modernen Gesellschaft ist das jedoch sehr viel seltener gewesen. In vorindustriellen Gesellschaften war die typische Einstellung zur Arbeit, sie als gottgegeben hinzunehmen. Arbeit war Notwendigkeit, Schicksal, vielleicht auch Glück. Häufig war sie mit religiösen Pflichten und Riten verbunden – als eine der Verknüpfungen der Menschen mit der Welt der Götter. Im klassischen Hinduismus beispielsweise war die korrekte Erfüllung der Pflicht gegenüber der Kaste, *dharma* genannt, die oberste religiöse Pflicht des Individuums,

und eine wesentliche Komponente von *dharma* war, daß man die Berufs-
pflichten, die der eigenen Kaste entsprachen, genau erfüllte. Ein altes
Hindu-Sprichwort sagt: «Es ist besser, das eigene *dharma* schlecht, als
das eines anderen gut zu erfüllen.» In einem solchen religiösen Kontext
konnte es geschehen, daß die Hindu-Handwerker in ihrer traditionellen
Kultur zu ihren Werkzeugen beteten. Andere Kulturen kannten keine so
direkte Verbindung der Arbeit mit dem religiösen Leben des einzelnen.
Überall finden wir jedoch die Auffassung, daß Arbeit ein essentieller und
unabdingbarer Bestandteil der Bestimmung des Menschen ist.

Arbeit als Schicksal oder gar als religiöse Pflicht aufzufassen heißt
keineswegs, daß man auch Freude an ihr hat. So ist es kein Zufall, daß
Adam in der Genesis zur Arbeit verdammt wird, was bedeutet, daß sie
eben kein Problem ist. Man weiß, was sie bedeutet, und stellt sie deshalb
nicht in Frage.

## Die Zerstückelung der Arbeit

Das alles hat sich durch die industrielle Revolution verändert. Die immense Arbeitsteilung, die die industrielle Revolution mit sich brachte,
hat zur Folge gehabt, daß die meisten Menschen nur an komplexen
Arbeitsprozessen teilhaben, die sie in ihrem Gesamtablauf gar nicht
erfassen können. Das klassische Beispiel für einen solchen Vorgang ist
das Fließband, an dem jeder Arbeiter nur ein und denselben Handgriff
ausführt. Die vielen Schritte des Produktionsprozesses vor und nach
seinem Handgriff gehen ihn nichts an, und er braucht sie gar nicht zu
verstehen. Sein Verhältnis zum Arbeitsprozeß ist also ganz fragmentarisch, und entscheidend ist, daß er keine Beziehung zum Endprodukt
seiner Arbeit hat, das er vielleicht sogar niemals zu Gesicht bekommt.
Das mag ihn betrüben oder nicht, es führt jedenfalls nahezu unvermeidlich zu einer Situation, in der er den Sinn dessen, was er tut, in Frage
stellt.[1]

Dieser Wesenswandel der Arbeit wird, wie das Beispiel Fließband
zeigt, in der technologischen Produktion am deutlichsten. Mehr und
mehr ist die Zerstückelung der Arbeit jedoch auch zum Zeichen solcher
Tätigkeiten geworden, die dem eigentlichen Produktionsprozeß entrückt
sind. Wir haben schon gesehen, daß sie ein Grundmerkmal der Bürokratie ist. Heute arbeiten selbst Wissenschaftler oft in Teams, deren Arbeits-
struktur dem Fließband sehr ähnlich sein kann. Das gilt auch für Juristen,
hohe Regierungsbeamte und sogar für manche Universitätslehrer. Ein
Mensch, dessen einzige Arbeit es ist, ein kleines Detail in einem Strafpro-
zeß zu verfolgen oder einen von zwanzig Abschnitten eines Regierungs-
berichtes vorzubereiten oder jahraus, jahrein Studenten in überfüllten
Anfängerseminaren die Anfangsgründe ihrer Muttersprache beizubringen, stellt wahrscheinlich auch oft genug die Frage nach dem Sinn seiner

Arbeit und unter Umständen sogar noch dringlicher als jemand, der immer wieder in einem Maschinenteil eine Schraube anzieht.

## Arbeit als «Beruf»

Die strukturelle Ausformung der Arbeit in der modernen Gesellschaft ist nicht eben glücklich mit einer Entwicklung im Bereich der Werte zusammengefallen. Max Weber hat nachgewiesen, was in den Anfängen der Neuzeit aus dem ursprünglich religiösen Begriff des «Berufs» geworden ist.[2] Im Mittelalter (und nach katholischer Sprachregelung bis heute) galt der Ausdruck nur für die Tätigkeit von Geistlichen und Ordensleuten. Das Wort «Beruf» kommt von «rufen» und bezog sich früher nur auf Arbeit, zu der jemand angeblich von Gott berufen worden war. Jede andere Arbeit war dieser gegenüber «profan», das heißt, von geringerer religiöser und moralischer Bedeutung. Der Protestantismus hat mit diesem Begriffsverständnis gründlich aufgeräumt. Luther bestand darauf, daß jede ehrbare Tätigkeit in Gottes Augen Beruf sei und denselben Ernst verlange, den man vom Priester, vom Mönch oder von der Nonne bei Ausübung ihrer Berufe erwartet. Die calvinistische Reformation hat diese Auffassung noch vertieft und verschärft. Max Weber war daran gelegen, aufzuzeigen, wie diese Umdeutung des religiösen Sinns der Arbeit eine völlig neue Einstellung zum wirtschaftlichen Handeln überhaupt zustande gebracht hat, eine Einstellung, die er für einen entscheidenden Kausalfaktor für das Entstehen des Kapitalismus hielt.

Seit der Reformation ist der Begriff Beruf weitgehend säkularisiert worden, das heißt, er ist für die meisten Menschen heutzutage seiner religiösen Bedeutung entkleidet. Der tiefe Ernst, der der Arbeit unter dem Aspekt des Berufs als Berufung anhaftete, wirkt jedoch immer noch weiter. Immer noch wird Arbeit für ein wesentliches Element zur Erfüllung der persönlichen Existenz gehalten. Das Verhältnis dieser ideologischen Entwicklung zur typischen Struktur der Arbeit in der modernen Gesellschaft ist paradox geworden: Einerseits macht die industrielle Revolution es immer schwieriger, einen deutlichen Sinn der Arbeit zu erkennen. Andererseits ist die Überzeugung, daß Arbeit einen Sinn haben muß, und zwar tiefen Sinn und moralischen Wert für die Identität des Individuums, ungebrochen. Daß ein solcher Widerspruch Arbeit für viele Menschen zum «Problem» hat werden lassen, ist also kein Wunder.

## Drei Erfahrungsebenen der Arbeit

In Anbetracht dieses Sachverhalts lassen sich für die Erfahrung des einzelnen drei Typen von Arbeit unterscheiden. Den ersten erlebt er zu Recht immer noch im Sinn von «Beruf», also als Arbeit, mit der er sich identifizieren kann und die ihm wenigstens ein gewisses Maß an menschlicher Erfüllung bietet. Dem entgegengesetzt ist ein anderer Typus:

Arbeit, die nur als Leiden und Verletzung der persönlichen Würde erlebt werden kann. Zwischen den beiden Polen liegt der dritte Typus: Arbeit, die weder als Erfüllung noch als Leiden erlebt wird, sondern gewissermaßen neutral, eine Zone des Lebens, die wenig befriedigend, aber doch erträglich ist und das Streben nach Erfüllung in anderen Lebensbereichen nicht wesentlich beeinträchtigt. Auf der obersten Ebene dieser Berufshierarchie stehen die meisten Akademiker, hohen Beamten und Angestellten. Straßenkehrer, Arbeiter bei der Müllabfuhr, Tellerwäscher, kurzum, wer die sogenannten niedrigsten Arbeiten verrichtet, befindet sich auf der untersten Ebene. Die große Masse der Angestellten und Arbeiter füllt die mittlere Ebene zwischen den beiden Polen aus.

Es läßt sich denken, daß diese Einteilung der Arbeit nach Typen mit gewissen Einschränkungen auch auf vorindustrielle Gesellschaften anwendbar ist. Die industrielle Revolution hat im wesentlichen nur den mittleren Typus ungeheuer erweitert, und zwar vor allem auf Kosten des untersten. Sie hat mit der Zeit immer mehr niedrige und niedrigste Arbeiten aufgegeben, und die Arbeitsumwelt der meisten Menschen ist dadurch wenigstens erträglich geworden. Gleichwohl hat sich die Frage nach dem Sinn der Arbeit auf allen drei Ebenen erhoben, gewiß mit verschiedenen Akzenten, aber wohl doch mit derselben Dringlichkeit. Auf der obersten Ebene (zweifelsohne wenigstens zum Teil aufgrund von Bildung) begegnen wir einer Vielzahl sehr komplexer und differenzierter Fragen nach Sinn. Was für einen Sinn hat es, daß man sich in einem Zeitalter der Massenbildung noch dem Gelehrtenberuf widmet? Läßt sich die traditionelle Unabhängigkeit akademischer Berufe wie der des Arztes oder Juristen noch aufrechterhalten, wenn man ein offizielles Gehalt bezieht? Welches sind die sozialen Pflichten eines Wirtschaftsführers? Was bedeutet es, Sozialfürsorger zu sein? Sollen Sozialwissenschaftler politisch neutral sein? Hat es immer noch Sinn, katholischer Priester zu sein?

Auf der mittleren Ebene ist es am unwahrscheinlichsten, daß der einzelne allzuviel nach dem eigentlichen Sinn seiner Arbeit fragt, einfach weil er sich, so wie es um ihn bestellt ist, nun einmal nicht nennenswert mit ihr identifizieren kann. Seine Fragen betreffen meistens das Verhältnis der Arbeit zu anderen Bereichen seines Lebens. Arbeitsstunden und Ferien, Pensionsalter und Krankenversicherung sind seine wichtigen Probleme. Auch die Erhaltung und Verbesserung erträglicher Arbeitsbedingungen sind wichtig und ebenso die Sicherung des Arbeitsplatzes vor der Gefahr, daß er in einer Zeit des raschen technologischen Wandels überflüssig werden könnte. Zur Bewältigung dieser Probleme leisten die Gewerkschaften entscheidende institutionelle Hilfe.

Die unterste Ebene der Arbeit in unserer Gesellschaft hat wohl die größte Ähnlichkeit mit dem, was Arbeit für die meisten Menschen im

Lauf der Geschichte bedeutet hat: eine zermürbende Schinderei. Die heutige Gesellschaft läßt jedoch nicht zu, daß dieser Typus der Arbeit – bis auf ganz wenige Ausnahmen – noch so erlebt werden kann wie in früheren Zeiten. Man kann ihn, genauer gesagt, nicht mehr als Schicksal, geschweige denn als religiöse Pflicht hinnehmen, sondern reibt sich dabei noch mehr auf durch die quälenden Vergleiche mit der Arbeit anderer Leute. Deshalb erscheint diese Arbeit als tätlicher Angriff auf die persönliche Würde und sogar als Verletzung der menschlichen Grundrechte. So ist also Arbeit auf allen Ebenen der Berufshierarchie in der modernen Gesellschaft «problematisch» geworden.

## Verschiedene Zugänge zum Studium der Arbeit

### Die Klassiker

Mit dem Thema Arbeit haben sich die Soziologen seit den Anfängen ihrer Wissenschaft beschäftigt. Das liegt nicht zuletzt am Einfluß von Marx und den Anstrengungen der klassischen Soziologen, alternative Theorien der modernen Gesellschaft zu der des Marxismus zu entwickeln. In den philosophischen Frühschriften hatte Marx die entscheidende Bedeutung der Arbeit nicht nur historisch nachgewiesen, sondern auch als grundlegend für das Wesen des Menschen hervorgehoben. In seinen späteren Werken und in der Weiterentwicklung der marxistischen Theorie spielen Wirtschaft und wirtschaftliches Handeln eine zentrale Rolle für die Analyse der modernen Gesellschaft, wodurch das Phänomen Arbeit wiederum in den Vordergrund trat. Eines der Hauptwerke von Emile Durkheim, *De la division du travail social* (1893), behandelt das Verhältnis des Arbeitsprozesses zur Gesellschaft. Max Weber berührt das Problem Arbeit mehrfach, besonders im Zusammenhang mit seinem Rationalisierungskonzept (das wir schon besprochen haben). Den bedeutendsten Platz hat von den klassischen Soziologen wohl Thorstein Veblen der Arbeit eingeräumt, und zwar in seinen gesellschafts- und zeitkritischen Werken: *The Theory of the Leisure Class* (1899), *The Theory of Business Enterprise* (1904) und *The Instinct of Workmanship* (1914).

### Amerikanische Ansätze: Industriesoziologie

Gleichwohl sollte man zugeben, daß diese berühmten Werke ziemlich wenig mit dem weitverbreiteten Interesse der amerikanischen Soziologie an den Problemen der Arbeit zu tun haben. Richtungweisend waren dafür vielmehr hauptsächlich zwei Sparten der amerikanischen Soziologie: Industriesoziologie und Berufssoziologie.

Das Aufkommen der Industriesoziologie läßt sich ziemlich genau auf das Jahr 1927 festlegen. Damals nämlich begann ein folgenreiches Experiment in den Hawthorne Werken der Western Electric Company in

Chicago. Schon einige Zeit vorher hatte die Firma eine Reihe von Versuchen in Hawthorne durchgeführt, mit denen sie den Einfluß von Veränderungen in der unmittelbaren Arbeitswelt auf die Produktivität der Arbeiter prüfen wollte. Das besondere Interesse galt der Art der Beleuchtung. Man hatte eine Versuchsgruppe von Arbeitern ganz verschiedenen Beleuchtungen bei der Arbeit ausgesetzt. Diese Experimente ergaben höchst merkwürdige Resultate. Die Produktivität der Versuchsgruppe stieg nämlich, ganz unabhängig von den beleuchtungstechnischen Manövern, stetig an. Die Werkhalle wurde immer anders beleuchtet. Die Lichtstärke wurde erhöht oder vermindert. Manchmal waren die Arbeiter wie in Licht gebadet, manchmal arbeiteten sie praktisch im Dunkeln – und während der ganzen Zeit stieg ihre Produktivität. Kein Wunder, daß die mit dem Experiment betrauten Ingenieure vor einem Rätsel standen. Schließlich kamen sie darauf, daß sie irgend etwas Entscheidendes übersehen haben mußten.

Die Firma bat daraufhin Elton Mayo, einen australischen Industrieexperten, der gerade an der Harvard Business School arbeitete, das Experiment zu übernehmen. Mayo und seine Mitarbeiter kamen zu dem Schluß, daß keiner der von den Ingenieuren ins Spiel gebrachten Faktoren die entscheidende Variable der Situation sei, sondern tatsächlich die Gruppe selbst, das heißt jene Arbeiter, die um des Experimentes willen auf so lange Zeit zusammenblieben. Um des Experimentes willen hatten nicht nur die Firmenleitung und die Ingenieure dieser Gruppe ein Höchstmaß an Aufmerksamkeit gewidmet, sondern die Gruppenzugehörigen selbst mußten sich mit der Zeit immer enger verbunden fühlen. Mayo erklärte, dieses sei der entscheidende Faktor für die ständig steigende Produktivität.[3]

Die Arbeitssoziologie verdankt den Hawthorne Experimenten eine aufsehenerregende Entdeckung (um so dramatischer, weil sie bei Beginn der Experimente gar nicht vorauszusehen war): die Entdeckung der Bedeutung informeller Gruppen für die Industrie. Mayo hat seine Erkenntnisse in einer Reihe von Arbeiten ausgewertet.[4] Sein Interesse daran war jedoch nicht nur wissenschaftlich, sondern auch praktisch. Er wußte sich im Besitz des Schlüssels zu einer neuen Form der industriellen Betriebsführung, die nicht nur humaner, sondern auch ertragssteigernd war. Seine Arbeiten gaben den Anstoß zu den sogenannten *human relations* (innerbetriebliche Kontaktpflege) in der amerikanischen Industrie. Manche haben diese Entwicklung heftig kritisiert und sie als eine raffinierte Methode zur Manipulation und Kontrolle der Arbeiter seitens der Betriebsleitung angeprangert.[5] Wie dem auch sei, seither ist eine umfangreiche Literatur erschienen, die sich mit jenen Problemen beschäftigt, auf die Mayo zuerst aufmerksam gemacht hat.

Nach dem Zweiten Weltkrieg interessierten sich immer mehr Soziologen für diese Probleme, und so entstand eine eigene Tochterdisziplin, die sogenannte Industriesoziologie.[6] Ihr Schwerpunkt blieb weiter in den Vereinigten Staaten. Aber sie wanderte auch nach Europa (besonders Frankreich), und in jüngster Zeit wird sie sogar in den sozialistischen Ländern Osteuropas recht ernst genommen. Das Hauptaugenmerk aller dieser Forschungsstudien galt der Mikrowelt der Arbeit, das heißt der konkreten sozialen Umwelt, in der Arbeit stattfindet. Deshalb sind eine Menge Einzelstudien über diese oder jene Arbeitssituation entstanden.[7] Verschiedentlich ist auch der Versuch gemacht worden, die Einzelergebnisse einer allgemeinen Theorie zu integrieren. Damit geriet man in die unmittelbare Nähe der Theorie der Organisation, mit der wir uns schon beschäftigt haben.[8] Sinngemäß näherte man sich auch der Soziologie der Gewerkschaften.[9] Ob sich diese Studien nun auf die Betriebsführung oder die Arbeit hin orientieren, ihr Hauptimpuls war praktisch, und ihr Interesse galt vor allem der Anwendbarkeit der soziologischen Erkenntnisse.

## Die Schule von Chicago: Berufssoziologie

Die sogenannte Berufssoziologie hat ganz andere Ursprünge und Zielsetzungen. Sie war zunächst ein Nebenzweig der Großstadtsoziologie der Schule von Chicago und ist insbesondere aus deren Interesse an der Vielfarbigkeit des Großstadtlebens herzuleiten. Wie wir schon sagten, waren die Soziologen von Chicago von einer rastlosen Neugier nach jedem nur möglichen Aspekt des gesellschaftlichen Lebens ihrer Stadt erfüllt. Daraus ist eine Reihe von Monographien über gewisse, nicht eben respektable «Berufe» entstanden wie beispielsweise das Taxigirl, den Landstreicher und den Berufsdieb.[10] Diese Studien stellen die Umwelt, die Gewohnheiten und Erfahrungen dieser gesellschaftlichen Randexistenzen mit liebevollem Sinn für jedes Detail dar. Hinzu kommt, daß einige dieser Monographien Meisterwerke der beschreibenden Soziologie sind, klassische Beispiele einer sorgsamen Soziographie. Nach einer gewissen Zeit wuchs bei einigen Mitgliedern der Schule von Chicago das Interesse auch für solidere Berufe (vielleicht weil ihnen die unsoliden allmählich ausgingen). Nach dem Zweiten Weltkrieg war die Berufssoziologie eine anerkannte Disziplin mit Schwerpunkt an der Unversität Chicago. Ihr bedeutendster Vertreter war Everett Hughes.[11] Das Hauptpublikationsorgan dieser Gruppe war das *American Journal of Sociology*. Darin vor allem veröffentlichten Hughes und seine Mitarbeiter eine Anzahl von Monographien über Berufe: vom Medizinstudenten bis zum Hausmeister einer Mietskaserne.[12]

Auch in der Berufssoziologie lag das Hauptaugenmerk auf der Mikrowelt der Arbeit, und die Methode war die – von der Schule von Chicago so benannte – «teilnehmende Beobachtung». Bei dieser Methode war es nicht leicht, zur Makrowelt der Institutionen vorzustoßen, durch die die Arbeit in der heutigen Welt organisiert ist. Wo immer diese berührt werden, verliert sich die Argumentation leicht in allgemeiner Organisationstheorie oder verläßt gar ganz den Boden der Soziologie, um sich auf Fragen der Ökonomie und der Politischen Wissenschaft einzulassen. Zudem haben sich die sogenannten Berufssoziologen noch nicht allzu eingehend mit Fragen der Berufsmobilität befaßt, über die wir im Zusammenhang mit Schichtung gesprochen haben, obgleich durchaus ein Interesse an der zahlenmäßigen Besetzung verschiedener Berufe und daran, wie sie sich im Lauf der Zeit gewandelt haben, vorhanden ist.

## Der strukturelle Ansatz

Wegen des monographischen und mikrosoziologischen Charakters der meisten dieser Arbeiten läßt sich ihre Bedeutung für die Soziologie und für das Verständnis der heutigen Gesellschaft nicht leicht in ein paar Worten zusammenfassen. Im allgemeinen kann man sagen, daß die Soziologie der Arbeit sich auf drei Schwerpunkte konzentriert hat: den strukturellen, den sozialpsychologischen und den ideologischen. Die Soziologen haben versucht, die Sozialstruktur, in deren Rahmen Arbeit stattfindet, zu beschreiben. Wie wir schon sagten, haben sie sich dabei vorwiegend mit der Mikrowelt beschäftigt. Dabei wurden auch Fragen aufgeworfen wie: Welches Verhältnis besteht zwischen formellen und informellen Organisationen der Arbeit? Wie sind informelle Gruppen von Arbeitern zusammengesetzt? Welche Führungsmodelle und Widerstandsmodelle gegen die Führung bestehen in formellen und informellen Arbeitsorganisationen? Welches sind die ungeschriebenen Gesetze und Sitten bei bestimmten Arbeitssituationen? Wo die Arbeitssoziologie über diese Art von Fragen hinausgegangen ist und sich den institutionellen Problemen der Makrowelt zugewandt hat, stellten sich ihr im wesentlichen dieselben Fragen, die wir von der Soziologie der Organisation her kennen. (Das gilt selbstverständlich auch für die Soziologie der Gewerkschaften und Berufsorganisationen.) Ein interessantes Problem dabei ist die Frage der Konflikte und Kompromisse zwischen konkurrierenden Berufs- beziehungsweise Arbeitsgruppen.

## Der sozialpsychologische Ansatz

Die sozialpsychologischen Aspekte der Arbeitssoziologie lassen sich in eine einzige Frage zusammenfassen: Wie wirkt sich die Arbeit (oder eine bestimmte Arbeit) auf die Menschen aus, die sie verrichten? Soziologisch korrekt ausgedrückt: Welche Sozialisationsprozesse setzen die jeweiligen Arbeitssituationen frei? Im Zusammenhang mit dieser Frage hat der Begriff der Karriere eine spezielle Bedeutung bekommen.[13] Schon im üblichen Sprachgebrauch bezeichnet das Wort Karriere den Weg eines einzelnen durch bestimmte festgelegte Stationen. Die Berufssoziologie hat den Begriff ins Psychologische umgemünzt. Das heißt, Karriere bezieht sich hier auf eine Reihe psychologischer Stadien. Die Soziologen haben etwa den Wandel der Auffassungen und oft sogar der Persönlichkeit erforscht, den ein Medizinstudent im Lauf seiner Ausbildung durchmacht. Der Begriff Karriere ließ sich auch auf Krankenhauspatienten und Gefängnisinsassen anwenden.[14] Die allgemeine Voraussetzung dabei war, daß jemand, so wie er die Stadien seiner äußerlichen Berufskarriere (oder irgendeines anderen institutionellen «Fahrplans») durchläuft, auch entsprechend innerlich «Karriere macht», also Stationen passiert, in denen sich etwas in seinem Bewußtsein ereignet. Ein Medizinstudent beispielsweise lernt (hoffentlich) im Lauf seines Studiums nicht nur das Wissen und die technischen Fertigkeiten, die er für die medizinische Praxis nötig hat. Er wird dabei auch Arzt. Das hat nicht nur beachtliche Veränderungen in seinen Normen und Ansichten zur Folge, sondern am Ende steht ein Wechsel der Identität (genauer: eine neue Selbstidentifizierung). Dieser Prozeß ist – im Idealfall – abgeschlossen, wenn der Betreffende, mitten in der Nacht geweckt und befragt, wer er sei, automatisch antwortet: Ich bin Arzt. Ein solcher Grad der Selbstsicherheit ist bei Berufen, die an sich weniger sinnvoll sind, begreiflicherweise kaum zu erreichen. So ist es unwahrscheinlich, daß jemand, wenn er mitten in der Nacht geweckt und gefragt wird, was er sei, spontan antwortet: Ich bin Verkäuferin in einem Kaufhaus. Fast alle Berufskarrieren setzen jedoch irgendwelche Sozialisationsprozesse frei. An einem Pol stehen solche Berufe, mit denen man sich voll Stolz identifizieren kann. Für die soziologische Analyse ist jedoch der entgegengesetzte Pol, an dem der Mensch seinen Beruf wie ein Stigma erlebt, genauso wichtig. Die meisten Berufe in der heutigen Gesellschaft stehen, wie wir schon gesagt hatten, irgendwo zwischen diesen beiden Polen.

## Der ideologische Ansatz

Schließlich befaßt sich die Arbeitssoziologie auch mit den verschiedenen Berufsideologien, die gelegentlich recht «hochgestochen» sein können.[15] So haben beispielsweise die obersten Ränge der amerikanischen Geschäftswelt eine Ideologie produziert, die voller großer Theorien über Wirtschaft, Politik, ja sogar über das Wesen des Menschen steckt. Andere Berufe begnügen sich mit bescheideneren Ideologien, je nach Ausmaß ihrer jeweiligen praktischen Berufsinteressen. Die Ideologie von Zahntechnikern beispielsweise braucht nicht viel mehr zu leisten, als den Status der Zahntechniker dem viel höheren Status der Zahnärzte gegenüber zu behaupten. Schließlich und endlich haben sogar Leute wie die Varietétänzerin oder der Mann von der Müllabfuhr ihre Berufsideologie. Die eine besteht darauf, Künstlerin zu sein, und der andere hält sich für einen Frontsoldaten in der Schlacht um die Sauberkeit der Großstadt. Kein Wunder, daß die Untersuchung der Berufsideologien ein Beispiel für die soziologische Erschließung von Schwindel und Großsprecherei in den buntesten Farben bietet.

## Die Soziologie der Freizeit

Noch einmal: Das Leben des Erwachsenen ist ein Rhythmus von Arbeit und Freizeit. Die Soziologie allerdings hat sich bei weitem mehr mit der Arbeit beschäftigt. Aber es gibt auch schon soziologische Studien über Freizeit, und es zeigen sich sogar Ansätze zu einer eigenen Tochterdisziplin, die sich Freizeitssoziologie nennt.[16] Ihr Gründer ist zweifelsohne wiederum Thorstein Veblen mit seinem schon genannten Buch über das, was er die *leisure class* nennt.[17] Seine neue Wortprägung deutet schon darauf hin, was sich seit dem Erscheinen des Buches begeben hat.

1899, als Veblen sein Buch schrieb, ging es ihm ausdrücklich um die Oberklasse und ihre Freizeitmodelle. Seither ist Freizeit ein Massenphänomen geworden. Nichtsdestoweniger sind einige Gedanken von Veblen noch heute gültig. Sein erfolgreichster Begriff ist wohl der der *conspicious consumption* (Konsum zum Auffallen). Er meinte damit Konsum nicht zum Zweck der Befriedigung echter Bedürfnisse, sondern als Statussymbol des Konsumenten. Weil ein Statussymbol nun einmal augenfällig sein muß, muß auch der Konsum besonders ins Auge fallen. In diesem Sinn hat Veblen die Extravaganzen der Reichen im goldenen Zeitalter des amerikanischen Kapitalismus beschrieben. Aber auch heute noch trifft es zu, und zwar jetzt für alle Klassen, daß Freizeit die eigentliche Gelegenheit für augenfälligen Konsum ist. Dabei muß man den Begriff nicht unbedingt negativ auffassen. Die Menschen nutzen nun einmal ihre Freizeit, um der übrigen Welt zu zeigen, wer sie eigentlich sind. So gesehen sind das Studium einer Fremdsprache oder Forellenfischen nicht mehr und nicht weniger augenfälliger Konsum als ein teurer Sportwagen oder eine kostbare Briefmarkensammlung.

## Was mache ich mit meiner Freizeit?

Damit berühren wir eine der entscheidenden soziologischen Beziehungen zwischen Arbeit und Freiheit. Für die meisten modernen Menschen ist Arbeit eben nicht mehr eine Form der Erfüllung ihrer persönlichen Sehnsüchte und verhilft ihnen nicht mehr dazu, sich zu identifizieren. Diese menschlichen Grundbedürfnisse müssen deshalb anderswo als bei der Arbeit befriedigt werden. Wesentliche strukturelle Voraussetzungen für diese typisch moderne Situation sind die immense Arbeitsteiligkeit seit der industriellen Revolution und die institutionelle Eigenständigkeit der Arbeit. Dazu kommt noch die beachtliche individuelle Freiheit zur Gestaltung der Freizeit, die wir heute haben. Auch das ist ein Novum der modernen Gesellschaft. Es hat sicherlich nie eine Gesellschaft ohne Arbeit gegeben, aber doch auch immer Anlässe, nicht zu arbeiten. Diese Anlässe allerdings waren in den meisten vorindustriellen Gesellschaften ebenfalls weitgehend institutionalisiert. Das heißt, auch was die Menschen außer ihrer Arbeit taten, war von der Gesellschaft strukturiert. Spiel ist ein universales menschliches Phänomen; Freizeit in unserem modernen Sinn jedoch nicht. In den meisten vorindustriellen Gesellschaften waren auch die Spiele durch Riten und Zeremonien strukturiert.[18] Seit es die moderne Gesellschaft gibt, wurde die Institutionalisierung der arbeitsfreien Zeit (vielleicht wegen des abnehmenden Einflusses der Religion) aufgelockert. Damit war der einzelne auf sich selbst verwiesen. Er selbst mußte diesen Bereich seines Lebens gestalten. Er erhielt die Freiheit, wenigstens einen großen Teil seiner Freizeit nach eigenem Wunsch auszufüllen. Wenn man will, kann man auch sagen, er wurde dazu verurteilt.

Charakteristisch für die moderne Gesellschaft ist ein tiefer institutioneller Graben, den deutsche Soziologen als die Kluft zwischen öffentlicher und privater Sphäre des gesellschaftlichen Lebens bezeichnet haben.[19] Die Institutionen der öffentlichen Sphäre (vor allem in Staat und Wirtschaft) sind weiterhin fest strukturiert. Für die private Sphäre gilt das in viel geringerem Maß. Die wichtigste Beziehung des modernen Menschen zur öffentlichen Sphäre entsteht durch seine Arbeit. Die private Sphäre dagegen wird in der Freizeit erlebt (oder bewohnt).

Die neue Freiheit, die die private Sphäre vermittelt, kann man als Chance oder als Bedrückung erleben. Im ersten Fall fühlt man sich in der Lage, vielerlei zu unternehmen und – soweit vorhanden – der eigenen «Kreativität» freien Lauf zu lassen. Die Bedrückung beginnt genau da, wo man die Grenzen dieser Kreativität erreicht hat. Besonders deutlich ist das bei Mangel an ökonomischen Hilfsmitteln. Jemand glaubt beispielsweise, seine wahre Erfüllung in einer Mittelmeerkreuzfahrt mit der eigenen Yacht, im Besitz eines Flugzeuges oder eines Originalgemäldes von Picasso zu finden. Ein Mangel an Kapital wird das Streben nach dieser Art von Selbsterfüllung lahmlegen. Aber auch andere Hilfsmittel können beschränkt sein. Man stelle sich vor, jemand sähe seine tiefste Selbsterfüllung darin, fünf Liebschaften auf einmal zu haben. Ein physischer Zusammenbruch kann diesem Streben nach Erfüllung leicht ein Ende machen. Das wohl deprimierendste Erlebnis der eigenen Grenzen ist jedoch wohl, wenn man merkt, daß Verstand und Phantasie nicht ausreichen. Ein Werbefachmann, der sich für «eine echt schöpferische Persönlichkeit» hält, glaubt beispielsweise, den großen amerikanischen Schelmenroman des Jahrhunderts geschrieben zu haben, merkt aber, daß niemand außer ihm sein Werk gebührend bewertet. Ja, vielleicht kommt er sogar zu dem Schluß, daß er gar nichts zu sagen hat – oder nicht schreiben kann. Die Freiheit zur Gestaltung und Nutzung unserer Freizeit als Selbsterfüllung kann also durchaus ein zweischneidiges Schwert sein.

## Neue Strukturen der Freizeit: «Programm» und Konsum

Vielleicht kann man wie von Segnungen der Natur auch von Segnungen der Gesellschaft sprechen, und eine solche ist wohl, daß die moderne Gesellschaft, nachdem sie die private Sphäre der Qual der Wahl weit geöffnet hatte, neue Programme entwickelte. Diese bieten Freizeitmöglichkeiten an, die dem einzelnen zur Wahl stehen, und sie haben ihn damit aus der Pflicht entlassen, sich auf seine eigene «Kreativität» zu verlassen. Arnold Gehlen hat für diese typischen Entlastungsphänomene den Terminus sekundäre Institutionen geprägt. Er meint damit alle jene Instanzen und Programme, welche die von der modernen Gesellschaft bedauerlicherweise höchst unzureichend strukturierte Privatsphäre nachträglich strukturieren (oder wieder strukturieren).

Der Ausdruck «Programm» sollte in diesem Fall ernst genommen werden. Bei der Arbeit nämlich hat man sich nach sehr genau festgelegten Programmen zu richten. Während seiner Arbeitszeit weiß jeder ganz genau, was er wie zu tun hat. Der Zweck und die Mittel sind normalerweise klar definiert. Das bedeutet natürlich nicht, daß man Freude an dieser Programmierung haben muß. Aber man braucht sie wenigstens nicht selbst zu erfinden. Als die Privatsphäre der modernen Gesellschaft entstand, fehlten ihr die entsprechenden Programme. Die sekundären Institutionen verhelfen ihr dazu. Sie sagen dem Individuum, was es in seiner Freizeit machen soll, und helfen ihm dadurch bei der Suche nach persönlicher Erfüllung und Selbstidentifizierung.

Bei manchen, nicht bei allen Programmen für die Freizeit geht es um Konsum. Freizeit ist ein besonders wichtiger Konsumbereich geworden, und das bedeutet, daß sie für ökonomische Organisation interessant ist. Wer auch nur kurze Zeit vor einem amerikanischen Fernsehschirm sitzt, kann sich davon schnell überzeugen. Wenn man will und das nötige Kleingeld hat, kann man seine gesamte Freizeit auf der Jagd nach Konsum verbringen. In diesem Zusammenhang ist zu betonen (was die Werbefachleute genau wissen), daß der Wert solchen Konsums für den einzelnen nicht etwa in den erworbenen Konsumgütern und Dienstleistungen liegt, sondern vielmehr in ihrem sogenannten «Image», das heißt darin, was die individuelle Einbildungskraft aus ihnen machen kann. Wer einen bestimmten Wagentyp wählt, identifiziert sich damit auch als bestimmter Personentypus, mindestens teilweise jedenfalls. Das gilt für eine ganze Menge Konsumgüter, aber auch für eine ganze Menge Dienstleistungen, die man käuflich erwerben kann – und zwar von den Dienstleistungen eines Symphonieorchesters bis zu denen eines Psychotherapeuten. Was immer Musik und Psychotherapie sonst noch sein mögen, sie sind auch käufliche Gebrauchsgüter. Ihr Konsum kann sogar recht augenfällig sein und die individuellen Bemühungen zur Statuserrichtung höchst wirkungsvoll unterstützen. Es wäre jedoch zu oberflächlich, wollte man solche Aktivitäten nur im Sinne dessen, was Goffman «Eindrucksmache» genannt hat, auffassen. Wer sich auf derlei Zeitvertreib einläßt, wünscht meistens nicht nur, andere Leute zu beeindrucken, sondern will sich auch selbst ganz ernsthaft identifizieren. So kommen denn bei solchem Konsum am Ende so vielsagende persönliche Identitätsbehauptungen heraus wie «Ohne Mozart kann ich nicht leben» oder «Jetzt weiß ich endlich, daß ich Frauen nicht ausstehen kann».

Freizeit ist also die Arena für viele gesellschaftliche Aktivitäten. Einige sind konsumgebunden, andere nicht. Einige sind hochgradig organisiert, andere gar nicht. Wenn jemand beispielsweise ein leidenschaftlicher Amateurfotograf ist, so kann ihn das zu endlosen und ruinösen Ausgaben für fotografische Geräte veranlassen. Er steht vielleicht in der Adressenkartei aller möglichen Firmen, die Fotoartikel herstellen und verkaufen. Er kann auch allerlei Clubs und Vereinen beitreten, die sich dem Fotografieren verschrieben haben. Das gilt auch für andere Freizeitbeschäftigungen. Wer beispielsweise in seiner Freizeit am liebsten Musik hört, kann eine Menge Geld für eine Stereoanlage und Platten ausgeben und noch dazu Musikvereinen aller Art angehören. Er kann sich allerdings auch nur eine alte Gitarre kaufen und sie allein oder im Kreis von ein paar Freunden spielen.

Eng zusammen mit der Soziologie der Freizeit hängen Forschungen über Massenkultur und Massenmedien.[20] Das Studium der Massenkultur berührt sich immer wieder mit den Themen der Freizeitssoziologie, beispielsweise, wenn es um Fragen geht wie: Was für Leute gehen häufig ins Museum? Welchen sozialen Gehalt hat die Populärliteratur? Welche Ideologien fördert die Reklame? Mit dergleichen haben sich allerdings bisher nur verhältnismäßig wenige Soziologen auseinandergesetzt, während die Soziologie der Massenmedien schon zu einem recht umfangrichen Unternehmen gediehen ist. Manche Studien auf diesem Gebiet sind rein technischer Natur und thematisch auch recht begrenzt. Es gibt aber auch schon wichtige Untersuchungen über die Bedeutung der Massenmedien in der modernen Gesellschaft. Besonders interessant ist das Verhältnis der Bedeutung von Massenmedien und Vis-à-vis-Beziehungen für Meinungsbildung und Wertmaßstäbe. Es ist höchst eindrucksvoll, daß die Massenmedien eine relativ geringe Wirkung auf das Individuum zu haben scheinen. Die unmittelbaren gesellschaftlichen Kontakte von Mensch zu Mensch wirken meistens viel stärker.

## Freizeit: ein Gebiet von steigendem Interesse

Einige allgemeine Tendenzen im Berufssystem der modernen Gesellschaft sind deutlich erkennbar und werden sich wohl auch in Zukunft erhalten. Die augenfälligste, die unmittelbar mit der modernen technologischen Entwicklung einhergeht, ist die ständige Ausweitung des Angestelltensektors. Dieser Bereich wird sich wohl immer mehr vergrößern; die steigende Automatisierung kann den Prozeß nur beschleunigen. Die Arbeitszeit der meisten Menschen wird sich wahrscheinlich immer mehr verringern, und die Freizeit wird entsprechend zunehmen. Amerikanische Statistiken zeigen eine stetig steigende Tendenz zu Berufen auf dem Sektor des Freizeitmarkts wie Reiseunternehmen, Unterhaltungsindustrie, Hobbyindustrie, Erwachsenenbildung, Therapien aller Art und nicht zuletzt Massenmedien, die das alles an den Mann bringen. Die Freizeitssoziologie wird also immer mehr Raum in den Sozialwissenschaften beanspruchen.

# 13 Macht

## Tun müssen, was man wirklich nicht tun will

Das Alltagsleben steckt voller Erfahrungen der Macht und ihrer Unterschiede. Das gilt schon in hohem Maß für die Mikrowelt jedes einzelnen. In der Familie, in der Schule oder bei der Arbeit erlebt er ständig, daß er nicht alles tun kann, was er will, und meistens sind es andere Leute, die der Verwirklichung seiner Wünsche im Weg stehen. Umgekehrt weiß er aber auch, welche anderen Leute er selbst dazu bringen kann, Dinge zu tun, die sie nicht tun wollen. Die Mittel, die er dabei anwendet, reichen von physischem Zwang bis zu freundlichem Zureden. Die mikroweltlichen Manifestationen der Macht können für den einzelnen sehr spürbar sein – und überwältigend sind sie oft für das Kind. Der Erwachsene allerdings hat seine einschneidendsten Machterlebnisse beim Zusammentreffen mit den Institutionen der Makrowelt. Den beherrschenden Platz unter ihnen nehmen Staat oder Regierung ein, deren Fühler bis in jeden Winkel des Alltagslebens zu reichen scheinen.

## Was sind das für Leute?

In den unteren Gesellschaftsschichten kommt das Erlebnis der Macht besonders treffend zum Ausdruck, wenn von «denen» die Rede ist. Es sind «die», welche hinter der Szene jene eigentlichen Entscheidungen treffen, die das Leben des Individuums beeinflussen. «Die» halten uns im Trab. «Die» sind die eigentlichen Drahtzieher. «Die» wissen, was wirklich los ist. Das gesellschaftliche Gelände, auf das diese Kategorie gemünzt ist, darf nicht etwa als identisch mit den politischen Institutionen gesehen werden, wenngleich diese einen prominenten Platz darin innehaben. Vom Rathaus bis zum Sitz der Bundesregierung – überall existieren ungezählte «die» und verkörpern für den einzelnen jene Mächte, die ihm so oft als willkürlich, als geheimnisvoll erscheinen. Wenn man im Schichtungssystem aufsteigt, wird das Erlebnis der Macht weniger gewichtig. Jedenfalls haben Leute aus den Mittelklassen festere Vorstellungen davon, wer «die» sind (was nicht heißt, daß diese Vorstellungen richtig sind), und manchmal haben sie sogar auch eine Idee, wie sie vielleicht an «die» herankommen könnten. Dennoch besteht auch hier Unklarheit über die gesellschaftlichen Machtverhältnisse. Besonders groß ist die Ungewißheit darüber, wie das Verhältnis der etablierten politischen Ordnung und ihrer Institutionen zu anderen Institutionen, besonders denen der Wirtschaft, wirklich ist. Welche Gewerkschaften haben den stärksten Einfluß im Rathaus? Welche wirtschaftlichen Interessen vertreten die gesetzgebenden Körperschaften? Wie weit wird die

Außenpolitik von Konzerninteressen diktiert? Solche Fragen machen deutlich, daß die Kategorie «die» kein Monopol der unteren Schichten ist. Die Soziologen haben zwar bisher nur wenig Gelegenheit gehabt, jene obersten Regionen der Gesellschaft unter die Lupe zu nehmen, in denen Macht eine Sache des «wir» statt des «die» ist. Gleichwohl dürfen wir ruhig den Verdacht hegen, daß selbst in jenen gesellschaftlichen Höhen gelegentlich Zweifel darüber bestehen, wer genau «wir» sind und ob nicht vielleicht doch gewisse finstere Mächte als mögliche «die» im Hintergrund lauern.

## Politologen und Soziologen Hand in Hand

Die Wissenschaft, deren Hauptinteresse den politischen Institutionen gilt, ist die Politologie. Bis vor kurzer Zeit haben sich jedoch die Politologen, besonders in Amerika, nur für zweierlei interessiert, entweder (worin sie den Verfassungsrechtlern ähneln) für die formalen Strukturen der politischen Ordnung – beispielsweise haben sie die Besonderheiten des amerikanischen Systems mit denen der europäischen Demokratien verglichen – oder für das Verhalten der Bevölkerung zu den politischen Institutionen – auf diesem Gebiet haben sie eine Menge Daten angesammelt, beispielsweise über das Wahlverhalten oder die Zugehörigkeit zu politischen Parteien. Die Soziologen dagegen hatten, was typisch für den Geist ihres Faches ist, eher die Neigung, Phänomenen der Macht auf die Spur zu kommen, die hinter oder unter den politischen Institutionen vermutet werden können. Sie gingen dabei davon aus, daß die Machtphänomene in einer Gesellschaft sich nicht auf die politischen Institutionen beschränken können. Eines der entscheidendsten soziologischen Probleme ist tatsächlich das Verhältnis zwischen der «offiziellen» Definition von Macht und ihren «inoffiziellen» Manifestationen. Demgemäß ist eine eigene soziologische Subdisziplin entstanden: die sogenannte politische Soziologie.[1] Vor allem in den letzten Jahren haben sich die Soziologen der Politik und die soziologisch interessierten Politologen zu gemeinsamer Arbeit gefunden. Für die Soziologie ist Macht jedoch nicht etwa ein neues Problem. Seit den Anfängen des Faches kreist die soziologische Theorie um dieses Thema, und es ist schließlich auch kaum möglich, daß dem nicht so wäre. In der klassischen Soziologie haben besonders zwei große Denker das Problem der Macht in den Mittelpunkt ihrer Gesellschaftstheorie gestellt: Max Weber und Vilfredo Pareto.

## Max Webers Analyse

Zugegebenermaßen sind die Grundkategorien für die soziologische Analyse der Macht noch immer die von Max Weber. Seine Schlüsselbegriffe sind: Macht, Herrschaft und Legitimität.

## Erstens: Macht gegen Widerstreben

Weber definiert Macht als «jede Chance, den eigenen Willen auch gegen Widerstreben durchzusetzen, gleichviel, worauf diese Chance beruht».[2] Das gilt für einzelne wie für Gruppen. Besonders wichtig dabei ist der Faktor des Widerstrebens. An ihm lassen sich Machtphänomene von dem unterscheiden, was gemeinhin «Leitung» genannt wird. Dieser Unterschied wird am deutlichsten im Alltagsleben. Fast alle menschlichen Gruppen haben irgendwelche «Leiter». Stellen wir uns beispielsweise eine Gruppe von jungen Leuten in einem Studentenheim vor, die darüber diskutiert, wie der Abend verbracht werden soll. Verschiedene Vorschläge werden gemacht. Nun gibt es aber wahrscheinlich in einer solchen Gruppe eine oder zwei Personen, deren Vorschläge mehr zählen als die der übrigen. Ja, es ist sogar anzunehmen, daß die Vorschläge der anderen (Präsident Nixon würde sagen «Optionen») praktisch an die Adresse der «Leiter» gerichtet sind. Deren Entscheidung ist es am Ende, die die gesamte Gruppe schließlich zum Handeln bringt. Es wäre Unsinn, einen solchen Vorgang als Manifestation von Macht zu bezeichnen. Eine ganz andere gesellschaftliche Situation entstünde jedoch, wenn ein Mitglied der Gruppe entgegen der Entscheidung der «Leiter» eigensinnig an seinem eigenen Vorschlag festhielte. Wenn es dazu käme, würde dem Widerspenstigen (sanft oder unsanft, je nach Lage des Falles) ein «oder sonst» entgegengehalten. Entweder würde er sich dann der von der Leitung getroffenen Entscheidung beugen, «oder sonst» allerlei unangenehme Konsequenzen (handfeste oder psychologische) tragen müssen, von einer Tracht Prügel oder dem Ausschluß aus der Gruppe bis zu bösen Worten, einer längeren Isolierung und Schlimmerem. In einem solchen Fall hat es Sinn, von Macht zu sprechen. Unsere Formulierung «handfeste oder psychologische» Konsequenzen deutet auf die Vielzahl der Mittel hin, die der Ausübung von Macht zur Verfügung stehen. Einige können in der Tat recht «handfest» sein, das heißt, im Extremfall die Anwendung von nackter Gewalt mit einschließen. Es ist jedoch auch durchaus möglich, daß Macht sich auf Mittel stützt, die nur in der Phantasie existieren. Ein kleiner Bub kann seinen Willen auf dem Spielplatz durchsetzen, weil ihn sein großer Bruder schützt. Auch wenn er nur mit einem großen Bruder droht, der tatsächlich in der Nähe ist, kann er seinen Willen haben. Möglich ist das jedoch auch dann, wenn er einen großen Bruder beschwört, der überhaupt nicht existiert. Soziologisch gesehen, handelt es sich in jedem der drei Fälle um erfolgreich ausgeübte Macht. Genau dasselbe gilt auch für die Macht auf der Makroebene. Auch dort gibt es wirkliche «große Brüder» und solche, die nur in der Vorstellung existieren. Der Stalin zugeschriebene höhnische Ausspruch, den er tat, als jemand von der Macht der katholischen Kirche sprach, «Wie viele Divisionen hat der Papst?», zeigt einen bemerkenswerten Mangel an soziologischer Einsicht des russischen Diktators. Natürlich hat der Papst gar keine Divisionen. Dennoch ist seine Macht über diejenigen, die an sie glauben, gewaltig. Wir werden auf diesen Punkt bald zurückkommen.

## Wie man Widerstreben begegnet und Entscheidungen durchführt

Die Kategorie der Macht hängt natürlich eng mit der der sozialen Kontrolle zusammen. In beiden Fällen haben wir ein Phänomen vor uns, zu dem gesellschaftlicher Zwang gegen widerstrebende Individuen oder Gruppen gehört. Dabei besteht jedoch ein wichtiger Unterschied. Soziale Kontrolle ist gewissermaßen eine negative Kategorie. Sie arbeitet mit gesellschaftlichen Mechanismen, die abweichendes oder zersetzendes Verhalten verhindern sollen. Macht hat dagegen positivere Implikationen. Ihr geht es nicht nur darum, etwas für die Gesellschaft Unerwünschtes zu verhindern, sondern vielmehr um die Durchsetzung eines individuellen oder Gruppenwillens. Mehr noch, die Kategorie der sozialen Kontrolle impliziert ein mehr oder weniger geeintes gesellschaftliches System, das versucht, Individuen und Gruppen in seinen Schranken zu halten. Die Kategorie der Macht beschwört dagegen die Vorstellung von Konflikt herauf. Der Wille zur Macht einer Person kann mit dem einer anderen zusammenprallen. Das gilt auch für Gruppen und ganze Gesellschaften. Wenn die Polizei also einen Verbrecher ins Gefängnis steckt, ist es angebracht, von sozialer Kontrolle zu sprechen. Wenn sich aber zwei Verbrechersyndikate um ein Areal streiten, spricht man sinnvollerweise von einem Machtzusammenstoß, während es unsinnig wäre, ein solches Phänomen der Kategorie soziale Kontrolle zurechnen zu wollen. Aus diesem Grund bevorzugen Soziologen, die die Gesellschaft als funktionierendes System behandeln, eher die Kategorie soziale Kontrolle, während die, bei denen der gesellschaftliche Konflikt im Vordergrund steht, lieber mit dem Begriff «Macht» arbeiten.

Es ist jedoch genauso unmöglich, sich eine funktionierende Gesellschaft ohne soziale Kontrolle vorzustellen wie ohne die Präsenz von Macht irgendwelcher Art, und zwar Macht mit der Weberschen Klausel «oder sonst». Diese Behauptung bedarf jedoch gewisser Einschränkungen. Es hat schon so manche Visionen einer Gesellschaft ohne Machtunterschiede gegeben, einer Gesellschaft, in der die Machtstrukturen verschwinden und dem freiwilligen Konsensus aller Platz machen. Dieser Traum läßt sich bei kleinen Gruppen durchaus verwirklichen. Manche glauben auch an seine zukünftige Verwirklichung für moderne Großgesellschaften. Bisher hat es jedoch noch nichts dergleichen gegeben. Alle Gesellschaften der Geschichte, von denen wir wissen, hatten ihre Machtstrukturen, und immer ist um Macht gekämpft worden. So sind denn die meisten Soziologen ziemlich skeptisch, wenn es heißt, daß sich das in voraussehbarer Zeit ändern könnte.

## Der «Möglichkeitscharakter» der Macht

Hervorzuheben ist auch noch ein weiterer Grundzug der Auffassung Webers von Macht, nämlich ihr Möglichkeitscharakter. Keine Macht, wie schrecklich sie auch sein mag, ist absolut gesichert. Es besteht immer die Möglichkeit, daß das «oder sonst» auf die Probe gestellt wird und sie nicht besteht. Absolute Gewißheit von Macht ist zwar unerreichbar, aber auch, wie leicht ersichtlich, überflüssig. In der Praxis genügt es meistens, daß, wer Macht anwenden will, im Bereich des Möglichen operieren kann. Dennoch sagt der Begriff Möglichkeit etwas sehr Wesentliches über die Macht aus: Er weist auf die ihr innewohnende Gefährdetheit hin. Das gilt für die Mikrowelt genauso wie für die Makrowelt. Jeder kleine Alleinherrscher auf dem Kinderspielplatz kann eines Tages seinen Meister finden – und so auch jeder Diktator. Keiner von beiden kann völlig sicher sein, wie lange der Tag der Abrechnung noch auf sich warten läßt. Das mag ein bedrückendes Gefühl für die Diktatoren der Kinderspielplätze wie der Nationen sein, aber für alle anderen Menschen ist es recht tröstlich.

## Zweitens: Gewöhnung an Gehorsam und Herrschaft

Auch den Begriff «Herrschaft» versieht Weber mit dem Element des Möglichen, der «Möglichkeit» nämlich, «daß ein bekundeter Wille (‹Befehl›) des oder der ‹Herrschenden› das Handeln anderer (des oder der ‹Beherrschten›) beeinflussen will und tatsächlich in der Art beeinflußt, daß dies Handeln in einem sozial relevanten Grad so abläuft, als ob die Beherrschten den Inhalt des Befehls, um seiner selbst willen, zur Maxime ihres Handelns gemacht hätten (‹Gehorsam›).»[3] Macht, selbst die überwältigendste, kann etwas Plötzliches und Momentanes sein. Ein Befehl wird gegeben, trotz Widerstrebens befolgt, und damit kann es dann auch schon sein Bewenden haben. Macht in dieser Form kann begreiflicherweise keine beständige Wirkung auf die Gesellschaft haben. Um eine solche zu erzielen, muß Macht permanent und systematisch ausgeübt werden. Das bedeutet, daß sich die Menschen an sie gewöhnen oder, mit anderen Worten, daß das Verhalten der Bevölkerung einer andauernden Disziplin unterworfen wird. Erst damit ist Macht nicht nur Gewalt des Augenblicks oder die Drohung, daß sich Gewalt etablieren könnte, sondern sie wird zur eingeübten Ordnung, unter der sich die Menschen daran gewöhnen, bestimmten Befehlen zu gehorchen.

Auch das ist natürlich wiederum nichts Gesichertes. Die Geschichte zeigt in aller Deutlichkeit, daß Herrschaft eines Tages zusammenbricht (das heißt, daß ihr mit Erfolg widerstanden wird) – und das selbst nach oft langer Dauer. Auch Herrschaft ist wie Macht immer gefährdet. Wenn sie jedoch erst einmal eine ganze Weile erfolgreich über eine Gruppe ausgeübt wurde, wächst auch die Wahrscheinlichkeit ihres Fortbestandes. Der Grund dafür ist Gewöhnung. Die Gewohnheit ist ein wichtiger Faktor, besonders dann, wenn eine alte Herrschaft abgesetzt worden ist und eine neue versucht, sich statt ihrer zu etablieren. Revolutionäre Regierungen sind daher äußerst empfindlich in der Zeit, die unmittelbar auf ihre Machtübernahme folgt. Es ist nicht unwichtig, was sie in dieser Zeit tun, aber selbst wenn sie nichts anderes tun, als sich einfach an der Macht zu halten (wenn sie also, wie Weber sagen würde, Herrschaft ausüben), wächst ihre Überlebenschance mit der Zeit: Die Menschen gewöhnen sich an sie. So sieht sich denn jeder, der seine Macht über eine Gesellschaft am liebsten verewigen möchte, vor das Grundproblem gestellt, diese Macht in Herrschaft umzuwandeln.

### Drittens: Legitimität

Gewohnheit ist nicht der einzige Faktor, durch den aus Macht beständige Herrschaft wird. Ebenso wichtig ist der Faktor Legitimität. Weber versteht darunter, daß Menschen glauben, die Herrschaft, unter der sie stehen, sei nicht nur ein bloßes Faktum, sondern auch mit moralischem Inhalt befrachtet. Mit anderen Worten, wir meinen, wenn wir sagen, eine bestimmte Herrschaft sei «legitim», daß die Herrschenden glauben, ihre Macht bestehe zu Recht, und die Beherrschten glauben, die Macht der Herrschenden sei gerechtfertigt, also rechtmäßig. Der Prozeß, mittels dessen Rechtmäßigkeit von Herrschaft erreicht wird, heißt «Legitimierung». Wenn Herrschaft sich nicht erfolgreich legitimieren kann, ist ihr Fortbestand gefährdet. Herrschaft ohne Legitimität muß ihre Macht ständig durch Anwendung physischer Gewalt absichern. Das ist ziemlich unpraktisch. Das normale Leben einer Gesellschaft kann nicht gut seinen gewohnten Gang gehen, wenn jeder einzelne ständig zum Gehorsam geprügelt werden muß. Wenn auch nur aus solchen praktischen Erwägungen, so müssen die Herrschenden doch zusehen, daß wenigstens eine Mehrheit der Beherrschten auf ihrer Seite steht. Die ständige Anwendung physischer Gewalt ist nicht nur unwirtschaftlich, sondern auch selbstzerstörerisch. Sie ist nämlich eine Brutstätte des Widerstandes. Genauer gesagt, sie erzeugt Widerstand, wenn sie sich nicht in den Augen einer Mehrheit mit Legitimität ausstatten kann. Erst dann nämlich ist sie ein wirksames Mittel gegen jede Minderheit, die am Widerstand festhält.

Legitimität ist eindeutig etwas, das in der menschlichen Vorstellung besteht. Um auf Stalins Frage nach den Divisionen des Papstes zurückzukommen, so zeigt diese, daß Legitimität existent ist, solange an sie geglaubt wird. Auch ihr Wesen ist daher sehr gefährdet. Der österreichische Rechtsphilosoph Hans Kelsen gebraucht in diesem Zusammenhang den suggestiven Ausdruck «normative Kraft des Faktischen». Das Faktische sind hier die einfachen Tatsachen der politischen Situation. «Normativ» ist ein Synonym für Max Webers «legitim». Mit anderen Worten, Kelsen sagt, daß Fakten Legitimität erzeugen. Der dazu nötige Mechanismus wirkt ebenfalls eindeutig in der menschlichen Vorstellung. Obwohl Legitimität also eine Sache der Vorstellung ist, kann sie nicht nur durch gutes Zureden oder Propaganda, sondern auch durch Zwang entstehen, den Zwang nämlich, daß Menschen sich mit gegebenen Tatsachen abfinden. Amerikaner beispielsweise, die Vorurteile gegen Rassenintegration haben, hören von liberaler Seite immer wieder, die Integration würde nur Gutes bringen. Eine solche Propaganda kann durchaus Eindruck machen. In einigen Bereichen (zum Beispiel bei der Wohnungsplanung und beim Militär) hat sich jedoch herausgestellt, daß die überzeugendste Methode zur Sinnesänderung über Rassenintegration einfach die ist, Fakten zu verändern. Ein Weißer mit Vorurteilen, den die Situation dazu zwingt, mit Schwarzen zu interagieren, steht unter dem Druck, seinen Standpunkt zu revidieren. Der Augenschein lehrt, daß ein derartiger Druck viel wahrscheinlicher zu einer Sinnesänderung führt als bloße Propaganda. Die Beziehung zwischen Macht und Legitimität ist also etwas kompliziert. Einerseits hängt die beständige und einträgliche Ausübung der Macht von ihrer Legitimität ab. Andererseits erzeugt eben diese so ausgeübte Macht Legitimität. Bei Bürgerkriegen beispielsweise (in Indochina und anderswo) sagen manche Sachkenner, es sei entscheidend, «Herz und Hirn des Volkes zu gewinnen» – das heißt, es davon zu überzeugen, daß eine kämpfende Partei legitim sei, die andere jedoch nicht. Andere Sachkenner sagen, das Wichtigste sei, Schlachten zu gewinnen, weil jeder Sieg das Volk davon überzeuge, daß eine Partei die Macht habe, den Endsieg zu erringen. Wir sollten unbedingt einsehen, daß kein Widerspruch zwischen diesen beiden Auffassungen besteht. Politische Institutionen bleiben an der Macht dank eines subtilen Zusammenspiels harter Fakten der Macht mit den wechselnden Beurteilungen und Vorstellungen von dieser Macht in den «Herzen und Hirnen» des Volkes.

## Legitimationen für Herrschaft

Weber hat Herrschaftstypen je nach dem Charakter ihrer Legitimierung unterschieden. Er nennt drei Haupttypen: die traditionelle, die charismatische und die legal-rationale Herrschaft. Die Grundfrage lautet dabei in jedem Fall: Auf welcher Basis erteilen die Herrschenden den Beherrschten Befehle. Bei einer traditionellen Herrschaft ist die einfache Antwort: auf der Basis der Präzedenz. Legitimität beruht hier also darauf, daß etwas immer so gemacht worden ist. Warum hat beispielsweise der König von Ägypten, und nur er, das Recht, seine Schwester zu heiraten? Weil die ägyptischen Könige das immer getan haben.

Im Gegensatz dazu beruht charismatische Herrschaft auf «außeralltäglichen» (Weber) Ansprüchen namens derer, die sie ausüben. Kraft ihrer eigenen außeralltäglichen Qualitäten schaffen charismatische Herrscher die Überlieferung ab oder verwandeln sie. Die immer wiederkehrende Redensart Jesu im Neuen Testament: «Es steht geschrieben – ich aber sage euch» ist ein Anspruch auf charismatische Herrschaft in reinster Form. Mit welchem Recht stellt dieser Mensch so außeralltägliche Behauptungen auf? Er hat das Recht dazu, weil Gott aus ihm spricht. Charismatische Herrschaft tritt immer in einer Gegenposition zu einer traditionellen Herrschaft auf. Sie bedroht diese, sei es, um sie zu verändern, oder um sie im äußersten Fall abzuschaffen.

Charismatische Herrschaft ist ihrem Wesen nach revolutionär. Sie durchbricht das Gewohnte, auf das sich traditionelle Macht gründet. Eben deshalb ist sie jedoch auch äußerst gefährdet und hat wenig Durchhaltekraft. Sie läßt sich nur in einer Atmosphäre starker Emotionen halten. Solche Emotionen können, wahrscheinlich aufgrund der Natur des Menschen, nicht andauern. Sobald sie abzuebben beginnen, muß charismatische Herrschaft verändert oder durch eine andere Herrschaftsform abgelöst werden.

Legal-rationale Herrschaft schließlich ist auf Gesetze und rational erklärbare Vorgänge gegründet. Mit welchem Recht erhebt der Herrscher diese Steuer? Er hat das Recht dazu aufgrund eines Gesetzes, das die gesetzgebenden Körperschaften zu diesem oder jenem Zeitpunkt verabschiedet haben. Anders als die beiden ersten Typen ist diese Herrschaftsform nicht mit Geheimnis umkleidet. Jede Ausübung ihrer Macht hat gewissermaßen die Rückendeckung bestimmter legaler Vorkehrungen. Mindestens im Prinzip lassen sich diese Vorkehrungen rational erklären, und das gilt auch für die gesellschaftlichen Zwecke, die hinter ihnen stehen. In der modernen Welt ist dieser dritte Herrschaftstyp der häufigste, und die ihm gemäße Verwaltungsform ist die Bürokratie, so wie wir sie oben geschildert haben.

## Unbeabsichtigte Folgen und die Ironie der Geschichte

Im Zusammenhang mit dieser Typologie politischer Formen hat Weber eine Theorie des politischen und sozialen Wandels entworfen. Charisma und Rationalität sah er als die beiden großen revolutionären Kräfte der Geschichte. Was daraus zu folgern ist, geht jedoch bei weitem über die Thematik der Macht und ihrer Institutionen hinaus, und wir wollen im Kapitel über Wandel darauf zurückkommen. Es gibt jedoch noch einen anderen Aspekt der politischen Theorie Max Webers, den wir hier herausstellen möchten, nämlich sein Gedanke von den unbeabsichtigten

Folgen des politischen Handelns. Alle Handlungen in der Gesellschaft, was immer ihr Sinn und Grund sein mag, sind Spekulationen ins Unbekannte. Ihre Konsequenzen können rational abgewogen, aber niemals mit absoluter Gewißheit vorausgesehen werden. Diese allgemeine Tatsache gilt verschärft für den Bereich des politischen Handelns. Jede Machtanwendung ist gefährdet, vergänglich und in ihren Folgen nur in sehr begrenztem Maß voraussagbar. Die amerikanische Einmischung in Vietnam ist ein deprimierendes aktuelles Beispiel. Es kann kein Zweifel darüber bestehen, daß sich die amerikanische Regierung nicht auf dieses Abenteuer eingelassen hätte, wenn sie seinen späteren Verlauf vorausgesehen hätte. Noch lehrreicher ist es, sich daran zu erinnern, warum es überhaupt zur amerikanischen Intervention gekommen ist – zum Teil nämlich, weil die Regierung Kennedy demonstrieren wollte, daß Kriege gegen «Aufständische» mit begrenzten Mitteln und ohne nuklearen Zusammenstoß der Großmächte geführt werden können. Es stimmt, daß der Vietnamkrieg nicht zur nuklearen Konfrontation geführt hat. Es scheint jedoch, daß er im Hinblick auf Kriege gegen «Aufständische» beinahe genau das Gegenteil dessen gezeigt hat, was die Kennedy-Administration beweisen wollte.

Das Unvorhersehbare ist immer zugleich die große Faszination der Macht, ihr Abenteuer und ihre latente Tragödie. Deshalb hat Weber in allem politischen Handeln eine tragische Dominante erkannt. Sein Gedanke von den unbeabsichtigten Folgen politischen Handelns hat ihn zu einer tief ironischen Sicht der Geschichte geführt.[4]

## Pareto: Eliten der Löwen und Füchse

Paretos Theorie der Macht kreist um den Antagonismus der Herrschenden und Beherrschten. Die Herrschenden nennt er Eliten.[5] Macht ist für ihn eine grausame, unabwendbare Realität des menschlichen Lebens. Da sie unabwendbar ist, hat es nicht viel Sinn, über sie zu moralisieren. Die Aufgabe des Soziologen ist, sie mit Reserve und ohne Illusionen zu betrachten. Mit dieser Einstellung zur Macht steht Pareto in der klassischen Tradition des politischen Denkens in Italien, die mindestens bis zu Machiavelli zurückreicht, aber auch Elemente aus der römischen Antike enthält. Eine ähnliche Auffassung von der politischen Soziologie hatte Gaetano Mosca, ein anderer italienischer Gelehrter und Zeitgenosse Paretos.[6] Zwischen den beiden bestand ein heftiger Streit, bei dem jeder vom anderen behauptete, er habe ihm entscheidende theoretische Erkenntnisse gestohlen. Wo immer die Wahrheit in diesem Streit liegen mag: es kann kein Zweifel sein, daß Vilfredo Pareto der bei weitem größere Denker war, insbesondere auf dem Gebiet der Theorie der Macht.

Pareto unterscheidet zwei Typen von Eliten. Nach Machiavellis Vorbild nennt er die einen die Löwen und die anderen die Füchse. Diese beiden Eliten haben sehr verschiedene Beweggründe und psychologische Eigenschaften – oder, wie Pareto sagt, verschiedene Residuen. Mit diesem Ausdruck bezeichnet er sich wiederholende Motivkonstellationen in der Geschichte, von denen er eine umfangreiche und etwas bizarre Aufstellung gemacht hat, die uns hier nicht zu interessieren braucht. Für seine politische Soziologie sind nur die beiden ersten Arten (oder, wie er sagt, «Klassen») wichtig, weil sie für beide Elitetypen gelten.

Für Eliten von Löwen sind Residuen charakteristisch, die Pareto die «Persistenz der Aggregate» nennt, also eine ausgesprochen konservative Sinnesart, der es um die Erhaltung der Dinge, wie sie sind, geht, eine Mentalität, die auf kraftvolles Handeln ausgerichtet ist und nicht viel von Überlegungen hält. Im Gegensatz dazu haben die Eliten der Füchse andere Residuen, eine «Klasse», die, laut Pareto, dem «Instinkt zur Kombination» entspringt. Die entsprechende Mentalität ist weniger starr, erfinderischer und besonnener, aber dafür dem entschlossenen Handeln abgeneigt. Paretos Gedankengang ist kompliziert und mit einer oft verwirrenden Terminologie befrachtet. Das Wesentliche der beiden Typen von Herrschenden ist, daß Löwen hauptsächlich durch Gewalt, Füchse durch Schläue herrschen. Dabei handelt es sich nicht etwa um verschiedene Taktiken, die unter dem Druck der Notwendigkeit zum Zuge kommen, sondern um allgemeine Grunddispositionen, die tief im Wesen der beiden Gruppen verwurzelt sind. Um Paretos eigene Symbolsprache zu benutzen: Wenn erst einmal die eine oder andere Klasse von Residuen sich in einer Gruppe fest sedimentiert hat, kann diese kaum noch im Widerspruch zu dem «Programm» handeln, das ihre Residuen ihr diktieren. Mit anderen Worten, bei beiden Eliten besteht die Neigung zur Schwerfälligkeit und Unelastizität in der Reaktion auf neue Situationen.

### Kreislauf der Eliten und Dekadenz

Aus diesem Grunde können beide Elitetypen sich schwer mit unverhofften Situationen abfinden. Sie verlieren dann leicht die Zügel der Macht, und der Weg ist frei dafür, daß eine andere Elite die bisherige ablöst. Meistens ist das eine Elite des anderen Typus. Diese Aufeinanderfolge herrschender Gruppen nennt Pareto den Kreislauf der Eliten, den er geradezu für eine historische Gesetzmäßigkeit hält. In dieser Auffassung steckt wie in der Webers eine tiefe Ironie, und zwar, weil dieselben Kräfte, die eine Elite an die Macht gebracht haben, auch ihren Untergang verursachen. Eine Elite von Löwen etwa kam an die Macht dank ihrer Fähigkeit zu kraftvollem und entschlossenem Handeln. Früher oder später entsteht jedoch eine Situation, in der eben diese Fähigkeit sich selbstzerstörerisch auswirkt. Was nun gebraucht wird, sind kühle Überlegung und Diplomatie. Das aber sind genau die Fähigkeiten, die den Löwen abgehen. Sie können nur den Kurs verfolgen, der ihrem alten «Programm» entspricht, nämlich entschlossen handeln. Was übrigbleibt, ist ein hilfloser Riese, der blindwütig um sich schlägt und schließlich zu Fall gebracht wird. Umgekehrt kann eine Elite von Füchsen nur auf der Höhe der Situation bleiben, solange ihre Schläue gebraucht wird. Früher oder später entsteht jedoch die Notwendigkeit, Schluß mit den klugen Machenschaften zu machen und entschlossen zu handeln. Den Füchsen fehlen aber die entsprechenden Fähigkeiten. Sie sprechen immer noch die Sprache der Diplomatie, wenn Kanonen sprechen sollten. Wahrscheinlich werden sie deshalb bald abgelöst durch Leute, die im richtigen Augenblick die Kanonen sprechen lassen.

Der Kreislauf der Eliten wird gefördert durch einen anderen nahezu unvermeidlichen Prozeß: die einsetzende Dekadenz jeder Elite, die lange Zeit an der Macht war. Das gilt wiederum für beide Typen und bedeutet ganz einfach, daß ihre ursprüngliche Vitalität durch den Genuß der Macht geschwächt wird. Alle Eliten, einerlei ob der Kraft oder der Schläue, erschlaffen einmal. Dies beeinträchtigt Handeln und Denken und daher beide Eliten gleichermaßen. Die Zukunft gehört immer den Abgehärteten, die Disziplin halten und ihre Sinne beisammen haben. Allerdings gibt es auch immer ein Hilfsmittel für gefährdete Eliten, nämlich, daß sie sich wenigstens in Grenzen offenhalten für neue Kräfte aus den unteren Schichten. Mit anderen Worten, Eliten haben bessere Überlebensaussichten, wenn sie gelegentlich den «Zufluß von frischem Blut» in ihre Reihen zulassen. Das wirkt sich besonders segensreich aus, wenn die Neulinge die Residuen der anderen «Klasse» vorweisen können, jene, die der an der Macht befindlichen Elite abgehen. Das bedeutet, daß jede Elite von Löwen möglichst ein paar Füchse aufnehmen sollte, und umgekehrt. Bei einem solchen Vorgehen entsteht so etwas wie ein kontrollierter Kreislauf der Eliten, der bestimmten Individuen Mobilität gewährt, ohne daß das ganze System verändert werden müßte. Eine solche Aufgabe ist jedoch nicht leicht zu bewältigen, eben wegen der zunehmenden Ermüdung und Trägheit von Eliten, die lange an der Macht waren. Meistens halten sie an ihren Gewohnheiten fest, und die Einsicht fehlt ihnen, gerade die Schritte zu tun, die zu ihrem Überleben nötig wären.

## Pareto und Weber versus Marx
Pareto stand tief unter dem Eindruck des Waltens irrationaler Kräfte über dem gesellschaftlichen Leben. Das führte ihn wie Weber zu einer ironischen und tragischen Auffassung der Geschichte überhaupt und der politischen Geschichte im besonderen. Aber er war sich wohl der Tatsache bewußt, daß einzelne und Gruppen auch aus rationalen Motiven handeln. Das geschieht, wenn sie, um es mit Pareto zu sagen, aus

Eigeninteresse handeln. Die bewußten Motive bei einem Kampf um die Macht sind gewöhnlich derartige Interessen. Aber die irrationalen Kräfte, die aus den von Pareto Residuen genannten Grunddispositionen aufsteigen, durchdringen das rationale Verhalten ständig und vereiteln oft die eigentlichen Interessen, um die es geht. Das gesellschaftliche Leben und besonders die Bereiche, in denen es um Macht geht, sind daher ein unentwirrbarer Knoten aus Rationalität und Irrationalität, Interessen und Gewohnheiten, wachem Planen und dumpfer Leidenschaft.

Weber und Pareto waren sich beide bei Abfassung ihrer Theorien der Macht wie in ihren Gesellschaftstheorien überhaupt der großen Bedeutung von Marx bewußt. An vielen Stellen ihres Werkes figuriert Marx gleichsam als der unsichtbare Diskussionspartner. Das muß ganz besonders bei beider politischer Soziologie in Rechnung gestellt werden.

Die Gedanken von Marx über politische Macht stehen in unmittelbarer Beziehung zu seiner Theorie des Klassenkampfes, über die wir schon gesprochen haben. Für Marx ist politische Macht immer ein Instrument der herrschenden Klasse.[7] Da Klasse bei Marx grundsätzlich ökonomisch konzipiert ist (das heißt, Klassen sind durch ihren Zugang zu den Produktionsmitteln definiert), mußten sich für ihn politische Verhältnisse als Spiegelung der ihnen zugrunde liegenden ökonomischen Verhältnisse darstellen. Politische Macht ist Resultat und Reflex von wirtschaftlicher Macht. Der Staat und sein Rechtssystem sind nur die Fassade, hinter der sich Klasseninteressen und ihre Strukturen verbergen. So konnte Marx im *Kommunistischen Manifest* sagen: «Die moderne Staatsgewalt ist nur ein Ausschuß, der die gemeinschaftlichen Interessen der Bourgeoisie-Klasse verwaltet.» Diese Auffassung von politischer Macht ist seither ein leitendes Prinzip des Marxismus geblieben.

Wie wir schon wissen, hat Weber in der Absicht, zu einem differenzierteren Bild der Gesellschaft als Marx zu gelangen, den Begriff der gesellschaftlichen von dem der politischen Klasse unterschieden. Er wollte damit betonen, daß Macht ihre eigene Dynamik hat und nicht nur auf ökonomische Interessen zurückgeführt werden kann. Politische Institutionen haben ihre eigene Logik. So betonte Weber denn auch – und das wird besonders deutlich an seinem Begriff der Rationalität – die Bedeutung von Normen und Werten für den Bereich des politischen Handelns.

Trotz gänzlich anderer theoretischer Orientierung betonte auch Pareto die Kompliziertheit der Beziehungen zwischen rationalen und irrationalen Faktoren in der Gesellschaft. Weber wie Pareto unterscheiden sich von Marx durch das Gewicht, das sie den irrationalen Aspekten der Macht zumessen, das heißt, beide bestehen darauf, daß rationale Interessen (ob Klasseninteressen oder sonstige) nicht ausreichend erklären können, was sich in diesem Bereich des gesellschaftlichen Lebens abspielt.

## Die Macht im amerikanischen Gemeinwesen: wirtschaftliche «Machtstruktur» oder pluralistische Faktoren?

Die amerikanische Soziologie hat lange keine besondere Notiz vom Machtproblem genommen, ja sogar das Wort Macht vermieden. Wir erwähnten das schon beim Vergleich der Begriffe Macht und soziale Kontrolle (der letztere Begriff ist bezeichnenderweise von einem amerikanischen Soziologen geprägt worden). Der Grund für diese Abneigung dürfte wohl in der amerikanischen Ideologie zu finden sein, die politische Macht als einen Konsensus der Bevölkerung darstellt, so daß sich die politische Sphäre schwerlich als Arena eines Kampfes zwischen Machtinteressen vorstellen läßt, die keine breite demokratische Legitimation haben. In der Frühzeit der amerikanischen Soziologie teilte als einziger Thorstein Veblen diese Allergie gegen Machtfragen nicht. Er gefiel sich geradezu darin, die Tünche der demokratischen Legitimationen von den wirklichen Motiven verschiedener Gruppen der Gesellschaft abzukratzen. Aber selbst er dachte dabei weniger an Macht als an Manipulation. Bei seinen verschiedenen Analysen des Wirtschaftssystems interessierte er sich weniger für dessen Fähigkeit, die Öffentlichkeit zu etwas zu zwingen, als vielmehr sie zu täuschen. Wenn wir bei Paretos Theorie ständig das Bild eines machiavellistischen Fürsten vor uns haben, so bei Veblens Analyse eher das eines Bauernfängers. Vielleicht zeigt sich in dieser Verschiebung der Auffassungen etwas echt Amerikanisches.

Heute sind die soziologischen Theorien der Macht in Amerika sehr kontrovers. Die Situation ähnelt der der Theorien zur Schichtung. Auch hier können wir nicht den Schiedsrichter zwischen den verschiedenen Auffassungen spielen. Wir können sie nur kurz darstellen und die Unterschiede zeigen, die sich je nach der Richtung für das Gesamtbild ergeben.

In der heutigen amerikanischen Soziologie gibt es eine ausgesprochen radikale oder kritische Richtung, deren Vertreter zum Teil stark vom Marxismus beeinflußt sind. Sie entlarven die demokratischen Formeln für die Vorgänge in der politischen Arena und behaupten, daß die verschiedensten Mächte unsichtbar dahinter walten. Die wirtschaftliche Elite der amerikanischen Gesellschaft gilt ihnen meistens als der ausschlaggebende Machtfaktor. Im Gegensatz dazu stehen konventionelle Auffassungen. Sie pflichten den radikalen Kritikern in einigen Punkten bei, betonen aber doch die mindestens relative Macht demokratischer Prozesse und die Vielfältigkeit der Machtverhältnisse. Die letztere Auffassung herrscht mehr bei Sozialwissenschaftlern als bei Soziologen, obwohl sie auch in der Soziologie ihre entschiedenen Vertreter hat. Dazu muß allerdings gesagt werden, daß die meisten Soziologen sich gar nicht mit Machtfragen beschäftigen und also nicht ganz leicht zu einer der beiden Kategorien gezählt werden können. Bei den ausgesprochen politischen Soziologen ist es zur Zeit recht schwierig zu sagen, wie sie zahlenmäßig in den beiden großen Lagern vertreten sind.

Der Disput hat sich sowohl auf mikroweltlicher als auf makroweltlicher Ebene abgespielt. Genauer gesagt, das Problem der Macht ist sowohl für die lokale Gemeinde als auch für die gesamte Nationalgesellschaft aufgeworfen worden. Für die kommunale Ebene erschien 1953 ein wichtiges Buch, das eine Kontroverse auslöste, die noch anhält. Es handelt sich um die Studie über die Machtstruktur einer großen Stadt in den Südstaaten (im Buch trägt sie ein Pseudonym, wird aber allgemein für Atlanta, Georgia, gehalten) von Floyd Hunter.[8] Hunter war ursprünglich in der Sozialfürsorge der später soziologisch von ihm untersuchten Stadt tätig gewesen, und schon damals hatte ihn die Tatsache beeindruckt, daß die eigentlichen Entscheidungen für die Stadt von einem ganz kleinen Kreis von Leuten getroffen wurden. Seine Untersuchungen zielten deshalb darauf ab, diese Menschen gesellschaftlich genau zu lokalisieren. Seine Untersuchungsmethode ähnelte der eines Kriminalbeamten, der mit der Aufklärung eines Verbrechens betraut ist. Er stellte einfach allen möglichen Leuten Fragen darüber, wie sie Macht in der Gemeinde erfahren hätten und über die Machtverhältnisse in ihrer Stadt dächten. Das Puzzle der erhaltenen Antworten setzte er dann wie ein Geduldsspiel zusammen, bis das Bild zu seiner Zufriedenheit ausgefallen war. Das Ergebnis war, daß er tatsächlich eine ganz kleine Gruppe herausfand, die die Hauptentscheidungen in der Stadt traf. Die Geschäftsleute waren tonangebend, aber es gab auch Anwälte, Wahlpolitiker und Gewerkschaftsbosse darunter. Hunter hat diesen Kreis der Entscheidungsträger Machtstruktur genannt, ein Ausdruck, der in der Folgezeit überall, besonders in radikalen Kreisen, geläufig wurde. (Erwähnenswert ist, daß weder Hunter selbst noch sein Buch aus dem Jahr 1953 wirklich radikal waren. Die radikalen Folgerungen haben andere gezogen.)

Hunters Buch ist scharf kritisiert worden. Die soziologische Kritik richtete sich besonders gegen die Methode. Diese, so lautete ein Hauptvorwurf, vermittle zwar ein recht gutes Bild von den Vorstellungen, die in einer bestimmten Gemeinde über die Macht bestünden, verschaffe aber keinen konkreten Zugang zu den wirklichen Machtverhältnissen. Das soll heißen, daß man mit dieser Methode wohl aufdecken kann, was die Leute sich bei der Machtstruktur denken, wobei sie sich aber durchaus auch im Irrtum befinden können. In der Folgezeit entstand eine Anzahl von Gemeindestudien in der Absicht, Hunters Entdeckungen zu widerlegen. Besonderen Eindruck machte eine Studie, die Robert Dahl in New Haven durchführte.[9] Dahl, ein Politologe, behauptete, eine viel dichtere und differenziertere Machtstruktur aufgedeckt zu haben als Hunter. Verglichen mit Hunters Bild einer mehr oder weniger einmütigen kommunalen Elite wirkt die Situation bei Dahl viel ausgesprochener pluralistisch. Geschäftsinteressen spielen zwar auch hier eine große Rolle in der

Gemeinde, müssen aber mit verschiedenen anderen Kräften rechnen, die ihre eigene gesellschaftliche Grundlage haben. Der wichtigste Unterschied ist, daß bei Hunter der förmliche politische Prozeß nur ein Mechanismus ist, der die Interessen der Elite ausführt, während Dahl ihn als einen durchaus unabhängigen Faktor darstellt.

Dahls Ansatz ist von der entgegengesetzten Seite heftig kritisiert worden. Man hat ihm bezeichnenderweise vorgeworfen, er habe sich seine Machtkonzeption zu sehr von der Lokalperspektive einengen lassen. Das soll heißen, daß er sein figurenreicheres Bild gewonnen habe, weil er sich auf Lokalangelegenheiten konzentrierte, bei denen es in der Tat ein pluralistisches Zusammenspiel der verschiedensten Interessengruppen gibt. Daß die Träger der Macht auf nationaler Ebene im allgemeinen nicht besonders an Lokalangelegenheiten interessiert sind, läßt sie auf diese Weise in den Hintergrund treten.

### Die nationale Ebene: ökonomische «Machtelite» oder Viel-Faktoren-Hypothese?

Auf beiden Seiten des soeben besprochenen Grabens herrscht Einmütigkeit darüber, daß von Macht auf kommunaler Ebene nicht direkt auf die nationale Ebene geschlossen werden kann. Es handelt sich um ganz verschiedene Strukturen, und demgemäß sollten sich auch die Mechanismen der Macht unterscheiden. Hunter hat zwar selbst versucht, seinen Ansatz auf die nationale Ebene zu übertragen.[10] Er ging dabei nach derselben Methode vor wie bei seiner Gemeindestudie und begann mit Interviews bei nationalen Organisationen, die er für die führenden hielt. Die Methode, die schon auf der kommunalen Ebene scharf angegriffen worden war, wurde ganz allgemein als ungeeignet zur Erkenntnis nationaler Machtverhältnisse verworfen. Das wichtigste Buch über nationale Macht in Amerika ist die Studie von C. Wright Mills über die sogenannte Machtelite, die 1956 erschien.[11] Mills behauptete, daß Amerika von einer Elite beherrscht werde, die drei Hauptkomponenten enthalte: eine ökonomische, eine politische und eine militärische. Die ökonomische setze sich aus dem Großunternehmertum und den Spitzen der Konzernverwaltungen zusammen, die politische bestehe aus den Schlüsselfiguren im Regierungsapparat, vor allem, wenn auch nicht ausschließlich, auf Bundesebene, und die militärische Komponente werde natürlich von den obersten Chargen der verschiedenen Waffengattungen vertreten. Mills hat sich redlich bemüht, keine vereinfachten Vorstellungen von dieser Machtelite aufkommen zu lassen. Aber aus seiner Analyse wird ganz deutlich, daß die ökonomische Komponente die entscheidende ist. Mindestens bis zu diesem Punkt entspricht Mills Analyse der Macht im modernen Amerika wohlvertrauten marxistischen Auffassungen. Ein besonders wesentlicher Teil seiner Argumentation gilt dem Aufstieg des

Militärs seit dem Zweiten Weltkrieg zu überragender Stellung in der amerikanischen Machtstruktur, was ein neues und bedeutsames Element der Situation ist. Mills erklärt mit Entschiedenheit, daß die Führungskräfte dieser drei Elitegruppen mit der Zeit austauschbar geworden sind und faktisch auch ausgetauscht werden. Hohe Wirtschaftsfunktionäre übernehmen hohe Regierungsämter, Generäle nehmen ihren Abschied und gehen in die Privatwirtschaft. Die drei Gruppen mischen sich miteinander und unterhalten eine Vielzahl informeller und inoffizieller Kontakte. Die allgemeine Tendenz an der Spitze der amerikanischen Gesellschaft ist engster Zusammenhalt und Undurchlässigkeit gegenüber Außenstehenden.

Mills Buch hat seit seinem Erscheinen weit über die Grenzen der Sozialwissenschaften hinaus gewirkt. Es wurde eine der Stützen für die These, daß Amerika heute vom «militärisch-industriellen Komplex» beherrscht wird, und ist so zu einer Bibel des politischen Radikalismus in Amerika geworden. Eine Reihe anderer Arbeiten sind Mills Beispiel gefolgt und haben den Zugang zur amerikanischen Machtstruktur noch erweitert.[12] In der Soziologie ist der geschlossenste Entwurf einer Gegenposition ein 1967 erschienenes Buch von Arnold Rose.[13] Rose kritisiert an Mills die zu enge Auslese des Belegmaterials für das Bild der Machtstruktur, das er entworfen hat. Er behauptet, daß Mills die Vielzahl der Interessengruppen im Rahmen der Machtstruktur nicht berücksichtigt habe. Zwar betreibe jede Gruppe tatsächlich ihre Eigeninteressen, aber normalerweise sind diese relativ eng und kollidieren oft mit den Interessen anderer Elemente in der Machtstruktur. Dem, was er Mills «Hypothese von der Dominanz der wirtschaftlichen Elite» nennt, stellt Rose eine eigene «Hypothese des Pluralismus der Einflüsse» entgegen, die letztlich das alte pluralistische Bild der politischen Verhältnisse in Amerika bestätigt. So kann man sagen, daß der Antagonismus von Mills und Rose auf nationaler Ebene wiederholt, worum es bei der Hunter-Dahl-Debatte auf kommunaler Ebene gegangen war.

## Ein Spektrum und drei Hauptrichtungen

Wir wollen die Situation nicht allzusehr vereinfachen. Es gibt eine Anzahl von Auffassungen, die nicht deutlich in eines der beiden Lager gehören. Eine mehr oder weniger vermittelnde Position ist der Gedanke, daß eine neue Elite entstanden ist, die sich gleichzeitig mit den technischen und akademischen Gruppen ausbreitet, die die Hauptinstitutionen der Gesellschaft anführen. Der Nationalökonom John Galbraith nennt diese Gruppe die Technostruktur. Sein Gedanke ist, daß eine moderne Gesellschaft ohne diese technische Elite nicht funktionieren kann und ihre Mitglieder deshalb immer mächtiger geworden sind.[14] Dieser Gedanke führt die Theorie einer «Revolution der Manager» weiter, von der bei der Besprechung der Bürokratie kurz die Rede war.

Für die Darstellung der Macht in der amerikanischen Gesellschaft sind auch einige Arbeiten über die eigentliche Oberklasse von Relevanz. Der bedeutendste Soziologe, der sich damit befaßt hat, ist Digby Baltzell.[15] Auch er hat seine Forschungen auf örtlicher Ebene begonnen, und zwar mit einer Studie über die alte Oberklasse in Philadelphia. Er hat die Untersuchungen dann auf die nationale Ebene ausgeweitet und 1964 eine Studie über das von ihm so genannte «protestantische Establishment» veröffentlicht – ein vielleicht nicht allzu glücklich gewählter Ausdruck zur Bezeichnung einer nationalen Oberklasse. Baltzells Hauptthese ist, daß diese sich immer mehr dagegen gewehrt habe, neue Mitglieder in ihre Reihen aufzunehmen. Er weist nach, daß ein Umstellungsprozeß von einer «Aristokratie» (die er übrigens nicht nur für zu jeder Gesellschaft gehörig, sondern auch für wünschenswert hält) zu einer «Kaste» stattgefunden hat, das heißt also, zu einer immer geschlosseneren und undurchdringlicheren gesellschaftlichen Gruppe. Wenn man Paretos Gedanken vom Kreislauf der Eliten auf Baltzells These anwendet, läßt sich sagen, daß die amerikanische Elite in die Falle jener Exklusivität gerät, die Pareto als einen Hauptgrund für den Untergang von Machtgruppen angegeben hatte.

Auf die Gefahr der zu großen Vereinfachung hin möchten wir die heutigen soziologischen Theoreme über Macht in Amerika folgendermaßen zusammenfassen: Soziologen und Sozialwissenschaftler hegen drei Hauptvorstellungen von der Macht in der amerikanischen Gesellschaft. Da ist erstens das Bild von der nahezu geschlossenen Elite, in der die ökonomische Komponente des Großunternehmertums und der Konzernherren dominiert. Dieses Bild mag man in orthodox marxistischen Farben malen oder auch nicht. Jedenfalls entspricht es am ehesten dem marxistischen Bild von der kapitalistischen Gesellschaft. Diese Auffassung haben die meisten radikalen Soziologen, und sie paßt natürlich zur radikalen Opposition gegen den politischen und wirtschaftlichen Status quo in der amerikanischen Gesellschaft. Zweitens gibt es das Bild einer stärker aufgegliederten Elite, bei der die ökonomische Komponete nicht unbedingt dominieren muß. Soziologen, die die Bedeutung der sogenannten Technostruktur hervorheben, neigen meistens zu dieser Vorstellung. Sie ist zwar differenzierter in ihrer Auffassung der Machtverhältnisse als die erste Position, ähnelt dieser aber doch darin, daß auch sie den Einfluß jener demokratischer Prozesse, die nach «offizieller» Version Macht in der amerikanischen Gesellschaft festlegen, gering einschätzt. Schließlich ist da noch das Bild einer pluralistischen Machtstruktur, in deren Rahmen demokratische Prozesse und demokratisch gewählte Repräsentanten mindestens eines unter mehreren mächtigen Elementen darstellen. Diejenigen, die diese Einstellung haben, glauben nicht nur an die Wünschbarkeit «offizieller» Definitionen der politischen Wirklichkeit in Amerika, sondern halten diese auch weitgehend für übereinstimmend mit der empirischen Wirklichkeit. Gewiß sind die Grenzen zwischen diesen drei Richtungen nicht immer ganz scharf, und so manche individuelle Interpretation der amerikanischen Situation bewegt sich quer durch alle drei Lager.

# 14 Abweichung

## Abweichung und moralische Differenzen

Wir treffen von Kindheit an im Alltagsleben auf eine Menge Menschen, die in dieser oder jener Weise anders sind als wir. Da ist in der Schule das kleine schwarze Kind unter lauter weißen oder das Mauerblümchen beim Tanzstundenball, da sind die körperlich Behinderten und die seelisch Gestörten. Aber es gibt noch eine Art von Anderssein: den Buben beispielsweise, der sich angewidert abwendet, wenn die ganze Gruppe über einen schmutzigen Witz lacht, oder die «Taube» in einer ganzen Behörde voller «Falken» und natürlich auch den «Falken» bei einer Cocktailparty der «Tauben». Diese Unterschiede sind oder wirken anders als die zuerst genannten, weil sie nämlich eine absichtliche Ablehnung der Werte oder Normen einer Gruppe mit einschließen. Schwarz, schüchtern oder verkrüppelt zu sein ist eine Verfassung, die dem Menschen auferlegt ist. Politisch nonkonformistisch zu sein zum Beispiel ist dagegen das Ergebnis eines Entschlusses (oder scheint es zu sein). Diese zweite Weise des Andersseins ist es, mit der wir uns in diesem Kapitel beschäftigen wollen.

## Die Reichweite «normalen» Verhaltens

Gesellschaft behauptet sich durch die tätige Übereinstimmung der ihr Zugehörigen mit sozialen Normen und Regeln, die die Wirksamkeit ihrer Ordnung gewährleisten sollen. Wie wir schon gesehen haben, gibt es eine Menge Möglichkeiten der sozialen Kontrolle, von physischer Gewalt bis zu sanftem psychischem Druck, die diese Normen und Regeln schützen sollen. Jedes soziale Kontrollsystem ruht auf dem Hintergrund bestimmter Vorstellungen über die Grenzen des Erlaubten: einem Verhalten also, auf das soziale Kontrolle keine Anwendung findet. Reichweite und Wesen dieser Zone erlaubten Verhaltens sind von Gesellschaft zu Gesellschaft verschieden, aber überall ist erlaubtes Verhalten das, was als «normal» gilt. Wie weit diese gesellschaftlich definierte «Normalität» jedoch auch reichen mag, einen bestimmten Punkt gibt es immer, den man als einzelner nicht überschreiten darf, ohne als «anormal» zu gelten. Man kann ruhig sagen, daß gelegentlich fast jedermann diesen Punkt überschreitet. Wer sich daraus aber eine Gewohnheit macht, wird zum Abweichler erklärt.

Was das im Sinn der realen Gesellschaftserfahrung bedeutet, erkennt man am besten an ganz gewöhnlichen Alltagssituationen. Jede Situation, in der Menschen sozial interagieren, beruht auf typischen Erwartungen, das heißt, es wird vom einzelnen erwartet, daß er typisch auf sie reagiert.

Der Abweichler gibt sich dadurch zu erkennen, daß er nicht typisch reagiert. Stellen wir uns einmal einen jungen Mann vor, der in einen geselligen Kreis eingeführt wird. Im Raum sind schon ein paar Leute beiderlei Geschlechts anwesend. Die typische Erwartung ist, daß man, wenn man erst einmal vorgestellt worden ist, seine Runde macht, allen die Hand schüttelt und sich dann irgendwo hinsetzt. Wer all das tut, reagiert typisch. Was aber, wenn unser junger Mann, nachdem er alles Notwendige erledigt hat, aufsteht, zu einer der anwesenden Damen geht, vor ihr niederkniet, mit der Stirn den Boden berührt und verkündet: «Sie sind schön. Gestatten Sie, daß ich Ihrer Schönheit huldige.» Höchstwahrscheinlich sind alle Anwesenden (sogar in einer sehr kultivierten Gesellschaft) und besonders die so geehrte Dame etwas beunruhigt. Wenn sich herausstellen sollte, daß der kniende Mann nicht etwa aus einem exotischen Land im Fernen Osten, sondern einfach aus Brooklyn oder Altona stammt, wächst die Beunruhigung. Je nachdem, wie er sich weiter benimmt, wird man ihn nun klassifizieren. So könnte man beschließen, daß es sich einfach um einen komischen Kauz handelt, der «Eindruck schinden» will. Vielleicht stellt sich aber auch heraus, daß er eine etwas eigenwillige Auffassung vom Umgang mit schönen Frauen zum Ausdruck bringen möchte. Er gehört vielleicht zu einem Kreis von Sonderlingen, die die höfischen Sitten des Mittelalters wieder einführen möchten. Es kann aber auch sein, daß er nach Abschluß eines Intensivkurses zur Stärkung des Gefühlslebens den einsamen Beschluß gefaßt hat, daß Kniefälle vor schönen Frauen zu seinem ureigensten Stil gehören. Die Anwesenden könnten jedoch auch zu dem Urteil gelangen, daß er einfach ein Psychopath ist. Was auch bei der Geschichte herauskommt, die ungewöhnliche Tat dieses einzelnen reiht ihn in der Vorstellung der anderen in die Kategorie der Abweichler ein, wenn man sich auch noch nicht darüber einig ist, welche Unterkategorie für ihn in Frage kommt.

## «Das war unrealistisch» – Abweichung vom typischen Verhalten

Typisch ist das, was als normal gilt. Abweichung vom Typischen ist immer beunruhigend, weil sie das, was die Leute für Normalität halten, in Frage stellt. Deshalb ist Abweichung, sogar noch bevor man sie für einen Verstoß gegen die Moral hält, sozusagen ein Vergehen gegen die Realitäten. Es sind Vorstellungen von Normalität, die bestimmen, wie man sie erfährt. Sie trennen «das Wirkliche» von dem ab, was «unwirklich» ist. Alle derartigen Definitionen der Wirklichkeit sind, wahrscheinlich der eingeborenen Natur des Menschen wegen, gefährdet. Deshalb muß man sich um Abweichung (besonders wenn sie weit geht und andauert) nicht nur zum Schutz der moralischen Regelungen der Gesellschaft kümmern, sondern auch, und das ist noch wichtiger, um den Wirklichkeitssinn der Angehörigen einer Gesellschaft zu sichern.

## Die Relativität der Normalität und ihre gesellschaftliche Definition

Was abweichend ist oder nicht, ist offensichtlich relativ. Das Verhalten unseres so überaus höflichen jungen Mannes mag in einer anderen Kultur ganz normal sein oder in einer anderen Periode unserer eigenen Kultur normal gewesen sein. Was in einer Gesellschaft als Normalität gilt, hält eine andere Gesellschaft für unsinnig – und umgekehrt. Ein klassischer Ausspruch von Pascal lautet: Wahrheit auf der einen Seite der Pyrenäen ist Irrtum auf der anderen. Anders gesagt: Abweichung in Frankreich muß also nicht unbedingt auch in Spanien Abweichung sein – und umgekehrt.

Sobald man die Relativität der gesellschaftlichen Auffassungen von Normalität und also auch von Abweichung anerkennt, gelangt man zu einer einfachen, aber sehr bedeutsamen Einsicht: Abweichung besteht «in der Vorstellung». Anders ausgedrückt: Abweichung ist Sache der gesellschaftlichen Definition. Wir wollen uns dabei nochmals an den berühmten Ausspruch von W. I. Thomas erinnern: «Wenn Menschen eine Situation als wirklich definieren, so ist sie in ihren Konsequenzen wirklich.» Normalität und Abweichung sind in diesem Sinn wichtige Bestandteile der Wirklichkeit. Wenn also, um Thomas zu paraphrasieren, eine Gesellschaft einen bestimmten Verhaltenstypus als abweichend definiert hat, werden diejenigen, deren Verhalten unter diesen Typus fällt, die Konsequenzen der Tatsache, daß man sie als Abweichler ansieht, ertragen müssen, ob sie wollen oder nicht. Gesellschaften sind immer um ihre Definitionen der Wirklichkeit besorgt. Wenn jemand die gesellschaftlich definierte Wirklichkeit absichtlich zu negieren scheint, findet man ihn gefährlich. Auch der Soziologe kann die Tatsache nicht leugnen, daß ein solcher Mensch im Sinn der Anschauungen seiner Gesellschaft gefährlich ist. Das trifft besonders zu, wenn es keine «Entschuldigung» für die Abweichung gibt. Um auf unser obiges Beispiel zurückzukommen: Wenn sich nachweisen läßt, daß der überhöfliche junge Mann zum Beispiel aus der Mongolei stammt oder kürzlich aus psychiatrischer Behandlung entlassen worden ist, könnten solche Fakten als «Entschuldigungen» gelten. Ohne derartige Erklärungen läßt sich sein Benehmen jedoch nur als unentschuldbarer Affront gegen die als gesichert geltende Wirklichkeit des gesellschaftlichen Lebens auffassen.

## Die «Verläßlichkeit» von Wirklichkeitsdefinitionen: durch sozialen Wandel und Pluralismus gemindert

Eine weitere Folgerung ist, daß der Begriff Abweichung nur Sinn hat, wenn von einer gesellschaftlichen Situation die Rede ist, in der ein ziemlich hoher Grad von Konsensus über die Regeln des gesellschaftlichen Lebens besteht. Je stabiler dieser Konsensus ist, um so «verläßli-

cher» sind auch die Kennzeichen für Abweichung – das heißt «verläßlich» in den Köpfen derer, die sie feststellen. In Bereichen des gesellschaftlichen Lebens, in denen kein solcher Konsensus besteht, ist Abweichung buchstäblich unmöglich. Dort hegt man keine typischen Erwartungen oder hat sich noch nicht darauf festgelegt, was man erwarten will,
und deshalb ist fast alles möglich. Es macht einfach keinen Spaß, böse zu
sein, wenn keiner weiß, was gut ist. Die Philosophen behaupten seit
langem, daß das Laster ein Parasit der Tugend sei. Genausogut können
die Soziologen – bei verändertem Bezugsrahmen – sagen: Abweichung
ist ein Parasit der Übereinstimmung. Solange beispielsweise alle Männer
glatt rasiert sind, kann man etwas damit aussagen, wenn man sich einen
Bart wachsen läßt. Aber in einer Zeit, in der der Mann sowohl glatt
rasiert sein als auch Koteletten, einen Schnurr- oder Kinnbart oder eine
üppige Haartracht tragen kann, hat die Tatsache, daß einer einen Bart
hat, denn doch etwas an Bedeutung eingebüßt. Jedenfalls kann man hier
nicht mehr von Abweichung sprechen.

In Zeiten raschen sozialen Wandels oder in Situationen, in denen eine
Pluralität der Maßstäbe herrscht, werden die gesellschaftlichen Erwartungen undeutlich und entbehren der Kraft des Konsensus. Die allgemeine Folge ist Unsicherheit darüber, was «normal» ist oder nicht. In solchen
Situationen unterliegen auch die Definitionen der Wirklichkeit einem
entscheidenden Wandel. Verhalten, das gestern als abweichend ver-
schrien war, ist heute durchaus annehmbar – und umgekehrt. In vielen
Bereichen des gesellschaftlichen Lebens ist das mehr oder weniger heute
der Fall – mit einer etwas merkwürdigen Folge: Früher war es mindestens
einigermaßen klar, was abweichend war oder nicht. Dennoch war es
damals in erster Linie der Abweichler selbst, der Grund zur Beunruhigung hatte. Heute, nachdem die Grenzen fließend geworden sind, neigt
jeder zu einer gewissen Beunruhigung, und zwar weil jeder die begründete Sorge hat, daß seine eigene «Normalität» schon morgen völlig
fraglich geworden sein kann. Die Möglichkeit, den Verstand zu verlieren,
bedroht jeden, und diejenigen, die sich darauf spezialisiert haben, dieses
Schreckgespenst zu bannen – die Therapeuten, machen glänzende Geschäfte.

Wir haben schon darauf hingewiesen, daß Soziologen häufig in Zuständigkeitskontroversen mit anderen Sozialwissenschaften geraten; in
dem Bereich, von dem dieses Kapitel handelt, ist es die Kriminologie.
Manchmal wird sie (besonders in Amerika) als Sparte der Soziologie
angesehen; sie hat aber nichtsdestoweniger eine lange, eigenständige
Geschichte.[1] Wie so häufig bei Zuständigkeitskontroversen, bei Gewerkschaften wie in den Wissenschaften, kreist der Konflikt um Definitionsfragen. In diesem Fall geht es einfach um das Problem, wie man Verbrechen definiert und von anderen Formen der Abweichung unterscheiden

muß. Es war lange Zeit üblich, Verbrechen als besondere Form der Abweichung zu definieren, bei der es um die Verletzung verbrieften Rechts und kodifizierter Gesetze geht. So abweichend das Benehmen unseres oben beschriebenen Jünglings auch sein mag, kriminell in diesem Sinn ist es sicher nicht. Es gibt kein Gesetz oder Statut, das Männer daran hindert, vor Frauen in Gesellschaft niederzuknien. Aber nehmen wir einmal an, der junge Mann würde, nachdem er seine sonderbare Huldigung angebracht hat, anfangen, die Dame seines Herzens sexuell zu belästigen. Wenn er das täte, so würde er die Grenze zwischen Abweichung und Verbrechen überschreiten. Man würde wahrscheinlich die Polizei holen, und es käme (je nach dem Grad seines Angriffs) zu einer Anklage wegen ungebührlichen Betragens, tätlichen Angriffs oder gar Vergewaltigung. Wie immer man diese verschiedenen Formen des Handelns auch definieren mag, es wird an ihnen deutlich, daß die Kategorie der Abweichung weiter reicht als die Kategorie Verbrechen und daß man die letztere demzufolge als Sonderfall der ersteren ansehen muß.

## Ursachen der Abweichung

### Biologische Theorien

Wie erklären und interpretieren die Soziologen nun die Abweichung? Es gibt eine lange Tradition (wissenschaftlich oder pseudowissenschaftlich), die abweichendes oder asoziales Verhalten auf biologische Ursachen zurückführt. Nach dieser Auffassung wird der Abweichler geboren, nicht (von wem oder wodurch auch immer) gemacht. Ein bedeutender Vertreter dieser Lehre in der Geschichte der Kriminologie (die in früheren Stadien als Zweig der Medizin galt) war der italienische Arzt Cesare Lombroso. Er hat eine umfassende Beschreibung des (von ihm so genannten) «geborenen Verbrechers» erstellt, der, so Lombroso, an einer ganzen Reihe physischer Merkmale zu erkennen ist und den vor allem sein Gesicht verrät. Noch heute kann der Besucher der Universität Rom in einem Flügel des Gebäudes der medizinischen Fakultät eine lange Porträtgalerie phantastisch häßlicher Missetäter bewundern, die Lombrosos Theorie illustrieren sollte. Heute teilen nur noch ganz wenige Forscher Lombrosos Auffassung. In der modernen amerikanischen Sozialwissenschaft gibt es allerdings auch heute noch engagierte Verfechter der biogenetischen Voraussetzungen jeglichen menschlichen Verhaltens – und zwar einschließlich des abweichenden oder verbrecherischen.[2]

Die eigentlichen Soziologen mit ihrer professionellen Abneigung gegen erbbiologische Erklärungen für gesellschaftliches Verhalten haben sich jedoch weitgehend von solchen Theorien abgesetzt.

*Psychologische Ursachen:* verfehlte Eltern-Kind-Beziehung

Für psychologische Erklärungen abweichenden Verhaltens dagegen waren die Soziologen viel aufgeschlossener, zum Teil wohl wegen der häufigen Berührungspunkte mit soziologischen Fragen. Die Psychologie erklärt Abweichung mit irgendeinem seelischen Funktionsmangel oder einer sonstigen psychischen Störung. Ihre Theorien ähneln den biologischen insofern, als sie Abweichung im Grunde medizinisch, das heißt als Krankheit sehen. Der Unterschied liegt mindestens teilweise darin, welche Prognosen für eine Therapie bestehen. Schließlich kann man gegen die physische Struktur eines menschlichen Gesichts kaum etwas tun – so daß Lombroso sich damit beschied, seine gräßlichen Porträts an die Wand zu hängen: aus eigenem Interesse und zur Unterweisung von Polizisten. Aber mindestens seit dem Aufkommen der Psychoanalyse herrscht allgemein die Auffassung, daß die meisten seelischen Störungen behandelt werden können. Diese Auffassung vertritt denn auch jene Fachliteratur, die Abweichung aus psychologischer Sicht betrachtet.

Auch die Überschneidung psychologischer und soziologischer Theorien verdanken wir der Psychoanalyse. Seit Freud ist man der Auffassung, daß psychopathologische Phänomene in Verbindung mit verfehlten Eltern-Kind-Beziehungen, besonders in den frühen Lebensjahren, stehen. Derartige Erklärungen berühren mindestens das Gebiet der Familiensoziologie und sind schon deshalb annehmbarer für Soziologen als rein biogenetische Theorien über Abweichung.

Ein recht bekanntes Beispiel für einen psychologisch-soziologischen Ansatz zur Jugendkriminalität ist die Arbeit von Sheldon und Eleanor Glück.[3] Die Glücks haben 500 Verbrecher und 500 Nichtstraffällige sorgfältig verglichen, bei denen Wohngegend, Alter, Intelligenz und nationale Herkunft übereinstimmten. Sie fanden heraus, daß bei Jugendlichen, die nicht straffällig werden, meistens eine nahe und liebevolle Beziehung zu den Eltern besteht. Besonders gleichgültige oder besonders strenge beziehungsweise sprunghafte elterliche Einstellungen sind dagegen kriminalitätsfördernd, während andererseits eine «feste, aber freundliche» Haltung der Eltern dem Entstehen verbrecherischer Neigungen im Wege steht.

Albert Cohen, einer der bekanntesten soziologischen Experten auf dem Gebiet der Jugendkriminalität, hat den Versuch unternommen, den psychologischen Ansatz mit traditionellen soziologischen Untersuchungsweisen zu kombinieren.[4] In der Diskussion über die Ursachen der Jugendkriminalität nimmt er eine Mittlerstellung ein zwischen denen, die sie als zu einer besonderen Subkultur gehörig verstehen, und den anderen, die dieses Phänomen individualpsychologisch angehen. Einige Soziologen hatten die These aufgestellt, daß in heruntergekommenen Wohngebieten der unteren Klassen eine spezielle Subkultur herrsche, die kriminelles Verhalten produziere. Cohen lehnte diese These ab und verwies auf diejenigen, die in dieser Subkultur leben, ohne Verbrecher zu werden. Zugleich wandte er sich aber auch gegen einseitig psychologische Begründungen für Verbrechen und erklärte, daß schließlich viele Menschen mit sehr ähnlichen psychologischen Konstellationen – auch in Wohngegenden, in denen das Verbrecherwesen gedeiht – nicht Verbrecher werden, sondern ihre psychischen Störungen auf andere Weise abreagieren. Nur ein Zusammentreffen beider Faktoren – Subkultur und persönliche psychische Disposition – kann nach Cohen das Phänomen erklären. Trotz der Abwandlung des psychologischen Ansatzes legte Cohen jedoch besonderen Wert auf psychologische Faktoren und verwendete klinisches psychiatrisches Material zur Stützung seiner Theorie.

## Soziologische Ursache: die «Ökologie» der Stadt

Wenn wir uns jetzt den eigentlich soziologischen Abweichungstheorien zuwenden, begegnen wir einer ganzen Fülle von Ansätzen. Eine der ersten soziologischen Studien über Abweichung in Amerika stammt aus der Schule von Chicago. Im Sinn der von ihr betriebenen Großstadtsoziologie interessierte sie sich zunächst für die räumliche Streuung der (von ihr so genannten) «gesellschaftlichen Desorganisation», für die Abweichung in der Großstadt.[5] Es lag ihr dabei daran, verschiedene Formen der Abweichung (Verbrechen, Jugendvergehen, Alkoholismus, Geisteskrankheit oder Selbstmord) mit der «Ökologie» der Großstadt in Verbindung zu bringen. Die Großstadtsoziologen entdeckten zunächst eine bemerkenswerte Dichte des Vorkommens solcher Phänomene in bestimmten Wohngegenden, auch dann, wenn deren ethnische Zusammensetzung sich änderte. Für die meisten Formen der Abweichung erwies sich der Slum als fruchtbarer Nährboden, und zwar unabhängig von der jeweiligen Zusammensetzung seiner Bevölkerung. Bei zunehmendem räumlichen Abstand bestimmter ethnischer oder rassischer Gruppen vom Slum zeigte sich, daß das Auftreten von Abweichung sehr differierte. Man neigte in der Schule von Chicago deshalb schon bald dazu, die Erforschung des Phänomens nicht auf ökologische Faktoren zu beschränken.

## Soziologische Ursachen: die Subkultur

Der Begriff Subkultur greift entschieden über die bloß räumliche Dimension hinaus. Subkulturen haben zwar, besonders in Großstädten, ihren eigenen geographischen Ort oder mindestens Brennpunkt. Der Begriff umschließt jedoch ein viel komplexeres Phänomen.

Die bizarrsten Winkel des großstädtischen Lebens fesselten die Soziologen von Chicago so, daß sie die verschiedensten Formen von Subkultur genau erforschten, beispielsweise die spezieller Berufsgruppen. Einige

Wissenschaftler interessierten sich andererseits für ethnische Subkulturen, die in der Endperiode der Masseneinwanderung aus Europa nach Amerika besonders aufschlußreich waren. In ihrer klassischen Studie über die polnischen Einwanderer wiesen W. I. Thomas und Florian Znaniecki vor allem auf die «soziale Desorganisation» in Verbindung mit den Anpassungsschwierigkeiten der Einwanderer an die amerikanische Lebensweise hin.[6] Thomas erweiterte diesen Ansatz in einer Reihe von Untersuchungen über Jugendkriminalität bei Polen in Chicago und schließlich auch bei anderen Gruppen. Die Schule von Chicago untersuchte in einer Reihe von Studien besonders abweichende Subkulturen, etwa die der Landstreicher, der Jugendbanden und der professionellen Diebe.[7] Viele dieser Studien gehören inzwischen zum klassischen Bestand der Soziologie und haben spätere Arbeiten auf diesem Gebiet angeregt und beeinflußt. Ihr Ansatz hat jedoch auch Kritik hervorgerufen. Cohens Kritik an der These, Abweichung und Verbrechen ausschließlich subkulturell erklären zu wollen, haben wir schon erwähnt. Gegen den Begriff «soziale Desorganisation» wandten sich ebenfalls kritische Stimmen. Vielleicht eignet er sich für bestimmte Abweichungstypen, wie zum Beispiel Alkoholismus. Daß gerade dieser Ausdruck jedoch Verbrechen kennzeichnen sollte – und das im Chicago der zwanziger Jahre –, entbehrt nicht einer gewissen Ironie. Tatsächlich ist das Verbrecherwesen hochorganisiert – wenn es sich auch um eine etwas andere Art sozialer Organisation handelt als die der «offiziellen» Gesellschaft.

## Funktionen der Abweichung: bestätigte Solidarität und kompensatorisches Verhalten

Die Soziologen strukturell-funktionalistischer Provenienz haben der Abweichung einen bedeutenden Platz in ihrem System eingeräumt. Die Grundfrage, um die jede funktionalistische Diskussion kreist, läßt sich vereinfacht so formulieren: Ist Abweichung schädlich für die Gesellschaft? Ist Abweichung also immer funktionszersetzend? Ist es möglich, daß sie ihre eigenen gesellschaftlichen Funktionen hat? Dieses Grundproblem läßt sich bis zu Emile Durkheim zurückverfolgen, der ganz mit Recht «der Vater des Funktionalismus» genannt wird. In einem seiner frühesten Werke findet sich folgender Satz, der seinen Standpunkt zusammenfaßt: «Das Verbrechen führt die Aufrechten zusammen und bestärkt sie und ihr Gewissen.»[8] Was bedeutet das? Abweichung oder, wie Durkheim sagt, «pathologie sociale» ist eine Notwendigkeit für die Gesellschaft. Das Vorhandensein des Abweichlers erlaubt einer Gruppe, sich zusammenzuschließen und sich nicht nur ihrer gesellschaftlichen, sondern auch ihrer moralischen Identität zu vergewissern. Abweichung steht ihr feindselig gegenüber und kräftigt deshalb die Gruppe. Mit anderen Worten, Abweichung ist höchst funktional für die Wahrung und Sicherung von Gruppensolidarität. Durkheim hat diese These konsequent nicht nur auf die soziologische Erklärung des Verbrechens, sondern auch der Strafe übertragen. Er kritisierte das liberale Strafrecht, das (damals wie heute) die Rehabilitierung des Rechtsbrechers als den eigentlichen Zweck der Strafe ansah, und behauptete, Zweck der Strafe sei im Gegenteil die Bestätigung der moralischen Autorität der Gesellschaft. Durkheim sah Abweichung also schon als Teil des Funktionszusammenhanges in der Gesellschaft und erkannte, daß dieser Ansatz geeigneter als die Frage nach individuellen Motiven für die soziologische Erhellung dieser Phänomene ist. Interessant ist übrigens, daß George Herbert Mead, der von ganz anderen Prämissen ausging, zu ähnlichen Schlüssen kam, was das folgende Zitat beweist: «Dem Kriminellen . . . danken jene ihren Sinn für Solidarität, deren Eigeninteressen sonst ganz divergent voneinander sein würden.»[9]

Die beiden Hauptvertreter des modernen Funktionalismus in der amerikanischen Soziologie, Talcott Parsons und Robert Merton, stellen sich im wesentlichen ganz ähnlich zum Thema Abweichung.[10] Sie stimmen dahingehend überein, daß abweichendes Verhalten hauptsächlich dann auftritt, wenn die Normen, die das Verhalten in einem beliebigen gesellschaftlichen Gebilde regieren, widersprüchlich sind. Besonders Merton hat versucht, abweichendes Verhalten überhaupt aus der Gesellschaftsstruktur heraus zu erklären. Er meint, alle Formen abweichenden Verhaltens ergäben sich daraus, daß ein deutliches Gefälle im legitimen Zugang zu den Erfolgszielen einer Gesellschaft bestünde. Wenn also bestimmte Individuen oder Gruppen keinen Erfolg (wie ihn die Gesellschaft definiert) mit gesellschaftlich anerkannten Mitteln erreichen können, treibt sie das zur Umstellung auf kompensatorisches Verhalten, dem es an gesellschaftlicher Anerkennung mangelt. Damit wird Abweichung zum Resultat einer Diskrepanz zwischen den Wünschen, die die Gesellschaft jedem einzelnen durch die Sozialisation eingeimpft hat, und den Möglichkeiten, die sie ihm zur Verwirklichung dieser Wünsche bietet. Merton verwendet den Durkheimschen Begriff der Anomie für eine solche Situation. Diese Erklärung wirkt höchst plausibel, wenn man sie zur Untersuchung der modernen Großstadtgesellschaft heranzieht. Materieller Gewinn und hoher Status werden als Erfolgsziele verkündet, aber nicht jedem sind die Mittel gegeben, diese Ziele auf legitime Weise zu erreichen. Schon die Unterschiede nach Alter und Geschlecht sind groß, besonders aber die der Klasse, der ethnischen und rassischen Zugehörigkeit. Diejenigen, denen aufgrund dieser Faktoren ein leichter Zugang zum Erfolg versagt ist, werden wahrscheinlich auf abweichendes Verhalten ausweichen. Das folgende Zitat faßt Mertons Standpunkt präzise zusammen. «Nur wenn ein kulturelles Wertsystem bestimmte gemeinsame Erfolgsziele für die gesamte Bevölkerung gesetzt hat, während das Gesellschaftssystem den legitimen Zugang zu diesen Zielen für einen beträchtlichen Teil dieser Bevölkerung rigoros beschneidet oder gänzlich verschließt, ergibt sich abweichendes Verhalten in großem Ausmaß.»[11] Mertons Beitrag war auf diesem Gebiet so besonders fruchtbar, weil er eine Verbindung zwischen Durkheims Anomiebegriff und der Analyse der sozialen Klasse hergestellt hat. Eine ganze Anzahl empirischer Untersuchungen ist seinem Ansatz gefolgt. So haben beispielsweise Cloward und Ohlin Kriminalität als Folge ergebnisloser Anstrengungen interpretiert, allgemeine Ziele der Gesellschaft (vor allem Geld und Macht) mit legitimen Mitteln zu erreichen.[12] In einer Reihe von Untersuchungen sind die anomischen Folgen aus bestimmten Klassenpositionen in Verbindung zu Geisteskrankheiten gesetzt worden.[13]

Der Leser, der sich an unsere Behandlung des Themas Schichtung erinnert, wird verstehen, daß solche Zusammenhänge jedoch leicht zu ernsthaften Interpretationsschwierigkeiten führen können. Das Problem ist nämlich die dominierende Stellung von Normen der Mittelklasse in der amerikanischen Gesellschaft. Daher die Versuchung, Verhaltensformen, die diesen Normen nicht entsprechen, als abweichend zu empfinden. Einerseits können dadurch Klassenvorurteile auch beim Soziologen entstehen. Andererseits ist er jedoch durchaus berechtigt, da Mittelstandsnormen nun einmal so dominierend sind, von deren empirischer Dominanz auszugehen und Abweichung in diesem Sinn zu untersuchen.

In den letzten Jahren ist häufig von einer «Kultur der Armut» die Rede (ein Ausdruck, den der Anthropologe Oscar Lewis mit Vorliebe gebraucht), und zwar sowohl in der sozialwissenschaftlichen Literatur als auch im politischen Tageskampf. An sich ist der Begriff nicht neu und kann in der amerikanischen Soziologie bis zu den Forschungen über die polnischen Einwanderer von Thomas und Znaniecki zurückverfolgt werden. Zu dieser Tradition gehört auch, daß man bestimmte Typen von Abweichung mit kulturellen Merkmalen, die eigentümlich für die unteren Klassen sind, in Verbindung gebracht hat. Der Anthropologe Walter Miller beispielsweise ist nach jahrelangen Untersuchungen von Jugendbanden in einem Stadtteil von Boston mit besonders hoher Straffälligkeit zu dem Schluß gekommen, daß Gesetzwidrigkeiten in den unteren Klassen in direkter Verbindung zu einer für diese Klassen spezifischen Kultur stehen. Sie brauchen keineswegs Reaktionen auf Mittelstandserwartungen zu sein.[14] Kulturbedingte Merkmale der unteren Klassen wie Zähigkeit, Gerissenheit und hohe Reizbarkeit fördern seiner Ansicht nach rechtswidriges Verhalten. Kommt letzteres in den Mittelklassen vor, so erklärt Miller dies dadurch, daß gewisse typische Werte der Unterklasse in die Mittelklassen eindringen. Da Eltern der Mittelklassen Stilmerkmale der unteren (Kleidung, Gebaren, Sprache) bei ihren Kindern meistens ablehnen, halten diese dergleichen für ein ganz besonderes Zeichen ihrer persönlichen Unabhängigkeit. Auch die kriminellen Seiten der Unterklassenkultur, die sie sich aneignen, interpretieren sie in diesem Sinn.

Diese Theorie ist sowohl auf empirischer als auch auf theoretischer Grundlage abgelehnt worden. In einer ganzen Reihe von Studien ist der Nachweis erbracht worden, daß Jugendkriminalität – bei richtiger Messung – ziemlich gleichmäßig über das Klassengefüge verteilt ist. Kinder aus den Mittelklassen werden einfach in einer etwas anderen Art straffällig als Kinder aus den unteren Klassen – und dasselbe gilt auch für Erwachsene.[15] Was die Jugendlichen angeht, so haben Bloch und Niederhoffer ganz ähnliche Vorgänge der «Bandenbildung» von Jugendlichen in allen Schichten unserer Gesellschaft und ebenso in anderen Gesellschaften vorgefunden. Sie sind der Meinung, daß die Klassenzugehörigkeit nur die Varianten und spezifischen Aktivitäten bestimmt.[16] Diese Auffassung gründet sich auf eine lange, rein kriminologische Überlieferung, beispielsweise auf Edwin Sutherlands Theorie der «differentiellen Kontakte» als Erklärung für individuelle Verbrechen und Verbrecherkarrieren.[17]

Dieser gesamte Ansatz ist heftig kritisiert worden, und zwar aus fundamentalen theoretischen Gründen. Wie zu erwarten, konzentrierte sich die Kritik auf das der Definition von Abweichung zugrunde liegende Klassenvorurteil. Ist es, so fragte man, wissenschaftlich haltbar – selbst wenn man von der dominierenden Stellung der Mittelklassennormen ausgeht –, die Analyse des Phänomens Abweichung auf diese Tatsache zu stützen? Könnte der Begriff Unterklassenkultur nicht sogar Ausgangspunkt für eine ganz andere Art der Untersuchung sein, für die das Festhalten an kulturellen Eigenarten eben gerade keine Abweichung wäre? Kann man nicht aus der Sicht der Unterklassenkultur sagen, daß tatsächlich die Normen der Mittelklasse eine Art von Abweichung bewirken? So ist es vielleicht durchaus zulässig, einen drogensüchtigen Jugendlichen in Suburbia, der Autos stiehlt, einen Abweichler zu nennen. Aber gilt dasselbe für Jugendliche im Slum? Ist dort nicht vielleicht eher ein jugendlicher Kirchgänger, der Ordnung liebt und ein Hochschulstudium anstrebt, der eigentliche Abweichler?

## Terminologische Probleme

Schon die Bezeichnungen, die die Soziologie den in diesem Kapitel behandelten Phänomenen gegeben hat, fordern zu kritischer Betrachtung auf. «Soziale Desorganisation» ist, worauf wir schon in bezug auf Verbrechen hingewiesen haben, für einige der in Frage kommenden Tatbestände eine äußerst unbefriedigende Bezeichnung. Ist es verantwortbar, mit dem Terminus «pathologie sociale» medizinische Kategorien für gesellschaftliche Phänomene in Anspruch zu nehmen? Begünstigt das nicht vielleicht geradezu eine unüberlegte Hinnahme dominierender Normen wie «Gesundheit»? «Gesellschaftliche Probleme» – wessen Probleme sind das? Die der Abweichler? Oder die jener Instanzen der Gesellschaft, die Abweichler unter Kontrolle halten sollten? Der Verbrecher ist das Problem des Polizisten. Aber für den Verbrecher ist gerade der Polizist das Problem. Tatsächlich ist die Bezeichnung «Abweichung» gebräuchlich geworden, um die Bildung solcher Vorurteile zu verhindern. Wir haben allerdings schon gesehen, daß eine veränderte Terminologie das theoretische Problem nicht verschwinden läßt.

Auch diese Kritik ist nicht allzu neu. Schon 1943 hatte C. Wright Mills in einem Aufsatz mit dem Titel *The Professional Ideology of Social Pathology* einen Frontalangriff gegen die allgemein herrschenden Vorstellungen auf diesem Gebiet gerichtet.[18] Das Ziel seiner Attacke war eben jene Blickeinengung der Soziologen durch die Mittelstandsideologie. Damals erregte sein Aufsatz nicht allzu viel Aufsehen. Als aber sein Gesamtwerk in den sechziger Jahren zu Ruhm gelangte, gewann auch dieser vergessene Aufsatz allmählich beachtlichen Einfluß.

## Stigma und «Etikettierungstheorie»

Wir haben schon in anderem Zusammenhang auf das grundlegende Werk von Erving Goffman hingewiesen, in dem er eine Nervenheilanstalt soziologisch analysiert.[19] Seine souveräne Gleichgültigkeit gegenüber den Psychiatern (das «Management» der Anstalt oder auch ihre «Polizisten») hat eine Anzahl von Soziologen zu einer neuen Betrachtung des gesamten Gebiets ermutigt. Sein unmittelbarster Beitrag zur Erforschung der Abweichung ist bis auf weiteres ein kleines Buch mit dem suggestiven Titel *Stigma – Notes on the Management of Spoiled Identity*.[20] Goffmans Ansatz stellt die Rückwendung zu einer bedeutenden Tradition der amerikanischen Sozialpsychologie dar, die, wie so vieles andere, aus der Schule von Chicago in den zwanziger Jahren hervorgegangen ist. Abweichung erscheint hier als eine Form, in der Menschen eine bestimmte Situation definieren. Ihre «Wirklichkeit» hängt davon ab, wie groß die Macht der Menschen ist, die die Definition geprägt und anderen aufgezwungen haben. Stigma ist etwas, das eine Menschengruppe einer anderen aufzwingt. Es wird den Stigmatisierten «anhaften», je nach Macht der Stigmatiseure. Wenn es ihnen anhaftet, müssen die Stigmatisierten sich gesellschaftlich, aber auch psychologisch mit ihrer «verdorbenen Identität» abfinden. Es erübrigt sich zu sagen, daß diese Aufgabe weder leicht noch angenehm ist.

Auf den von Mills und Goffman gewiesenen Wegen ist in den letzten Jahren eine neue Einstellung zur Abweichung gefunden worden. Unter der Bezeichnung «Etikettierungstheorie» gewinnt sie zunehmend an Einfluß und kann heute als beherrschend auf diesem Gebiet angesehen werden. Der bekannteste Vertreter dieser neuen Schule ist Howard Becker.[21]

## Abweichung: von wo aus gesehen?

Becker und andere versuchen, sich so entschieden wie möglich von jeglicher wertenden Einstellung freizuhalten. Sie wollen nicht nur mit dem Mittelstandsvorurteil gegenüber Abweichung aufräumen, sondern auch mit Vorurteilen, die sich aus psychiatrischer oder juristischer Sicht ergeben können. Einfach gesagt: Sie wollen den Ansatz des Soziologen von dem des Sozialfürsorgers, Psychiaters oder Strafvollzugsbeamten eindeutig absetzen. Abweichung ist ein Etikett, das bestimmten Menschen oder Handlungen als Folge gesellschaftlicher Vorgänge angehängt wird. Das Bild verweist absichtlich auf die Willkürlichkeit und Relativität eines solchen Prozesses. Es gibt keine universalen Kriterien für das, was das Etikett Abweichung trägt. Was heute abweicht, kann morgen schon normal sein, und umgekehrt. Mehr noch, der Ausdruck bringt auch die Beziehung zur Macht ins Spiel, die unweigerlich zur Etikettierung gehört. So kann man zum Beispiel den Wunsch haben, jemandem das Etikett Abweichung anzuhängen, aber nicht die Macht dazu.

Es gibt also keine wesensspezifischen Züge, die Abweichler von anderen Menschen oder abweichende Handlungen von anderen Handlungen unterscheiden. Wenn beispielsweise eine Frau nackt auf dem Kurfürstendamm läuft, wird sie wahrscheinlich wegen Erregung öffentlichen Ärgernisses verhaftet. Nacktheit in einer solchen Situation wird heutzutage mit dem Etikett Abweichung versehen, und wer sich so benimmt, wird nicht nur als Abweichler etikettiert, sondern auch strafrechtlich verfolgt. Erscheint dieselbe Frau jedoch nackt auf der Bühne, so wird sie (mindestens in der Großstadt) Beifall ernten. Dieselbe Handlung derselben Person wird in der einen Situation so und in der anderen anders etikettiert. Wenn man daher von Abweichung spricht, sollte man sich immer fragen: «Abweichend – von wo aus gesehen?» Es gibt Menschen und Gruppen, die entrüstet sind über Prostitution, Homosexualität oder Drogengebrauch. Es gibt sogar noch Leute, die sich über Alkoholgenuß aufregen. Andere akzeptieren diese Verhaltensweisen nicht nur, sondern befürworten und propagieren sie sogar. Diese soziologische Auffassung von Abweichung kann man natürlich auch auf Handlungen oder Meinungen beziehen, die das Etikett Abweichung in politischen oder religiösen Bereichen des Lebens tragen.

## Wer hat die Macht zum Etikettieren?

Eine solche Auffassung von Abweichung steht im Zeichen des sozialen Konflikts. Dieser besteht zwischen verhältnismäßig machtlosen Personen oder kleinen Gruppen auf der einen Seite und mächtigen und verhältnismäßig gut organisierten gesellschaftlichen Interessen auf der anderen. Wer dabei die Oberhand gewinnt, ist keine Frage bestimmter Eigenschaften der betreffenden Personen oder Handlungen, sondern bedingt durch ihre relative Macht in der gesellschaftlichen Gesamtsituation. Becker sagt treffend: «Von diesem Standpunkt aus ist abweichendes Verhalten keine Qualität der Handlung, die eine Person begeht, sondern vielmehr der Anwendung von Regeln durch andere und der Sanktionen gegenüber einem ‹Missetäter›»[22]

Dieser Ansatz reicht weit über die Grenzen des verhältnismäßig engen Problemkreises hinaus, auf den er ursprünglich gerichtet war. Durch ihn kommt der gefährdete Charakter nicht nur der sogenannten Normalität drastisch zum Ausdruck, sondern auch der des ganzen Gewebes der durch die Gesellschaft definierten «Wirklichkeit». Man sollte unbedingt erkennen, daß das nicht nur auf normative Aussagen, sondern auch auf das, was als Tatbestand gilt, zutrifft. Wenn man von jemandem sagt, er sei ein «Verbrecher» oder ein «Rechtsbrecher», so ist das ganz eindeutig eine normative Aussage – wenn nicht des Soziologen, so doch bestimmt seitens der Gesellschaft, die diese Stigmatisierung institutionalisiert hat. Der entscheidende Inhalt einer solchen Behauptung ist, daß jeweils eine Person oder eine Handlung dadurch verurteilt wird. Aber die Etikettierungstheorie geht noch weiter. Sie befaßt sich auch mit Phänomenen wie Homosexualität, Geisteskrankheit oder geistiger Retardierung. Die eigentliche Frage, die sie stellt, richtet sich nicht so sehr auf das, was das Etikett «anormal», sondern vielmehr, was das Etikett «normal» trägt. Was ist sexuell normal? Was ist normale Intelligenz? Was auch die Vertreter anderer Disziplinen (Medizin, Jura oder Moralphilosophie) dazu sagen mögen, diese Soziologen beantworten diese Fragen sehr einfach: Normal oder anormal ist immer das, was die Gesellschaft so definiert hat.

Es ist leicht einzusehen, daß diese Auffassung Personen oder Gruppen sehr entgegenkommt, die den normativen Status quo in irgendeinem Bereich des gesellschaftlichen Lebens anfechten. In letzter Zeit haben beispielsweise Gruppen, die für die Rechte der Homosexuellen eintreten oder die Legalisierung bestimmter Drogen anstreben, theoretische Rückendeckung in der entsprechenden Literatur gefunden.

# 15 Wandel

## Wie man Wandel erlebt und darauf reagiert

Um Wandel als eine der fundamentalsten Erfahrungen des menschlichen Lebens zu erkennen, braucht man wohl kaum die Soziologie. Die natürliche Umwelt des Menschen ist, ganz abgesehen vom Wandel der Jahreszeiten, offenbar immer im Wandel begriffen. Unser Körper verändert sich ständig (nach einem bestimmten Alter leider kaum zum Besseren), und unseren Mitmenschen widerfährt dasselbe. Die Artefakte, mit denen wir uns umgeben, sind dem Wandel ausgesetzt, und auch das soziale Gefüge des Lebens wandelt sich ständig. Wenn Menschen über Wandel beunruhigt sind, so handelt es sich meistens um Ereignisse und Bewegungen in der Sozialsphäre. Wohnviertel wandeln sich, wenn bestimmte Gruppen ein- oder ausziehen, und das Viertel wird «besser» oder «schlechter», je nach der Einstellung, die man hat. Ganze Gemeinden wandeln sich im Gefolge wirtschaftlicher oder technischer Neuordnungen. Spezielle Institutionen wandeln sich, und damit verwandelt sich manchmal ihr Charakter (ein aktuelles Beispiel sind gegenwärtig die Vorgänge in den Universitäten). Schließlich wandeln sich sogar ganze Nationen, allmählich und stetig, aber auch durch sintflutartige Katastrophen.

Die Menschen reagieren verschieden auf das Erlebnis des Wandels. Einige empfinden ihn als anregend, als Herausforderung oder Ansporn ihrer Kreativität. Andere sind bestürzt oder verängstigt und erleben ihn als zerstörerische Macht. Sie bemühen sich, ihn aufzuhalten, zu zügeln, und sei es durch eine Zwangsordnung. Ohne Zweifel sind bei diesen verschiedenen Reaktionen psychologische Unterschiede am Werk. Aber auch Altersunterschiede spielen eine Rolle. Für den jungen Menschen, der sein Leben noch als offene Zukunft voller Möglichkeiten vor sich sieht, hat Wandel eher positive Implikationen. Dem älteren Menschen, der auf immer mehr vergangene Lebenszeit zurückblickt und den dringenden Wunsch hat, Vorteile, die er sich errungen hat, auch abzusichern, erscheint Wandel eher als Drohung denn als Versprechen. Sicherlich sind einige menschliche Grundreaktionen auf Wandel zeitlos, waren sie im alten Ägypten nicht anders als heute. Aber in neuester Zeit hat sich jedweder soziale Wandel in unvorhersehbarem Maß beschleunigt, vor allem im Gefolge der modernen technischen Entwicklung. Umwandlungen, die sich früher über viele Jahrzehnte, wenn nicht Jahrhunderte erstreckten, kommen gegenwärtig in ein paar Jahren zustande. So ist denn sozialer Wandel heute mehr denn je eine beherrschende Erfahrung von jedermann.

## Sozialer Wandel als theoretisches und politisches Problem

Der Drang nach Zügelung oder Kanalisierung sozialen Wandels ist ein Kernstück der Soziologie als Wissenschaft, die, wie wir schon in einem früheren Kapitel ausgeführt haben, als Antwort auf plötzlichen sozialen Wandel entstand. In Europa war sie die Antwort auf die gewaltigen Umwälzungen, die durch die Französische Revolution und ihre Nachwirkungen heraufbeschworen wurden. In Amerika war sie die Antwort auf die weitreichenden und raschen Veränderungen im Gefolge des Bürgerkrieges und der industriellen Revolution. In beiden Fällen war die Soziologie jedoch mehr als nur Bemühung um das Verständnis solchen Wandels. Hinter dem Wunsch zu verstehen, stand das tiefe Bedürfnis, die Veränderungen in als vernünftig betrachteten Grenzen zu halten oder aber mit der Absicht, sie in eine gewünschte Richtung zu drängen, unter Kontrolle zu bringen. Das erste Motiv ist bezeichnend für Soziologen mit konservativer Einstellung, das zweite für solche mit progressiver oder radikaler Orientierung. In beiden Fällen stellt sich sozialer Wandel als Problem im doppelten Sinn dar: Er ist ein theoretisches Problem, das zum Verstehen auffordert, aber auch ein politisches Problem, weil er praktisches Handeln verlangt. Je nach Auffassung vom Wesen ihrer Wissenschaft unterscheiden sich Soziologen darin, wie sie das theoretische und das politische Problem miteinander in Verbindung bringen. Max Weber beispielsweise, der fest davon überzeugt war, daß soziologisches Verstehen sich jeden Werturteils enthalten müsse, sah nur eine indirekte Zusammengehörigkeit der beiden Aspekte des Problems. Für Marxisten dagegen, die an die Einheit von Theorie und Praxis glauben, stellen sich beide als eng miteinander verquickt dar. Man darf jedoch nicht übersehen, daß selbst Soziologen, die in dieser Frage vom Wissenschaftler Abstand zu politischem Handeln verlangen, Ideen und Interpretationen mit politischen Konsequenzen vorgebracht haben – Konsequenzen, wenn nicht für sie selbst, so doch für andere.

## Hat Wandel ein Ziel? Comte, Spencer und Marx

In den Anfängen der Soziologie sind großangelegte Theorien entstanden, und zwar in der Absicht, nicht nur eine sich wandelnde Gegenwart zu erklären, sondern auch voraussagen zu können, wie Wandel in der Zukunft aussehen werde. Dabei handelte es sich um teleologische Konstruktionen, weil nämlich dem Prozeß des Wandels ein Ziel oder eine bewegende Kraft zugesprochen wurde, das der soziologischen Erkenntnis zugänglich sein muß. Das Werk von Auguste Comte, dem Begründer der Soziologie, ist bezeichnend für diese Auffassung.[1] Comte war, obzwar konservativ und antirevolutionär orientiert, nichtsdestoweniger tief durchdrungen von der Idee des Fortschritts: der bedeutendsten aufklärerischen Frucht des 18. Jahrhunderts. Die Gesellschaft bewegt sich, nach

Comte, aufgrund vermeintlich unausweichlicher historischer Gesetze, vorwärts und aufwärts in klar erkennbaren Stadien. Comtes Grundgedanke ist sein sogenanntes Drei-Stadien-Gesetz. Nach zwei früheren Stadien, in denen das menschliche Denken vom Mythos und dann von theologisch-philosophischen Ideen beherrscht war, tritt der Mensch in das dritte Stadium ein, das Comte das «positive» genannt hat. In diesem Stadium, das Comte in seinem Jahrhundert ansiedelte, fällt der wissenschaftlichen Vernunft die beherrschende Rolle zu, und von entscheidender Bedeutung ist dabei die Soziologie. Es ist keine Übertreibung, wenn man Comtes Vorstellung von Soziologie als eine Art Religion des Fortschritts auffaßt, wobei der Soziologe die Rolle des Priesters spielen sollte.

Auch Evolutionstheorie und Marxismus versuchten sich in der Aufstellung umfassender Kategorien für das Verständnis gegenwärtiger wie zukünftiger Prozesse sozialen Wandels. In der Frühgeschichte der Soziologie war der wichtigste Repräsentant der ersteren Richtung Herbert Spencer.[2] Er übertrug Darwins Gedanken über die Dynamik der Evolution direkt auf die Gesellschaft und ihren Wandel. Wie die biologische Sphäre, wird auch die des sozialen Wandels von Kämpfen und Anpassungsvorgängen regiert, deren Resultat die «natürliche Auslese» ist. Das Ziel – biologischer oder gesellschaftlicher – Evolution ist das «Überleben der Tüchtigsten». Marx andererseits erklärt jeden sozialen Wandel aus den verschiedenen Konstellationen des Klassenkampfes.[3] Gewisse Ähnlichkeiten der Spencerschen und der Marxschen Konzeption sind nicht zu leugnen. Beide Male liegt der Akzent auf Konflikt, Kampf und gleichsam blindem Instinkt als den bewegenden Kräften der Geschichte. Dadurch wirken beide Theorien grausam, verglichen mit den milderen, die aus der aufklärerischen Idee des Fortschritts abgeleitet worden sind.

In beiden Theorien nimmt der Gedanke, daß die meisten am Drama der Geschichte Beteiligten sich der Rolle, die sie spielen, gar nicht bewußt sind, einen wichtigen Platz ein. Marx hat dafür den treffenden Ausdruck «falsches Bewußtsein» geprägt: Bewußtsein von Menschen also, die sich über ihre wirkliche Stellung in der Gesellschaft und somit über den Part, den sie im gesellschaftlichen Drama spielen, nicht klar sind. Marx allerdings war bestimmter (oder, wenn man will, weniger weise) als Spencer, insofern er ganz präzise Voraussagen über den künftigen Weg der Gesellschaft machte. Er hielt die Gesetze des Klassenkampfes für unerbittlich und ihre Manifestierung in der Zukunft für unvermeidlich. Er glaubte, die Entwicklung des Kapitalismus treibe unausweichlich einer Verschärfung des Kampfes zwischen ausbeuterischer Bourgeoisie und ausgebeutetem Proletariat entgegen. Die Ausbeuter würden immer reicher und ihre Anzahl geringer, die Ausgebeuteten immer ärmer und zahlreicher werden. Unweigerlich würde einmal der Punkt erreicht werden, an dem die gewaltigen Massen der «Verdammten dieser Erde» sich erheben und das ganze System über den Haufen werfen würden. Die proletarische Revolution war für Marx ein unausweichliches Zukunftsereignis, wenngleich ihr Zeitpunkt nicht genau vorausgesagt werden konnte und tatsächlich auch vom Eingreifen revolutionärer Gruppen abhing. (Wenn Marx nicht ganz entschieden an diesen letzteren Gedanken geglaubt hätte, wäre seine Theorie wohl nicht in solchem Maß zum Grundprinzip revolutionärer Aktion geworden.) Auch die sozialistische Gesellschaft, die aus der Revolution hervorgehen würde, war für ihn *conditio sine qua non,* wenngleich er (verständlicherweise) zauderte, ihre Eigenarten genau zu beschreiben.

## Klassiker der Theorie: Durkheims Wandel von «mechanischer» zu «organischer» Solidarität

Für Durkheim war die Arbeitsteilung ein Grundfaktor des sozialen Wandels.[4] Es lag ihm jedoch dabei nicht so sehr daran, eine großartige Theorie des sozialen Wandels zu entwerfen, als an der Aufhellung bestimmter Veränderungen, die für das Entstehen der modernen Gesellschaft wesentlich waren. Er behauptete, daß bei fortschreitender Differenzierung der Arbeitsteilung (ein Prozeß, der durch die zunehmende Industrialisierung beschleunigt wurde) ein Wandel in den fundamentalen Bindungen zustande käme, die die Menschen in der Gesellschaft zusammenhalten. Diese Bindungen hatte Durkheim im Sinn, als er den Ausdruck «Solidarität» einführte. Nach seiner Auffassung mußte es zu einem Wandel von mechanischer zu organischer Solidarität kommen. In der Wahl seiner Terminologie war Durkheim hier nicht gerade glücklich, weil sie Bilder und Assoziationen weckt, die für das Verständnis des Gemeinten ziemlich irrelevant sind. Worauf es jedoch ankommt, ist: Mechanische Solidarität überwiegt in Situationen, bei denen Bindungen zwischen Menschen, die in einer Gesellschaft zusammenleben, total sind, und zwar total in ihrer Reichweite wie in ihrer Wirkungskraft. Organische Solidarität dagegen dominiert bei Situationen, in denen die Bindungen zwischen Menschen nur partiell und weniger verpflichtend sind. In einer primitiven Gesellschaft, in der mechanische Solidarität vorherrscht, gibt es niemals einen Zweifel darüber, zu wem jemand gehört. Alle Angehörigen einer solidarischen Gruppe (eines Stammes etwa) gehören gewissermaßen total zusammen. Die Individuen sind nicht durch irgendwelche speziellen und partiellen Interessen oder Aspekte ihres sozialen Lebens miteinander verbunden, sondern in der Totalität ihres gesellschaftlichen Daseins. Solche Bindungen sind natürlich sehr stark, und wenn sie zerreißen, so bedeutet das eine psychische Gefahr für den einzelnen.

Im Gegensatz dazu sind in einer durch organische Solidarität gekennzeichneten modernen Gesellschaft die Bindungen zwischen den Menschen viel ungewisser. Oft herrscht erheblicher Zweifel darüber, wer sonst noch zu einer Gruppe gehört, mit der man sich solidarisch fühlt. Die übliche Situation in der modernen Gesellschaft ist, daß der einzelne zu seinen Mitmenschen in sehr partiellen und funktionalen Beziehungen steht. Zwei Männer beispielsweise, die Geschäfte miteinander machen, sind füreinander nur Geschäftsleute. Meistens haben sie über diese sehr begrenzte Beziehung hinaus gar kein Interesse aneinander. Der Vertrag, so wie er sich im modernen Recht entwickelt hat, ist die typische Ausdrucksform einer Gesellschaft, die vom Prinzip der organischen Solidarität beherrscht wird. Jeder Vertrag, sogar der simpelste Kaufvertrag, knüpft allerdings ein gewisses gesellschaftliches Band zwischen den Partnern. Er legt die wechselseitigen Rechte und Pflichten fest und stiftet zwischen den Partnern mindestens insofern eine solidarische Beziehung, als sie sich an die durch ihn festgelegten Rechte und Pflichten halten müssen. Es gehört jedoch zum Wesen des Vertrags, daß Rechte und Pflichten sich auf seinen Gegenstand beziehen und auf nichts sonst. Sogar in der modernen Gesellschaft gibt es jedoch Ausnahmen von dieser Art der partiellen oder funktionalen Beziehungen. Beziehungen im Rahmen der Familie sind selten von solcher Art und werden auch für andersartig gehalten. Es wäre nicht nur ein sonderbares Ereignis, sondern würde allgemein auch moralisch verurteilt werden, wenn beispielsweise Eltern mit ihren Kindern einen Vertrag abschlössen, der die Kinder verpflichtete, im Austausch gegen Unterkunft, Verpflegung und Ausbildungskosten sich für eine gewisse Zahl von Jahren der elterlichen Disziplin unterzuordnen und ihre Eltern wirtschaftlich zu unterstützen, sobald diese ein bestimmtes Alter erreichen. So herrschen Prinzipien organischer Solidarität niemals allein in irgendeiner Gesellschaft. Wahrscheinlich wäre das auch schon wegen des Wesens der sozialen Welt gar nicht möglich. Dennoch gehören die meisten menschlichen Beziehungen in einer modernen Gesellschaft zum Typus der organischen Solidarität.

## Steigende Anomie und die Aufspaltung des «kollektiven Bewußtseins»

Wir haben uns schon früher auf Durkheims Begriff der Anomie berufen – den Zustand eines einzelnen oder einer Gruppe, die sich sicherer und sinnvoller Beziehungen zu anderen Menschen beraubt fühlt. Ein zentraler Gedanke der Soziologie Durkheims ist, daß Anomie als ständige Drohung weit verbreitet in der modernen Welt ist, und zwar aufgrund der spezifisch modernen sozialen Beziehungen. In einer Gesellschaft, in der mechanische Solidarität herrscht, ist es für einzelne und Gruppen viel schwieriger, der Anomie zu verfallen. In Freud und Leid weiß der einzelne ganz genau, wohin er gehört und was seine Rechte und Pflichten sind –

und was diese betrifft, so sind sie in einer solidarischen Gruppe nur allzu eindeutig festgelegt.

Situationen, in denen organische Solidarität herrscht, sind dagegen zu fragil, um für jeden Menschen einen allgemeinen und stetig sinnvollen Lebenszusammenhang bieten zu können. Wie die einzelne soziale Beziehung, so ist auch die allgemeinverbindliche Sinnhaftigkeit (Durkheim würde sagen: das kollektive Bewußtsein) zu fragmentarisch geworden, um dem einzelnen einen sinnvollen Lebenszusammenhang garantieren zu können. Rein funktionale Beziehungen zwischen Menschen wandeln sich je nach den funktionalen Erfordernissen der Situation, weshalb der einzelne die meisten seiner menschlichen Beziehungen als – im wörtlichen Sinn – unstet empfindet. Anomie als Möglichkeit, wenn nicht als Wahrscheinlichkeit ist immer gegenwärtig.

## Von «Gemeinschaft» zu «Gesellschaft»

Der deutsche Soziologe Ferdinand Tönnies hat das Problem zur gleichen Zeit wie Durkheim (aber ganz unabhängig von ihm) auf eine erstaunlich ähnlich klingende Formel gebracht.[5] Er unterscheidet zwei fundamentale Formen des sozialen Lebens, die er Gemeinschaft und Gesellschaft nennt. Diese beiden Begriffe entsprechen ungefähr Durkheims Solidaritätstypen. Gemeinschaft ist eine Gruppe, in der die zwischenmenschlichen Beziehungen direkt, tief und umfassend sind. Bei Gesellschaft dagegen sind sie weitgehend indirekt, oberflächlich und betreffen nur Teilbereiche des persönlichen Lebens, der individuellen Persönlichkeit. Charakteristisch für die moderne Gesellschaft auf der ganzen Welt ist der Übergang von gemeinschaftlichen zu gesellschaftlichen Lebensformen. Die dominierende Verfassung des modernen Menschen ist Wurzellosigkeit und Mangel an tiefen sozialen Bindungen – und eben diese Verfassung ist es, die Durkheim Anomie genannt hat.

Ganz verschieden ist jedoch das, was man die «Gestimmtheit» von Durkheim und Tönnies in bezug auf dieses Problem nennen könnte. Tönnies als Konservativer in der Nachfolge der romantischen deutschen Gesellschaftstheorie beklagte den von ihm erkannten Wandel. Den Übergang von Gemeinschaft zu Gesellschaft empfand er als Degeneration und möglicherweise sogar Dehumanisierung. Das Leben in einer Gemeinschaft erschien ihm heiler und menschenwürdiger als das der modernen «Gesellschaft». Durkheim dagegen war das, was man heute liberal nennen würde, und seine Überzeugungen standen in scharfem Widerspruch zu jeglichem romantischen Konservativismus. Zwar nahm er die Gefährdung durch das Leben in der modernen Gesellschaft scharfsinnig wahr, betrachtete jedoch eben diese Gesellschaft als eine Verbesserung. Die Gefahr der Anomie war für ihn nur das eine; das andere war der größere Spielraum für individuelle Freiheit. Die Gefahr der Anomie, sogar ihr ziemlich häufiges Vorkommen sah er als den Preis an, den für das Maß an Freiheit, das die moderne Welt ermöglicht, zu zahlen lohnend ist. Dieser grundsätzliche Unterschied der Standpunkte von Durkheim und Tönnies im Blick auf dieselben Tatsachen hat bleibende Bedeutung für die moderne Soziologie gewonnen. Soziologen jeglicher ideologischen oder politischen Couleur stimmen weitgehend über die Grundmerkmale der modernen Welt überein. In der Bewertung der Tatsachen bestehen jedoch erhebliche Unterschiede.

## Max Weber: Charisma und Rationalisierung

Von den Klassikern der Soziologie hat wahrscheinlich Weber mit seiner Theorie des sozialen Wandels die weiteste Wirkung auf das spätere soziologische Denken gehabt. Das gilt besonders für seine Konzeptionen Charisma und Rationalisierung.[6] Auf den Begriff Charisma waren wir schon bei der Behandlung der politischen Soziologie Webers gestoßen. Charismatische Herrschaft gründet sich im Gegensatz zu traditional-legaler oder rationaler auf die «außeralltäglichen» Ansprüche eines einzelnen oder einer Gruppe, Ansprüche, die sich selbst rechtfertigen oder genügen, das heißt weder Tradition noch Gesetz brauchen. Hier geht es uns darum, Webers Vorstellung von dem, was mit Charisma geschieht, zu betrachten, und zwar insbesondere um seine Idee der Veralltäglichung des Charisma, die einer seiner bedeutendsten Beiträge zur Erforschung des sozialen Wandels ist.

Charismatische Herrschaft ist von Natur aus revolutionär und erneuernd. Sie setzt sich bewußt ab gegen alle Strukturen, die ihr vorausgegangen sind, ob traditional-legale oder rationale. Das kommt bezeichnend zum Ausdruck, wenn Jesus im Neuen Testament immer wieder sagt: «Es steht geschrieben … ich aber sage euch …» Dieses «Aber» ist der Schlüssel zur revolutionären Bedeutung des Charisma. Für vorhandene Strukturen ist Charisma in der profundesten Weise gefährlich, weil es nämlich deren bisher anerkannte Legitimität bestreitet. Charisma unterwühlt, zertrümmert, sprengt bestehende institutionelle Strukturen religiöser, politischer und jedweder anderen Art. Deshalb gehören charismatische Führer zu den gefährlichsten Menschen. Oft genug werden sie von Kräften besiegt, die den Status quo erhalten wollen. Wo immer charismatische Bewegungen jedoch Erfolg haben, revolutionieren sie die Ordnung der Institutionen. Entweder schaffen sie ganz neue institutionelle Strukturen, oder sie verändern die bestehenden grundlegend.

Weber sagt, Charisma sei die längste Zeit der Menschheitsgeschichte über eine bedeutende revolutionäre Kraft gewesen. Damit leugnete er nicht, daß auch andere Kräfte tiefgreifenden sozialen Wandel verursacht haben, Wandel beispielsweise in der Technik oder Wirtschaft. Aber wo immer die Gesellschaft sich plötzlich und entscheidend verändert hat, besteht Grund zu der Annahme, daß Charisma am Werk gewesen ist. Webers Theorie des Charisma ist jedoch noch von ganz besonderer Wichtigkeit wegen seiner Gedanken über das Schicksal charismatischer Herrschaft nach ihrer Heraufkunft. Diese Seite seiner Theorie beweist einmal mehr seine profunde Ironie im Blick auf menschliche Angelegenheiten.

Sein Grundgedanke läßt sich sehr einfach so formulieren: Charisma dauert niemals. Oder, wie er selbst sich ausdrückt, es besteht nur im Status nascendi. Sobald Charisma sich in einer Gesellschaft etabliert hat, beginnt es auch schon zu zerfallen und sich in etwas anderes zu verwandeln. Es kann sich also, obwohl es eine bedeutende revolutionäre Gewalt ist, als gesellschaftliche Wirklichkeit nicht selbst tragen.

## Merkmale charismatischer Bewegungen und das Problem der zweiten Generation

Dafür gibt es eine Reihe von Gründen. Charismatische Bewegungen neigen zu losen, informellen Organisationsformen. Was ihre wirtschaftliche Organisation anbelangt, so bevorzugen sie zur Bedarfsdeckung Einnahmen aus Beute, Schenkungen oder Bettelei. Für den zuverlässigen Bestand wirksamer Institutionen sind solche Einnahmequellen nicht eben förderlich. Solange eine charismatische Bewegung neu ist und ihre Herrschaft sich noch nicht fest etabliert hat, ist ihre lose Organisation praktisch ein Vorteil. Sie stützt sich auf den charismatischen Führer als Person oder vielleicht auch auf eine kleine «Gefolgschaft», die ihn umgibt. Jede weniger informelle Organisationsform würde den charismatischen Führer seiner Unmittelbarkeit und Dynamik berauben. Wenn sich die charismatische Bewegung jedoch durchgesetzt hat, wird ihr informeller Zusammenhalt zur Behinderung, weil sich die charismatische Führung nämlich jetzt den Grundproblemen der Verwaltung stellen muß. Eine siegreiche charismatische Bewegung auf religiösem Gebiet kann nun nicht mehr ein aufgeregter Haufen von Enthusiasten bleiben, sondern muß den religiösen und sonstigen Bedürfnissen einer ganzen Bevölkerung entgegenkommen, die haltsuchend zu ihr aufblickt. Noch wichtiger ist es, daß eine charismatisch-politische Bewegung nach ihrem Sieg Verwaltungsformen einführt, die ihre Regierung dauerhaft machen. Auf keinen Fall sind jedoch die alten charismatischen Organisationsweisen noch weiterhin zweckdienlich.

Die Geschichte der Revolutionen im 20. Jahrhundert ist reich an Beispielen für diesen Prozeß. Die russische Revolution ging durch eine Zeit heftigen charismatischen Feuers. Es brannte, obgleich wohl abgemindert, solange Lenin lebte. Nach seinem Tod «verhärtete» sich die Revolution und mit ihr ihr Hauptgarant, die kommunistische Partei, so stark, daß es in der Folgezeit zum sogenannten Stalinismus kam. Mao-

Tse-tung erkannte diesen Verhärtungsprozeß als die entscheidende Gefahr für seine eigene Revolution in China und identifizierte ihn mit der Parteibürokratie. Die sogenannte Kulturrevolution war sein Versuch, das revolutionäre Charisma der Anfänge wieder zu beleben und den Enthusiasmus der Jugend gegen die Parteibürokratie auszuspielen. In Kuba versuchte Castro kraft eines Charismas zu regieren, das aus den Kampfjahren stammte. Wie ein (wohlgesonnener) Beobachter feststellt, wird Kuba «aus Castros Jackentasche regiert», jener Tasche, in die er gewohnheitsmäßig die Notizen stopfte, die er während seiner Überlandreisen im Wagen oder Helikopter gemacht hatte. Derartige Sitten haben Castro vielen Kubanern teuer gemacht. Manche (wieder wohlwollende) Beobachter fragen sich, ob nicht einige seiner Schwierigkeiten mit diesem charismatischen Verwaltungsstil zusammenhängen.

Es gibt aber noch einen tieferen Grund für den transitorischen Charakter charismatischer Herrschaft. Wir erkennen ihn, wenn wir Webers Gedanken folgen, daß sich ihre Auflösung gewöhnlich ziemlich genau datieren läßt – auf den Zeitpunkt nämlich, wenn die erste Generation der Gefolgsleute tot ist. Daß dies so ist, liegt tief in der menschlichen Natur begründet. Charisma ist außeralltäglich, unerhört aufregend, zersetzend für all die Strukturen, die die menschliche Alltagswelt bestimmen. Charismatische Bewegungen operieren meistens auf einer extremen Höhe emotionaler Intensität. Höchstwahrscheinlich können wir das nicht lange ertragen, und das gilt wohl sogar auch für die meisten, die sich anfänglich in den Strudel einer charismatischen Bewegung reißen ließen und ihre ersten Gefolgsleute wurden. Solange nur die erste Generation der Gefolgsleute noch am Leben ist, kann sich die charismatische Herrschaft selbst tragen, wenn auch nicht in ständiger Emotion, so doch wenigstens in der Erinnerung an die großen Ereignisse in der persönlichen Vergangenheit dieser Menschen. Das alles ändert sich gründlich, wenn eine neue Generation, die zur Geburtsstunde der Bewegung noch nicht da war, ins Leben tritt und in die Führungspositionen welcher auch immer inzwischen entstandenen Strukturen hineinwächst. Jetzt ist der – oder sind die – Führer der ersten Stunde tot. Die zweite Generation hatte selbst keinen Anteil an den großen Ereignissen zu Anfang der Bewegung. Sie weiß von alledem nur aus den Erzählungen ihrer Eltern.

Am entscheidendsten ist jedoch, daß, was für die erste Generation in der Tat außeralltäglich war, in der zweiten schon zum gewohnten Bild des gesellschaftlichen Lebens gehört. Schließlich ist die zweite Generation mit diesen Erzählungen aufgewachsen; man kann nicht erwarten, daß sie mit derselben atemlosen Erregung darauf reagiert wie einst ihre Eltern. Für die zweite Generation sind die großen Taten der charismatischen Revolution ein «alter Hut». Genau das meint Weber mit dem Wort «Veralltäglichung»: Was einmal außeralltäglich war, gehört jetzt zum grauen Alltag. Was einmal die Strukturen des Alltagslebens aufgebrochen hatte, ist jetzt selbst eine seiner Strukturen geworden. Wenn es so weit gekommen ist, muß charismatische Herrschaft unvermeidlich ihre alte Legitimierung verlieren und neue Wege finden, um die von ihr geschaffenen institutionellen Strukturen zu erhalten. Mit diesem Wandel beginnt das Absterben des revolutionären Impulses charismatischer Herrschaft.

## Veralltäglichung: Traditionalisierung und Rationalisierung

Entsprechend seiner Dreier-Typologie der Herrschaft erklärt Weber, daß die Veralltäglichung des Charismas zwei verschiedene Richtungen einschlagen kann. Charisma kann traditionalisiert werden, das heißt, in traditionale Herrschaft umgewandelt werden. Oder es kann rationalisiert werden, das heißt, in legal-rationale Herrschaftsformen überführt werden. Eine häufig wiederkehrende Form der Traditionalisierung von Charisma, die sich vielfach in der Menschheitsgeschichte begeben hat, ist die Errichtung einer Dynastie aus den Nachkommen des charismatischen Führers. Die Eigenart der Herrschaft, die bisher einmalig und außeralltäglich auf einen einzelnen gegründet war, wird durch natürliche Fortzeugung weitergegeben. Es ist dann nicht einmal mehr notwendig, daß die Nachkommen selbst für sich als Personen außeralltägliche Eigenschaften in Anspruch nehmen. Außeralltäglichkeit ist ihnen sozusagen ins Blut übergegangen. So ist es denn also durchaus möglich, daß der Enkel eines charismatischen Führers ein höchst durchschnittliches Exemplar der Gattung Mensch ist und dennoch Autorität behält.

## Rationalisierung: das Beispiel der katholischen Kirche

Die wichtigere Form der Veralltäglichung von Charisma in der modernen Zeit ist die Rationalisierung. Für Weber war der Prototyp dieser Form die katholische Kirche. Die prototypische Rationalisierung, die in ihren Anfängen stattgefunden hat, bezeichnet Weber als Umwandlung von Charisma der Person in Charisma des Amtes. Die Entstehung der Geistlichkeit, des Episkopats und schließlich des Papsttums zeigen das sehr deutlich. Zur Zeit der Apostel lag die Herrschaft über die Christenheit bei diesen (die alle, bis auf Paulus, persönliche Zeugen der großen Ereignisse im Leben Jesu waren) und den von ihnen persönlich designierten Statthaltern. Charisma, wenngleich sicher weniger ausgeprägt als bei Jesus selbst, war also noch an bestimmte Personen als Personen gebunden. Seit der Gründung und Ausweitung der christlichen Kirche, die in immer mehr Ländern immer mehr Christen geistlich betreuen mußte, ließ sich dieser Herrschaftstypus bald nicht mehr beibehalten.

Als ein professioneller Klerus entstanden war, ging die Herrschaft in der Kirche von der Person des Priesters an das Priesteramt über. Der

Priester hatte «die priesterliche Gewalt», bestimmte Handlungen vorzunehmen («gültige» Sakramente zu erteilen), nicht weil er ein außeralltäglicher Mensch war, sondern weil ihn die Kirche in dafür vorgesehenen Formen in sein Amt eingesetzt, ihn «ordiniert» hatte. Daraus ergab sich (und das trat in aller Schärfe hervor, als die Kirche die Irrlehre der sogenannten Donatisten verdammte), daß ein Priester als Mensch auch ein schlechter Charakter sein konnte – dennoch aber die Funktionen seines Amtes «gültig» ausführte.

Das galt natürlich auch für Bischöfe und Päpste und kulminierte schließlich im Dogma von der Unfehlbarkeit des Papstes. Dieses Dogma besagt, daß der Papst in Angelegenheiten des Glaubens und der Moral unfehlbar ist, sobald er *ex cathedra* spricht (wörtlich: wenn er «von seinem Thron» aus, das heißt als Papst spricht). Das Dogma hat niemals behauptet, daß der Papst auch in irgendwelchen anderen Angelegenheiten unfehlbar sei, nicht einmal, daß er in «päpstlichen» Angelegenheiten als Mensch unfehlbar sei. Seine Unfehlbarkeit leitet sich einzig und allein aus seinem Amt als Papst ab, ein Amt, von dem Katholiken glauben, daß es unter ganz besonderem göttlichen Schutz stehe. Ein Papst, ausgestattet mit all der Machtvollkommenheit, die seinem Amt anhaftet, kann ein höchst fehlbarer, sogar ein schlechter Mensch sein. Heutzutage dürfte wohl kaum noch ein katholischer Historiker bestreiten, daß zum Beispiel Alexander Borgia einer der größten Bösewichte der italienischen Renaissance gewesen ist und im Sinn der katholischen Vorstellung vom Leben nach dem Tode höchstwahrscheinlich jetzt in der Hölle schmoren muß. Das ändert jedoch nichts daran, daß auch er ein wirklicher Papst war, ausgestattet mit all der Autorität seines Amtes. So ist es wohl nur als glückliche Fügung zu bezeichnen, daß Papst Alexander mit dem Anzetteln von Kriegen, dem Vergiften von Kardinälen und den Annehmlichkeiten des Bordells, das er sich in einem Flügel des Vatikans eingerichtet hatte, so ausgelastet war, daß ihm einfach die Zeit gefehlt haben muß, um *ex cathedra* über (für ihn) so uninteressante Angelegenheit wie Glauben und Moral zu sprechen. Diese Unterlassung erklärt sich der gläubige Katholik gar nicht einmal unlogisch als einen weiteren Beweis für den besonderen Schutz Gottes, unter dem das päpstliche Amt steht.

### Rationalisierung: die permanente Revolution

Charisma ist bei Max Weber die eine große revolutionäre Macht, die andere ist Rationalisierung. Wir haben die beiden Begriffe schon erwähnt, als wir über seine Analyse der Bürokratie sprachen. Weber glaubte, daß für die moderne Welt Rationalisierung die dominierende Macht des Wandels sei. Wie wir schon wissen, ist die Bürokratie für ihn das hauptsächliche Merkmal einer rationalisierten Gesellschaft. Rationalisierung hat wie Charisma fundamental eine revolutionäre Tendenz.

Wie Charisma ist sie traditionsfeindlich. Sie unterwühlt bestehende institutionelle Ordnungen. Sie verändert althergebrachte Vergesellschaftungsmodelle – und zwar oft ganz radikal und plötzlich. Anders als Charisma trägt sie jedoch nicht den Keim zu ihrer eigenen Vernichtung in sich. Rationalität läßt sich nicht veralltäglichen, weil sie nämlich an sich schon Veralltäglichung ist. Deshalb haben nach Weberscher Auffassung revolutionäre Veränderungen aufgrund von Rationalisierung eine Beständigkeit, wie sie durch Charisma nicht erreichbar ist. Anders ausgedrückt: Für Weber war die Moderne die permanente Revolution.

## Und die außerrationalen Bedürfnisse des Menschen?

Die für jede moderne technologische Gesellschaft unerläßliche Bürokratie ist ein weiterer Garant dieser Permanenz. Das bedeutet jedoch nicht, daß Weber meinte, sozialer Wandel käme nur durch die rationalisierten Verfahrensweisen der modernen bürokratischen Gesellschaft zustande. Er sah voraus und erkannte, daß gerade die Rationalisierung des gesellschaftlichen Lebens neuen Ausbrüchen der Irrationalität Auftrieb geben würde. Auch das liegt letzten Endes wohl in der Verfassung des Menschen begründet. Der Mensch hat tiefe innere Bedürfnisse und Antriebe, die sich dem totalen Aufgehen in den rationalen Strukturen der modernen Welt (einschließlich und sehr wesentlich auch denen des modernen Geistes) widersetzten. Diese irrationalen Impulse müssen zum Ausbruch kommen, sei es als offene Opposition gegen die rationale Ordnung der Institutionen oder in verborgenen Enklaven, die mitten unter diesen Institutionen ihr Leben fristen.

Die amerikanische Soziologie hat sich besonders für bestimmte Aspekte des Wandels interessiert, für Typen des sozialen Wandels zum Beispiel, die mit der Verstädterung, der Einwanderung oder – und das in letzter Zeit besonders – mit der Modernisierung zusammenhängen. Es gibt allerlei Versuche, Veränderungen auf diesen Gebieten zu erklären und manchmal auch vorauszusagen. Aber vor allgemeinen Theorien des Wandels hat in Amerika eine gewisse Scheu bestanden. Selbst Soziologen, die mit Theoremen arbeiten, halten sich am liebsten an empirisches Material auf speziellen Gebieten, um diese Theoreme zur Beschreibung und Erklärung eben dieses Materials direkt verwenden zu können. Einer der bedeutendsten frühen amerikanischen Soziologen, die sich für sozialen Wandel interessierten, war William Ogburn[7], der allerdings keine so umfassende Theorie des sozialen Wandels entwickelt hat wie die besprochenen Europäer. Einer seiner Hauptgedanken hat sich jedoch auch in Europa durchgesetzt und gehalten. Es handelt sich um den sogenannten *cultural lag* (etwa: kulturelles Nachhinken), ein Begriff, der als Terminus auch in die deutschsprachige Soziologie übernommen worden ist. Voraussetzung für das Eintreten eines *cultural lag* ist eine gesamtgesellschaftliche Situation, in der Wandel sich auf verschiedenen Gebieten in verschiedenem Tempo und Umfang vollzieht. Zum Beispiel kann in Technik und Wirtschaft ein drastischer Wandel eintreten, ohne daß etwa die Verwandtschaftsinstitutionen und die Werte ihre althergebrachten Formen gleich aufgeben. In diesem Fall besteht dann eine Zeitverschiebung zwischen den verschiedenen sozialen Bereichen. Ogburn hat mit seinem Konzept die Aufmerksamkeit auf eine besondere Schwierigkeit des sozialen Wandels zu lenken verstanden, das heißt auf die Tatsache, daß nicht alle Bereiche des gesellschaftlichen Lebens sich gemeinsam oder gleichzeitig wandeln.

## Sorokins sensorische, ideatorische und idealistische Kulturen

Eine bedeutende Figur auf diesem Gebiet ist Pitirim Sorokin, ein russischer Gelehrter, der in den zwanziger Jahren nach Amerika gekommen war und dort seine soziologischen Hauptwerke geschrieben hat.[8] Sorokins Auffassung von sozialem Wandel läßt sich *cum grano salis* als idealistisch bezeichnen, insofern er nämlich Ideen als Kausalfaktoren für sozialen Wandel einen wichtigen Platz einräumt. Er sieht ihn als die Aufeinanderfolge von Gesamteinstellungen zur Wirklichkeit in einer bestimmten Gesellschaft. Dabei unterscheidet er drei Hauptypen solcher Gesamteinstellungen und charakterisiert eine Gesellschaft je nachdem, welcher von diesen Typen in ihr vorherrscht. Er nennt diese Typen sensorisch, ideatorisch und idealistisch. Der Unterschied besteht in der jeweilig vorherrschenden Auffassung von Wahrheit. Die eigentliche Dynamik des Wandels ist, mit anderen Worten, kultureller Natur, wobei Kultur die Integration von Wirklichkeitsbestimmungen bedeutet. Sozialer Wandel muß bei Sorokin immer im Einklang mit diesen kulturellen Prozessen verstanden werden. Eine sensorische Kultur erfaßt Wahrheit oder Wirklichkeit ganz auf der Grundlage von Sinneserfahrungen. Eine ideatorische Kultur wird, so meint er, von geistigen Prinzipien beherrscht (das wäre also im Grunde eine religiös bestimmte Kultur). Eine idealistische Kultur schließlich verbindet wesentliche Elemente der beiden anderen, integriert sie jedoch zu einer ihrem Wesen nach rationalen Weltansicht. Sorokin war der Meinung, die moderne Gesellschaft stütze sich mehr und mehr auf eine sensorische Kultur, und er hielt das für ein ausgesprochenes Degenerationsphänomen.

Ein wichtiger Aspekt der Sorokinschen Theorie des sozialen Wandels ist, was er «das Prinzip der Schranken» nannte. Alle Prozesse des Wandels ereignen sich innerhalb bestimmter Grenzen, die ihnen vermutlich die menschliche Natur selbst setzt. Deshalb gibt es eine periodische Wiederkehr gesellschaftlicher Grundkonstellationen. Wie sich Gesellschaften auch immer wandeln mögen, ihrem Wandel sind definitive Schranken gesetzt. Letzten Endes sind nur sehr wenige Dinge im gesellschaftlichen Leben wirklich neu. Mit diesem Gedanken von einer Periodizität beziehungsweise einem zyklischen Charakter des sozialen Wandels steht Sorokin Pareto sehr nahe.

## Parsons Orientierungsalternativen: von partikularer zu universeller Orientierung, von Affektivität zu affektiver Neutralität

Talcott Parsons, der größte Theoretiker der heutigen amerikanischen Soziologie, hat für den derzeitigen Stand unserer Erkenntnis die Möglichkeit einer allgemeinen Theorie des sozialen Wandels bestritten. Er hat jedoch eine Anzahl Schritte auf eine solche allgemeine Theorie hin unternommen.[9] Sein Akzent liegt wie immer darauf, daß die Gesellschaft ein fluktuierendes System ist. Sozialer Wandel ist das Ergebnis von Anstrengungen des Systems, sich von innen her zu behaupten und sich äußerer Einflüsse zu erwehren. Eine wichtige Ursache für sozialen Wandel ist bei Parsons die Tatsache gewisser Mißerfolge der Sozialisation, das heißt Fehler beim Sozialisieren einzelner und ganzer Gruppen, die deren Anpassung an die Forderungen des Gesellschaftssystems beeinträchtigen und dadurch Gleichgewichtsstörungen und Instabilitäten verursachen. Einer der einflußreichsten theoretischen Beiträge von Parsons ist sein Begriff der sogenannten *pattern variables* (etwa: Orientierungsalternativen).[10] Dies ist ein Schema von Begriffspaaren, die alternative Möglichkeiten für die Grundorientierung einer Gesellschaft oder einer Institution darstellen. Ein solches Begriffspaar ist partikulare und universelle Orientierung. Bei einem partikularen Modell gewinnt das Individuum seinen Status durch Qualitäten, die ihm seine Gruppe zuspricht. Im Gegensatz dazu erkennt ein universelles Modell jedem Individuum bestimmte Statuskriterien zu ohne Berücksichtigung seiner jeweiligen Gruppenzugehörigkeit. Im Fall partikularer politischer Verwaltung darf beispielsweise eine Bewerbung durch einen Verwandten des Bewerbers zu dessen Gunsten entschieden werden. In einer Verwaltung, die nach universellen Grundsätzen arbeitet (der typische Fall sind moderne Bürokratien), müßten dagegen alle Bewerber nach denselben Auswahlkriterien beurteilt werden, ungeachtet vorhandener oder nicht vorhandener familiärer Beziehungen zu einer jeweils mit Entscheidungsbefugnis ausgestatteten Person. Ein anderes Begriffspaar von Orientierungsalternativen sind Affektivität und affektive Neutralität. Gesellschaftliche Beziehungen, die durch Affektivität bestimmt sind, gründen sich auf oder enthalten mindestens Gefühlsbindungen zwischen Menschen. Bei affektiver Neutralität als Orientierungsmodell müssen bestimmte gesellschaftliche Beziehungen auch ohne Gefühlsbindung entstehen und bestehen können. In modernen westlichen Gesellschaften herrscht beispielsweise die Vorstellung, daß familiäre Beziehungen affektiv bestimmt sind. Bei Geschäftsleuten dagegen, die einen Kaufvertrag eingehen, wird ein Zustand affektiver Neutralität vorausgesetzt. In beiden Fällen wäre die Orientierung am alternativen Modell unangebracht und würde, mindestens im Fall der Familienbeziehungen, als Verstoß gegen sittliche Normen betrachtet. Wenn ein Mann und eine Frau ihre Ehe nur als Garantievertrag zur Erfüllung gegenseitiger sexueller und wirtschaftlicher Ansprüche auffassen würden, den sie in kühler Gelassenheit und ohne Gefühlsbindung einhalten, so gälte das als unschicklich und unmoralisch. Nicht unbedingt als unmoralisch, aber als unschicklich und gesetzwidrig gälte es dagegen, wenn zwei Geschäftsleute ihren Vertrag nur erfüllten, solange sie ineinander verliebt sind.

Parsons Orientierungsalternativen, die wir hier nicht alle aufzählen wollen, haben ihre Brauchbarkeit auf verschiedenen Gebieten erwiesen. Er und einige seiner Schüler haben, was sozialen Wandel betrifft, zeigen können, daß dieser zu großen Umstellungen in der Organisationsform einer Gesellschaft im Sinn dieser Orientierungsalternativen führt. Besonders geeignet ist Parsons Konzeption zur Erhellung des Übergangs von älteren zu modernen Gesellschaftsstrukturen, ein Übergang, zu dem ganz spezifische Umstellungen der Gesamtorientierung gehören. So hat, um bei den erwähnten Alternativen zu bleiben, beispielsweise Modernisierung meistens eine Umstellung von partikularer zu universeller Orientierung, von Affektivität zu affektiver Neutralität zur Folge, und zwar in weiten Bereichen des gesellschaftlichen Lebens. Diese Umstellung, wie Parsons sie sieht, hat viel Ähnlichkeit mit den Analysen von Tönnies und Durkheim zum gleichen Thema. In seiner späteren Zeit hat Parsons sich mehr und mehr – nicht nur, was sozialen Wandel angeht – mit der Evolutionstheorie befreundet.[11] In deren Sinn verlagerte er den Akzent immer mehr auf die steigende Differenzierung bei sozialem Wandel. Er meint damit die zunehmende Arbeitsteiligkeit der Institutionen. Während beispielsweise in der feudalen Gesellschaft ökonomische und politische Institutionen ineinander verschmolzen waren, hat die moderne Gesellschaft (mindestens im Zeichen des Kapitalismus) die beiden Sphären immer mehr voneinander entfernt und ihre Organisation getrennten institutionellen Strukturen überantwortet. Parsons schreibt die immense Vielseitigkeit der modernen Gesellschaft weitgehend solchen institutionellen Differenzierungen und ihren Konsequenzen zu, und zwar im Bereich der Kultur wie in dem der Persönlichkeit.

## Andere amerikanische Ansätze

Verschiedene amerikanische Soziologen haben versucht, sozialen Wandel systemtheoretisch zu behandeln, das heißt, die Gesellschaft als ein in ständiger Differenzierung, Anpassung und Selbsterhaltung begriffenes System aufzufassen. Neil Smelser, ein Schüler und enger Mitarbeiter von Parsons, hat aus Gedanken von Parsons über sozialen Wandel eine allgemeine Theorie der Modernisierung entwickeln wollen.[12] Einen ähnlichen Versuch, wenngleich mit höheren Ambitionen, hat Marion Lévy unternommen, indem er die funktional notwendigen Modelle einer modernen Gesellschaft untersuchte.[13] Ein Werk, das unlängst einiges Aufsehen erregt hat, ist *The Active Society* von Amitai Etzioni.[14] Etzioni ist viel weniger an Parsons oder den strukturell-funktionalistischen Ansatz gebunden als Smelser und Lévy. Aber auch er faßt sozialen Wandel fundamental systematisch auf. Seine Grundfrage betrifft das, was er «aktive Orientierung» nennt: Wie kommt es, daß bestimmte Gesellschaften aktiv wirken, während andere träge oder erstarrt zu sein scheinen? Etzioni beantwortet diese Frage aufgrund von Analysen sowohl der Machtstruktur als auch der Organisation von Wissen in einer Gesellschaft. Zu einer Aktivierung kommt es, wenn die Machtstruktur und die Organisation des Wissens (einschließlich der Normen und Werte) in ganz bestimmten Verbindungen auftreten.

Wir haben bei Gelegenheit schon darauf hingewiesen, daß in Amerika in den letzten Jahren eine von Anhängern und Gegnern so genannte radikale Soziologie neu erstanden ist. Die Anfänge lassen sich ziemlich genau datieren: Sie begann 1959 mit dem heftigen Angriff von C. Wright Mills auf die herrschenden soziologischen Schulmeinungen (einschließlich der von Parsons).[15] Seit damals hat diese Bewegung verschiedene Varianten gezeitigt, worunter einige marxistischer sind als andere. Kürzlich hat Alvin Gouldner die wesentlichen Voraussetzungen mindestens einer Hauptströmung dieser Bewegung bekanntgemacht.[16] Die neue radikale Soziologie arbeitet gleichzeitig auf zwei Ebenen. Auf der allgemeineren legt sie einen neuen Akzent auf Macht und Konflikt in der Gesellschaft, ein Ansatz, der sie in schroffen Gegensatz nicht nur zu Parsons, sondern zu jeder funktionalistischen oder systematischen Betrachtungsweise bringt. Auf konkret empirischem Gebiet tendiert sie dazu, viele, wenn nicht die meisten aktuellen Prozesse des Wandels als Ergebnisse von Spannungen oder «Widersprüchen» im Rahmen der kapitalistischen Gesellschaft zu deuten, Widersprüchen sowohl in Amerika selbst als auch auf internationaler Ebene. So unterschiedliche Phänomene sozialen Wandels wie beispielsweise das militärische und politische Vorgehen Amerikas in der Dritten Welt, der Rassenkonflikt im eigenen Land und die «Entfremdung» großer Teile der amerikanischen Jugend von etablierten Normen und Vorbildern stellen sich den radikalen Soziologen als zusammenhängendes Schema echter Manifestationen eines Kapitalismus in der Krise dar. (Hinzu kommt noch, daß die meisten radikalen Soziologen hoffen, es möge die Endkrise sein.) Auf beiden Ebenen stellt die neue radikale Soziologie eine Rückkehr zu marxistischen Perspektiven dar, selbst wenn sich wahrscheinlich nur eine Minorität ohne Vorbehalte mit dem Marxismus identifiziert.

## Wie weit haben wir es gebracht? Bis zur hochentwickelten Industriegesellschaft, zur nachindustriellen oder zur spätkapitalistischen Gesellschaft?

Die verschiedenen Auffassungen von sozialem Wandel in der heutigen amerikanischen Soziologie lassen sich ziemlich leicht je nach Vorstellungen über den gegenwärtigen Standort unserer Gesellschaft unterscheiden. Das kommt schon in den globalen Bezeichnungen zum Ausdruck, mit denen unsere Gesellschaft je nach Richtung bedacht wird. Ein weitverbreiteter Terminus dieser Art ist «hochindustrialisierte Gesellschaft».[17] Dieser Ausdruck steht bei den westeuropäischen soziologischen Hauptströmungen hoch im Kurs. Gemeint damit ist im Grunde, daß Gesellschaften auf einer bestimmten Höhe der industriellen Entwicklung zu Strukturen tendieren, die dem industriellen Entwicklungsstand entsprechen. Eine weitere Implikation ist, daß Gesellschaften dieses Typus (Amerika und Rußland) sich immer ähnlicher werden, jedenfalls in einer beachtlichen Anzahl ihrer Institutionen. Man spricht in diesem Zusammenhang auch gern von einer Konvergenzthese. Zusätzlich ist noch impliziert, daß viele Prozesse des Wandels in der heutigen Gesellschaft nicht vor allem zu Lasten des Kapitalismus gehen, sondern überhaupt für hochindustrialisierte Gesellschaften, einerlei welche Form ökonomischer Organisation sie haben, charakteristisch sind. Das heißt, daß sie in kapitalistischen wie in sozialistischen Gesellschaften bei vergleichbarem Stand der industriellen Entwicklung auftreten. Es ist nicht verwunderlich, daß gerade dieser Gedanke radikalen Soziologen besonders zuwider ist, so daß allein der Terminus «hochindustrialisierte Gesellschaft» in ihrem Vokabular einen unzüchtigen Nebensinn bekommen hat. Manche Beobachter der gesellschaftlichen Szene im Wandel gehen einen Schritt weiter und sprechen von einer nachindustriellen Gesellschaft. Dieser Ausdruck ist besonders beliebt bei den sogenannten Futurologen, einer ziemlich heterogenen Gruppe von Sozialwissenschaftlern, die sich ein Gewerbe daraus machen, gesellschaftliche Zukunftstendenzen vorauszusagen.[18]

Dieser Terminus besagt, daß wir zwar noch immer abhängig von der industriellen Produktion sind, daß aber immer mehr Menschen heutzutage Beschäftigungen nachgehen, die von der eigentlichen Produktionssphäre weit entfernt liegen. Das Problem der Produktion ist praktisch gelöst durch die Erreichung einer geradezu phänomenalen ökonomischen Wachstumsrate – das heißt, die Produktivität unserer Gesellschaft kann auch in Zukunft als garantiert gelten. Jetzt ist es vielmehr das Problem des Konsums, das sich uns stellt, und das nicht nur auf materiellem Gebiet, sondern auch für alle gesellschaftlichen und kulturellen Aktivitäten, die auf der Grundlage unserer gigantischen Produktionsmaschinerie stattfinden. Einige Soziologen der dominierenden Richtungen haben den Terminus übernommen; ja sogar für diejenigen, die sich für die sogenannte «Kulturrevolution» interessieren, hat er eine gewisse Anziehungskraft. Gänzlich unannehmbar finden ihn begreiflicherweise die meisten Radikalen, weil auch er, wie der erste, den bedeutsamen Unterschied zwischen dem Kapitalismus und seinen sozialistischen Alternativen verwischt.

Im Lager der radikalen Soziologie selbst wird die Bezeichnung «spätkapitalistische Gesellschaft» bevorzugt. Durch dieses von Herbert Marcuse (der selbst kein Soziologe ist) populär gemachte Vorgehen werden alle ernsteren Spannungen der heutigen amerikanischen Gesellschaft als notwendige Konsequenzen des Kapitalismus gedeutet.[19] Der Terminus entspricht einer marxistischen Auffassung von sozialem Wandel, weil er die Bedeutung der ökonomischen Organisationsweise (in diesem Fall des Kapitalismus) hervorhebt und weil er durch das Eigenschaftswort «spät» insgeheim die Voraussage der bevorstehenden Revolution mit einschließt.

## Positive und negative Beurteilungen der Moderne

Zusammenfassend kommen wir noch einmal zurück auf den Unterschied dessen, was wir die «Gestimmtheit» gegenüber der modernen Gesellschaft bei Durkheim und Tönnies genannt haben. Der theoretische Gegensatz der beiden Klassiker besteht noch immer unter uns und zieht sich quer durch alle politischen Lager. Die Hauptströmungen in der amerikanischen Soziologie teilen mehr oder weniger Durkheims Gestimmtheit. In diesen Lagern hält man die Moderne für ein notwendiges und mindestens teilweise auch wünschenswertes Phänomen. Es gibt nur noch ganz wenige Soziologen, die mit Tönnies konservativ und romantisch auf die Moderne reagieren, und sei es auch nur aus dem Grund, daß es so wenige konservative Soziologen gibt. In der radikalen Soziologie sind die Meinungen gespalten. Ausgesprochen marxistische Soziologen teilen mit den liberalen (welche Differenzen sie auch sonst haben mögen) eine grundsätzlich positive Gestimmtheit zur Moderne. Die sozialistische Gesellschaft, auf die sie zusteuern, soll Strukturen haben, wie sie uns durch die modernen Institutionen vertraut geworden sind – nur, daß die sozialistische Gesellschaft dereinst anders gesteuert werden soll. Es gibt jedoch in der radikalen Soziologie auch eine Richtung, die ganz anders auf die Moderne reagiert und hofft, daß «vormoderne» soziale und kulturelle Modelle zu neuem Leben erwachen. Einflüsse der Jugendkultur und Gegenkultur sind hier deutlich erkennbar. Es ist nur konsequent, daß in diesen Reihen ein starkes Interesse an Gesellschaften der dritten Welt besteht, an Gesellschaften, die immer noch einigermaßen von den angeblichen Übeln der Moderne verschont geblieben sind.

# 16 Alter, Krankheit und Tod

## An den Grenzen der Alltagswelt

Das Erleben des Menschen läßt sich nach der Tag- und der Nachtseite aufteilen. Tagseite ist die Alltagswelt, die, selbst wo sie Unglück birgt, klar und verläßlich in ihren Strukturen ist. Die Nachtseite birgt Erlebnisse, die unheimlich, sogar entsetzlich sind und die die sichere Wirklichkeit des Alltagslebens in Frage stellen. Das ist die Welt der Träume und Gesichte, jenes zwielichtige Gespür für andere Seinsmöglichkeiten, in denen früher der Mensch Begegnungen mit dem Göttlichen zu erleben glaubte, Zustände also, die wir im allgemeinen in den Geltungsbereich der Psychiatrie verweisen. Die markanteste Erfahrung auf dieser Nachtseite ist die des Todes – der nicht allein hinter jedem, der ihn erleidet, die Alltagswelt abschließt, sondern auch denen, die den Tod eines anderen miterleben, als absolute Bedrohung alles dessen, was sicher und durchsichtig im Alltagsleben ist, erscheint. Alter und Krankheit bedrohen die Struktur des normalen Lebens weniger dramatisch. Aber noch in ihrer gutartigsten Form sind sie Signale des Todes. Deshalb rufen sie besondere Reaktionen beim einzelnen wie bei der Gesellschaft hervor.

Alter, Krankheit und Tod sind Erfahrungen in der Alltagswelt. Aber es gehört zu ihrem Wesen, daß sie auf die Grenzen der Alltagswelt hinweisen, sie sind – um den von dem Philosophen Karl Jaspers geprägten Terminus zu verwenden – Grenzerlebnisse. Aus diesem Grund haben Gesellschaften immer besondere institutionelle Vorkehrungen treffen müssen, die diese Erlebnisse in irgendeiner Form einbeziehen und sie so daran hindern, die Grundstrukturen des gesellschaftlichen Lebens zu zertrümmern. Das ist immer so gewesen. In der modernen Gesellschaft ist das Problem der institutionellen Einbezogenheit jedoch besonders schwierig, und doppelt so schwierig in der amerikanischen Gesellschaft, die einen wahren Kult mit Jugend, Gesundheit und dem Leben treibt. Jugendlich, gesund und voll vitaler Energien zu sein wird hier nicht schlicht als glücklicher Zustand derjenigen angesehen, die die Natur mit diesen Vorzügen begünstigt, sondern gewissermaßen als sittliche Pflicht für jedermann. Demzufolge gilt alt oder krank zu sein, ja, im Angesicht des Todes zu stehen nicht nur als Mißgeschick, sondern in gewisser Weise als sittliches Versagen.

Eine sichtliche Folge dieser Einstellung war, daß Alter, Krankheit und Tod (in eben dieser Reihenfolge) immer mehr verborgen wurden. Die moderne Familie hat weniger Raum für den alten Menschen als frühere Verwandtschaftsorganisationen. Die Erfahrung schwerer Krankheit macht man im Krankenhaus, das streng abgeschieden ist von anderen

Bereichen des gesellschaftlichen Lebens, und das Krankenhaus ist auch der von der Gesellschaft vorgezeichnete Ort des Sterbens.

## Buddhas Vater und die moderne Jugend

Der Legende nach wollte Buddhas Vater, ein indischer Fürst, den Sohn vor allen bedrückenden Erfahrungen schützen, vor allem davor, Alter, Krankheit und Tod mitansehen zu müssen. Deshalb regelte er das Leben des jungen Menschen so, daß diese Erfahrungen nicht in seinen Gesichtskreis traten. Die Legende erzählt jedoch weiter von einem Tag, an dem die Schutzmaßnahmen zusammenbrachen und Buddha nacheinander einem alten Bettler, einem Aussätzigen und einem Leichnam, der zur Verbrennung gebracht wurde, begegnete. Diese massive Konfrontation mit dem, was wir die Nachtseite des menschlichen Lebens genannt haben, war so schrecklich für Buddha, daß er seines Vaters Palast den Rücken kehrte und in die Wildnis ging, um Antwort auf die quälende Frage des menschlichen Leidens zu suchen. Man darf wohl annehmen, daß es selbst für einen Fürsten im alten Indien schwierig war, seinen Sohn so geschützt aufwachsen zu lassen. Daß es für die meisten Kinder der modernen Mittelstandsgesellschaft völlig normal ist, wenig vom Alter, kaum etwas von schwerer Krankheit und vielleicht nichts vom Tod zu sehen, ist daher ein etwas verwirrender Gedanke. Die Soziologen haben die beiden ersten dieser drei Erfahrungen – Alter und Krankheit – gründlich unter die Lupe genommen und sie zum Gegenstand zweier Unterdisziplinen, der Soziologie des Alters und der Soziologie der Medizin, gemacht.[1] Die meisten Studien auf beiden Gebieten sind praxisorientiert und für Sozialfürsorge und Gesundheitspolitik von großem Interesse. Sie sind demzufolge oft von Ämtern und Organisationen in Auftrag gegeben und finanziert worden, die mit den entsprechenden Aufgaben betraut sind. Wir wollen in diesem Kapitel nicht etwa den Versuch machen, einen Überblick über das, was dabei herausgekommen ist, zu geben, so interessant es auch für den Fachmann sein mag. Die Thematik selbst hat beträchtlich weitere Dimensionen, und diese sind es, auf die wir aufmerksam machen wollen.

## Altwerden: ein Zustand, der immer häufiger wird

Der Prozeß des Alterns ist eine allgemeine biologische Tatsache. Wer aber als alt oder alternd bezeichnet wird, das ist Sache der gesellschaftlichen Definition. Eine Grundtatsache – als Ergebnis der modernen Medizin und Ernährungswissenschaft – ist (worauf wir schon in anderem Zusammenhang gestoßen waren) die zunehmende Langlebigkeit in unserer Gesellschaft. Heutzutage leben die Menschen länger als je zuvor in der Geschichte. Die Folge ist, daß das Stadium hinausgeschoben werden mußte, in dem man als alt gilt oder sich selbst dafür hält. Im Mittelalter etwa, als die durchschnittliche Lebenserwartung noch irgendwo in den Dreißigern lag, konnte jemand, der fünfzig wurde, mit Recht alt genannt werden. Heute, wo die Lebenserwartung stetig bis weit ins siebente Jahrzehnt ansteigt, findet es niemand ungewöhnlich, wenn beispielsweise ein Herr in den Vierzigern als «junger Politiker» oder «junge Führungskraft» bezeichnet wird. Diese historische Relativität der gesellschaftlichen Definition des Alters muß unbedingt bedacht werden.

Ein weiteres Ergebnis dieses Faktums ist, daß es immer mehr alte Menschen (nach welcher Definition auch immer) gibt. Um die Jahrhundertwende waren 4 Prozent der amerikanischen Bevölkerung über 65. 1965 waren es schon über 9 Prozent. Die Ziffer ist sehr wahrscheinlich im weiteren Anstieg begriffen, da die Geburtenrate sinkend und die Lebenserwartung steigend ist. Auf der ganzen Welt stehen diese demographischen Tendenzen in direkter Beziehung zum Grad der industriellen Entwicklung und der öffentlichen Gesundheitspolitik. Wo der industrielle Entwicklungsstand hoch ist und wo die Regierung entschlossene Gesundheitspolitik betreibt, nimmt der Prozentsatz der Alten in der Gesamtbevölkerung zu. Zum Ausdruck kommt das in dem sogenannten «Altersindex», bei dem die Verhältniszahl der Menschen über 60 zu der der Kinder unter 15 errechnet wird. 1950 ergab dieser Index beispielsweise 10,2 für Brasilien, 21,8 für Japan, 45,40 für die Vereinigten Staaten und 60,4 für Schweden. Für diese Diskrepanzen sind beide Faktoren, industrieller Entwicklungsstand und öffentliches Gesundheitswesen, verantwortlich.[2]

## Überflüssigwerden: Statusverlust und Anomie

Die ökonomischen Auswirkungen dieser Wandlungen sind ambivalent. Einerseits zeigt die industrielle Wirtschaft die Neigung, alte Menschen zum alten Eisen zu werfen. Bei einer Tendenz zu einem allgemeinen Überangebot an Arbeit kommt ihr das Ausscheiden der Alten vom Arbeitsplatz, ökonomisch gesehen, ganz gelegen. Andererseits ermöglicht die Überflußgesellschaft eine großzügige wirtschaftliche Vorsorge für den alten Menschen, sowohl in Form öffentlicher Programme als auch durch Privatinitiative. In einer solchen Situation hat auch der einzelne die Möglichkeit, Vorsorge für sein Alter zu treffen, und zwar in einer Form, die bei einer Gesellschaft mit geringem oder gar keinem wirtschaftlichen Überfluß ganz unmöglich wäre.

Man kann durchaus darüber streiten, ob die Alten in der heutigen amerikanischen Gesellschaft besser oder schlechter gestellt sind als früher. Kaum fraglich ist jedoch, daß ihr rein ökonomisches Schicksal heute viel positiver ist als früher. Wirtschaftliches Überleben ist jedoch nicht alles. Die vielgehegte Vorstellung von der angeblich besseren Lage der Alten in früheren Zeiten der abendländischen Geschichte enthält jedoch ein gut Teil Romantik, wenn sie uns das idyllische Bild von Großvater und Großmutter vorspiegelt, die am Ofen sitzen und den Kindern Märchen erzählen. Dabei ist die ganze Brutalität ausgespart, der alte Menschen in der Vergangenheit oft begegneten. Das eine allerdings ist klar: Alter in der modernen Gesellschaft ist weitgehend gleichzusetzen mit einem Statusverlust. Bei den meisten Männern und vielen Frauen ist ein Statusverlust die direkte Folge des Ruhestandes. Bei Hausfrauen beruht er auf einem Funktionsverlust, wenn die Kinder erwachsen sind und das Elternhaus verlassen haben. Weil heute früher geheiratet wird und die Eltern früher Kinder bekommen, aber auch wegen der größeren Langlebigkeit wird die sogenannte «nachelterliche» Periode (die Zeit, nachdem die Kinder aus dem Hause sind) immer länger. Der mit ihr Hand in Hand gehende Statusverlust ist um so schmerzlicher, weil er im allgemeinen mit geringerem Einkommen und nachlassender Gesundheit zusammenfällt. So ist Alter also heute zum «sozialen Problem» geworden, einem Problem sowohl für die Gesellschaft als für den einzelnen, das als politisches Problem in den verschiedensten Programmen für das Alter wiederkehrt. Für den einzelnen ist Alter überwiegend ein Problem des Lebensinhalts. Untersuchungen über die Alten berichten immer wieder von Gefühlen der Vereinsamung und Sinnentleertheit. Alter ist also, in der Terminologie von Durkheim, bedroht von Anomie.

## Kranksein: ein Zustand neuer Abhängigkeit

Wie das Alter ist auch die Krankheit etwas Relatives. Das heißt, auch sie ist Sache der gesellschaftlichen Situation. Das leuchtet durchaus ein, wo es sich um geistige oder seelische Erkrankungen handelt. Was die eine Gesellschaft für verrückt hält, kann als völlig normal in einer anderen gelten. Aber die gesellschaftliche Definition bemächtigt sich auch des körperlichen Leidens. Bei chronischer Fettleibigkeit und Verdauungsstörungen begibt man sich heute meistens in ärztliche Behandlung, während dergleichen vor gar nicht allzu langer Zeit noch als individuelle Eigenschaft hingenommen wurde. Generell gesprochen hat der Fortschritt der modernen Medizin den Definitionsbereich von Krankheit und schwerer Krankheit erweitert. Das heißt, daß nicht nur der Begriff Krankheit umfassender geworden ist, sondern daß auch Krankheiten, denen früher nicht viel Aufmerksamkeit erwiesen wurde, jetzt sehr viel ernster genommen werden.

In unserer Gesellschaft gibt es ein ganzes Geflecht von Institutionen, die mit Krankheit befaßt sind. Die Soziologie der Medizin hat sich vorwiegend damit beschäftigt, wie diese Institutionen wirken.[3] Auch das Phänomen Krankheit hat jedoch soziologische Implikationen, die weit über den rein institutionellen Bereich hinausgehen.

«Kranksein» heißt, daß man sich in einer eigenen gesellschaftlichen

Situation befindet. Talcott Parsons hat dafür den recht überzeugenden Ausdruck «Krankenrollen» geprägt.[4] Darin kommt zum Ausdruck, daß die Gesellschaft für kranke Menschen besondere Rollen geschaffen hat, die sie zu spielen haben, die Rollen von Menschen, die, laut gesellschaftlicher Definition, Kranke sind. Ergänzend hinzu kommen natürlich die Rollen ihrer Betreuer im weitesten Sinn. Ein Grundmerkmal der Rolle des Kranken in der heutigen Gesellschaft ist das Überwechseln aus Unabhängigkeit in Abhängigkeit. Je nach Schweregrad seiner Krankheit ist der Kranke kein unabhängiger Akteur mehr in der Gesellschaft, sondern ein Mensch, der von anderen abhängig ist. Seine Abhängigkeit versetzt ihn, was oft recht peinlich ist, zurück in die Umstände seiner frühen Kindheit. Die Krankenrolle hat das, was die Psychologen «Infantilisierung» nennen, zur Folge. Manchmal kann der einzelne das als ganz angenehm empfinden, sogar längst darauf gewartet haben. Häufiger ist er jedoch bestürzt und betroffen, was natürlich besonders bei schwerer oder chronischer Krankheit – und wenn Hospitalisierung notwendig wird – vorkommt.

Soziologen der Richtung «Symbolische Interaktion» verwenden den Begriff «Karriere» zur Beschreibung des Prozesses, in dem der Kranke seine Rolle lernt. Dabei findet nämlich wieder eine Sozialisation oder Resozialisation statt, die ganz bestimmte Stadien enthält, in denen der Kranke zu seinem neuen Status «aufrückt». Oft gehört dazu so etwas wie ein «Feilschen» mit anderen – Pflegepersonal und Familienangehörige – um die Bedeutung des neuen Status.[5]

## Etikett und Stigma

Auch das alles läßt sich durchaus dem Oberbegriff Anomie zuordnen. In letzter Zeit haben einige Soziologen Krankheit als eine Form von Abweichung behandelt, und zwar im Zeichen der Etikettierungstheorie, von der schon die Rede war. Das ist ziemlich einfach bei Geisteskrankheiten, weil ihre gesellschaftliche Relativität auf der Hand liegt.[6] Thomas Scheff beispielsweise, der in gewisser Hinsicht stark von Goffman beeinflußt ist, hat Geisteskrankheit im Einklang mit ihrer gesellschaftlichen Definition als Abweichung behandelt. Mit anderen Worten, Geisteskranke sind (mindestens in soziologischer Sicht) Menschen, die die Gesellschaft mit dem Etikett Geisteskrankheit versehen hat. Aber auch für körperliche Krankheit ist schon der Versuch gemacht worden, sie auf diese Weise zu analysieren. Ein Soziologe, der hierin sehr weit gegangen ist, ist Eliot Freidson.[7] Er unterscheidet Krankheiten, denen ein Stigma anhaftet, von solchen, auf die das nicht zutrifft, beispielsweise Syphilis von Lungenentzündung. Im ersten Fall ist die Erkrankung mit einem Makel, mit der Vorstellung von moralischer Verantwortungslosigkeit behaftet. Aber so logisch ist die Gesellschaft nicht immer. Auch Blindheit, Verkrüppelung, sogar Krebs haben ihre jeweils verschiedene Art von Stigma zur Folge, obwohl der Mensch, der damit behaftet ist, unmöglich dafür verantwortlich gemacht werden kann. Seine Stigmatisierung bedeutet mindestens, daß er einer gesellschaftlichen Sonderkategorie zugeteilt wird, und sei es nur, um die psychischen Schwierigkeiten seiner Umgebung zu erleichtern. Feinere moralische Differenzierungen können ihm in dieser Situation ziemlich gleichgültig sein.

In einer Gesellschaft, die einen Kult mit Jugend und Gesundheit treibt, sind Alter und Krankheit notwendigerweise mindestens bis zu einem gewissen Grad stigmatisiert. Deshalb sind sie Verfassungen, deren der einzelne sich womöglich schämt, wenn er nicht gar Schuldgefühle entwickelt. Der Prozeß der Stigmatisierung wird besonders deutlich in der Einstellung der modernen Gesellschaft zum Sterbenden und zum Tod.

In der Nähe des Todes werden alle gesellschaftlichen Rollen bis zum Äußersten angespannt. Das Ergebnis sind besondere Verhaltensweisen, die sich nicht allzu sehr von denen des Soldaten in der Schlacht unterscheiden.[8] Daraus entsteht das, was David Sudnow «die gesellschaftliche Organisation des Sterbens» genannt hat.[9] Ein wichtiges Ingrediens dieser «Organisation» sind die gesellschaftlich maßgeblichen Ideen vom «richtigen» Sterben, jene Vorstellungen, in denen sowohl die Patienten als auch ihre Pfleger befangen sind. Dabei entstehen nicht selten Konflikte zwischen beiden.

## Im Angesicht des Todes

Eine entscheidende Frage ist, wie die Situation eines Sterbenden von ihm selbst und denjenigen, die ihn umgeben, definiert wird. Darüber haben zwei Soziologen detaillierte Nachforschungen angestellt: Barney Glaser und Anselm Strauss.[10] Beide Autoren unterscheiden drei Situationstypen, die sie «verschlossenes Bewußtsein», «argwöhnisches Bewußtsein» und «offenes Bewußtsein» nennen. Der erste Terminus bezeichnet eine Situation, in der der Patient nicht weiß, daß er bald sterben muß, und die anderen versuchen, ihm diese Einsicht fernzuhalten. In der zweiten Situation beginnt der Patient, Verdacht zu schöpfen, und bei der dritten schließlich sind sich alle Betroffenen voll bewußt, worum es geht, weshalb kein Versuch gemacht wird, die Wahrheit vor dem Patienten geheimzuhalten. Bei jeder dieser drei Situationen gibt es bestimmte Rituale, die das Verhalten der Beteiligten regulieren. Die dritte Situation ist diejenige, die allen die größten Anstrengungen auferlegt, weil dem Patienten jetzt ganz offen der Status eines Sterbenden zuerkannt wird. Daraus ergibt sich, daß die normalen Erwartungen des gesellschaftlichen Lebens nicht länger gelten. Der Patient selbst muß den Erwartungen seines Status «entsprechen», und komplementär dazu muß das auch seine Umgebung. Aus der Sicht derjenigen, die mit einem Sterbenden umgehen müssen, ist die erste Situation die bequemste, weil sie gestattet, daß man so tut, als stünde gar nichts Außergewöhnliches bevor. Es ist daher nicht verwunderlich, daß Sterbende in amerikanischen Krankenhäusern sehr oft nicht über ihren wirklichen Zustand aufgeklärt werden.

## Der Umgang mit dem Tod

Wie immer die Situation des Sterbenden definiert und behandelt wird, der Tod selbst, wenn er erst einmal eingetreten ist, ist eine unausweichliche Tatsache. Mehr noch, er ist eine Tatsache, die in übermächtiger Weise das ganze Alltagsgefüge des gesellschaftlichen Lebens in Frage stellt. Auch das ist wiederum keine Eigentümlichkeit der modernen Gesellschaft. Bestattungszeremonien sind von jeher Antworten auf diese mächtige Bedrohung der Gewißheitsmuster des gesellschaftlichen Lebens gewesen. In allen Gesellschaften haben sie Gelegenheit geboten, die fundamentalen Sinninhalte der jeweiligen Gesellschaft und ihre Solidarität im Angesicht dieser äußersten Gefahr zu beteuern. Die Kulturanthropologen haben diese Funktion der Bestattungszeremonien oft hervorgehoben.[11] Solche fundamentalen Sinnsetzungen sind in fast allen menschlichen Gesellschaften religiös bestimmt gewesen. In der heutigen Gesellschaft sind dagegen – mindestens zum Teil des Verlustes an religiöser Überzeugung wegen – beträchtliche Schwierigkeiten, solche Sicherungen einzubauen, entstanden. Deshalb besteht eine Neigung, die Bestattung so zu organisieren, daß das Faktum des Todes soweit wie möglich verschleiert wird.[12] Diese Tendenz, den Tod zu verschleiern, ist in Amerika am ausgeprägtesten. Sie kommt ganz deutlich zum Ausdruck in der einschlägigen Terminologie. Der Leichnam ist «der Geliebte», der Tod «das Dahinscheiden», der Sarg ein «Schmuckkästchen». Am Sarg waltet ein «Bestattungsdirektor». Die Bestattungsbräuche vom Schmuck der Kapelle bis zur kosmetischen Behandlung des Leichnams dienen sämtlich dazu, die harten Fakten des Todes zu mildern. In gewissem Maß beruht das zweifelsohne auf der Teilnahme an den Gefühlen der Trauernden. Sehr wahrscheinlich drücken jedoch die Versuche, den Tod zu verschleiern, auch eine tiefe Unfähigkeit aus, mit seiner Unausweichlichkeit fertigzuwerden. In einer Gesellschaft, die die Lebenskraft verherrlicht, ist der Tod notwendigerweise ein sinnloses Ereignis.

Wie wir gesehen haben, versorgt die Gesellschaft den einzelnen von der Wiege bis zum Grabe mit Wirklichkeitsdefinitionen. Darüber hinaus muß sie ihm einen übergreifenden Gesamtsinn seiner Biographie bereithalten, und zwar besonders jener Lebenssituationen, in denen er akutem Schmerz oder Ängsten ausgesetzt ist. In gewissem Maß kann man sagen, daß gesellschaftliches Leben immer im Zustand «verschlossenen Bewußtseins» stattfindet, das heißt, in Zusammenhängen, in denen die Menschen vorgeben, daß das Faktum des Todes für sie nicht ganz wirklich oder wenigstens ganz fern von ihnen sei. Wenn dem nicht so wäre, würden die normalen Lebensvorgänge von Ängsten erdrückt werden. Da aber Grenzsituationen nun einmal unvermeidlich sind, muß es die Möglichkeit geben, auf sie vorbereitet zu sein. Auf irgendeine Weise muß jede Gesellschaft irgendeine Antwort auf die quälende Frage aller Fragen geben können: «Wozu das alles?» Während der längsten Zeit der Menschheitsgeschichte war es die gesellschaftliche Funktion der Religion, darauf Antwort zu geben.

# 17 Werte und Sinn

## Wozu leben wir? Kollektive und individuelle Urteile

Werte waren das verborgene Thema dieses Buches. Direkt oder indirekt ging es um sie bei fast jedem Bereich des gesellschaftlichen Lebens, den wir betrachtet haben. Unter Sozialisation verstehen wir die Initiation jeder neuen Generation in die Welt ihrer Vorgänger, eine Welt, in der Werte eine zentrale Rolle spielen. Ansetzend bei der Sprache haben wir zu zeigen versucht, wie abhängig gesellschaftliche Institutionen von gemeinsamen Lebensauffassungen sind und wie soziale Kontrolle primär in der Internalisierung solcher institutionalisierter Denkmodelle besteht. Zur Schichtung, was immer ihre ökonomischen Determinanten sein mögen, gehört wesentlich Uneinmütigkeit über Werte bei den verschiedenen Schichten. In der Sphäre der Macht begegnete uns diese Thematik beim Problem der Legitimität wieder. Wir sahen auch, daß Abweichung, welches auch ihre körperlichen oder seelischen Voraussetzungen sein mögen, sich als etwas darstellt, das «in der Vorstellung» existiert. Schließlich haben wir im vorigen Kapitel jene Grenzsituationen des gesellschaftlichen Lebens behandelt, in denen die Frage «Wozu?» zur brennenden Sorge wird.

Werte sind natürlich seit alters her Gegenstand des Interesses für die Philosophie und die Ethik gewesen. Aber für unser derzeitiges Vorhaben können wir uns mit einer einfachen Begriffsbestimmung begnügen: Werte sind gedankliche Begründungen für richtiges gegenüber falschem Handeln. Manchmal stammen solche Urteile von isolierten Persönlichkeiten, die in Opposition zu ihrer Gesellschaft stehen. Meistens jedoch handelt es sich um kollektive Urteile, um moralisches Allgemeingut der meisten Angehörigen einer Gruppe oder Gesellschaft. Werte in diesem letzteren Sinn sind es, an denen die Soziologie hauptsächlich interessiert ist.

## Was ist der Sinn? Wie begreift und definiert man Wirklichkeit?

Es ist weitgehend Max Webers Verdienst, daß Soziologen auf die Bedeutung der Sinnfrage für gesellschaftliches Handeln aufmerksam geworden sind. Wenn man begreifen will, was in einer bestimmten gesellschaftlichen Situation vor sich geht, muß man erkennen, welchen Sinn die Beteiligten ihr beimessen, welches ihre Motive und Intentionen sind und wie sie die moralische Bedeutung dessen, was sie selbst und andere tun, beurteilen. So gesehen, sind Werte eine Sonderkategorie von Sinn. Wir wollen uns hier jedoch einer etwas anderen Terminologie bedienen und auf einen Begriff zurückkommen, mit dem wir schon früher gearbeitet haben, ohne ihn in seiner vollen Bedeutung zu erschöpfen. Es handelt sich um den Begriff «Definition der Wirklichkeit».[1] Genauso wie einzelne Menschen, die an einer gesellschaftlichen Situation beteiligt sind, gemeinsam bestimmen, was diese Situation bedeutet, erstellen auch ganze Gesellschaften Definitionen der Gesamtwirklichkeit des menschlichen Lebens, und diese Wirklichkeitsdefinitionen bilden den Gewißheitshorizont aller gesellschaftlichen Situationen für sie. Eine bestimmte gesellschaftliche Situation kann von ihren Teilnehmern beispielsweise als Vorlesung definiert werden. Diese Definition gründet sich auf umfassendere Wirklichkeitsdefinitionen. Sie setzt beispielsweise voraus, daß es die Institution Studium gibt, zu der diese Vorlesung gehört, und weiter, daß es Wissensbestände gibt, die verdienen, vermittelt und weitergegeben zu werden. Vorausgesetzt wird ferner, daß der Vermittler in dieser Situation die entsprechenden Eignungszeugnisse besitzt und daß die Teilnehmer Motive und Intentionen haben, die in sinnvoller Beziehung stehen zu dem, was in der Vorlesungssituation vor sich geht.

## Was «sein soll» und was «ist» – beides ist definiert

Definitionen der Wirklichkeit können sowohl normativ als auch kognitiv sein. Normative Definitionen behaupten, was Wirklichkeit sein soll, kognitive, was Wirklichkeit ist. Die meisten gesellschaftlichen Situationen enthalten beide Definitionstypen, das heißt, sie sind sowohl durch «Normen» als durch «Wissen» determiniert (wobei mit Wissen alles gemeint ist, was in der betreffenden Gruppe «gewußt» wird). Die beiden Typen von Wirklichkeitsdefinition sind eng miteinander verbunden. Eine der ältesten und verbreitetsten gesellschaftlichen Normen ist beispielsweise das Inzesttabu oder, um es positiv auszudrücken, die erlaubten Grenzen der Heirat. Eine Gesellschaft kann etwa die Norm haben, daß man nicht einen Vetter ersten Grades heiraten darf. Dieser Norm impliziert ist das Wissen dessen, was ein Vetter ersten Grades ist. Die meisten Zeitgenossen wissen das wahrscheinlich. Aber es gibt auch Gesellschaften, die die Norm haben, daß man keinen Vetter fünften Grades heiraten darf. Die meisten unter uns dürften sich nicht nur den Kopf darüber zerbrechen, ob sie einen Vetter fünften Grades haben, sondern sind höchstwahrscheinlich gar nicht fähig zu sagen, was überhaupt ein Vetter fünften Grades ist. Mit anderen Worten, ihnen fehlt das Wissen, das die Grundlage für diese Norm ist. Ein anderes Beispiel: Die meisten Gesellschaften haben Normen, die sich auf das Eigentum beziehen. Es ist verboten zu stehlen, das heißt, jemand anderem fortzunehmen, was ihm gehört. Aber was gehört ihm? In der Beantwortung dieser Frage unterscheiden sich Gesellschaften oft weitgehend. Persönliches Eigentum kann auf Grund und Boden beschränkt sein oder ihn ausschließen. Es kann Tiere oder gar Menschen ein- beziehungsweise ausschließen. Wie die modernen Gesetze über geistiges Eigentum zeigen, kann das Eigentum eines Menschen sogar den Bereich der Ideen mit einbeziehen. Wenn man der Norm «du sollst nicht stehlen» also entsprechen will, muß man zuerst wissen, was die Gesellschaft unter Eigentum versteht.

## Normen in der Gesellschaft: Welches Verhältnis besteht zwischen religiösen Normen und dem wirtschaftlichen Bereich?

Obwohl es Weber um den Sinn gesellschaftlichen Handelns im weitesten Sinn zu tun war, nehmen die normativen Dimensionen der Gesellschaft doch einen zentralen Platz in seinem Werk ein. Seine klassische Studie über das Verhältnis von Protestantismus und Kapitalismus zeigt das sehr deutlich.[2] Sein ursprüngliches Interesse galt den Wirtschaftswissenschaften und insbesondere den Ursprüngen des modernen Kapitalismus. Um ihnen auf die Spur zu kommen, forschte Weber nach den Motiven und Orientierungen von Menschen bei ihrem wirtschaftlichen Handeln. Auf diese Weise kam er zu dem Schluß, daß der Protestantismus gewisse Werte enthält, die als Motive für wirtschaftliches Handeln, wie es der Kapitalismus verlangt, besonders wichtig sind. Diesen Komplex von Werten nennt er «innerweltliche Askese», ein Ausdruck, der im Sinn christlicher Selbstzucht aus einer anderen Welt in diese hineinverweist und in ihr Tugenden wie das Streben nach Erfolg, harte Arbeit, rationales Planen, Rechtschaffenheit und Genügsamkeit in den Vordergrund rückt.

Man darf nicht vergessen, daß Weber sich nicht etwa damit zufriedengegeben hat zu behaupten, daß der Protestantismus diese Normen begünstigt hat. Er hat vielmehr auch das Verhältnis zwischen ihnen und einigen religiösen Grundideen aufgedeckt, die im Gefolge der Reformation aufgetaucht waren. Damit begab er sich in theologische Domänen, die von Nationalökonomen nur selten betreten werden. So interpretierte er Luthers Lehre vom Beruf, die behauptet, daß jede rechtmäßige Arbeit in der Welt Gott ebenso wohlgefällig sei wie die des Priesters, des Ordensmannes oder der Nonne. Es gelang ihm zu beweisen, daß diese Neueinsetzung eines alten christlichen Wertes in seine ursprünglichen Rechte ein ungeheurer Ansporn für wirtschaftliches Handeln und seine moralische Bewertung wurde. In dem berühmtesten und umstrittensten Teil des Aufsatzes stellt Weber eine direkte Verbindung zwischen diesen Normen und der calvinistischen Heilslehre her. Calvins Doktrin der sogenannten doppelten Prädestination (die besagt, daß Gott den größeren Teil der Menschheit zu ewiger Verdammnis und nur eine kleine Minderheit zu ewigem Heil prädestiniert habe und keine der beiden Gruppen etwas dazu tun könne, ihr Los zu ändern) wurde mit der Zeit psychologisch immer unerträglicher für seine Anhänger. Die Calvinisten der ersten Stunde in ihrer charismatischen Erregtheit waren zwar willens gewesen, mit einer solchen Idee zu leben, sie waren mindestens in der

Theorie bereit zuzugeben, sie selbst könnten trotz aller Frömmigkeit und guten Werke zu den Verdammten zählen. Spätere calvinistische Generationen zogen es jedoch vor, nach Hinweisen darauf, zu welcher der beiden Gruppen sie gehörten, Ausschau zu halten. Ein solcher Hinweis für Auserwähltheit schien ihnen der sichtbare Gottessegen zu sein, der auf dem Erfolg von Arbeit ruhte. So entstand aus einer bestimmten religiösen Psychologie und ihrer innersten Logik ein Ensemble von Normen, das das Streben nach wirtschaftlichem Erfolg begünstigte.

In allen seinen Werken zur vergleichenden Religionssoziologie stellt Weber sich stets die Frage, wie die verschiedenen Religionen Normen aufstellen, die in Beziehung zu wirtschaftlichem Handeln stehen.[3] Die Wirtschaftsgeschichte Westeuropas ist mindestens zum Teil deshalb anders verlaufen als die Indiens oder Chinas, weil andere Normen in ihr herrschten, deren Ursprung aus anderen religiösen Überlieferungen stammte. Der entscheidende Punkt ist, daß Weber wirtschaftliches Handeln (aber auch sonstiges Handeln in der Gesellschaft) nie rein als solches, also ohne Rückbeziehung auf die normativen Vorstellungen der Handelnden verstanden wissen will. Sein Zugang zu ökonomischen Fragen steht in diametralem Gegensatz zu der Auffassung der klassischen Wirtschaftsphilosophie (die noch heute von vielen geteilt wird), daß es «natürliches» wirtschaftliches Handeln gäbe. «Natürlich» ist vielleicht, nach physischem Überleben und Befriedigung körperlicher Begierden zu trachten. Nichts «Natürliches» sind jedoch die unzähligen Vorkehrungen, die die Menschheit im Lauf ihrer Geschichte getroffen hat, um diese Zwecke zu erfüllen. Jede solche gesellschaftliche Vorkehrung hängt ab von spezifischen Normen, die Menschen motivieren, in Einklang mit institutionellen Modellen zu handeln. Tatsächlich kann man einige dieser Normen geradezu als «unnatürlich» bezeichnen – beispielsweise jenen Geist der Askese, der Selbstverleugnung oder sogar Selbstaufopferung des Menschen verlangt. In der modernen Gesellschaft (übrigens der sozialistischen wie der kapitalistischen) gilt es als Tugend, daß man hart auf Ziele hinarbeitet, in eine Zukunft hinein, die man selbst gar nicht mehr erleben kann, und daß man sogar noch weiterarbeitet, wenn die eigenen Bedürfnisse längst gestillt sind. Aus der Sicht etwa eines lateinamerikanischen Bauern ist eine solche Einstellung ganz unbegreiflich, wenn sie ihm nicht gar völlig verrückt vorkommt. Wer das Wörtchen «natürlich» beim Wort nimmt, müßte sich eigentlich der Ansicht des Bauern anschließen.

Eine immer wiederkehrende Frage in diesem Zusammenhang ist die nach dem Verhältnis von Normen und Interessen, wobei mit Interessen jene konkreten materiellen Zwecke gesellschaftlichen Handelns gemeint sind, die (scheinbar) mit Werten nichts zu tun haben. Wenn wir uns einer gängigen Terminologie bedienen wollen, haben wir es hier also mit der

Frage nach dem Verhältnis zwischen wirklichen Motiven und moralischer Rhetorik zu tun.

## Die marxistische Gesellschaftsstruktur und die Familie der Mittelklasse

Den Auftakt für die Diskussion dieser Frage hat Marx gegeben,[4] und sein klassisches Begriffspaar «Überbau/Unterbau» ist noch heute die Grundlage marxistischer Analysen. Der Unterbau ist die Sphäre der materiellen Interessen, an denen sich für Marx und die Marxisten der Klassenkampf entzündet. Der Überbau ist die Welt der Ideen und Institutionen, die das direkte Ergebnis der ihnen «zugrunde» liegenden Interessen sind. Die ganze Sphäre der Normen gehört demnach zum Überbau. Das übliche Vorgehen bei einer marxistischen Analyse von Problemen mit normativen Aspekten ist demnach, daß jene «realen» Interessen aufgedeckt werden, die ihnen «zugrunde» liegen. Manche Marxisten modifizieren dieses Schema etwas und geben zu, daß der Überbau mindestens zeitweise eine gewisse Autonomie gewinnen kann. Für unser gegenwärtiges Problem bedeutet das, daß Normen gelegentlich einer Logik folgen, die anders ist als die materieller Interessen. Dennoch sehen Marxisten Normen auch in solchen Fällen als abhängige Variablen an, die mehr oder weniger direkt durch ihnen «zugrunde» liegende Interessen (meistens Klasseninteressen) determiniert sind.

Wenn ein marxistischer Soziologe beispielsweise die moralischen Werte des amerikanischen Familienlebens untersucht, so beginnt er mit der Bestimmung der Klassenlage der Menschen, die diesen Familientypus verkörpern. Nehmen wir einmal an, er stellt zu seiner Genugtuung fest, daß er es mit Leuten der Mittelklasse (in seiner Sprachregelung der «Bourgeoisie») zu tun hat. Jetzt versucht er, die moralischen Ideen, die er antrifft, in Beziehung zu den tatsächlichen Klasseninteressen der Mittelklasse zu setzen. Eines seiner Argumente wäre dann, daß die Vorstellungen von ehelicher Treue ein direktes Ergebnis bourgeoiser Eigentumsinteressen sind. Oder er argumentiert, daß die vorgefundene Moral dazu diene, Schranken zwischen der Mittelklasse und der von ihr ausgebeuteten Unterklasse zu errichten. Er kann auch, was heute Mode ist, Marx und Freud kombinieren und erklären, daß die Moral der Mittelklasse «repressiv» sei (das heißt normale sexuelle Impulse ersticke) und nur den Zweck habe, Persönlichkeiten auszubilden, die sich «brav» in das kapitalistische System einfügen.

## Sind unsere Motive uns in der Mehrzahl unbewußt?

Eine eigenartige Ähnlichkeit, wenngleich bei ganz verschiedenen theoretischen Implikationen, besteht zwischen diesem und dem Interpretationsschema von Pareto.[5] Paretos Schlüsselbegriffe sind Residuen und

Derivationen. Residuen sind immer wiederkehrende Motivkonstellationen, die vielleicht in der biologischen Verfassung des Menschen gründen. Derivationen sind die gewöhnlich irreführenden Gründe, die Menschen für ihre Handlungen angeben. Um zu verstehen, was Menschen tun, genügt es nicht zu beobachten, wie sie handeln. Aber es ist gewiß auch nicht ratsam, den Erklärungen, die sie für ihr Handeln angeben, zu glauben. Statt dessen soll, so Pareto, der Soziologe in die Sphäre der Residuen vordringen, zu den eigentlichen Motiven, die dem, was Menschen tun, aber auch dem, was sie sagen, zugrunde liegen. Pareto hat einen langen Typenkatalog von Residuen aufgestellt, an Hand dessen man ganz andere Zugänge zur Frage der heutigen amerikanischen Familienmoral gewinnen kann. Da er Sexualität als einen Typ von Residuen anführt, wäre es möglich, alles, was an Derivationen auf diesem Gebiet vorhanden ist, einfach als Ausdruck der die Situation regierenden sexuellen Interessen zu interpretieren. Eine Analyse nach Pareto wäre in diesem Fall einer Analyse nach Freud sehr ähnlich. Die Verwandtschaft mit Marx andererseits tritt deutlich in der Tendenz zutage, Normen lediglich als Beschönigungen (Freud würde sagen «Sublimierungen» oder «Rationalisierungen») der tatsächlichen Motive gelten zu lassen, die dem einzelnen sehr oft gar nicht bewußt sind. Bei Marx stehen die «zugrunde» liegenden Motive fast gleichbleibend in Bezug zu ökonomischen und gesellschaftlichen Klasseninteressen. Bei Pareto gründen diese Motive in einem vielfältigeren «Unterbau» und gehören letztlich zu einer menschlichen Natur, die er als Konstante betrachtet – als etwas also, das sich in allen Wandlungen der Geschichte gleich bleibt.

## Drückt unser Handeln Normen aus?

Gewissermaßen am entgegengesetzten Pol zu Marx und Pareto steht Pitirim Sorokin.[6] Wie wir in einem früheren Kapitel gesehen haben, betrachtet Sorokin Gesellschaft und ihre Veränderungen wesentlich als Ausdruck wechselnder Ideen von «Wahrheit». Mit anderen Worten, er gibt den Normen eine bestimmende Rolle, was nahezu das Gegenteil ihrer Rolle im Marxschen oder Paretoschen Szenarium ist. Für ihn ist es sinnlos, Moral und ähnliche normative Ideen auf ihnen angeblich zugrunde liegende andere Faktoren zurückzuführen. Im Gegenteil, das Verhalten von Menschen in der Gesellschaft ist geradezu ein Ausdruck von Normen. Eine solche Auffassung steht der, in der Menschen gewöhnlich ihr eigenes Handeln beurteilen, sehr viel näher als die von Marx und Pareto und entspricht natürlich auch der herkömmlichen Moralphilosophie.

## Wahlverwandtschaft: Finden Ideen Gruppen oder Gruppen Ideen?

Weber mit seinem Begriff «Wahlverwandtschaft», den wir schon bei Gelegenheit erwähnt haben, steht genau zwischen diesen beiden Polen.[7] Weder Normen noch Ideen sind für ihn invariable Determinanten. Beide können voneinander unabhängige Ursprünge haben und ihre eigene logische Entwicklung nehmen. In bestimmten Situationen der Geschichte «kommen sie zusammen». Ihr «Zusammenkommen» läßt sich in verschiedener Weise auslegen. Einmal können die Normen in einer bestimmten Konstellation geschichtlicher Ereignisse gesellschaftliche Gruppen «finden», die sie zu ihren Verteilern machen. Aber der Prozeß kann auch so aussehen, daß bestimmte gesellschaftliche Gruppen eben die Normen, die ihren Interessen entsprechen, entdecken und aufgreifen. Eine allgemeine Regel über die Sequenz läßt sich nicht aufstellen. Jede historische Situation muß für sich erforscht werden. Der Soziologe darf deshalb nicht davon ausgehen, daß eine bestimmte Moral einfach ihr «zugrunde» liegende Interessen ausdrückt, noch darf er voraussetzen, daß keine solchen Interessen vorhanden sind und das Verhalten einer bestimmten Gruppe nur Ausdruck ihrer moralischen Ideen ist.

## Parsons Systeme: Das «kulturelle», das «soziale» und das «Persönlichkeitssystem»

Jeder funktionalistische Zugang zu diesen Fragen dürfte Weber näher als den beiden polaren Interpretationsschemata stehen. Aus dieser Richtung hat wahrscheinlich Talcott Parsons die ausgewogenste Theorie der Normen entwickelt.[8] Parsons rechnet Normen zu dem, was er das «kulturelle System» nennt, das ist das Reservoir aller Symbole, Ideen, Werte und Glaubensinhalte einer Gesellschaft. Das kulturelle System hat seine eigene Logik, die sich nicht einfach auf die Logik eines anderen Systems zurückführen läßt. Es steht in einer Vielfalt von Beziehungen zu den beiden anderen Systemen, die, so Parsons, notwendig zur Erforschung menschlichen Verhaltens sind: das soziale System (im Grunde genau das, was die Soziologen unter Gesellschaft verstehen) und das Persönlichkeitssystem (die psychologische Struktur der Individuen). Jedes dieser drei Systeme hat seine eigenen Funktionen und funktionellen Bedürfnisse, die in einer außerordentlich komplexen Weise in Verbindung miteinander stehen. Damit ist es Parsons wie Weber gelungen, eine einseitige Interpretation von Normen und Interessen zu vermeiden.

## Jugend und Gegenkultur: normativer Konflikt zwischen etablierten Normen

Auch die neuen Entwicklungen in der heutigen Gesellschaft verdienen es, unter dem Gesichtspunkt normativen Konflikts betrachtet zu werden.[9] Die Phänomene Jugendkultur und Gegenkultur lassen sich durchaus als Konflikt mit den etablierten normativen Systemen der Mittelstandsgesellschaft auffassen, was besonders deutlich in Amerika ist. Ähnliche Konfrontationen gegensätzlicher Normvorstellungen gibt es auch in Westeuropa und sogar in den sozialistischen Gesellschaften des sowjetischen Einflußbereiches. In der ganzen sogenannten Dritten Welt stoßen durch den Modernisierungsprozeß neue Normen und alte normative Modelle der herkömmlichen Gesellschaftsformen hart aufeinander.[10] In all diesen Fällen steht der Zusammenprall auf normativer Ebene in engem Zusammenhang mit einer Vielfalt von Klassen- oder sonstigen Gruppeninteressen. Man darf mit einiger Sicherheit voraussagen, daß die soziologische Aufhellung dieser normativen Entwicklungen eine der Hauptaufgaben der Soziologie in der Zukunft sein wird.

## «Was ist». Kognitive Dimensionen und die Wissenssoziologie

Die normativen Aspekte der Gesellschaft lassen sich nicht von kognitiven Dimensionen trennen. Zuständig für die letzteren ist die Wissenssoziologie.[11] Der Terminus Wissenssoziologie ist in den zwanziger Jahren in Deutschland aufgekommen. Von da an hat sich eine ganze Anzahl von Soziologen mit ihr beschäftigt und versucht, eine grundsätzliche Beziehung zwischen Ideen oder Bewußtseinsformen und ihrem jeweiligen gesellschaftlichen Kontext herzustellen. Bis vor einiger Zeit lag der Hauptakzent der Wissenssoziologie auf dem Verhältnis zwischen den Intellektuellen (den Produzenten und Verteilern von Ideen) und den gesellschaftlichen Interessen ihrer Umwelt. Ein Zentralproblem dieser Forschungsrichtung war «Ideologie», ein ursprünglich von Marx verwendeter Terminus, mit dem jede Ansammlung von Ideen, die direkt die Interessen einer gesellschaftlichen Gruppe zum Ausdruck bringt, gemeint ist. Eine Frage, die die meisten Wissenssoziologen besonders hartnäckig beschäftigt hat, ist, wie man zwischen Ideen, die einfach Ideologie sind, und solchen, die «mehr als» Ideologie sind, unterscheiden kann.

Der bekannteste Vertreter dieser Richtung ist der deutsche Soziologe Karl Mannheim, der seine letzten Lebensjahre in England verbrachte und eine wichtige Rolle für die angelsächsische Soziologie spielt. Mannheim glaubte, das Problem dadurch lösen zu können, daß er zwischen verschiedenen Intellektuellentypen unterschied. Die Gruppe, die, so Mannheim, am ehesten ideologisch unverfälschte Ideen hervorbringen kann, ist die «freischwebende Intelligenz», womit er Intellektuelle meint, die irgendwo zwischen den Klassen beheimatet und nicht mit der Bürde von Klasseninteressen beladen sind.[12]

## Durkheim: Gesellschaft als Matrix für Normen und Interessen

Wenngleich die Bezeichnung Wissenssoziologie in der Durkheimschule nicht auftaucht, stand ihre Problematik doch im Zentrum des Interesses von Durkheim und seinen Anhängern. In Durkheims eigenem Werk kommt sie am ausgereiftesten zur Sprache in dem letzten Buch, das noch zu seinen Lebzeiten erschienen ist: *Les Formes élémentaires de la vie réligieuse*, 1912.[13] Durkheim stellt darin die These auf, daß Gesellschaft das Fundament aller «Kategorien» sei, aller Ideen also, mittels derer Menschen ihre Erfahrung organisieren und erklären. Diese These darf jedoch nicht einfach mit dem bereits besprochenen marxistischen Unterbau/Überbau-Schema gleichgesetzt werden. Durkheim ging es gar nicht so sehr darum, Ideen auf irgendwelche nicht-ideellen Wurzeln zurückzuführen. Er sah vielmehr im Ganzen der Gesellschaft den Mutterboden für Ideen und Handeln, Normen und Interessen.

Schon lange vor seinem letzten Buch hatte Durkheim diese Grundfunktion der Gesellschaft durch die Einführung der beiden Begriffe kollektive Repräsentationen und kollektives Bewußtsein erkennen lassen. Der erste umfaßt alle Ideen (normative und kognitive), die einer Gruppe von Menschen gemeinsam sind. Mit dem zweiten ist die Gesamtsumme der kollektiven Repräsentationen (wieder normativ und kognitiv) gemeint, also die verbindliche Weltanschauung einer Gruppe. Durkheim hat immer wieder betont, daß weder die Gesellschaft als Ganzes noch einer ihrer Bereiche verstanden werden können, wenn man die Dimension des Bewußtseins nicht ständig vor Augen hat. Diese Überzeugung ist gewissermaßen die Kehrseite seines Anomiebegriffs: Anomisch ist eben jene Verfassung, in der der Zusammenhang der kollektiven Repräsentationen zerreißt, sei es beim einzelnen oder in einer Gruppe. Deshalb waren Durkheim selbst und seine Nachfolger ganz besonders interessiert daran, wie eine Gesellschaft Wirklichkeit «kategorisiert». In einem frühen Werk, das er zusammen mit seinem Neffen und Schüler Marcel Mauss geschrieben hat, wird versucht, die Grundunterschiede moderner zu primitiven Gesellschaften in der Kategorisierung und Klassifizierung von Erfahrungsphänomenen, wie sie die Primitiven vornehmen, zu sehen.[14]

### Die Durkheim-Schule, Verschiedenheit des kollektiven Bewußtseins

Auch nach Durkheims Tod haben sich französische Soziologen unter seinem Einfluß weiter mit diesen Problemen beschäftigt. Maurice Halbwachs, auch Durkheim-Schüler, hat über das Gedächtnis gearbeitet und individuelles wie Gruppengedächtnis als Reservoir kollektiver Repräsentationen der Gesellschaft dargestellt.[15] Er betont dabei, daß Gedächtnis keine fotografische Aufbewahrung vergangener Ereignisse ist, sondern vielmehr eine andauernde Interpretation dieser Ereignisse, und daß dieser Interpretations- und Uminterpretationsprozeß nur kollektiv oder gesellschaftlich sein kann. Eine der interessantesten Anwendungen der Durkheimschen Auffassung findet sich im Werk von Marcel Granet.[16] Er war Historiker und Spezialist für chinesische Geschichte. In seinem Hauptwerk hat er nachzuweisen versucht, daß gewisse Grundkategorien menschlichen Denkens (wie Zeit, Raum, Zahl) im alten China total anders als im Westen verstanden wurden und daß die typisch chinesische Weise, Wirklichkeit zu interpretieren, in direktem Bezug zu typisch chinesischen Institutionen gestanden hat. Ganz ähnlich ist auch Lucien Lévy-Bruhl in seiner klassischen Darstellung des geistigen Lebens der Primitiven vorgegangen.[17] Wie Granet für die alten Chinesen hat Lévy-Bruhl für die Primitiven zu zeigen versucht, daß sie in Kategorien denken, die grundverschieden von unseren sind. Er hat immer wieder betont, daß man primitive Gesellschaften nur verstehen kann, wenn man immer dieser Verschiedenheit auf kognitiver Ebene eingedenk ist.

## Eine umfassende Wirklichkeitsanschauung. Der letzte Sinn

Aus den Durkheimschen Ansätzen entsteht ein Bild der Gesellschaft, in dem sie notwendig auch ein Ensemble von normativen und kognitiven Wirklichkeitsdefinitionen bereithält, die einen gemeinsamen Bezugsrahmen für gesellschaftliches Handeln bilden. Die nächste Frage, die Durkheim sich stellte, war: Wodurch hat dieser Bezugsrahmen Bestand? Besonders in seinem Spätwerk hat er diese Frage klar beantwortet: Der Bezugsrahmen bleibt erhalten, wenn eine umfassende Wirklichkeitsanschauung da ist, eine in sich schlüssige Erklärung des gesamten menschlichen Lebens, die dem einzelnen wie der ganzen Gesellschaft das Leben sinnvoll erscheinen läßt. Diese umfassende Wirklichkeitsanschauung nennt Durkheim «Religion»[18] und meint mit dieser Bezeichnung den letzten Sinn menschlichen Lebens und Verhaltens. Mit anderen Worten, Religion ist für ihn die Antwort der Gesellschaft auf die immer wiederkehrende Frage des einzelnen: «Wozu?»

## Weltanschauung: immer religiös?

Man muß dabei bedenken, daß, was Durkheim unter Religion versteht, sehr viel mehr bedeutet, als was die meisten Menschen Religion nennen. Im Deutschen gibt es dafür das Wort «Weltanschauung», wobei zu betonen ist, daß diese gesellschaftlich verbindlich sein muß. Die meisten Soziologen halten allerdings am herkömmlichen Begriff Religion fest, das heißt daran, daß zu ihr der Glaube an Gott, Götter oder andere übernatürliche Wesen gehört.[19] Bei einer Durkheimschen Definition fallen auch so übergreifende Sinngebungen für das menschliche Leben wie Marxismus, Nationalismus oder die moderne Moral der sexuellen

Befreiung – Weltanschauung also – unter den Begriff Religion, nicht anders als Christentum oder Judentum, weil sie nämlich ähnliche Funktionen erfüllen. Bei einer herkömmlichen Definition dagegen müssen die erstgenannten Glaubenssysteme natürlich anders bezeichnet werden, um sie von Religionen im engeren Sinn wie der christlichen oder jüdischen zu unterscheiden.

Die längste Zeit der Geschichte hindurch hatte dieser Definitionsunterschied nur geringe Bedeutung. Fast alle umfassenden Wirklichkeitsanschauungen waren im herkömmlichen Sinn religiös. Man kann ruhig sagen, daß die ältesten Bemühungen der Menschheit um Weltanschauungen sämtlich religiösen Charakter hatten. In primitiven und archaischen Gesellschaften bezogen sich jede Institution und jedes institutionelle Verhaltensmodell direkt auf eine religiöse Weltanschauung. Der Historiker Eric Voegelin nennt solche Gesellschaften «kosmologisch».[20] Er meint damit, daß das normale gesellschaftliche Leben bei ihnen direkt mit der Grundordnung des Kosmos verbunden war. Gesellschaftliche Institutionen (etwa die Institution «Königtum») werden für Nachahmungen oder gar Ausstrahlungen göttlicher Wirklichkeit gehalten. Gesellschaftliche Rollen (des Königs oder des Priesters) erscheinen als Verkörperung oder gar Fleischwerdung übernatürlicher Wesen, und etablierte Modelle menschlichen Handelns (sexuelle Beziehungen, Ackerbau, Krieg) sind Nachahmungen oder Nachvollzug desselben Handelns in der Welt der Götter.

In einer solchen Gesellschaft sorgt Religion nicht nur für die umfassende Wirklichkeitsanschauung, die die Gesellschaft zusammenhält, sondern auch für gültige Legitimationen in jedem Ausschnitt des gesellschaftlichen Lebens. Voegelin versucht nachzuweisen, daß diese Einheit von Gesellschaft und Kosmos in der westlichen Zivilisation einerseits durch die Religion Israels und andererseits durch die kulturellen Umwälzungen in Griechenland zerstört wurde. Israel hat die kosmologische Einheit durch den Glauben an einen Gott zerbrochen, der nicht von dieser Welt ist. Griechenland vollzog einen ähnlichen Bruch durch die Entdeckung der autonomen menschlichen Seele, so daß das Individuum (in seiner Vernunft und Freiheit) aus der alten Einheit heraustrat, die es einst auf dem Weg über die Gesellschaft mit der Ordnung der Götter verknüpft hatte. Aber auch nach diesen Erschütterungen bestand noch lange Zeit ein nahes Verhältnis zwischen der Sphäre gesellschaftlicher Institutionen und der angenommenen Ordnung des Universums. Im Mittelalter sprachen christliche Denker von der *analogia entis*, in der alles Geschaffene, von der unbelebten Natur bis zu den Menschen und Engeln, eine Hierarchie bildete, die hinauf bis zu Gott reichte. Solange solche Vorstellungen die Gesellschaft beherrschten, war es verhältnismäßig leicht, selbst den bescheidensten Leistungen einen letzten Sinn zu erhalten. So lange also war, um bei der Terminologie Durkheims zu bleiben, die Gefahr der Anomie noch ziemlich gering.

## Religion: Normen für das Handeln «in der Welt»

Das Hauptinteresse der Religionssoziologie gilt dem Verhältnis zwischen solchen obersten Sinnordnungen und der Sinnhaftigkeit des Alltagslebens.[21] Schon Weber hat in seinen religionssoziologischen Schriften immer die Beziehung der Religionen zu dem, was er «die Welt» nennt, im Auge gehabt.[22] Er spricht ziemlich häufig von «der Welt» in der Weise des Neuen Testaments – das heißt als dem Gegenüber von Vorkommnissen und Handlungen, die sich auf das Reich Gottes richten. «Die Welt» ist jene Sphäre menschlichen Lebens, die nicht mit spezifisch religiösem Sinn versehen ist. Was bedeutet nun aber Religion für «die Welt»? Wir wissen bereits, daß ihre Hauptaufgabe die Errichtung von Normen für gesellschaftliches Handeln ist. Weber hatte sich, wie wir gesehen haben, besonders mit solchen Normen beschäftigt, die wirtschaftliches Handeln betreffen. Schließlich ging es ihm vor allem um die Aufdeckung des Verhältnisses zwischen der protestantischen Ethik und dem modernen Kapitalismus. Ein weiteres Band zwischen Religion und Gesellschaftsordnung ist Legitimierung: Religion erklärt und rechtfertigt die gesellschaftlichen Institutionen und Rollen. Während der längsten Zeit der Geschichte bestanden Legitimationen zur Hauptsache aus religiösen Definitionen der Wirklichkeit. Die Könige regierten «von Gottes Gnaden»; die Kriege wurden «für Gott und das Vaterland» geführt; Ehen wurden «vor Gott» geschlossen; selbst der Kaufmann schrieb vor noch gar nicht so langer Zeit auf die erste Seite seines Hauptbuches «mit Gott». Wir wollen aber nicht vergessen, daß Religion gesellschaftliche Institutionen nicht nur legitimieren, sondern auch entlegitimieren konnte. Die Propheten des alten Israel sind ein Beispiel dafür. Amos, Jesaja oder Jeremias haben «im Namen Gottes» «gegen Israel» prophezeit. Sie haben im Namen der Religion Israels noch die Taten der Mächtigsten verurteilt und damit die Institutionen des Status quo in Frage gestellt.

## Religion: die Erklärung von Glück und Unglück

Eine weitere Aufgabe der Religion «in der Welt» ist, daß sie der Gesellschaft eine Theodizee liefert.[23] Auch diesen Begriff hat Weber mit Hilfe einer kleinen Modifikation aus der Theologie in die Soziologie überführt. Wörtlich bedeutet er «Rechtfertigung Gottes», also Antwort auf die brennende Frage Hiobs, wie sich der Glaube an einen allmächtigen und allgütigen Gott mit der Präsenz des Leidens und des Bösen in der Welt vereinbaren läßt.

Für Weber ist jede etablierte Interpretation des Leidens, des Unrechts und der Ungleichheit Theodizee, wobei er zwischen Theodizee des Glücks und des Leidens unterscheidet. Alle, die in der Welt leiden, sei es infolge des Handelns anderer oder aufgrund «göttlicher Eingriffe», neigen dazu, sich zu fragen, warum gerade sie getroffen, andere dagegen verschont sind. Darauf haben die Religionen immer geantwortet – allerdings jede auf ihre Weise. Die Theodizee des Glücks andererseits kommt dem Bedürfnis der vom Glück Begünstigten nach der tröstenden Versicherung entgegen, daß sie ihr Glück auch wirklich verdienen. Nicht alle, aber viele Religionen haben sich auch dieser Aufgabe gestellt. Weber war der Auffassung, daß die rationalste und geschlossenste Theodizee der Geschichte die des Hinduismus gewesen sei, die sich auf den Glauben an eine Kette von Wiedergeburten und das *karma* gründete (*karma* ist die Lehre, daß jede menschliche Tat unausweichlich Folgen für den Täter hat, deren einige über sein Leben hinausreichen). Das bedeutet, daß jeder Mensch in genau der Verfassung ist, die er verdient hat. Wer leidet, hat keinen Grund zu klagen, und wer glücklich ist, braucht sich nicht schuldig zu fühlen. Diese in ihrer Art einmalige Theodizee des Hinduismus ist die Erklärung für den erstaunlichen Mangel an Aufbegehren gegen das indische Kastensystem, das den niederen Kasten ein unerträgliches Leben zumutet. Aber da Leiden nun einmal sogar noch bei den Begünstigten ein universales menschliches Phänomen ist, muß auch das Bedürfnis nach einer Theodizee universal sein. Die Fähigkeit der Religion, dem menschlichen Leben Sinn zu geben, zeigt sich da am deutlichsten, wo es ihr gelingt, die schmerzlichen und beängstigenden Erlebnisse – sogar den Tod – einer umfassenden Erklärung der Wirklichkeit einzuordnen.

## Säkularisierung von Institutionen und Normen

Das Hauptproblem, das die heutige Gesellschaft der Religionssoziologie stellt, ist Säkularisierung.[24] Der in der Wissenschaft wie in der Umgangssprache viel gebrauchte Terminus bezeichnet den typisch modernen Prozeß einer ständigen Bedeutungsabnahme der Religionen für immer mehr Bereiche des Lebens. In Europa gibt es heute schon eine beachtliche Literatur darüber, häufig aus der Sicht der katholischen Kirche. Dieser geht es darum zu erkennen, warum der Einfluß der Kirche als Institution, aber auch als Ideengebilde in der modernen Gesellschaft ständig abnimmt.[25] Aber auch amerikanische Soziologen haben die Schwierigkeiten untersucht, unter denen die religiösen Institutionen ihre überkommene Vorrangstellung in der amerikanischen Gesellschaft heute verteidigen müssen.[26] Aus vielerlei historischen Gründen bestehen zwar zwischen Europa und Amerika große Unterschiede in der gesellschaftlichen Stellung der Religion. Der nahezu totale Säkularisierungsprozeß aber hat in beiden Kontinenten stattgefunden. Nicht nur die religiösen Institutionen sind immer weiter in bestimmte Randgebiete des gesellschaftlichen Lebens gedrängt worden, sondern – und das wiegt noch schwerer – auch religiöse Vorstellungen verlieren immer mehr an Bedeutung für die Sinnhaftigkeit des gesellschaftlichen Lebens. Im institutionellen Bereich ist das Bildungswesen ein Beispiel. Es ist noch gar nicht lange her, daß es nahezu ausschließlich Domäne der organisierten Religionen war. Heute dagegen ist es fast ebenso ausschließlich verweltlicht. Auf der Ebene des Bewußtseins ist die private Moral ein Beispiel für die allgemeine Säkularisierung. Man hat den Eindruck, daß immer weniger Menschen ihre Richtlinien für persönliches Verhalten aus einer der etablierten Religionen herleiten.

## Braucht der Mensch eine geschlossene Sinnordnung?

An dieser Stelle gewinnt die oben erwähnte unterschiedliche Definition der Religion an Bedeutung. Hält man sich an die engere, konventionellere Definition, so wird man sich fragen, was im Gefolge der Säkularisierung an die Stelle der alten religiösen Sinnhaftigkeit getreten ist. Arbeitet man jedoch mit dem weiteren Begriff von Religion im Sinn Durkheims, so verliert die Vokabel «Säkularisierung» etwas von ihrer negativen Färbung. Nach Durkheim hat Gesellschaft immer «Religion». Die Frage muß nun lauten: Welche neue «Religion» wird entstehen, um die «Religionen» zu ersetzen?[27] Für welche Definition man sich allerdings auch entscheidet, die Grundtatsache bleibt dieselbe: der Zusammenbruch einer geschlossenen Wirklichkeitsanschauung, die früher durch die Religionen der westlichen Welt gegeben war. Wie man diese Situation beurteilt und welche zukünftige Entwicklung man erwartet, hängt weitgehend davon ab, ob man Durkheims Prämisse billigt oder ablehnt, daß keine menschliche Gesellschaft ohne umfassende Wirklichkeitsanschauung bestehen kann. Wenn die Prämisse stimmt, dann hat das gegenwärtige Fehlen einer verbindlichen Weltanschauung zwangsläufig nur temporäre Bedeutung. Früher oder später werden neue geschlossene Sinnordnungen auftauchen müssen. Diese können natürlich ganz verschieden Gestalt annehmen. Man muß sich deshalb, wenn man meint, daß die Säkularisierung fortschreitet, nach nicht religiös formulierten Wirklichkeitsdefinitionen umsehen. Sie können von ausgeklügelten Doktrinen politischer Bewegungen bis hin zu so diffusen Gedankenzusammenhängen reichen, wie es der heutige Glaube an allgemeingültige Menschenrechte oder der neue Empfindsamkeitskult ist, der mit körperlichen Sensationen getrieben wird. Die Alternative wäre, daß eine neue Sinnordnung wieder religiöse Formen annimmt, sei es als Wiedererweckung oder Erneuerung überkommener Religionen oder als ganz neues Bekenntnis, das seine eigene Praxis fordert und sich seine eigenen Institutionen schafft.

Wenn dagegen Durkheims Prämisse nicht stimmt, läßt sich die zukünftige Szene ganz anders denken. Die moderne Gesellschaft würde dann als völlig einmalig angesehen und könnte mit keiner anderen verglichen werden, und zwar gerade deshalb, weil sie nicht das Bedürfnis nach einer geschlossenen Wirklichkeitsanschauung hätte. Dann bestünde die Chance, daß diese neue Gesellschaft, die gekennzeichnet wäre durch Pluralismus im weitesten Sinn, von langer Dauer wäre. Die unterschiedlichen Gruppen oder Sektionen dieser Gesellschaft hätten dann weit auseinandergehende Vorstellungen vom Sinn des Lebens und könnten doch Seite an Seite existieren. Aber die Gesellschaft hätte dann nicht mehr als ein Ganzes jene Solidarität, die Durkheim gemeint hat. Die gesellschaftlichen Gruppen müßten ein Vertragsverhältnis untereinander eingehen und wären nicht mehr durch gemeinsame Wert- und Sinnvorstellungen, sondern durch rationale Vorkehrungen verbunden, die ihren wechselseitigen Interessen entsprächen. Die meisten Soziologen halten sich an Durkheims These. Sie haben daher nur die Wahl zwischen Prognosen, die auf ihr gründen. Durkheim gebührt das Verdienst, Religion am überzeugendsten als gesellschaftliches Phänomen dargestellt zu haben, gerade weil er sie begrifflich so weit gefaßt hat. Seine Interpretation hat tiefere Implikationen, denn Religion ist nicht nur ein gesellschaftliches Phänomen, sondern Gesellschaft ist umgekehrt auch ein religiöses Phänomen. So wie jede gesellschaftliche Situation von den Definitionen, die ihr die Beteiligten geben, abhängt, so wird auch Gesellschaft als Ganzes durch jene Wirklichkeitsdefinitionen begründet, die in ihr vorherrschen. Wirklichkeit ist gesellschaftlich definiert, aber umgekehrt besteht Gesellschaft kraft dieser Definition. Geht man ihr auf den Grund, so entpuppt sie sich als eine Sinngemeinschaft.

# Nachtrag: Warum eigentlich Soziologie?

Etwas kann man natürlich mit Soziologie anfangen: Man kann Soziologe werden. Aber nur ein kleiner Bruchteil aller Besucher soziologischer Vorlesungen schlägt diesen Weg ein.

## Establishment und radikale Soziologie

In letzter Zeit ist in Soziologenkreisen viel über den Stand des Fachs, den Weg, den es genommen hat und den es einschlagen wird, diskutiert worden. Unter amerikanischen Soziologen bestehen große Meinungsverschiedenheiten sowohl in diagnostischer als auch in therapeutischer Hinsicht.[1] Politisch radikale Soziologen haben das, was sie «die Soziologie des Establishments» nennen, als ideologische Schützenhilfe für die Erhaltung des Status quo angegriffen und eine neue Soziologie im Dienst einer radikalen oder gar revolutionären Politik verlangt. Schwarze Soziologen haben eine Soziologie, die im Dienst des schwarzen Gemeinwesens steht, verlangt. Manche meinen damit nichts anderes als etwas mehr Einfühlung in die Situation der Schwarzen, als sie (so behaupten sie) viele weiße Soziologen mitbringen. Andere gehen allerdings viel weiter und fordern eine eigenständige «schwarze Soziologie», die Teil des «schwarzen Bewußtseins» und ideologisch auf dieses abgestimmt sein müsse. Diverse «Befreiungsbewegungen», in letzter Zeit die der Frauen, rufen nach Soziologie und Soziologen aus ihren Reihen. Was immer man von all dieser Kritik am Fach halten mag, sie hat in den letzten Jahren ausgesprochen zur Belebung der soziologischen Diskussion beigetragen. Das alles basiert auf dem Gedanken, daß die Intellektuellen und ihre Fächer sich für die Leiden unserer Zeit engagieren und mit der Lösung unserer brennendsten Fragen beschäftigen sollten. Es ist begreiflich, daß dieses Gefühl bei Soziologen besonders häufig anzutreffen ist, da sie schließlich ein Fach vertreten, dessen erklärtes Forschungsgebiet die Gesellschaft ist.

## Direkt mit Menschen zu tun haben. Die Wissenschaften vom Menschen und die Geisteswissenschaften

Informationen und Perspektiven, die die Soziologie vermittelt, kann man auch auf anderen Gebieten gut gebrauchen. Augenfällig ist das bei einer Menge praktischer Tätigkeiten, die auf diese oder jene Weise die Kenntnis gesellschaftlicher Strukturen voraussetzen. Das reicht von der Sozialfürsorge bis zum Rechtswesen. Es gehört zur Eigenart der Soziologie, daß sie auch für andere Wissenschaften vom Menschen (das was die Franzosen treffend als «sciences humaines» bezeichnen) immer von Relevanz ist. An vielen Stellen dieses Buches haben wir die Nähe der Soziologie zu anderen Wissenschaften betont – Politologie, Wirtschaftswissenschaften, Kulturanthropologie und Sozialpsychologie, um nur die wichtigsten zu nennen. Aber selbst in den Geisteswissenschaften, in denen lange eine starke Animosität gegen Soziologen und ihr Eindringen in Gebiete, auf denen sie nichts zu suchen haben, bestanden hat, nimmt die Einsicht von der Nützlichkeit soziologischer Erkenntnisse zu. Das gilt besonders für die Historiker, ist aber gelegentlich auch schon bei Theologen und Philologen anzutreffen.[2]

Wie steht es nun mit jemandem, der keinerlei akademische oder gelehrte Ambitionen hat? Ist Soziologie etwas Lohnendes für ihn? Wir glauben schon. Jeder Mensch, der mit offenen Augen leben will, profitiert von einem besseren Verständnis für seine Gesellschaft und die eigene Situation darin. Aber vielleicht noch wichtiger ist, daß man die Situation der anderen und ihre sozialen Welten verstehen lernt. Die heutige Gesellschaft braucht diese Fähigkeit mehr als jede andere.

## Eine pluralistische Gesellschaft:
## Brauchen wir wirklich nichts als Liebe?

Guter Wille genügt nicht. Wir wollen uns zum Beweis dafür ein Beispiel ansehen: Vor ein paar Jahren beschlossen ein paar junge Weiße aus einer eleganten New Yorker Suburb, getrieben von dem Wunsch, ihr Mitgefühl für das «Getto» und seine Bewohner zu zeigen, in ein paar schwarze Wohnviertel zu gehen und zu helfen, sie zu «sanieren». Gesagt, getan, aber ein einziges Wochenende war das erste und letzte dieses Experiments. Sie kamen voller Begeisterung und fingen an, Häuser zu streichen, Straßen zu kehren, Abfallhaufen zu beseitigen. In kürzester Zeit waren sie umringt von wütenden schwarzen Jugendlichen und ziemlich vielen erwachsenen Schwarzen, die sie beschimpften, sie mit unerfreulichen Gegenständen bewarfen und in jeder Weise den guten Fortgang des Sanierungsunternehmens störten. Es besteht kein Grund, den jungen Leuten ihren guten Willen abzustreiten. Schlimmstenfalls haben sie sich der Naivität, gewürzt mit einem Quentchen Selbstgerechtigkeit, schuldig gemacht. Auch nur ein Hauch soziologischer Einsicht ihrerseits hätte jedoch das ganze Debakel verhindert. Es braucht nicht eigens betont zu werden, daß bessere Kenntnis der Situation und damit auch der Beweggründe und Absichten der anderen auch den Schwarzen nichts schaden kann.

Die heutige Gesellschaft wird, wie wir gesehen haben, immer komplizierter und vielgestaltiger. Das nennt man gewöhnlich ihren «Pluralismus». Die heutige Gesellschaft oder irgendeine vorstellbare Variante ihrer gegenwärtigen Struktur muß darüber hinaus in chaotische Zustände zerfallen, wenn es nicht einer Pluralität gesellschaftlicher Gruppen und sozialer Welten gelingt, mit einem gewissen Ausmaß an gegenseitigem Verständnis zusammenzuleben. Unter diesen Umständen sind die Einsichten der Soziologen alles andere als intellektueller Luxus. Das gilt besonders, wenn die Demokratie in dieser Gesellschaft eine Zukunft haben soll. Soziologie als Anwendung kritischen Denkens auf die Gesellschaft hat eine besondere Affinität zur Demokratie, jener politischen Form, die auf der Annahme gründet, daß soziale Konflikte und Probleme durch Überreden und Überzeugen, das heißt ohne Anwendung von Gewalt gelöst oder verringert werden können. Nichtdemokratische Regime, «rechte» wie «linke», haben eine instinktive Abneigung gegen Soziologie. Umgekehrt hat sich die Soziologie am besten in Situationen entwickeln können, in denen die politische Struktur in einer realen Beziehung zu demokratischen Idealen steht.

## Kenntniserweiterung: Der Sinn für die eigenen Möglichkeiten

Wenn die Soziologie eine besondere Affinität zu demokratischen Regierungstypen hat, so hat sie auch noch eine andere, persönlichere, die zur Freiheit.[3] Jeder, der sich wirklich einmal in ihre Erkenntnisse vertieft hat, wird entdecken, daß seine Kenntnis der Gesellschaft und damit seiner selbst sich beträchtlich gewandelt haben. Dieser Bewußtseinswandel ist nicht immer einsinnig «befreiend» im Sinn eines stärkeren Freiheits- und Persönlichkeitsgefühls. Soziologische Einsicht kann zur Entdeckung von Grenzen führen, deren Vorhandensein man früher nicht für möglich gehalten hat. Darüber hinaus kann sie zu dem traurigen Schluß führen, daß Betätigungen, die man vorher für sinnvoll gehalten hat, tatsächlich nur Illusionen und Phantastereien sind. Harte Arbeit im Beruf ist nicht der sichere Weg zu Reichtum und Ruhm. Beteiligung an einem Studentenaufstand ist keine Stufe zum revolutionären Umsturz des kapitalistischen Wirtschaftssystems.

Soziologische Einsicht kann auch zum Verständnis für die Zerbrechlichkeit alles dessen führen, was uns teuer ist (einschließlich unserer Selbstvorstellung), weil Soziologie uns unsere dauernde Abhängigkeit von gesellschaftlichen Definitions- und Umdefinitionsvorgängen zeigt. Dieses Verständnis, das die Soziologie mehr als jedes andere fördert, kann aufwühlend sein, weil es den Boden zu erschüttern scheint, auf dem wir stehen. So ist die Beziehung der Soziologie zum Bewußtsein des einzelnen von seiner Freiheit also keine ganz einfache oder leichte Sache. Und dennoch führt die Perspektive der Soziologie zu einer Vertiefung des Sinns für Freiheit. Vor langer Zeit erklärten die Stoiker, daß Weisheit darin bestehe zu wissen, was man tun oder nicht tun kann, und daß Freiheit nur auf der Grundlage solcher Weisheit möglich sei. Etwas von dieser Weisheit hat das soziologisch geprägte Bewußtsein. Gerade weil die Soziologie uns die Begrenztheit und Gefährdetheit dessen zeigt, was wir in der Gesellschaft tun und sein können, vermittelt sie uns auch ein besseres Verständnis für unsere eigenen Möglichkeiten. Wenn wir einmal alle philosophischen Finessen beiseite lassen: Vielleicht ist diese Definition von Freiheit so gut wie jede andere – Sinn für die eigenen Möglichkeiten zu haben. Die Politik wird die Kunst des Möglichen genannt. Wenn das zutrifft, so kann man die Soziologie bei aller Bescheidenheit die Wissenschaft des Möglichen nennen.

Aus diesem Grund glauben wir, daß die Soziologie in jeden geisteswissenschaftlichen Studienplan gehört. Was immer sie als Ausbildung oder Forschung sein mag, sie bedeutet auch etwas für das Reifen unserer Erkenntnis der Welt und unseres Gefühls für uns selbst und andere. Heute wird viel über die Zukunft der Universität gestritten. Wie sie auch aussehen mag, wir hoffen, daß sie Platz haben wird für «liberale» Ausbildung und also auch für das besonders «liberale» Fach Soziologie.

# Anmerkungen

## Kapitel 1

1 Mit dem Begriff «Routine» meinen wir, was der große deutsche Soziologe Max Weber (1864–1920) «Alltag» beziehungsweise «Veralltäglichung» genannt hat.

2 In der sogenannten «strukturell-funktionalen Schule» der amerikanischen Soziologie, deren angesehenste Vertreter Talcott Parsons und Robert Merton sind, spielt es methodisch eine große Rolle. Wir gebrauchen es hier viel zwangloser.

3 Diese Analyse, die von der Vis-à-vis-Begegnung mit konkreten anderen aus zur anonymen Beziehung fortschreitet, stützt sich auf Alfred Schütz. Die Grundgedanken dieses Kapitels gehen auf Alfred Schütz (1899–1959) zurück, einen österreichischen Philosophen und Soziologen, der die letzten Jahre seines Lebens in Amerika verbracht hat. Schütz ist keine leichte Kost für Anfänger. Wer sich jedoch an sein Werk heranwagen will, sollte entweder mit einem der theoretischen Essays oder einer seiner eindrucksvollen Fallstudien beginnen. Für dieses Kapitel besonders wichtig ist der Aufsatz *On Multiple Realities*, *Gesammelte Aufsätze*, Bd. I, Den Haag 1962, S. 207–259. Als Fallstudie empfehlen wir *Don Quichote and the Problems of Reality*, a. a. O., Bd. II, 1964, S. 135–158.

4 Der Begriff «Alltagsleben» ist ein zentrales Element in der Soziologie von Alfred Schütz.

5 Wir verstehen den Begriff «Institution» so wie die meisten heutigen Soziologen. Hier eine Definition aus berufenem Mund: Im Artikel *Social Institution* der *International Encyclopedia of the Social Sciences*, Bd. 14, New York 1968, S. 409, schreibt Shmuel Eisenstadt: «Gesellschaftliche Institutionen gelten allgemein als die eigentlichen Brennpunkte der gesellschaftlichen Ordnung. Alle Gesellschaftsordnungen haben solche Brennpunkte, und jeder Brennpunkt bezeichnet fundamentale und universale Probleme alles gesellschaftlich geordneten Lebens. Drei Grundaspekte der Institutionen sind besonders hervorzuheben. Erstens zielen die durch Institutionen regulierten (‹institutionalisierten›) Verhaltensmuster auf ständige Grundprobleme der Gesellschaft. Zweitens gehört zur Institution auch die Regulierung des Verhaltens der Individuen in der Gesellschaft, und zwar nach definitiven, dauerhaften und organisierten Verhaltensmustern. Schließlich bedürfen diese Verhaltensmuster einer definitiven, normativen Ordnung und Regulierung. Das heißt, die Regulierung wird von Normen und Sanktionen gestützt, wobei die letztere durch die ersteren legitimiert sind.»

6 Der Ausdruck «Karriere» stammt aus der sogenannten «symbolic-interactionist school» der amerikanischen Soziologie und hat sich zum Beispiel bei der Beschreibung der Stationen bewährt, die Jugendverbrecher oder Krankenhauspatienten durchmachen. Für den letzteren Fall s. die eindrucksvolle Beschreibung von Julius Roth in: *Timetables*, Indianapolis 1963.

**Kapitel 2**

1 Der Ausdruck «Welt der Gewißheit» stammt von Alfred Schütz.
2 Der soziologische Begriff «Legitimation» bzw. «Legitimierung» stammt von Max Weber, der ihn jedoch in engerem Sinn gebraucht als wir.
3 Durkheim, E., *De la division du travail social.* Paris 1967.
4 Durkheim, E., *Die Regeln der soziologischen Methode,* 3. Aufl. Neuwied 1970.
5 Durkheim, E., *Der Selbstmord.* Neuwied 1973.
6 Weber, M., *Die protestantische Ethik und der Geist des Kapitalismus.* Zuerst veröffentlicht im Jafféschen Archiv für Sozialwissenschaft 1904/5. Später in Bd. I von *Gesammelte Aufsätze zur Religionssoziologie,* Tübingen 1920, 6., fotomechanischer Nachdruck 1972.
7 Weber, M., *Die Wirtschaftsethik der Weltreligionen. 1. Konfuzianismus und Taoismus. Gesammelte Aufsätze zur Religionssoziologie,* Bd. I, a. a. O. *Hinduismus und Buddhismus. Gesammelte Aufsätze zur Religionssoziologie,* Bd. II, a. a. O., 1920. 3., fotomechanisch gedruckte Auflage 1963. *Das antike Judentum. Gesammelte Aufsätze zur Religionssoziologie,* Bd. III, a. a. O., 1920. 6., fotomechanisch gedruckte Auflage 1972.
8 Weber, M., *Wirtschaft und Gesellschaft.* Tübingen 1972.
9 Simmel, G., *Brücke und Tür.* Stuttgart 1967. Ders., *Grundfragen der Soziologie.* Berlin 1970. Ders., *Hauptprobleme der Philosophie.* Berlin 1964.
10 Pareto, V., *Allgemeine Soziologie.* Tübingen 1955.
11 Sumner, W. G., *Folkways.* New York 1906.
12 Veblen, T., *Theorie der feinen Leute.* München 1971.
13 Deutsche Auswahl der Schriften: Thomas, W. I., u. Znaniecki, F., *Person und Sozialverhältnis.* Neuwied 1965.
14 Mead, G. H., *Geist, Identität und Gesellschaft.* Frankfurt 1968.

**Kapitel 3**

1 Newson, J., u. Newson, E., *Patterns of Infant Care.* Baltimore 1965.
2 Whiting, B., *Six Cultures – Studies in Child Rearing,* New York 1963, S. 139 ff.
3 Whiting a. a. O., S. 154 ff.
4 Whiting a. a. O., S. 944 ff.
5 Mead, M., u. Wolfenstein, M., *Childhood in Contemporary Cultures,* Chicago 1955, S. 106 ff.
6 Diese und andere der im folgenden verwendeten Begriffe stammen von Georg Herbert Mead. S. Mead, G. H., *Geist, Identität und Gesellschaft.* a. a. O. Ders., *Sozialpsychologie.* Neuwied 1969.
7 Ariès, P., *Centuries of Childhood.* New York 1962.
8 Ariès a. a. O., S. 100 ff.
9 Vgl. z. B. Marrou, H. I., *Geschichte der Erziehung im klassischen Altertum.* Freiburg 1957.
10 Die Unterscheidung läßt sich im Deutschen nicht so treffend formulieren. «Man» ist zu schwach und existentialistisch vorbelastet. «Ego» weckt zu viele Assoziationen an die Psychoanalyse. «Mich» oder «sich» treffen Meads «me» nicht, das eben tatsächlich auch «ich» heißt, etwa in der alltäglichen Formulierung: «That's me».

11 Es ist nicht ganz klar, wer den Begriff in diesem Sinn aufgebracht hat. Seine Popularität in den letzten Jahren ist wohl hauptsächlich auf die Arbeiten Erik Eriksons, eines Psychoanalytikers mit soziologischen Neigungen, zurückzuführen. S. sein Buch: *Kindheit und Gesellschaft*, Stuttgart 1971.

12 Eine verdienstvolle und wichtige Studie über das Leben in einer bürgerlichen Wohnsiedlungs-Gemeinde in Kanada mit besonderem Akzent auf den Modellen der Familie und der Kindheit ist Seeley, J. R., Sim, R. A., und Loosley, E. W., *Crestwood Heights*, New York 1956. Besonders S. 118 ff.

13 Mace, D. u. V., *The Sowjet Family*, Garden City 1964, S. 264 ff.

## Kapitel 4

1 Diese Definition der Rolle ist heute ganz üblich. Vergleiche die folgende Definition von Ralph Turner: «Meistens treten folgende Elemente bei der Bestimmung von Rolle auf: Sie liefert ein kohärentes Modell für Verhalten und Einstellungen. Sie liefert eine Strategie zur Bewältigung eines sich wiederholenden Situationstypus. Sie ist gesellschaftlich identifizierbar als ein mehr oder weniger identifizierbares Ganzes. Sie muß von verschiedenen Individuen deutlich erkennbar gespielt werden können, und sie schafft eine wesentliche Grundlage zur Identifizierung und Plazierung von Individuen in der Gesellschaft.» Artikel *Role, Sociological aspects, International Encyclopedia of the Social Sciences*, Bd. 13, New York 1968, S. 552

2 Wir kombinieren hier den Rollenbegriff mit dem Repräsentationsbegriff im Sinn von Durkheim.

3 Unsere Merkmale einer Institution entsprechen ungefähr Durkheims Definition sozialer Fakten.

4 Der Unterschied, den wir zwischen Sprache und Sprechen machen, entspricht dem von Ferdinand de Saussure zwischen «langue» und «parole». De Saussure stand übrigens stark unter Durkheimschem Einfluß.
Wenn ein Leser unsere Darstellung vertiefen möchte, raten wir ihm, Berichte über die kindliche Spracherfahrung zu lesen. Klassisch sind die von Jean Piaget in: *Sprechen und Denken des Kindes*, Düsseldorf 1972. Eine der schönsten Schilderungen kindlicher Sprachentdeckung (besonders eindrucksvoll wegen der schweren Behinderung dieses Kindes) findet sich in der Autobiographie von Helen Keller: *Licht in mein Dunkel*, Zürich 1955.

## Kapitel 5

1 Vgl. Hoebel, E. A., *Man in primitive World*, New York 1958, S. 281 ff., und Titiew, M., *Introduction to Cultural Anthropology*, New York 1959, S. 261 ff. Kulturanthropologische Grundlagenarbeit auf diesem Gebiet hat M. Mead geleistet. S. ihr Buch: *Mann und Weib*, Hamburg 1958.

2 Unsere Darstellung der Funktionsgewinne und -verluste der modernen Familie stützt sich auf Talcott Parsons. S. Parsons, Talcott, Bales, Robert, u. a.: *Family, Society and Interaction Process*, New York 1955.

3 Vgl. Kienapfel, D., *Privatsphäre und Strafrecht*, Frankfurt 1969, Miller, A. R., *Der Einbruch in die Privatsphäre*, Neuwied 1973.

4 Goode, W., *Die Struktur der Familie*, Opladen 1960, und Nimkoff, M. F., Hrsg., *Comparative Family Systems*, Boston 1965.

5 Gans, H., *The Urban Villagers*, New York 1962, und: Seeley, J. R., und

Loosley, E. W., *Crestwood Heights*, New York 1956.

6 Gans a. a. O., S. 47.

7 Seeley a. a. O., S. 176.

8 Vgl. Baltzell, E. Digby, *Philadelphia Gentlemen*, New York 1958.

9 Lewis, O., *Die Kinder von Sánchez*. Düsseldorf 1964.

10 Frazier, S. E. F., *The Negro Family in the United States*. Chicago 1939. Sehr brauchbar zur Überprüfung des Materials von Frazier sind die späteren Arbeiten von Jesse Bernard. Eine heftige und lehrreiche Debatte hat der sogenannte *Moynihan Report* ausgelöst. Sein Text und eine gute Übersicht über die Debatte s. bei Lee Rainwater und William Yancey (Hrsg.), *The Moynihan Report and the Politics of Controversy*, Cambridge 1967.

11 Bettelheim, B., *Die Kinder der Zukunft*. München 1973.

## Kapitel 6

1 Ein Zeugnis aus berufenem Mund über die Aufgaben, die sich die Schule stellte, ist Park, R., Burgess, E., und McKenzie, R., *The City*, Chicago 1925. Einen guten Überblick gibt Stein, M., *The Ecclipse of Community*, Princeton 1960, S. 13 ff.

2 Zur amerikanischen «Rural Sociology» s. den Überblick bei Charles Loomis and Allen Beegle, *Rural Social Systems*, London 1955.

3 Das Hauptwerk von Louis Wirth ist *The Ghetto*, Chicago 1928.

4 Zorbaugh, H., *The Gold Coast and the Slum*. Chicago 1929.

5 Lynd, R. u. H., *Middletown*, New York 1929, und: *Middletown in Transition*, New York 1937.

6 Vidich, A., u. Bensman, J., *Small Town in Mass Society*. Princeton 1958.

7 Dobriner, W., (Hrsg.), *The Suburban Community*. New York 1958. Das Buch gibt eine gute Übersicht.

8 White, W., *The Organization Man*. Garden City 1957.

9 S. Breese, G., *Urbanization in Newly Developing Countries*, Englewood Cliffs 1966, und: Davis, K., und Hertz, H., *The Pattern of World Urbanization*, Englewood Cliffs 1954.

10 Zur historischen Entwicklung der Stadt s. Sjoberg, Gideon, *The Preindustrial City*, New York 1960, und Mumford, Lewis, *The City in History*, New York 1961.

## Kapitel 7

1 Der Klassenbegriff zieht sich durch das gesamte Werk von Marx. Für das Grundkonzept seiner Klassentheorie s. Marx, Karl, *Die Frühschriften*, Hrsg. Paul Landshut, Stuttgart 1971.

2 Weber, M., *Wirtschaft und Gesellschaft*. Grundriß der verstehenden Soziologie. Tübingen 1972. S. vor allem das Kapitel «Stände und Klassen».

3 Die Debatte wurde von Davis, K., u. Moore, W., eröffnet mit der Abhandlung *Some Principles of Stratification*, American Sociological Revue 10, 1945, S. 242 ff. Modifizierungen s. bei Tumin, M., *Schichtung und Mobilität*, München 1970, und bei Parsons, T., *A Revised Analytical Approach to the Theory of Social Stratification*, in: Bendix, R., u. Lipset, R., *Class, Status, and Power*, New York 1953, S. 92 ff. Eine Kritik der ganzen Theorie ist *The Functional Theory of Stratification* von Wrong, D., in: *American Sociological Review*

XXIV, 1959, S. 72 ff.

4 Zum Begriff Kaste überhaupt s. den Artikel von Gerald Berreman in *International Encyclopedia of the Social Sciences*, Bd. 2, New York 1968, S. 333 ff.
5 Warnes, L., u. Lund, P., *The Social Life of a Modern Community*. New Haven 1941.
6 Hollingshead, A., *Elmtown's Youth*. New York 1949.
7 Kinsey, A., u. a., *Das sexuelle Verhalten der Frau*. Frankfurt 1955. Ders. u. a., *Das sexuelle Verhalten des Mannes*. Frankfurt 1970.
8 Dollard, J., *Caste and Class in a Southern Town*. New York 1937.
9 Vgl. Billingley, A., *Black Families in White America*, Englewood Cliffs 1968.
10 Herberg, W., *Protestant – Catholic – Jew*. Garden City 1955.
11 Wolfe, T., *The Pump House Gang*. New York 1968. Parsons hat übrigens, natürlich in einer viel komplizierteren Sprache, schon viel früher dasselbe vermerkt.
Zum Grundbegriff der Schichtung empfehlen wir dem Leser die folgenden Bücher: Dahrendorf, R., *Soziale Klassen und Klassenkonflikt in der industriellen Gesellschaft*, Stuttgart 1957, und: Tumin, M., *Schichtung und Mobilität*, München 1970.

## Kapitel 8

1 Die beiden Termini stammen von dem Kulturanthropologen Ralph Linton, sind aber heute in den allgemeinen soziologischen Sprachgebrauch übergegangen.
2 David McClelland, ein Psychologe, hat eine ganze Theorie auf dem Bedürfnis nach Leistung und den Mitteln, sie zustande zu bringen, aufgebaut. S. sein Buch *The Achieving Society*, Princeton 1961. Viele Sozialwissenschaftler stellen seinen Ansatz jedoch in Frage.
3 Mayer, A., und Hauser, P., *Class Differentials in Expectations of Life and Birth*, in: Bendix, Reinhard, u. Lipset, Seymour (Hrsg.), *Class, Status and Power*, New York 1953, S. 281 ff.
4 U. S. Bureau of the Census, *Statistical Abstracts of the United States 1969*. Washington 1969.
5 U. S. Bureau of the Census, *Statistical Abstracts of the United States 1966*. Washington 1966.
6 Die bekannteste Studie auf diesem Gebiet ist Hollingshead, August, u. Redlich, Frederick, *Social Class and Mental Illness*, New York 1958.
7 Z. B. Quinney, R., *The Social Reality of Crime*, Boston 1970, S. 129 ff.
8 Kahl, I., *The American Class Structure*. New York 1957.
9 Bradburn, N., u. Caplowitz, D., *Reports on Happiness*. Chicago 1965.
10 Kahl, a. a. O.
11 U. S. Bureau of the Census, *Statistical Abstracts*. A. a. O. 1969.
12 Bendix und Lipset, a. a. O. Harold Hodges, *Social Stratification*. Cambridge 1964. Kahl, a. a. O. Lenski, G., *Power and Privilege*. New York 1966. Lipset, S., u. Bendix, R., *Social Mobility in Industrial Society*. Berkeley 1959.
13 Kahl, a. a. O. Die Daten stammen vom National Opinion Research Center.
14 Hodges, a. a. O.
15 Z. B. Kolko, G., *Besitz und Macht*, Frankfurt 1969; Bottomore, T. B., *Elite und Gesellschaft*, München 1966.

16 Pettigraw, F., *A Profile of the Negro American*. Princeton 1964.
17 Hodges, a. a. O.

*Kapitel 9*
1 Machlup F., *The Production and Distribution of Knowledge in the United States*. Princeton 1962.
2 Zur allgemeinen Bildungssoziologie s. Corvin, Ronald, *A Sociology of Education*, New York 1965, und Havighurst, Robert, u. Neugarten, Bernice, *Society and Education*, Boston 1967, sowie Hansen, Donald, u. Gerstl, Joel (Hrsg.), *On Education – Sociological Perspectives*, New York 1967.
3 Havighurst, R., *Comparative Perspectives on Education*. Boston 1968.
4 Illich, I., *Die Entschulung der Gesellschaft*. Reinbek 1973.
5 S. das Kapitel mit der passenden Überschrift «Bureaucratization of the Talent Hunt» (Bürokratisierung der Jagd nach Talenten) bei Corwin, a. a. O., S. 191 ff.
6 Angaben dazu s. bei Lynn, R., *Two Personality Characteristics Related to Academic Achievement*, in: *British Journal of Educational Psychology*, 1959.
7 S. Cicourel, A., u. Kitsuse, I., *The Educational Decision Makers*. New York 1963.
8 S. Callahan, R., *Education and the Cult of Efficiency*, Chicago 1962. Über die Verknüpfung mit den Bedürfnissen der modernen Wirtschaftsorganisationsformen s. Whyte, W., *The Organization Man*, New York 1956, besonders das 8. Kapitel.
9 S. das Buch von Admiral H. G. Rickover, *Education and Freedom*, New York 1960, das auf dem Umschlag der Taschenbuchausgabe bezeichnenderweise als «eine leidenschaftliche Forderung nach höheren Maßstäben in der amerikanischen Erziehung» beschrieben wird. Und die Erziehung wird ihrerseits als «die Grundlage für unsere nationale Sicherheit» bezeichnet.
10 Nisbet, R., *The Degradation of the Academic Dogma*, New York 1971, S. 71 ff.
11 Goodman, P., *Aufwachsen im Widerspruch*. Darmstadt o. J. Eine gute Übersicht über die Kritik am modernen amerikanischen Bildungswesen vermittelt Gross, R. u. B. (Hrsg.), *Radical School Reform*, New York 1969.
12 Eine allgemeine Behandlung der Probleme großstädtischer Schulen ist Miller, H., u. Woock, R., *Social Foundation of Urban Education*, Hinsdale 1970. Eine einflußreiche und radikale Kritik der Schule für Kinder aus dem schwarzen Großstadtgetto ist Kozol, J., *Death at an Early Age*, Boston 1967.
13 Vgl. die Aufsätze von Kenneth Clark und Preston Wilcox in Gross, a. a. O., S. 116 ff.
14 Ross, E., *Social Control*. Cleveland 1969.
15 Durkheim, E., *Moral und Erziehung*. Neuwied 1972.
16 Merton, R., *Social Theory and Social Structure*. London 1967.
17 Warner, L., Havighurst, R., u. Loeb, M., *Who shall be educated?* New York 1944.
18 Gerth, H., u. Mills, C. W., *Person und Gesellschaft*. Frankfurt 1970.
19 Es handelt sich hier um leichte Abwandlungen einer von Robert Merton entwickelten Typologie. S. a. a. O., S. 140 ff.

**Kapitel 10**

1 Weber, M., *Wirtschaft und Gesellschaft*. Tübingen 1972.
2 Shills, E., *Political Development in the New States*. Den Haag 1962. Weiner, M. (Hrsg.), *Modernization*. New York 1966.
3 Michels, R., *First Lectures in Political Sociology*. Minneapolis 1949.
4 Burnham, J., *Das Regime der Manager*. Stuttgart 1949.
5 Bendix, R., *Work and Authority in Industry*. New York 1956.
6 Harrison, P., *Authority and Power in the Free Church Tradition*. Princeton 1959.
7 Eine Untersuchung der Bürokratie auf High-School-Ebene ist Gross, N., Mason, W., u. McEachern, A., *Explorations in Role Analysis*, New York 1958. Für die Bürokratie auf akademischer Ebene s. Demerath, N., Stephens, R., u. Taylor, R., *Power, Presidents and Professors*, New York 1957, S. 195 ff.
8 Merton, R., *Social Theory and Social Structure*, New York 1957, S. 195 ff.
9 Mannheim, K., *Wissenssoziologie*. Neuwied 1970.
10 S. Mannheim, K., *Essays on the Psychology of Knowledge*, Oxford 1952, S. 269.
11 Mills, C. W., *Menschen im Büro*, Köln 1955, u. Whyte, W., *The Organization Man*, Göttingen 1967.
12 Selznick, P., *Foundations of the Theory of Organization*, in: Etzioni, A. (Hrsg.), *A Sociological Reader on Complex Organizations*, New York 1969, S. 26 ff.
13 Goffman, E., *Asyle*. Frankfurt 1973.
14 Silverman, D., *Theorie der Organisationen*. Wien 1972.

**Kapitel 11**

1 Eisenstadt, S. N., *Von Generation zu Generation*. München 1966. Erikson, E. (Hrsg.), *Jugend und Krise*. Stuttgart 1970. Sherif, M. und C. (Hrsg.), *Problems of Youth*. Chicago 1965. Musgrove, F., *Youth and Social Order*. Bloomington 1965.
2 Eisenstadt, a. a. O.
3 Musgrove, a. a. O., S. 33.
4 Ariès, P., *Centuries of Childhood*, New York 1962, S. 137 ff.
5 Mincer, I., *Labor Force: Participation*, in: *International Encyclopedia of the Social Sciences*, Bd. 8, New York 1968.
6 Das ist besonders von dem deutschen Soziologen Arnold Gehlen in die Debatte geworfen worden. S. Gehlen, A., *Urmensch und Spätkultur*, Bonn 1964. Arbeiten, die von ihm beeinflußt worden sind, sind: Luckmann, T., *The Invisible Religion*, New York 1967, u. Zijderveld, A., *Die abstrakte Gesellschaft*, Frankfurt 1972.
7 Feuer, L., *The Conflict of Generation*. New York 1969.
8 Coleman, J., *The Adolescent Society*, New York 1961, und: Smith, E., *American Youth Culture*, New York 1962.
9 Keniston, K., *The Uncommitted*. New York 1965. Roszak, T., *Gegenkultur*. München 1973. Reich, C., *Die Welt wird jung*. Reinbek 1973.
10 Bell, D., u. Kristol, I., (Hrsg.), *Confrontation*. New York 1969.

*Kapitel 12*

1 Auf diesen Aspekt der Arbeit in der modernen Gesellschaft hat Marx zuerst aufmerksam gemacht. Er nennt ihn die «Entfremdung der Arbeit» und lastet diese dem Kapitalismus an. Auch die meisten nichtmarxistischen Soziologen stimmen heute mit seinem diesbezüglichen Grundgedanken überein, nur daß sie die Schuld an der «Entfremdung» eher der technologischen Produktion als einer bestimmten Form des Eigentums an den Produktionsmitteln geben.

2 Weber, M., *Die protestantische Ethik und der Geist des Kapitalismus.* Tübingen 1963.

3 Das Hawthorne-Experiment wird beschrieben bei Roethlisberger, F., u. Dickson, W., *Management and the Worker,* Cambridge 1939. Ebenfalls bei Homans, G., *Theorie der sozialen Gruppe,* Opladen 1969.

4 Mayo, E., *The Human Problems of Industrial Civilization.* Boston 1933. Ders., *Industriesoziologie.* Neuwied 1966.

5 Baritz, L., *The Servanty of Power.* Middletown 1960.

6 Zur Einführung in dieses Gebiet s. Miller, D., u. Form, W., *Industrial Sociology,* New York 1951, und Whyte, W., *Men at Work,* Homewood 1961.

7 Typische Monographien sind Warner, L., u. Low, J. O., *The Social System of the Modern Factory,* New Haven 1947; Walker, C., und Guest, R., *The Man on the Assembly Line,* Cambridge 1952; El Chinoy, *Automobile Workers and the American Dream,* Garden City 1955.

8 S. Moore, W., *Industrial Relations and the Social Order,* New York 1951. Ein bedeutender französischer Arbeitstheoretiker ist George Friedmann, s. Friedmann, G., *Grenzen der Arbeitsteilung,* Frankfurt 1959.

9 Lipset, S., Trow, M., u. Coleman, J., *Union Democracy,* New York 1956, und: Barbash, J., *The Practice of Unionism,* New York 1956.

10 S. Anderson, N., *The Hobo,* Chicago 1923; Cresnay, P., *The Taxi-Dance Hall,* Chicago 1932; Sutherland, E., *The Professional Thief,* Chicago 1937.

11 Hughes, E., *Men and their Work.* New York 1958.

12 Nosow, S., u. Form, W., *Man, Work and Society.* New York 1962.

13 Nosow und Form, a. a. O., S. 284 ff.

14 S. Roth, I., *Timetables,* Indianapolis 1963.

15 S. z. B. Sutton, F., et al., *The American Business Creed,* Cambridge 1956, und: Nosow and Form, a. a. O., S. 403 ff.

16 S. Larrabee, E., u. Meyersohn, R., (Hrsg.), *Mass Leisure,* New York 1958, und: Anderson, N., *Work and Leisure,* New York 1961, sowie: DeGrazia, S., *Of Time, Work and Leisure,* New York 1962, und: Scheuch, E., *Soziologie der Freizeit.* Köln 1972.

17 Veblen, T., a. a. O.

18 S. Caillois, R., *Die Spiele und die Menschen.* Stuttgart 1960.

19 Gehlen, A., *Der Mensch, seine Natur und seine Stellung in der Welt.* Frankfurt 1966. Schelsky, H., *Auf der Suche nach Wirklichkeit.* Düsseldorf 1965. Habermas, J., *Theorie und Praxis.* Frankfurt 1971.

20 S. Rosenberg, B., u. White, D., (Hrsg.), *Mass Culture,* New York 1957; Schramm, W., (Hrsg.), *The Process and Effects of Mass Communications,* Urbana 1954.

### Kapitel 13

1 Eine Übersicht gibt N. S. Eisenstadt (Hrsg.) in *Political Sociology*, New York 1971. Einiges Grundsätzliche zur politischen Soziologie s. bei Lasswell, H., u. Kaplan, A., *Power and Society*, New Haven 1950; Lipset, S., *Soziologie der Demokratie*, Neuwied 1962, und Lange, M. G., *Politische Soziologie*, München 1972.

2 Weber, M., *Wirtschaft und Gesellschaft*. Tübingen 1972. Halbband 1, Kapitel 1, § 16.

3 Weber, M., a. a. O., Halbband 2, Kapitel 9, § 1.

4 Der tragische Sinn der Politik kommt in seinem berühmten Aufsatz *Politik als Beruf* beredt zum Ausdruck. Aus Weber, M., *Wissenschaftliche Abhandlungen und Reden*, München 1926.

5 Pareto, V., *Tratatto di Sociologia generale*. Florenz 1916. Deutsche Auszüge: Brinkmann, *Allgemeine Soziologie*. Tübingen 1955.

6 Mosca, G., *Sulla teoria swi governi es sul governo parlamentare*. 2. erw. Auflage, Turin 1923. Deutsch: *Die Herrschende Klasse, Grundlagen der politischen Wissenschaft*. Bern 1950.

7 S. dazu besonders Marx, K., *Die Frühschriften*, Stuttgart 1971, und *Ökonomische Schriften*, Stuttgart 1970.

8 Hunter, F., *Community Power Structure*. Chapel Hill 1953. Luckmann, B., *Politik in einer deutschen Kleinstadt*. Stuttgart 1970.

9 Dahl, R., *Who Governs?* New Haven 1961.

10 Hunter, F., *Top Leadership*. Chapel Hill 1959.

11 Mills, C. W., *Die amerikanische Elite*. Hamburg 1962.

12 Kolko, G., *Besitz und Macht*. Frankfurt 1969.

13 Rose, A., *The New Industrial State*. Boston 1967.

14 Galbraith, J., *Die moderne Industriegesellschaft*. München o. J.

15 Baltzell, D., *Philadelphia Gentlemen*, New York 1958, und: *The Protestant Establishment*, New York 1964.

### Kapitel 14

1 Z. B. Gillin, J., *Criminology and Penology*, New York 1945, S. 217 ff. Deutsch: Eisenberg, U., *Einführung in die Probleme der Kriminologie*. München 1972.

2 Sheldon, W. H., et al., *Varieties of Delinquent Behavior*. New York 1949. Kallman, F. F., *Heredity in Health and Mental Disorders*. New York 1953.

3 Glück, S. u. E., *Predicting Delinquency and Crime*. Cambridge 1959. McCord, W. u. J., *Origins of Crime*. New York 1959. Hellmer, J., *Jugendkriminalität*. Frankfurt 1966.

4 Cohen, A., *Kriminelle Jugend*. Reinbek 1961.

5 Z. B. Shaw, C., und McKay, H., *Juvenile Delinquency and Urban Areas*, Chicago 1942.

6 Thomas, W. I., u. Znaniecki, F., *The Polish Immigrant in Europe and America*. Chicago 1919–1921.

7 Andersen, N., *The Hobo*. Chicago 1927. Sutherland, E., *The Professional Thief*. Chicago 1937. Thrasher, F., *The Gang*. Chicago 1927.

8 Durkheim, E., *De la division du travail social*. Paris 1967.

9 Mead, G. H., *The Psychology of Punitive Justice*. In: *American Journal of*

Sociology XXIII, 1928.

10 Parsons, T., *Zur Theorie sozialer Systeme*. Opladen 1973. Merton, R., *Social Theory and Social Structure*. New York 1957. S. auch die Einführung zu: Merton, R., und Nisbet, R., (Hrsg.), *Contemporary Social Problems*, New York 1966.

11 Merton, R., a. a. O., S. 146.

12 Cloward, R., u. Ohlin, L., *Jugendkriminalität und Chancengefüge*. Neuwied o. J.

13 Hollingshead, A., u. Redlich, F., *Social Class and Mental Illness*. New York 1958. Myers, J., u. Roberts B., *Family and Class Dynamics in Mental Illness*. New York 1959.

14 Miller, W., *Lower Class Culture as a Generating Milieu of Gang Delinquency*. In: *Journal of Social Issues* XIV, 1950, S. 5 ff.

15 Nye, F., Short, J., u. Olson, V., *Socio-Economic Status and Delinquent Behavior*. In: *American Journal of Sociology* LXIII, 1958, S. 381 ff. Reiss, H., u. Rhodes, A., *The Distribution of Juvenile Delinquency in the Class Structure*. In: *American Sociological Review* XXVI, 1961, S. 720 ff.

16 Bloch, H., Niederhoffer, H., *The Gang*. New York 1958. S. dazu auch: Eisenstadt, S. N., *From Generation to Generation* New York 1956.

17 Sutherland, E., *Principles of Criminology*. Philadelphia 1939. Sutherland, E., u. Cressey, D., *Principles of Criminology*. New York 1960.

18 Mills, C. W., *Power, Politics and People*, New York 1963, S. 525 ff.

19 Goffman, E., *Asyle*. Frankfurt 1974.

20 Goffman, E., *Stigma*. Frankfurt 1970.

21 Becker, H., *Außenseiter*. Frankfurt 1973.

22 Becker, H., a. a. O., S. 8.

### Kapitel 15

1 Eine sehr brauchbare Darstellung seiner Theorie des sozialen Wandels liefert Aron, R., *Hauptströmungen des soziologischen Denkens*, Köln 1971.

2 S. Rumney, J., *Herbert Spencer's Sociology*, New York 1966 ; Curth, K., *Das Verhältnis von Soziologie und Ökonomie in der Evolutionstheorie Herbert Spencers*, Göppingen 1972.

3 Die prägnanteste und folgenreichste Formulierung der Marxschen Theorie ist: Marx, K., *Das Manifest der kommunistischen Partei.*

4 Durkheim, E., *De la division du travail Social*. Paris 1967.

5 Tönnies, F., *Gemeinschaft und Gesellschaft*. Darmstadt 1970.

6 Weber, M., *Wirtschaft und Gesellschaft*, a. a. O., Band 1, S. 179 ff.

7 Ogburn, W., *Kultur und sozialer Wandel*. Neuwied o. J.

8 Sorokin war ein besonders produktiver Schriftsteller, aber sein Hauptbeitrag zu unserem Thema ist das vierbändige Werk: *Social and Cultural Dynamics*, Englewood 1962.

9 Parsons, T., *Das System moderner Gesellschaften*. München 1972.

10 Parsons, T., a. a. O., S. 58 ff.

11 Z. B. T. Parsons kleines Buch zur vergleichenden Soziologie: *Societies*, Englewood Cliffs 1966.

12 Smelser, N., *Essays in Sociological Explanation*. Englewood Cliffs 1968.

13 Lévy, M., *Modernization and the Structure of Societies*. Princeton 1966.

14 Etzioni, A., *The Active Society.* New York 1968.
15 Mills, C. W., *Kritik der soziologischen Denkweise.* Neuwied 1963. *Die Frankfurter Schule im Lichte des Marxismus.* Frankfurt 1970.
16 Gouldner, A., *Die westliche Soziologie in der Krise.* Reinbek 1973.
17 Z. B. Aron, R., *Die industrielle Gesellschaft.* Frankfurt 1964.
18 Kahn, H., u. Wiener, A., *Ihr werdet es erleben.* Reinbek 1972.
19 Marcuse, H., *Der eindimensionale Mensch.* Neuwied 1967.

### Kapitel 16

1 Tews, H. P., *Soziologie des Alterns.* Heidelberg 1971. Pflanz., M., *Sozialer Wandel und Krankheit.* Stuttgart 1962.
2 Sheldon, H., *The Changing Demographic Profile.* In: Tibbitts, C. (Hrsg.), *Handbook of Social Gerontology* Chicago 1960 S. 28.
3 *Probleme der Medizin-Soziologie.* Opladen 1958.
4 Parsons, T., *Zur Theorie sozialer Systeme.* Opladen 1973.
5 Z. B. Roth, J., *Timetables* Indianapolis 1963. Dabei handelt es sich um die «Karriere» eines Tuberkulose-Patienten.
6 Vgl. Scheff, T., *Das Etikett «Geisteskrankheit»* Frankfurt 1973. Sogar von psychiatrischer Seite hat diese Auffassung Schützenhilfe erhalten: Szasz, T., *Geisteskrankheit, ein moderner Mythos,* Freiburg 1972.
7 Freidson, E., *Medizin als professionelle Macht.* Frankfurt 1973.
8 Z. B. Fox, R., *Experiment Perilous,* New York 1959: eine soziologische Studie über das Verhalten von Patienten und Pflegepersonal in einer Intensivstation.
9 Sudnow, D., *Organisiertes Sterben.* Frankfurt 1973.
10 Glaser, B., u. Strauss, A., *Awareness of Dying.* Chicago 1965.
11 S. Malinowski, B., *Magie, Wissenschaft und Religion,* Frankfurt 1973.
12 S. Gorer, G., *Death, Grief and Mourning,* Garden City 1965, und, in populärerer Tonart, Mitfort, J., *The American Way of Death,* New York 1963.

### Kapitel 17

1 Damit erinnern wir absichtlich an W. I. Thomas' Definition der Situation, allerdings in theoretisch weiterem Zusammenhang, wie er im Werk von Alfred Schütz vorliegt. S. besonders Bd. I. der *Collected Papers,* Den Haag 1962.
2 Weber, M., *Die protestantische Ethik und der Geist des Kapitalismus.* In: *Gesammelte Aufsätze zur Religionssoziologie.* Tübingen 1963.
3 S. Weber, M., *Die Wirtschaftsethik der Weltreligionen,* in: *Gesammelte Aufsätze zur Religionssoziologie,* a. a. O.
4 S. Marx, K., *Selected Writings in Sociology and Social Philosophy,* New York 1964.
5 Pareto, V., *The Mind and Society.* New York 1963.
6 Sorokin, P., *Social and Cultural Dynamics.* Englewood Cliffs 1962.
7 Weber, M., *Wirtschaft und Gesellschaft.* Tübingen 1972.
8 Parsons, T., *Das System moderner Gesellschaften.* München 1972.
9 S. Zijderveld, A., a. a. O.
10 S. Black, C. E., *The Dynamics of Modernization,* New York 1967.
11 Eine systematische Darstellung der Wissenssoziologie s. bei Berger, P., und Luckmann, T., *Die gesellschaftliche Konstruktion der Wirklichkeit.* Frankfurt

1969.
12  Mannheim, K., *Ideologie und Utopie*. Frankfurt 1969. Eine neuere Rollenbe-
schreibung s. bei Coser, L., *Men of Ideas*, New York 1965.
13  Durkheim, E., *Les formes de la vie religieuse*. Paris 1960.
14  Durkheim, E., u. Mauss, M., *Primitive Classification*. Chicago 1963.
15  Halbwachs, M., *Das Gedächtnis und seine sozialen Bedingungen*. Neuwied
1966.
16  Granet, M., *Das chinesische Denken*. München 1971.
17  Lévy-Bruhl, L., *Die geistige Welt der Primitiven*. Düsseldorf 1959.
18  Durkheim, a. a. O.
19  Eine systematische Erörterung theoretischer Grundfragen der Religionssoziologie. S. bei Berger, P., *Die Dialektik von Religion und Gesellschaft*,
Frankfurt 1973.
20  Voegelin, E., *Israel and Revelation*. Baton Rouge 1956.
21  Eine gute, moderne Einführung in die Religionssoziologie ist Robertson, R.,
*Einführung in die Religionssoziologie*, München 1973.
22  Weber, M., *Gesammelte Aufsätze zur Religionssoziologie*. Tübingen 1963.
23  Weber, M., a. a. O.
24  Berger, P., a. a. O., Teil II.
25  Z. B. Congar, Y., *Situation und Aufgabe der Theologie heute*, Paderborn
1971.
26  S. Herberg, W., *Protestant – Catholic – Jew*, Garden City 1955. Empirische
Studien aus den letzten Jahren sind z. B. Stark, R., u. Glock, C., *American
Piety*, Berkeley 1968; Hadden, J., *The Gathering Storm in Churches*, Garden
City 1969.
27  S. Luckmann, T., *Das Problem der Religion in der modernen Gesellschaft*,
Freiburg 1963.

### Nachtrag

1  Einen guten Überblick gibt Friedrichs, R., *A Sociology of Sociology*, New
York 1970. Eine ausgesprochen kritische Einstellung vertreten Horowitz, I.,
*Professing Sociology*, Chicago 1968; Gouldner, A., *Die westliche Soziologie
in der Krise*, Reinbek 1973. Eine gute Informationsquelle für das, was bei
diesen Diskussionen und auch sonst im Fach vor sich geht, ist *The American
Sociologist*, eine der Zeitschriften, die die American Sociological Association
herausgibt.
2  Lazersfeld, P., *The Uses of Sociology*, New York 1967, S. 33 ff.
3  S. dazu die eingehendere Behandlung dieser Frage in Berger, P., *Sociology and
Freedom*, in: *The American Sociologist* VI, 1971 I.

# Öko-Ratgeber

Rainer Grießhammer/Siegfried de Witt
**Der Öko-Koch**
304 Seiten. Laminierter Pappband

Meike Ried
**Chemie im Kleiderschrank**
256 Seiten mit Abbildungen.
Laminierter Pappband

Herausgegeben vom KATALYSE Institut
für angewandte Umweltforschung
**Der Auto-Knigge**
272 Seiten mit zahlreichen Abbildungen.
Laminierter Pappband

Claudia und Reinold Fischer
**Chemie im Büro**
192 Seiten. Laminierter Pappband

Herausgegeben vom Öko-Institut Freiburg;
KATALYSE Institut für angewandte
Umweltforschung; Bund für Umwelt und
Naturschutz Deutschland e.V. (BUND);
Verein für Umwelt- und Arbeitschutz.
**Chemie im Haushalt**
384 Seiten mit zahlreichen Abbildungen.
Laminierter Pappband

Hannelore Friege, Frank Claus,
Margret D'Haese
**Chemie im Kinderzimmer**
256 Seiten. Laminierter Pappband

**Eine
Auswahl**

C 2306/3 a

# Lernprogramme

Georg R. Bach/Laura Torbet
**Ich liebe mich – ich hasse mich**
Fairness und Offenheit im Umgang
mit sich selbst (7891)

Maren Engelbrecht-Greve/Dietmar Juli
**Streßverhalten ändern lernen**
Programm zum Abbau psychosomatischer
Krankheitsrisiken (7193)

Wayne W. Dyer
**Der wunde Punkt**
Die Kunst, nicht unglücklich zu sein.
Zwölf Schritte zur Überwindung der
seelischen Problemzonen (7384)

G. Hennenhofer/K. D. Heil
**Angst überwinden**
Selbstbefreiung durch Verhaltenstraining
(6939)

Rainer E. Kirsten/Joachim Müller-Schwarz
**Gruppentraining**
Ein Übungsbuch mit 59 Psycho-Spielen,
Trainingsaufgaben und Tests (6943)

Gerhard Krause
**Positives Denken –
der Weg zum Erfolg**
13 Bausteine für ein erfülltes Leben
(7952)

Walter F. Kugemann
**Lerntechniken für Erwachsene**
(7123)

Michael P. Nichols
**40 werden**
Die zweite Lebenshälfte als Chance zur
Veränderung (8425)

Eine
Auswahl

C 2177/2

rororo
SACHBUCH

C 2177/4 a

sachbuch
rororo

C 2163/5

**Gesundheit!**

Eine
Auswahl

sachbuch
rororo

C 2164/4

**Gesundheit?**

Eine
Auswahl

rororo sachbuch

C 2164/4 a

# Frauen und Beruf

ro
ro
ro
SACHBUCH

C 2355/1